2009

中国教育经费统计年鉴

China Educational Finance Statistical Yearbook

教　育　部　财　务　司
国家统计局社会和科技统计司　编

中国统计出版社
China Statistics Press

(京)新登字 041 号

图书在版编目(CIP)数据

中国教育经费统计年鉴. 2009/教育部财务司国家统计局社会和科技统计司编.
—北京 : 中国统计出版社,2010. 2
ISBN 978—7—5037—5908—6

Ⅰ. ①中… Ⅱ. ①教… Ⅲ. ①教育经费—统计资料—
中国—2009—年鉴 Ⅳ. ①G526. 72—54

中国版本图书馆 CIP 数据核字(2010)第 020114 号

中国教育经费统计年鉴—2009

作　　者/教育部财务司　国家统计局社会和科技统计司
责任编辑/徐　颖
封面设计/艺编广告
出版发行/中国统计出版社
通信地址/北京市西城区月坛南街 57 号　邮政编码/100826
办公地址/北京市丰台区西三环南路甲 6 号　邮政编码/100073
网　　址/www. stats. gov. cn/tjshujia
电　　话/邮购(010)63376907　书店(010)68783172
印　　刷/河北天普润印刷厂
经　　销/新华书店
开　　本/787×1092mm　1/16
字　　数/985 千字
印　　张/42. 25
版　　别/2010 年 2 月第 1 版
版　　次/2010 年 2 月第 1 次印刷
书　　号/ISBN 978—7—5037—5908—6/G・190
定　　价/180. 00 元

《中国教育经费统计年鉴—2009》
编辑委员会

前　言

《中国教育经费统计年鉴—2009》比较全面、系统地反映了2008年全国教育经费来源和使用的情况，为国家和地方编制教育发展规划、制定教育财政政策提供了重要的参考依据。它对于研究教育经费结构和使用效益有一定价值；对于各地之间的情况交流，提高教育财务管理水平，也将会起到促进作用。

随着我国公共财政体制的逐步建立和各项财政制度改革的的深入，为完整、准确地反映政府收支活动，经国务院同意，财政部制定了《政府收支分类改革方案》，决定自2007年1月1日起，全面实施政府收支分类改革。改革后，政府收支的分类范围、分类体系和具体科目设置方法等都有较大变化。为了与这项改革相适应，并配合近年来教育事业自身的改革和发展，特对全国教育经费统计部分指标作了相应的调整。

全国教育经费统计资料的各项数据是从最基层单位开始填报，经过乡（镇）、县（市、区）、地（市）、省（自治区、直辖市）等教育主管部门层层汇总的。各级教育和统计部门对教育经费统计工作十分重视，从人员、时间、设备等方面给予了保证，并认真组织，按照准确、及时、完整的要求编制报表，保证了全国教育经费统计资料汇总工作的顺利完成。

教育部财务司组织了全国教育经费统计资料的审核、整理工作，以及全国教育经费统计分析的计算机程序编制工作。国家统计局社会与科技统计司对全国教育经费统计工作给予了很大的支持，并与教育部财务司联衔编印出版此年鉴。参加这项工作的除教育部财务司的同志外，还有上海智力开发研究所以及陈永年、李艳春、周亚君、宋吉国、张代忠、方南义、张利生、徐宣清等地方教育部门的同志。

目前，中国教育经费统计工作还处于充实、完善阶段，加之全国性教育经费统计涉及范围广，工作量大，因此在资料的收集、编排、整理等环节上难免有不足之处，诚望同志们提出批评和建议，以便今后加以改进，把教育经费统计工作做得更好。

编　者

2009年12月

目　录

第一部分　全国教育经费收支

第四部分 省、自治区、直辖市各级各类教育机构教育经费支出明细

第五部分 省、自治区、直辖市各级各类教育机构预算内教育事业费和基本建设支出明细

第六部分　省、自治区、直辖市教育部门和其他部门各级各类学校生均教育经费支出

附录

第一部分

全国教育经费收支

1—1 全国教育经费

指标	总计		
	合计	中央	地方
总计	**1450073742**	**156900324**	**1293173418**
一、国家财政性教育经费	1044962956	98160678	946802278
1. 预算内教育经费	968556019	96262209	872293810
(1)教育事业费拨款	806844431	49391850	757452581
(2)基本建设拨款	28641084	4539005	24102079
(3)科研拨款	16699907	12168614	4531293
(4)其他拨款	116370597	30162740	86207857
2. 各级政府征收用于教育的税费	69064470	1559	69062911
(1)教育费附加	52740734	1559	52739175
(2)地方教育附加	12203774		12203774
(2)地方教育基金	4119962		4119962
3. 企业办学中的企业拨款	4941007	984351	3956656
4. 校办产业和社会服务收入用于教育的经费	2401460	912559	1488901
二、民办学校中举办者投入	6984793		6984793
三、社会捐赠经费	10266633	1385583	8881050
#农村	700989		700989
四、事业收入	336707107	47846895	288860212
#学杂费	234929828	23568973	211360855
五、其他收入	51152253	9507168	41645085

注:表中“#”表示其中的主要项,以下同。表中“空格”表示无该项数据,以下同。

总收入

单位:千元

教育部门和其他部门			企业办学			民办学校
合　计	中　央	地　方	合　计	中　央	地　方	地　方
1342531841	**151351389**	**1191180452**	**16803436**	**5548935**	**11254501**	**90738465**
1027813970	94064991	933748979	10888659	4095687	6792972	6260327
956937360	93177231	863760129	5713631	3084978	2628653	5905028
796871841	47019408	749852433	4666557	2372442	2294115	5306033
28310024	4282545	24027479	259660	256460	3200	71400
16699907	12168614	4531293				
115055588	29706664	85348924	787414	456076	331338	527595
68561366	626	68560740	147805	933	146872	355299
52407753	626	52407127	101611	933	100678	231370
12132652		12132652	10246		10246	60876
4020961		4020961	35948		35948	63053
			4941007	984351	3956656	
2315244	887134	1428110	86216	25425	60791	
						6984793
9474265	1375127	8099138	50197	10456	39741	742171
700989		700989				
257216141	46632356	210583785	5335815	1214539	4121276	74155151
165783135	22699969	143083166	4418486	869004	3549482	64728207
48027465	9278915	38748550	528765	228253	300512	2596023

1—2 全国各级各类教育机构

学校类别	总计	国家财政性教育经费	预算内教育经费	教育事业费拨款	基本建设拨款	科研拨款	其他拨款	各级政府征收用于教育的税费	教育费附加
总计	**1450073742**	**1044962956**	**968556019**	**806844431**	**28641084**	**16699907**	**116370597**	**69064470**	**52740734**
一、高等学校	434687795	206245604	199863685	151595793	12627617	16699907	18940368	3435064	1825006
1. 普通高等学校	421023693	200351158	194468037	147027367	12549497	16683094	18208079	3168163	1669867
高等本科学校	340744720	166852237	164186224	121876050	10819799	16576982	14913393	959763	424955
高等专科学校	10835986	5657848	5278395	4346281	383137	17266	531711	186926	34020
高等职业学校	69442987	27841073	25003418	20805036	1346561	88846	2762975	2021474	1210892
2. 成人高等学校	13664102	5894446	5395648	4568426	78120	16813	732289	266901	155139
二、中等职业学校	104924351	68227144	58554921	50735392	1683922		6135607	8832175	7445037
1. 中等专业学校	43782428	26588483	23851919	20636131	536948		2678840	2419324	2031650
2. 职业高中	43425754	30895513	24943043	21951383	774140		2217520	5857826	4988337
＃农村	5597173	3962148	3269614	2888662	112839		268113	668253	530025
3. 技工学校	11484146	6407714	5709515	4776951	277209		655355	309543	242320
4. 成人中专学校	6232023	4335434	4050444	3370927	95625		583892	245482	182730
三、中学	412910056	321468281	292857076	259105233	8431469		25320374	26870012	21023736
1. 普通中学	412399143	321202557	292633027	258895954	8431469		25305604	26829154	21007390
普通高中	160223558	96124200	83789224	72443828	3022081		8323315	11714609	9729974
＃农村	21354198	12954922	11835585	10565122	227092		1043371	1037041	827242
普通初中	252175585	225078357	208843803	186452126	5409388		16982289	15114545	11277416
＃农村	142823948	135722337	128372035	115683957	3081873		9606205	7019956	4624077
2. 成人中学	510913	265724	224049	209279			14770	40858	16346
四、小学	355123280	329841180	311290016	274822455	3147841		33319720	17243544	12910961
1. 普通小学	355070365	329789517	311238619	274783577	3147841		33307201	17243278	12910723
＃农村	229819148	222362410	213637353	189598306	1730103		22308944	8214631	5762198
2. 成人小学	52915	51663	51397	38878			12519	266	238
五、特殊教育	4101251	3824920	3337613	2962857	110008		264748	486845	415929
1. 特殊教育学校	3966010	3723046	3246675	2887502	108938		250235	475909	406224
2. 工读学校	135241	101874	90938	75355	1070		14513	10936	9705
六、幼儿园	19884157	13294440	12278645	10903385	264360		1110900	1007305	756235
七、教育行政单位	26595067	23587250	19763169	16797265	542372		2423532	3817738	3196692
八、教育事业单位	56981556	46691397	38972871	32938956	1289467		4744448	7311715	5144384
九、其他	34866229	31782740	31638023	6983095	544028		24110900	60072	22754

教育经费收入情况

单位:千元

地方教育附加	地方教育基金	企业办学中的企业拨款	校办产业和社会服务收入用于教育的经费	民办学校中举办者投入	社会捐赠经费	＃农村	事业收入	＃学杂费	其他收入
12203774	**4119962**	**4941007**	**2401460**	**6984793**	**10266633**	**700989**	**336707107**	**234929828**	**51152253**
792675	817383	1626955	1319900	3016865	2900000		193287695	147428622	29237631
737629	760667	1441469	1273489	3016865	2863430		186441417	141812767	28350823
312285	222523	501405	1204845	1752527	2597988		145096638	105589966	24445330
10626	142280	181338	11189	425	20731		4868751	4142350	288231
414718	395864	758726	57455	1263913	244711		36476028	32080451	3617262
55046	56716	185486	46411		36570		6846278	5615855	886808
1030281	356857	723895	116153	947535	305978	20930	32241208	26236444	3202486
313890	73784	275713	41527	374358	163535	1079	15151014	12697906	1505038
609332	260157	69155	25489	517971	127151	19682	10787455	8849911	1097664
83330	54898	16853	7428	50808	35972	17165	1428951	1192951	119294
53146	14077	345272	43384	35384	7995	25	4653151	3750697	379902
53913	8839	33755	5753	19822	7297	144	1649588	937930	219882
4544468	1301808	1443727	297466	1969984	3681210	283333	76658829	47891565	9131752
4523261	1298503	1443727	296649	1969934	3680789	283177	76456716	47829593	9089147
1469570	515065	491767	128600	876452	1550339	84921	56964934	39269189	4707633
167576	42223	59008	23288	165224	277260	65068	7491049	5229845	465743
3053691	783438	951960	168049	1093482	2130450	198256	19491782	8560404	4381514
2010753	385126	226202	104144	210370	822968	170815	4412228	1173449	1656045
21207	3305		817	50	421	156	202113	61972	42605
3658846	673737	1140677	166943	1048565	2694793	381252	16874942	7676257	4663800
3658818	673737	1140677	166943	1048565	2694793	381252	16873765	7676257	4663725
2229458	222975	409806	100620	210731	1233206	368877	4058619	1073321	1954182
28							1177		75
57065	13851		462	1844	43022	5570	130681	1072	100784
56079	13606		462	1844	42720	5570	98971	1072	99429
986	245				302		31710		1355
211258	39812	465	8025		145051	5583	6029448	4892165	415218
589319	31727	894	5449		229477	1895	1760709		1017631
1317957	849374	179	406632		251083	2425	7202736		2836340
1905	35413	4215	80430		16019	1	2520859	803703	546611

1—3　中央属各级各类教育机构

学校类别	总　计	国家财政性教育经费	预算内教育经费	教育事业费拨款	基本建设拨款	科研拨款	其他拨款	各级政府征收用于教育的税费	教育费附加
总　计	**163192117**	**104452471**	**102498827**	**51546857**	**4602253**	**14415323**	**31934394**	**56734**	**56734**
一、高等学校	127047388	71210365	69764749	43917971	4249399	14415323	7182056	55275	55275
1. 普通高等学校	126215296	71076692	69687191	43853846	4249399	14415223	7168723	55275	55275
高等本科学校	124341987	70307985	69310960	43586483	4220966	14414113	7089398	55175	55175
高等专科学校	276772	147454	147454	97850	17000	1110	31494		
高等职业学校	1596537	621253	228777	169513	11433		47831	100	100
2. 成人高等学校	832092	133673	77558	64125		100	13333		
二、中等职业学校	833259	507394	301607	194996	46660		59951		
1. 中等专业学校	583756	371437	226785	163665	39160		23960		
2. 职业高中	27364	24815	22098	15764			6334		
#农村									
3. 技工学校	167756	84606	41467	8849	7500		25118		
4. 成人中专学校	54383	26536	11257	6718			4539		
三、中学	2017947	1525442	1372395	1046727	119825		205843	1098	1098
1. 普通中学	2017947	1525442	1372395	1046727	119825		205843	1098	1098
普通高中	1003840	632304	560763	431864	38412		90487		
#农村	159308	138391	123377	85182	19868		18327		
普通初中	1014107	893138	811632	614863	81413		115356	1098	1098
#农村	618946	610519	573769	418826	67774		87169	563	563
2. 成人中学									
四、小学	1441060	1357325	1232142	985058	63769		183315	361	361
1. 普通小学	1441060	1357325	1232142	985058	63769		183315	361	361
#农村	880137	871165	813914	625395	52098		136421		
2. 成人小学									
五、特殊教育									
1. 特殊教育学校									
2. 工读学校									
六、幼儿园	11671	7917	7452	3478			3974		
七、教育行政单位	108533	87271	86328	85046			1282		
八、教育事业单位	7636092	6143586	6125351	4748141	122600		1254610		
九、其他	24096167	23613171	23608803	565440			23043363		

教育经费收入情况

单位：千元

地方教育附加	地方教育基金	企业办学中的企业拨款	校办产业和社会服务收入用于教育的经费	民办学校中举办者投入	社会捐赠经费	＃农村	事业收入	＃学杂费	其他收入
		984351	**912559**		**1385583**		**47846895**	**23568973**	**9507168**
		523493	866848		1339954		45902445	23187823	8594624
		468365	865861		1339954		45287215	22733292	8511435
		76003	865847		1339954		44491439	22082866	8202609
							115561	88827	13757
		392362	14				680215	561599	295069
		55128	987				615230	454531	83189
		193653	12134		1181		279984	230936	44700
		137555	7097		1051		172781	131892	38487
		2717			130		2307	1688	112
		38102	5037				77138	69598	6012
		15279					27758	27758	89
		144520	7429		35908		270160	134377	186437
		144520	7429		35908		270160	134377	186437
		68011	3530		24196		221919	127787	125421
		14116	898		60		19877	16137	980
		76509	3899		11712		48241	6590	61016
		32679	3508		770		6376		1281
		116932	7890		7759		43322	7912	32654
		116932	7890		7759		43322	7912	32654
		51795	5456		1064		6475		1433
		465			15		3400	311	339
		894	49				15420		5842
		179	18056				1045487		447019
		4215	153		766		286677	7614	195553

1—4 地方各级各类教育机构

学校类别	总计	国家财政性教育经费	预算内教育经费					各级政府征收用于教育的税费	
				教育事业费拨款	基本建设拨款	科研拨款	其他拨款		教育费附加
总计	**1286881625**	**940510485**	**866057192**	**755297574**	**24038831**	**2284584**	**84436203**	**69007736**	**52684000**
一、高等学校	307640407	135035239	130098936	107677822	8378218	2284584	11758312	3379789	1769731
1.普通高等学校	294808397	129274466	124780846	103173521	8300098	2267871	11039356	3112888	1614592
高等本科学校	216402733	96544252	94875264	78289567	6598833	2162869	7823995	904588	369780
高等专科学校	10559214	5510394	5130941	4248431	366137	16156	500217	186926	34020
高等职业学校	67846450	27219820	24774641	20635523	1335128	88846	2715144	2021374	1210792
2.成人高等学校	12832010	5760773	5318090	4504301	78120	16713	718956	266901	155139
二、中等职业学校	104091092	67719750	58253314	50540396	1637262		6075656	8832175	7445037
1.中等专业学校	43198672	26217046	23625134	20472466	497788		2654880	2419324	2031650
2.职业高中	43398390	30870698	24920945	21935619	774140		2211186	5857826	4988337
#农村	5597173	3962148	3269614	2888662	112839		268113	668253	530025
3.技工学校	11316390	6323108	5668048	4768102	269709		630237	309543	242320
4.成人中专学校	6177640	4308898	4039187	3364209	95625		579353	245482	182730
三、中学	410892109	319942839	291484681	258058506	8311644		25114531	26868914	21022638
1.普通中学	410381196	319677115	291260632	257849227	8311644		25099761	26828056	21006292
普通高中	159219718	95491896	83228461	72011964	2983669		8232828	11714609	9729974
#农村	21194890	12816531	11712208	10479940	207224		1025044	1037041	827242
普通初中	251161478	224185219	208032171	185837263	5327975		16866933	15113447	11276318
#农村	142205002	135111818	127798266	115265131	3014099		9519036	7019393	4623514
2.成人中学	510913	265724	224049	209279			14770	40858	16346
四、小学	353682220	328483855	310057874	273837397	3084072		33136405	17243183	12910600
1.普通小学	353629305	328432192	310006477	273798519	3084072		33123886	17242917	12910362
#农村	228939011	221491245	212823439	188972911	1678005		22172523	8214631	5762198
2.成人小学	52915	51663	51397	38878			12519	266	238
五、特殊教育	4101251	3824920	3337613	2962857	110008		264748	486845	415929
1.特殊教育学校	3966010	3723046	3246675	2887502	108938		250235	475909	406224
2.工读学校	135241	101874	90938	75355	1070		14513	10936	9705
六、幼儿园	19872486	13286523	12271193	10899907	264360		1106926	1007305	756235
七、教育行政单位	26486534	23499979	19676841	16712219	542372		2422250	3817738	3196692
八、教育事业单位	49345464	40547811	32847520	28190815	1166867		3489838	7311715	5144384
九、其他	10770062	8169569	8029220	6417655	544028		1067537	60072	22754

教育经费收入情况

单位：千元

地方教育附加	地方教育基金	企业办学中的企业拨款	校办产业和社会服务收入用于教育的经费	民办学校中举办者投入	社会捐赠经费	#农村	事业收入	#学杂费	其他收入
12203774	**4119962**	**3956656**	**1488901**	**6984793**	**8881050**	**700989**	**288860212**	**211360855**	**41645085**
792675	817383	1103462	453052	3016865	1560046		147385250	124240799	20643007
737629	760667	973104	407628	3016865	1523476		141154202	119079475	19839388
312285	222523	425402	338998	1752527	1258034		100605199	83507100	16242721
10626	142280	181338	11189	425	20731		4753190	4053523	274474
414718	395864	366364	57441	1263913	244711		35795813	31518852	3322193
55046	56716	130358	45424		36570		6231048	5161324	803619
1030281	356857	530242	104019	947535	304797	20930	31961224	26005508	3157786
313890	73784	138158	34430	374358	162484	1079	14978233	12566014	1466551
609332	260157	66438	25489	517971	127021	19682	10785148	8848223	1097552
83330	54898	16853	7428	50808	35972	17165	1428951	1192951	119294
53146	14077	307170	38347	35384	7995	25	4576013	3681099	373890
53913	8839	18476	5753	19822	7297	144	1621830	910172	219793
4544468	1301808	1299207	290037	1969984	3645302	283333	76388669	47757188	8945315
4523261	1298503	1299207	289220	1969934	3644881	283177	76186556	47695216	8902710
1469570	515065	423756	125070	876452	1526143	84921	56743015	39141402	4582212
167576	42223	44892	22390	165224	277200	65068	7471172	5213708	464763
3053691	783438	875451	164150	1093482	2118738	198256	19443541	8553814	4320498
2010753	385126	193523	100636	210370	822198	170815	4405852	1173449	1654764
21207	3305		817	50	421	156	202113	61972	42605
3658846	673737	1023745	159053	1048565	2687034	381252	16831620	7668345	4631146
3658818	673737	1023745	159053	1048565	2687034	381252	16830443	7668345	4631071
2229458	222975	358011	95164	210731	1232142	368877	4052144	1073321	1952749
28							1177		75
57065	13851		462	1844	43022	5570	130681	1072	100784
56079	13606		462	1844	42720	5570	98971	1072	99429
986	245				302		31710		1355
211258	39812		8025		145036	5583	6026048	4891854	414879
589319	31727		5400		229477	1895	1745289		1011789
1317957	849374		388576		251083	2425	6157249		2389321
1905	35413		80277		15253	1	2234182	796089	351058

1—5 全国教育部门和其他部门各级各类

学校类别	总计	预算内教育经费	教育事业费拨款	基本建设拨款	科研拨款	其他拨款	各级政府征收用于教育的税费	教育费附加
总计	**1342531841**	**956937360**	**796871841**	**28310024**	**16699907**	**115055588**	**68561366**	**52407753**
一、高等学校	385097180	196922798	149191219	12594211	16699907	18437461	3351395	1795646
1.普通高等学校	371942883	191554810	144643679	12516091	16683094	17711946	3084494	1640507
高等本科学校	307003960	162141583	120171225	10798526	16576982	14594850	928220	410805
高等专科学校	10095045	5172242	4283178	383137	17266	488661	186926	34020
高等职业学校	54843878	24240985	20189276	1334428	88846	2628435	1969348	1195682
2.成人高等学校	13154297	5367988	4547540	78120	16813	725515	266901	155139
二、中等职业学校	92272414	55288633	47699715	1635462		5953456	8727532	7361205
1.中等专业学校	39265499	22807025	19708901	496988		2601136	2373985	1992925
2.职业高中	38938362	23860109	20905977	774140		2179992	5818660	4953660
#农村	5133552	3161528	2782778	112839		265911	648209	512785
3.技工学校	8411213	4669476	3806466	268709		594301	297974	232087
4.成人中专学校	5657340	3952023	3278371	95625		578027	236913	182533
三、中学	381318112	289700086	256451806	8246644		25001636	26640141	20869606
1.普通中学	380908746	289481180	256247670	8246644		24986866	26599283	20853260
普通高中	144833717	82806126	71654712	2918669		8232745	11618294	9677216
#农村	19565160	11645748	10414664	207224		1023860	1001820	826031
普通初中	236075029	206675054	184592958	5327975		16754121	14980989	11176044
#农村	139589814	127507979	114978881	3014099		9514999	7010247	4619801
2.成人中学	409366	218906	204136			14770	40858	16346
四、小学	341557461	309128176	273022096	3083472		33022608	17158708	12845386
1.普通小学	341504546	309076779	272983218	3083472		33010089	17158442	12845148
#农村	226313748	212447505	188607129	1677405		22162971	8200367	5749889
2.成人小学	52915	51397	38878			12519	266	238
五、特殊教育	4088114	3334202	2959516	110008		264678	486760	415845
1.特殊教育学校	3952873	3243264	2884161	108938		250165	475824	406140
2.工读学校	135241	90938	75355	1070		14513	10936	9705
六、幼儿园	19872551	12271199	10899907	264360		1106932	1007305	756235
七、教育行政单位	26560600	19737464	16772842	542372		2422250	3817738	3196692
八、教育事业单位	56961598	38956714	32923479	1289467		4743768	7311715	5144384
九、其他	34803811	31598088	6951261	544028		24102799	60072	22754

教育机构教育经费收入情况

单位:千元

地方教育附加	地方教育基金	事业收入	＃学杂费	校办产业和社会服务收入用于教育的经费	捐赠收入	其他收入	附1:本年实际收取学费	＃普通本专科学费	附2:上级补助收入
12132652	**4020961**	**257216141**	**165783135**	**2315244**	**9474265**	**48027465**	**166679516**	**84808872**	**7768515**
792241	763508	152581944	108728622	1304932	2788605	28147506	111445490	84808872	3162203
737195	706792	145987750	103332790	1263976	2752355	27299498	105755221	81385685	3052357
312262	205153	116320196	78003690	1204703	2503478	23905780	79399292	56678286	2025313
10626	142280	4429157	3719246	11189	20701	274830	3868810	3616000	106501
414307	359359	25238397	21609854	48084	228176	3118888	22487119	21091399	920543
55046	56716	6594194	5395832	40956	36250	848008	5690269	3423187	109846
1009970	356357	25144461	20154135	71450	281366	2758972	19887844		925780
307276	73784	12537240	10436451	31395	157613	1358241	10377597		449570
605343	259657	8159344	6556936	24159	110723	965367	6441631		308422
80526	54898	1170900	961308	7428	32553	112934	953261		37845
51810	14077	3171736	2538404	10483	6696	254848	2508025		77866
45541	8839	1276141	622344	5413	6334	180516	560591		89922
4508073	1262462	53594604	30050492	284583	3130082	7968616	28871004		1676475
4486866	1259157	53487572	30026632	283766	3129661	7927284	28848280		1672633
1457529	483549	44793450	29039708	124788	1278403	4212656	27939093		611843
158566	17223	6242527	4220336	22376	230532	422157	4133635		90244
3029337	775608	8694122	986924	158978	1851258	3714628	909187		1060790
2005943	384503	2619894	21373	99635	787837	1564222	20869		576567
21207	3305	107032	23860	817	421	41332	22724		3842
3644865	668457	8280913	1161899	153330	2590401	4245933	1093857		1188957
3644837	668457	8279736	1161899	153330	2590401	4245858	1093857		1188605
2227623	222855	2470024	383	92957	1224007	1878888	383		702252
28		1177				75			352
57064	13851	124502		462	42181	100007			41436
56078	13606	92792		462	41879	98652			41249
986	245	31710			302	1355			187
211258	39812	6026092	4891898	8025	145051	414879	4666397		107368
589319	31727	1758609		5400	229477	1011912			267593
1317957	849374	7199704		406632	251083	2835750			367604
1905	35413	2505312	796089	80430	16019	543890	714924		31099

1—6　中央属教育部门和其他部门各级各类

学校类别	总　计	预 算 内 教育经费	教育事业 费 拨 款	基本建设 拨　　款	科　研 拨　款	其　他 拨　款	各级政府 征　　收 用于教育 的 税 费	教育费 附　加
总　　计	**157643182**	**99413849**	**49174415**	**4345793**	**14415323**	**31478318**	**55801**	**55801**
一、高等学校	124886901	69105892	43343192	4223193	14415323	7124184	55175	55175
1.普通高等学校	124175398	69047641	43294464	4223193	14415223	7114761	55175	55175
高等本科学校	123373410	68785090	43114687	4204693	14414113	7051597	55175	55175
高等专科学校	215437	135146	96247	17000	1110	20789		
高等职业学校	586551	127405	83530	1500		42375		
2.成人高等学校	711503	58251	48728		100	9423		
二、中等职业学校	161165	90807	84406			6401		
1.中等专业学校	148596	80302	79189			1113		
2.职业高中	12569	10505	5217			5288		
＃农村								
3.技工学校								
4.成人中专学校								
三、中学	642718	300129	253808			46321	563	563
1.普通中学	642718	300129	253808			46321	563	563
普通高中	474134	221028	182845			38183		
＃农村								
普通初中	168584	79101	70963			8138	563	563
＃农村	5151	4138	4138				563	563
2.成人中学								
四、小学	228384	178330	166116			12214	63	63
1.普通小学	228384	178330	166116			12214	63	63
＃农村	1105	806	806					
2.成人小学								
五、特殊教育								
1.特殊教育学校								
2.工读学校								
六、幼儿园	65	6				6		
七、教育行政单位	74066	60623	60623					
八、教育事业单位	7616134	6109194	4732664	122600		1253930		
九、其他	24033749	23568868	533606			23035262		

教育机构教育经费收入情况

单位:千元

地方教育附加	地方教育基金	事业收入	#学杂费	校办产业和社会服务收入用于教育的经费	捐赠收入	其他收入	附1:本年实际收取学费	#普通本专科学费	附2:上级补助收入
		46632356	**22699969**	**887134**	**1375127**	**9278915**	**22727297**	**9843923**	**218864**
		45084920	22591046	866848	1335519	8438547	22618265	9843923	194834
		44515472	22169759	865861	1335519	8355730	22078454	9843279	187342
		44144234	21875852	865847	1335519	8187545	21784547	9552070	187342
		69773	47544			10518	47544	47544	
		301465	246363	14		157667	246363	243665	
		569448	421287	987		82817	539811	644	7492
		65492	38624		130	4736	38624		1500
		63605	37065			4689	37065		1500
		1887	1559		130	47	1559		
		138794	67626	98	33500	169634	67840		15376
		138794	67626	98	33500	169634	67840		15376
		115439	65385	77	23124	114466	65614		9374
		23355	2241	21	10376	55168	2226		6002
		450							2112
		16201	2629	1979	5197	26614	2524		7154
		16201	2629	1979	5197	26614	2524		7154
		299							1408
		44	44		15		44		
		13320				123			
		1042455		18056		446429			
		271130		153	766	192832			

1—7 地方教育部门和其他部门各级各类

学校类别	总计	预算内教育经费	教育事业费拨款	基本建设拨款	科研拨款	其他拨款	各级政府征收用于教育的税费	教育费附加
总计	**1184888659**	**857523511**	**747697426**	**23964231**	**2284584**	**83577270**	**68505565**	**52351952**
一、高等学校	260210279	127816906	105848027	8371018	2284584	11313277	3296220	1740471
1. 普通高等学校	247767485	122507169	101349215	8292898	2267871	10597185	3029319	1585332
高等本科学校	183630550	93356493	77056538	6593833	2162869	7543253	873045	355630
高等专科学校	9879608	5037096	4186931	366137	16156	467872	186926	34020
高等职业学校	54257327	24113580	20105746	1332928	88846	2586060	1969348	1195682
2. 成人高等学校	12442794	5309737	4498812	78120	16713	716092	266901	155139
二、中等职业学校	92111249	55197826	47615309	1635462		5947055	8727532	7361205
1. 中等专业学校	39116903	22726723	19629712	496988		2600023	2373985	1992925
2. 职业高中	38925793	23849604	20900760	774140		2174704	5818660	4953660
#农村	5133552	3161528	2782778	112839		265911	648209	512785
3. 技工学校	8411213	4669476	3806466	268709		594301	297974	232087
4. 成人中专学校	5657340	3952023	3278371	95625		578027	236913	182533
三、中学	380675394	289399957	256197998	8246644		24955315	26639578	20869043
1. 普通中学	380266028	289181051	255993862	8246644		24940545	26598720	20852697
普通高中	144359583	82585098	71471867	2918669		8194562	11618294	9677216
#农村	19565160	11645748	10414664	207224		1023860	1001820	826031
普通初中	235906445	206595953	184521995	5327975		16745983	14980426	11175481
#农村	139584663	127503841	114974743	3014099		9514999	7009684	4619238
2. 成人中学	409366	218906	204136			14770	40858	16346
四、小学	341329077	308949846	272855980	3083472		33010394	17158645	12845323
1. 普通小学	341276162	308898449	272817102	3083472		32997875	17158379	12845085
#农村	226312643	212446699	188606323	1677405		22162971	8200367	5749889
2. 成人小学	52915	51397	38878			12519	266	238
五、特殊教育	4088114	3334202	2959516	110008		264678	486760	415845
1. 特殊教育学校	3952873	3243264	2884161	108938		250165	475824	406140
2. 工读学校	135241	90938	75355	1070		14513	10936	9705
六、幼儿园	19872486	12271193	10899907	264360		1106926	1007305	756235
七、教育行政单位	26486534	19676841	16712219	542372		2422250	3817738	3196692
八、教育事业单位	49345464	32847520	28190815	1166867		3489838	7311715	5144384
九、其他	10770062	8029220	6417655	544028		1067537	60072	22754

教育机构教育经费收入情况

单位:千元

地方教育附加	地方教育基金	事业收入	#学杂费	校办产业和社会服务收入用于教育的经费	捐赠收入	其他收入	附1:本年实际收取学费	#普通本专科学费	附2:上级补助收入
12132652	**4020961**	**210583785**	**143083166**	**1428110**	**8099138**	**38748550**	**143952219**	**74964949**	**7549651**
792241	763508	107497024	86137576	438084	1453086	19708959	88827225	74964949	2967369
737195	706792	101472278	81163031	398115	1416836	18943768	83676767	71542406	2865015
312262	205153	72175962	56127838	338856	1167959	15718235	57614745	47126216	1837971
10626	142280	4359384	3671702	11189	20701	264312	3821266	3568456	106501
414307	359359	24936932	21363491	48070	228176	2961221	22240756	20847734	920543
55046	56716	6024746	4974545	39969	36250	765191	5150458	3422543	102354
1009970	356357	25078969	20115511	71450	281236	2754236	19849220		924280
307276	73784	12473635	10399386	31395	157613	1353552	10340532		448070
605343	259657	8157457	6555377	24159	110593	965320	6440072		308422
80526	54898	1170900	961308	7428	32553	112934	953261		37845
51810	14077	3171736	2538404	10483	6696	254848	2508025		77866
45541	8839	1276141	622344	5413	6334	180516	560591		89922
4508073	1262462	53455810	29982866	284485	3096582	7798982	28803164		1661099
4486866	1259157	53348778	29959006	283668	3096161	7757650	28780440		1657257
1457529	483549	44678011	28074323	124711	1255279	4098190	27873479		602469
158566	17223	6242527	4220336	22376	230532	422157	4133635		90244
[illegible]	775608	8670767	984683	158957	1840882	3659460	906961		1054788
2005943	384503	2619444	21373	99635	787837	1564222	20869		574455
21207	3305	107032	23860	817	421	41332	22724		3842
3644865	668457	8264712	1159270	151351	2585204	4219319	1091333		1181803
3644837	668457	8263535	1159270	151351	2585204	4219244	1091333		1181451
2227623	222855	2469725	383	92957	1224007	1878888	383		700844
28		1177				75			352
57064	13851	124502		462	42181	100007			41436
56078	13606	92792		462	41879	98652			41249
986	245	31710			302	1355			187
211258	39812	6026048	4891854	8025	145036	414879	4666353		107368
589319	31727	1745289		5400	229477	1011789			267593
1317957	849374	6157249		388576	251083	2389321			367604
1905	35413	2234182	796089	80277	15253	351058	714924		31099

1—8 企业办各级各类

学校类别	总计	预算内教育经费	教育事业费拨款	基本建设拨款	其他拨款	各级政府征收用于教育的税费	教育费附加	地方教育附加
总计	**16803436**	**5713631**	**4666557**	**259660**	**787414**	**147805**	**101611**	**10246**
一、高等学校	5965169	1286837	1121609	27606	137622	46387	10787	
1.普通高等学校	5476558	1259177	1100723	27606	130848	46387	10787	
高等本科学校	2426089	851544	772350	16273	62921			
高等专科学校	578259	85599	55201		30398			
高等职业学校	2472210	322034	273172	11333	37529	46387	10787	
2.成人高等学校	488611	27660	20886		6774			
二、中等职业学校	3942645	1356610	1186461	48460	121689	54918	45136	9782
1.中等专业学校	1122536	350801	263521	39960	47320	23564	18447	5117
2.职业高中	293408	59887	51060		8827	20227	16758	3469
＃农村	58205	11200	11200			18816	16226	2590
3.技工学校	2370455	916656	848064	8500	60092	11127	9931	1196
4.成人中专学校	156246	29266	23816		5450			
三、中学	3942815	1563649	1186658	119825	257166	32343	32211	82
1.普通中学	3942815	1563649	1186658	119825	257166	32343	32211	82
普通高中	1538895	446547	332895	38412	75240	7279	7229	
＃农村	240560	128032	89826	19868	18338	29	29	
普通初中	2403920	1117102	853763	81413	181926	25064	24982	82
＃农村	861450	604556	447704	67774	89078	709	709	
2.成人中学								
四、小学	2824358	1417292	1096617	63769	256906	14157	13477	382
1.普通小学	2824358	1417292	1096617	63769	256906	14157	13477	382
＃农村	1399133	941622	750033	52098	139491	5230	5230	
2.成人小学								
五、特殊教育								
1.特殊教育学校								
2.工读学校								
六、幼儿园	11606	7446	3478		3968			
七、教育行政单位	34467	25705	24423		1282			
八、教育事业单位	19958	16157	15477		680			
九、其他	62418	39935	31834		8101			

教育机构教育经费收入情况

单位：千元

地方教育基金	企业拨款	事业收入	#学杂费	校办产业和经营收益用于教育的经费	捐赠收入	其他收入	附：本年实际收取学杂费	#普通本专科学费
35948	**4941007**	**5335815**	**4418486**	**86216**	**50197**	**528765**	**4409686**	**1991356**
35600	1626955	2747006	2434980	14968	15556	227460	2444246	1991356
35600	1441469	2514747	2234782	9513	15556	189709	2234012	1889095
	501405	1033766	880364	142	14866	24366	880364	836717
	181338	299128	286028		30	12164	286028	272601
35600	758726	1181853	1068390	9371	660	153179	1067620	779777
	185486	232259	200198	5455		37751	210234	102261
	723895	1574133	1321962	44703	3348	185038	1315221	
	275713	406445	356905	10132	2215	53666	358327	
	69155	123910	109575	1330		18899	109622	
	16853	11325	10726			11	10726	
	345272	962929	792664	32901	1133	100437	784766	
	33755	80849	62818	340		12036	62506	
50	1443727	800729	556063	12883	22680	66804	544429	
50	1443727	800729	556063	12883	22680	66804	544429	
50	491767	547786	434304	3812	12256	29448	422722	
	59008	46708	39469	912	74	5797	38936	
	951960	[illegible]	131750	9071	10424	37356	121707	
	226202	15126	4132	4509	792	9556	4079	
298	1140677	189912	97600	13613	8613	40094	97909	
298	1140677	189912	97600	13613	8613	40094	97909	
	409806	18999	3865	7663	1124	14689	3865	
	465	3356	267			339	267	
	894	2100		49		5719		
	179	3032				590		
	4215	15547	7614			2721	7614	

1—9 中央企业办各级各类

学校类别	总 计	预算内教育经费	教育事业费拨款	基本建设拨款	其他拨款	各级政府征收用于教育的税费	教育费附加	地方教育附加
总 计	**5548935**	**3084978**	**2372442**	**256460**	**456076**	**933**	**933**	
一、高等学校	2160487	658857	574779	26206	57872	100	100	
1. 普通高等学校	2039898	639550	559382	26206	53962	100	100	
高等本科学校	968577	525870	471796	16273	37801			
高等专科学校	61335	12308	1603		10705			
高等职业学校	1009986	101372	85983	9933	5456	100	100	
2. 成人高等学校	120589	19307	15397		3910			
二、中等职业学校	672094	210800	110590	46660	53550			
1. 中等专业学校	435160	146483	84476	39160	22847			
2. 职业高中	14795	11593	10547		1046			
＃农村								
3. 技工学校	167756	41467	8849	7500	25118			
4. 成人中专学校	54383	11257	6718		4539			
三、中学	1375229	1072266	792919	119825	159522	535	535	
1. 普通中学	1375229	1072266	792919	119825	159522	535	535	
普通高中	529706	339735	249019	38412	52304			
＃农村	159308	123377	85182	19868	18327			
普通初中	845523	732531	543900	81413	107218	535	535	
＃农村	613795	569631	414688	67774	87169			
2. 成人中学								
四、小学	1212676	1053812	818942	63769	171101	298	298	
1. 普通小学	1212676	1053812	818942	63769	171101	298	298	
＃农村	879032	813108	624589	52098	136421			
2. 成人小学								
五、特殊教育								
1. 特殊教育学校								
2. 工读学校								
六、幼儿园	11606	7446	3478		3968			
七、教育行政单位	34467	25705	24423		1282			
八、教育事业单位	19958	16157	15477		680			
九、其他	62418	39935	31834		8101			

教育机构教育经费收入情况

单位:千元

地方教育基金	企业拨款	事业收入	#学杂费	校办产业和经营收益用于教育的经费	捐赠收入	其他收入	附:本年实际收取学杂费	#普通本专科学费
	984351	**1214539**	**869004**	**25425**	**10456**	**228253**	**870880**	**471680**
	523493	817525	596777		4435	156077	599577	471680
	468365	771743	563533		4435	155705	566333	452401
	76003	347205	207014		4435	15064	207014	176956
		45788	41283			3239	41283	41283
	392362	378750	315236			137402	318036	234162
	55128	45782	33244			372	33244	19279
	193653	214492	192312	12134	1051	39964	191033	
	137555	109176	94827	7097	1051	33798	94920	
	2717	420	129			65	129	
	38102	77138	69598	5037		6012	68226	
	15279	27758	27758			89	27758	
	144520	131366	66751	7331	2408	16803	67106	
	144520	131366	66751	7331	2408	16803	67106	
	68011	106480	62402	3453	1072	10955	62757	
	14116	19877	16137	898	60	980	16137	
	76509	24886	4349	3878	1336	5848	4349	
	32679	5926		3508	770	1281		
	116932	27121	5283	5911	2562	6040	5283	
	116932	27121	5283	5911	2562	6040	5283	
	51795	6176		5456	1064	1433		
	465	3356	267			339	267	
	894	2100		49		5719		
	179	3032				590		
	4215	15547	7614			2721	7614	

1—10 地方企业办各级各类

学校类别	总计	预算内教育经费	教育事业费拨款	基本建设拨款	其他拨款	各级政府征收用于教育的税费	教育费附加	地方教育附加
总计	**11254501**	**2628653**	**2294115**	**3200**	**331338**	**146872**	**100678**	**10246**
一、高等学校	3804682	627980	546830	1400	79750	46287	10687	
1. 普通高等学校	3436660	619627	541341	1400	76886	46287	10687	
高等本科学校	1457512	325674	300554		25120			
高等专科学校	516924	73291	53598		19693			
高等职业学校	1462224	220662	187189	1400	32073	46287	10687	
2. 成人高等学校	368022	8353	5489		2864			
二、中等职业学校	3270551	1145810	1075871	1800	68139	54918	45136	9782
1. 中等专业学校	687376	204318	179045	800	24473	23564	18447	5117
2. 职业高中	278613	48294	40513		7781	20227	16758	3469
#农村	58205	11200	11200			18816	16226	2590
3. 技工学校	2202699	875189	839215	1000	34974	11127	9931	1196
4. 成人中专学校	101863	18009	17098		911			
三、中学	2567586	491383	393739		97644	31808	31676	82
1. 普通中学	2567586	491383	393739		97644	31808	31676	82
普通高中	1009189	106812	83876		22936	7279	7229	
#农村	81252	4655	4644		11	29	29	
普通初中	1558397	384571	309863		74708	24529	24447	82
#农村	247655	34925	33016		1909	709	709	
2. 成人中学								
四、小学	1611682	363480	277675		85805	13859	13179	382
1. 普通小学	1611682	363480	277675		85805	13859	13179	382
#农村	520101	128514	125444		3070	5230	5230	
2. 成人小学								
五、特殊教育								
1. 特殊教育学校								
2. 工读学校								
六、幼儿园								
七、教育行政单位								
八、教育事业单位								
九、其他								

教育机构教育经费收入情况

单位:千元

地方教育基金	企业拨款	事业收入	#学杂费	校办产业和经营收益用于教育的经费	捐赠收入	其他收入	附:本年实际收取学杂费	#普通本专科学费
35948	**3956656**	**4121276**	**3549482**	**60791**	**39741**	**300512**	**3538806**	**1519676**
35600	1103462	1929481	1838203	14968	11121	71383	1844669	1519676
35600	973104	1743004	1671249	9513	11121	34004	1667679	1436694
	425402	686561	673350	142	10431	9302	673350	659761
	181338	253340	244745		30	8925	244745	231318
35600	366364	803103	753154	9371	660	15777	749584	545615
	130358	186477	166954	5455		37379	176990	82982
	530242	1359641	1129650	32569	2297	145074	1124188	
	138158	297269	262078	3035	1164	19868	263407	
	66438	123490	109446	1330		18834	109493	
	16853	11325	10726			11	10726	
	307170	885791	723066	27864	1133	94425	716540	
	18476	53091	35060	340		11947	34748	
50	1299207	669363	489312	5552	20272	50001	477323	
50	1299207	669363	489312	5552	20272	50001	477323	
50	423756	441306	371902	359	11184	18493	359965	
	44892	26831	23332	14	14	4817	22799	
	875451	228057	117410	5193	9088	31508	117358	
	193523	9200	4132	1001	22	8275	4079	
298	1023745	162791	92317	7702	6051	34054	92626	
298	1023745	162791	92317	7702	6051	34054	92626	
	358011	12823	3865	2207	60	13256	3865	

1—11 民办各级各类

学校类别	总计	预算内教育经费				各级政府征收用于教育的税费		
			教育事业费拨款	基本建设拨款	其他拨款		教育费附加	地方教育附加
总计	**90738465**	**5905028**	**5306033**	**71400**	**527595**	**355299**	**231370**	**60876**
一、高等学校	43625446	1654050	1282965	5800	365285	37282	18573	434
1.普通高等学校	43604252	1654050	1282965	5800	365285	37282	18573	434
高等本科学校	31314671	1193097	932475	5000	255622	31543	14150	23
高等专科学校	162682	20554	7902		12652			
高等职业学校	12126899	440399	342588	800	97011	5739	4423	411
2.成人高等学校	21194							
二、中等职业学校	8709292	1909678	1849216		60462	49725	38696	10529
1.中等专业学校	3394393	694093	663709		30384	21775	20278	1497
2.职业高中	4193984	1023047	994346		28701	18939	17919	520
#农村	405416	96886	94684		2202	1228	1014	214
3.技工学校	702478	123383	122421		962	442	302	140
4.成人中专学校	418437	69155	68740		415	8569	197	8372
三、中学	27649129	1593341	1466769	65000	61572	197528	121919	36313
1.普通中学	27547582	1588198	1461626	65000	61572	197528	121919	36313
普通高中	13850946	536551	456221	65000	15330	89036	45529	12041
#农村	1548478	61805	60632		1173	35192	1182	9010
普通初中	13696636	1051647	1005405		46242	108492	76390	24272
#农村	2372684	259500	257372		2128	9000	3567	4810
2.成人中学	101547	5143	5143					
四、小学	10741461	744548	703742	600	40206	70679	52098	13599
1.普通小学	10741461	744548	703742	600	40206	70679	52098	13599
#农村	2106267	248226	241144	600	6482	9034	7079	1835
2.成人小学								
五、特殊教育	13137	3411	3341		70	85	84	1
1.特殊教育学校	13137	3411	3341		70	85	84	1
2.工读学校								
六、幼儿园								
七、教育行政单位								
八、教育事业单位								
九、其他								

教育机构教育经费收入情况

单位:千元

地方教育基金	举办单位、个人投入	事业收入	#学杂费	校办产业和经营收益用于教育的经费	捐赠收入	其他收入	附:本年实际收取学杂费	#普通本专科学费
63053	**6984793**	**74155151**	**64728207**	**283069**	**742171**	**2312954**	**65481833**	**34154737**
18275	3016865	37958745	36265020	140540	95839	722125	36975131	34154737
18275	3016865	37938920	36245195	140300	95519	721316	36959393	34142042
17370	1752527	27742676	26705912	30262	79644	484922	27357220	26055620
	425	140466	137076			1237	137076	137076
905	1263913	10055778	9402207	110038	15875	235157	9465097	7949346
		19825	19825	240	320	809	15738	12695
500	947535	5522614	4760347	47012	21264	211464	4747858	
	374358	2207329	1904550	16178	3707	76953	1895502	
500	517971	2504201	2183400	16827	16428	96571	2179959	
	50808	246726	220917	1642	3419	4707	220917	
	35384	518486	419629	12005	166	12612	419629	
	19822	292598	252768	2002	963	25328	252768	
39296	1969984	22263496	17285010	58600	528448	1037732	17380708	
39296	1969934	22168415	17246898	58600	528448	1036459	17342596	
31466	876452	11623698	9795177	25555	259680	439974	9880191	
25000	165224	1201814	970040	6998	46654	30791	970040	
7830	1093482	10544717	7451721	33045	268768	596485	7462405	
623	210370	1777208	1147944	4506	34339	77761	1149126	
	50	95081	38112			1273	38112	
4982	1048565	8404117	6416758	36917	95779	340856	6377064	
4982	1048565	8404117	6416758	36917	95779	340856	6377064	
120	210731	1569596	1069073	6806	8075	53799	1069296	
	1844	6179	1072		841	777	1072	
	1844	6179	1072		841	777	1072	

1—12 全国各级各类教育机构

学校类别	合计	事业性经费支出	个人部分	工资福利支出	对个人和家庭的补助支出	#助学金
总计	**1398566206**	**1347023495**	**774810927**	**547958990**	**226851937**	**62491414**
一、高等学校	423894698	394222012	167208401	103888053	63320348	24694988
1. 普通高等学校	411292693	381872255	161211026	99772701	61438325	24200667
高等本科学校	333160995	308317688	129986598	78891257	51095341	19077199
高等专科学校	10432806	9718560	4770753	3045967	1724786	814828
高等职业学校	67698892	63836007	26453675	17835477	8618198	4308640
2. 成人高等学校	12602005	12349757	5997375	4115352	1882023	494321
二、中等职业学校	104140548	100842482	57319145	35223410	22095735	12693089
1. 中等专业学校	43456048	42268781	23409579	14234561	9175018	5138619
2. 职业高中	42944503	41571420	24337910	14713193	9624717	6074008
#农村	5468909	5302439	3218774	2085448	1133326	762141
3. 技工学校	11495405	10867105	5639695	3621362	2018333	1180854
4. 成人中专学校	6244592	6135176	3931961	2654294	1277667	299608
三、中学	407046752	396141157	251163028	193229225	57933803	13302292
1. 普通中学	406523222	395617627	250892584	193009703	57882881	13288232
普通高中	152791137	148464060	85523118	68142220	17380898	1896919
#农村	20555667	20200821	12367882	10204352	2163530	360020
普通初中	253732085	247153567	165369466	124867483	40501983	11391313
#农村	142232444	138641538	95077238	70975616	24101622	8849737
2. 成人中学	523530	523530	270444	219522	50922	14060
四、小学	353309210	349062478	255612555	185912484	69700071	10047212
1. 普通小学	353256325	349009593	255570319	185883606	69686713	10047212
#农村	228838713	226718073	170651957	123790291	46861666	8655589
2. 成人小学	52885	52885	42236	28878	13358	
五、特殊教育	4040704	3921457	2475455	1862399	613056	74656
1. 特殊教育学校	3909723	3791546	2409845	1815952	593893	73770
2. 工读学校	130981	129911	65610	46447	19163	886
六、幼儿园	19516487	19144110	12917509	10699440	2218069	
七、教育行政单位	23641721	23035449	7596247	4812686	2783561	26706
八、教育事业单位	51596957	49935114	14871594	8459139	6412455	1623267
九、其他	11379129	10719236	5646993	3872154	1774839	29204

教育经费支出明细

单位:千元

公用部分	商品和服务支出	其他资本性支出	专项公用支出	专项项目支出	基本建设支出
572212568	**326535886**	**245676682**	**110332179**	**135344503**	**51542711**
227013611	129938317	97075294	50161388	46913906	29672686
220661229	125675547	94985682	49045493	45940189	29420438
178331090	106211539	72119551	39359304	32760247	24843307
4947807	2784981	2162826	1141797	1021029	714246
37382332	16679027	20703305	8544392	12158913	3862885
6352382	4262770	2089612	1115895	973717	252248
43523337	22796157	20727180	9031577	11695603	3298066
18859202	10037753	8821449	3863559	4957890	1187267
17233510	8125334	9108176	3559185	5548991	1373083
2083665	1043891	1039774	414031	625743	166470
5227410	3010439	2216971	1283486	933485	628300
2203215	1622631	580584	325347	255237	109416
144978129	80802392	64175737	23546513	40629224	10905595
144725043	80594608	64130435	23526153	40604282	10905595
62940942	34256034	28684908	11274133	17410775	4327077
7832939	4516771	3316168	1225614	2090554	354846
81784101	46338574	35445527	12252020	23193507	6578518
43564300	24803240	18761060	6048012	12713048	3590906
253086	207784	45302	20360	24942	
93449923	55298901	38151022	14197630	23953392	4246732
93439274	55290965	38148309	14195097	23953212	4246732
56066116	33507723	22558393	7345019	15213374	2120640
10649	7936	2713	2533	180	
1446002	712386	733616	284497	449119	119247
1381701	684740	696961	275867	421094	118177
64301	27646	36655	8630	28025	1070
6226601	4225603	2000998	921256	1079742	372377
15439202	7639227	7799975	4204453	3595522	606272
35063520	21591931	13471589	7337535	6134054	1661843
5072243	3530972	1541271	647330	893941	659893

1—13 中央属各级各类教育机构

学校类别	合计	事业性经费支出	个人部分	工资福利支出	对个人和家庭的补助支出	#助学金
总计	**140765423**	**129737330**	**49202257**	**28122446**	**21079811**	**6803660**
一、高等学校	128961767	118486546	44592372	25730820	18861552	5447182
1. 普通高等学校	128442035	117966956	44428114	25606743	18821371	5446217
高等本科学校	126790853	116409915	43727641	25065657	18661984	5374911
高等专科学校	262063	219248	113878	71595	42283	12250
高等职业学校	1389119	1337793	586595	469491	117104	59056
2. 成人高等学校	519732	519590	164258	124077	40181	965
二、中等职业学校	942893	842073	428592	316623	111969	58191
1. 中等专业学校	668558	575647	286262	204945	81317	41102
2. 职业高中	27306	27306	17039	10973	6066	1570
#农村						
3. 技工学校	192646	184737	98987	79986	19001	12992
4. 成人中专学校	54383	54383	26304	20719	5585	2527
三、中学	2039830	1893022	1265115	899405	365710	57728
1. 普通中学	2039830	1893022	1265115	899405	365710	57728
普通高中	1029933	970228	599421	450068	149353	15283
#农村	150457	121122	89422	58239	31183	7163
普通初中	1009897	922794	665694	449337	216357	42445
#农村	629515	557541	426598	275296	151302	37313
2. 成人中学						
四、小学	1452294	1381159	998077	672677	325400	57863
1. 普通小学	1452294	1381159	998077	672677	325400	57863
#农村	881939	824421	642999	413965	229034	53238
2. 成人小学						
五、特殊教育						
1. 特殊教育学校						
2. 工读学校						
六、幼儿园	11582	11582	8484	7218	1266	
七、教育行政单位	125947	125947	70562	63777	6785	10
八、教育事业单位	6328048	6144874	1546678	254469	1292209	1166489
九、其他	903062	852127	292377	177457	114920	16197

教育经费支出明细

单位：千元

公用部分	商品和服务支出	其他资本性支出			基本建设支出
			专项公用支出	专项项目支出	
80535073	**52965788**	**27569285**	**15948279**	**11621006**	**11028093**
73894174	47514594	26379580	15330856	11048724	10475221
73538842	47198397	26340445	15302936	11037509	10475079
72682274	46734892	25947382	15142302	10805080	10380938
105370	82046	23324	18135	5189	42815
751198	381459	369739	142499	227240	51326
355332	316197	39135	27920	11215	142
413481	249280	164201	68784	95417	100820
289385	176887	112498	49649	62849	92911
10267	5668	4599	4499	100	
85750	51228	34522	10764	23758	7909
28079	15497	12582	3872	8710	
627907	350935	276972	118969	158003	146808
627907	350935	276972	118969	158003	146808
370807	202285	168522	76164	92358	59705
31700	19315	12385	6353	6032	29335
257100	148650	108450	42805	65645	87103
130943	78635	52308	20949	31359	71974
383082	219372	163710	82664	81046	71135
383082	219372	163710	82664	81046	71135
181422	114360	67062	25392	41670	57518
3098	3002	96	96		
55385	53979	1406	1406		
4598196	4147808	450388	284531	165857	183174
559750	426818	132932	60973	71959	50935

1—14 地方各级各类教育机构

学校类别	合　计	事业性经费支出	个人部分	工资福利支出	对个人和家庭的补助支出	#助学金
总　　计	**1257800783**	**1217286165**	**725608670**	**519836544**	**205772126**	**55687754**
一、高等学校	294932931	275735466	122616029	78157233	44458796	19247806
1. 普通高等学校	282850658	263905299	116782912	74165958	42616954	18754450
高等本科学校	206370142	191907773	86258957	53825600	32433357	13702288
高等专科学校	10170743	9499312	4656875	2974372	1682503	802578
高等职业学校	66309773	62498214	25867080	17365986	8501094	4249584
2. 成人高等学校	12082273	11830167	5833117	3991275	1841842	493356
二、中等职业学校	103197655	100000409	56890553	34906787	21983766	12634898
1. 中等专业学校	42787490	41693134	23123317	14029616	9093701	5097517
2. 职业高中	42917197	41544114	24320871	14702220	9618651	6072438
#农村	5468909	5302439	3218774	2085448	1133326	762141
3. 技工学校	11302759	10682368	5540708	3541376	1999332	1167862
4. 成人中专学校	6190209	6080793	3905657	2633575	1272082	297081
三、中学	405006922	394248135	249897913	192329820	57568093	13244564
1. 普通中学	404483392	393724605	249627469	192110298	57517171	13230504
普通高中	151761204	147493832	84923697	67692152	17231545	1881636
#农村	20405210	20079699	12278460	10146113	2132347	352857
普通初中	252722188	246230773	164703772	124418146	40285626	11348868
#农村	141602929	138083997	94650640	70700320	23950320	8812424
2. 成人中学	523530	523530	270444	219522	50922	14060
四、小学	351856916	347681319	254614478	185239807	69374671	9989349
1. 普通小学	351804031	347628434	254572242	185210929	69361313	9989349
#农村	227956774	225893652	170008958	123376326	46632632	8602351
2. 成人小学	52885	52885	42236	28878	13358	
五、特殊教育	4040704	3921457	2475455	1862399	613056	74656
1. 特殊教育学校	3909723	3791546	2409845	1815952	593893	73770
2. 工读学校	130981	129911	65610	46447	19163	886
六、幼儿园	19504905	19132528	12909025	10692222	2216803	
七、教育行政单位	23515774	22909502	7525685	4748909	2776776	26696
八、教育事业单位	45268909	43790240	13324916	8204670	5120246	456778
九、其他	10476067	9867109	5354616	3694697	1659919	13007

教育经费支出明细

单位：千元

公用部分	商品和服务支出	其他资本性支出	专项公用支出	专项项目支出	基本建设支出
491677495	**273570098**	**218107397**	**94383900**	**123723497**	**40514618**
153119437	82423723	70695714	34830532	35865182	19197465
147122387	78477150	68645237	33742557	34902680	18945359
105648816	59476647	46172169	24217002	21955167	14462369
4842437	2702935	2139502	1123662	1015840	671431
36631134	16297568	20333566	8401893	11931673	3811559
5997050	3946573	2050477	1087975	962502	252106
43109856	22546877	20562979	8962793	11600186	3197246
18569817	9860866	8708951	3813910	4895041	1094356
17223243	8119666	9103577	3554686	5548891	1373083
2083665	1043891	1039774	414031	625743	166470
5141660	2959211	2182449	1272722	909727	620391
2175136	1607134	568002	321475	246527	109416
144350222	80451457	63898765	23427544	40471221	10758787
144097136	80243673	63853463	23407184	40446279	10758787
62570135	34053749	28516386	11197969	17318417	4267372
7801239	4497456	3303783	1219261	2084522	325511
81527001	46189924	35337077	12209215	23127862	6491415
43433357	24724605	18708752	6027063	12681689	3518932
253086	207784	45302	20360	24942	
93066841	55079529	37987312	14114966	23872346	4175597
93056192	55071593	37984599	14112433	23872166	4175597
55884694	33393363	22491331	7319627	15171704	2063122
10649	7936	2713	2533	180	
1446002	712386	733616	284497	449119	119247
1381701	684740	696961	275867	421094	118177
64301	27646	36655	8630	28025	1070
6223503	4222601	2000902	921160	1079742	372377
15383817	7585248	7798569	4203047	3595522	606272
30465324	17444123	13021201	7053004	5968197	1478669
4512493	3104154	1408339	586357	821982	608958

1—15 全国教育部门和其他部门各级各类

学校类别	合计	事业性经费支出	个人部分	工资福利支出	对个人和家庭的补助支出	#助学金
总 计	**1297366183**	**1249579110**	**732792809**	**513348852**	**219443957**	**57389715**
一、高等学校	379032622	351908635	154418924	93967751	60451173	22521060
1. 普通高等学校	366947502	340075121	148696673	90066676	58629997	22042086
高等本科学校	303789196	280515258	121754587	72727473	49027114	17472432
高等专科学校	9745899	9070467	4504486	2839887	1664599	786597
高等职业学校	53412407	50489396	22437600	14499316	7938284	3783057
2. 成人高等学校	12085120	11833514	5722251	3901075	1821176	478974
二、中等职业学校	91471944	88357605	50889709	31264599	19625110	10504441
1. 中等专业学校	38837353	37762047	21113424	12813091	8300333	4376137
2. 职业高中	38557000	37217024	21957779	13382016	8575763	5055375
#农村	5034209	4874240	2968717	1946303	1022414	653560
3. 技工学校	8377969	7777077	4178330	2606686	1571644	861109
4. 成人中专学校	5699622	5601457	3640176	2462806	1177370	211820
三、中学	377642705	367473220	236079526	179440241	56639285	12784620
1. 普通中学	377220358	367050873	235878090	179284476	56593614	12775711
普通高中	140946108	136936683	79512018	62579807	16932211	1715660
#农村	19138964	18831436	11624729	9535500	2089229	330863
普通初中	236274250	230114190	156366072	116704669	39661403	11060051
#农村	138934887	135440928	93253537	69417915	23835622	8737510
2. 成人中学	422347	422347	201436	155765	45671	8909
四、小学	339184398	335222235	247985906	179030462	68955444	9828359
1. 普通小学	339131513	335169350	247943670	179001584	68942086	9828359
#农村	225360195	223319363	168521176	122016267	46504909	8552685
2. 成人小学	52885	52885	42236	28878	13358	
五、特殊教育	4028553	3910009	2467656	1855189	612467	74109
1. 特殊教育学校	3897572	3780098	2402046	1808742	593304	73223
2. 工读学校	130981	129911	65610	46447	19163	886
六、幼儿园	19504963	19132586	12909053	10692250	2216803	
七、教育行政单位	23607292	23001020	7577739	4800864	2776875	26696
八、教育事业单位	51576999	49915156	14860258	8450295	6409963	1623267
九、其他	11316707	10658644	5604038	3847201	1756837	27163

教育机构教育经费支出明细

单位：千元

公用部分	商品和服务支出	其他资本性支出			基本建设支出
			专项公用支出	专项项目支出	
516786301	**296207893**	**220578408**	**100682961**	**119895447**	**47787073**
197489711	115664891	81824820	44843560	36981260	27123987
191378448	111537143	79841305	43771809	36069496	26872381
158760671	96229358	62531313	35810006	26721307	23273938
4565981	2641404	1924577	1081918	842659	675432
28051796	12666381	15385415	6879885	8505530	2923011
6111263	4127748	1983515	1071751	911764	251606
37467896	19414494	18053402	7743248	10310154	3114339
16648623	8834245	7814378	3446855	4367523	1075306
15259245	7065322	8193923	3159064	5034859	1339976
1905523	946943	958580	383982	574598	159969
3598747	2041672	1557075	861023	696052	600892
1961281	1473255	488026	276306	211720	98165
131393694	72112332	59281362	21537347	37744015	10169485
131172783	71936083	59236700	21517627	37719073	10169485
57424665	30676483	26748182	10492359	16255823	4009425
7206707	4139858	3066849	1112730	1954119	307528
73748118	41259600	32488518	11025268	21463250	6160060
42187391	23981578	18205813	5813008	12392805	3493959
220911	176249	44662	19720	24942	
87236329	51357252	35879077	13170986	22708091	3962163
87225680	51349316	35876364	13168453	22707911	3962163
54798187	32706203	22091984	7117839	14974145	2040832
10649	7936	2713	2533	180	
1442353	709469	732884	283771	449113	118544
1378052	681823	696229	275141	421088	117474
64301	27646	36655	8630	28025	1070
6223533	4222622	2000911	921169	1079742	372377
15423281	7624712	7798569	4203047	3595522	606272
35054898	21584110	13470788	7336734	6134054	1661843
5054606	3518011	1536595	643099	893496	658063

1—16 中央属教育部门和其他部门各级各类

学校类别	合计	事业性经费支出	个人部分	工资福利支出	对个人和家庭的补助支出	#助学金
总计	**135174156**	**124507729**	**46149781**	**25940577**	**20209204**	**6564921**
一、高等学校	126855608	116421460	43711386	25067734	18643652	5361716
1. 普通高等学校	126459774	116025626	43599070	24987574	18611496	5361716
高等本科学校	125808866	115453251	43317653	24814046	18503607	5315619
高等专科学校	214933	172118	81969	44137	37832	10621
高等职业学校	435975	400257	199448	129391	70057	35476
2. 成人高等学校	395834	395834	112316	80160	32156	
二、中等职业学校	175001	175001	89091	58045	31046	17405
1. 中等专业学校	162432	162432	80135	53520	26615	16499
2. 职业高中	12569	12569	8956	4525	4431	906
#农村						
3. 技工学校						
4. 成人中专学校						
三、中学	666440	666440	386397	283829	102568	4929
1. 普通中学	666440	666440	386397	283829	102568	4929
普通高中	510788	510788	292598	221041	71557	4139
#农村						
普通初中	155652	155652	93799	62788	31011	790
#农村	7270	7270	5173	3309	1864	250
2. 成人中学						
四、小学	236801	236801	126061	80857	45204	226
1. 普通小学	236801	236801	126061	80857	45204	226
#农村	2506	2506	1941	1101	840	120
2. 成人小学						
五、特殊教育						
1. 特殊教育学校						
2. 工读学校						
六、幼儿园	58	58	28	28		
七、教育行政单位	91518	91518	52054	51955	99	
八、教育事业单位	6308090	6124916	1535342	245625	1289717	1166489
九、其他	840640	791535	249422	152504	96918	14156

教育机构教育经费支出明细

单位:千元

公用部分	商品和服务支出	其他资本性支出			基本建设支出
			专项公用支出	专项项目支出	
78357948	**51711753**	**26646195**	**15491880**	**11154315**	**10666427**
72710074	46875002	25835072	15039982	10795090	10434148
72426556	46602738	25823818	15028728	10795090	10434148
72135598	46435909	25699689	14986623	10713066	10355615
90149	68734	21415	16226	5189	42815
200809	98095	102714	25879	76835	35718
283518	272264	11254	11254		
85910	45806	40104	12637	27467	
82297	42203	40094	12627	27467	
3613	3603	10	10		
280043	146103	133940	56257	77683	
280043	146103	133940	56257	77683	
218190	112107	106083	45944	60139	
61853	33996	27857	10313	17544	
2097	822	1275	243	1032	
110740	51513	59227	42523	16704	
110740	51513	59227	42523	16704	
565	318	247	20	227	
30	21	9	9		
39464	39464				
4589574	4139987	449587	283730	165857	183174
542113	413857	128256	56742	71514	49105

1—17　地方教育部门和其他部门各级各类

学校类别	合　计	事业性经费支出	个人部分	工资福利支出	对个人和家庭的补助支出	#助学金
总　　计	**1162192027**	**1125071381**	**686643028**	**487408275**	**199234753**	**50824794**
一、高等学校	252177014	235487175	110707538	68900017	41807521	17159344
1. 普通高等学校	240487728	224049495	105097603	65079102	40018501	16680370
高等本科学校	177980330	165062007	78436934	47913427	30523507	12156813
高等专科学校	9530966	8898349	4422517	2795750	1626767	775976
高等职业学校	52976432	50089139	22238152	14369925	7868227	3747581
2. 成人高等学校	11689286	11437680	5609935	3820915	1789020	478974
二、中等职业学校	91296943	88182604	50800618	31206554	19594064	10487036
1. 中等专业学校	38674921	37599615	21033289	12759571	8273718	4359638
2. 职业高中	38544431	37204455	21948823	13377491	8571332	5054469
#农村	5034209	4874240	2968717	1946303	1022414	653560
3. 技工学校	8377969	7777077	4178330	2606686	1571644	861109
4. 成人中专学校	5699622	5601457	3640176	2462806	1177370	211820
三、中学	376976265	366806780	235693129	179156412	56536717	12779691
1. 普通中学	376553918	366384433	235491693	179000647	56491046	12770782
普通高中	140435320	136425895	79219420	62358766	16860654	1711521
#农村	19138964	18831436	11624729	9535500	2089229	330863
普通初中	236118598	229958538	156272273	116641881	39630392	11059261
#农村	138927617	135433658	93248364	69414606	23833758	8737260
2. 成人中学	422347	422347	201436	155765	45671	8909
四、小学	338947597	334985434	247859845	178949605	68910240	9828133
1. 普通小学	338894712	334932549	247817609	178920727	68896882	9828133
#农村	225357689	223316857	168519235	122015166	46504069	8552565
2. 成人小学	52885	52885	42236	28878	13358	
五、特殊教育	4028553	3910009	2467656	1855189	612467	74109
1. 特殊教育学校	3897572	3780098	2402046	1808742	593304	73223
2. 工读学校	130981	129911	65610	46447	19163	886
六、幼儿园	19504905	19132528	12909025	10692222	2216803	
七、教育行政单位	23515774	22909502	7525685	4748909	2776776	26696
八、教育事业单位	45268909	43790240	13324916	8204670	5120246	456778
九、其他	10476067	9867109	5354616	3694697	1659919	13007

教育机构教育经费支出明细

单位:千元

公用部分	商品和服务支出	其他资本性支出			基本建设支出
			专项公用支出	专项项目支出	
438428353	**244496140**	**193932213**	**85191081**	**108741132**	**37120646**
124779637	68789889	55989748	29803578	26186170	16689839
118951892	64934405	54017487	28743081	25274406	16438233
86625073	49793449	36831624	20823383	16008241	12918323
4475832	2572670	1903162	1065692	837470	632617
27850987	12568286	15282701	6854006	8428695	2887293
5827745	3855484	1972261	1060497	911764	251606
37381986	19368688	18013298	7730611	10282687	3114339
16566326	8792042	7774284	3434228	4340056	1075306
15255632	7061719	8193913	3159054	5034859	1339976
1905523	946943	958580	383982	574598	159969
3598747	2041672	1557075	861023	696052	600892
1961281	1473255	488026	276306	211720	98165
131113651	71966229	59147422	21481090	37666332	10169485
130892740	71789980	59102760	21461370	37641390	10169485
57206475	30564376	26642099	10446415	16195684	4009425
7206707	4139858	3066849	1112730	1954119	307528
73686265	41225604	32460661	11014955	21445706	6160060
42185294	23980756	18204538	5812765	12391773	3493959
220911	176249	44662	19720	24942	
87125589	51305739	35819850	13128463	22691387	3962163
87114940	51297803	35817137	13125930	22691207	3962163
54797622	32705885	22091737	7117819	14973918	2040832
10649	7936	2713	2533	180	
1442353	709469	732884	283771	449113	118544
1378052	681823	696229	275141	421088	117474
64301	27646	36655	8630	28025	1070
6223503	4222601	2000902	921160	1079742	372377
15383817	7585248	7798569	4203047	3595522	606272
30465324	17444123	13021201	7053004	5968107	1478669
4512493	3104154	1408339	586357	821982	608958

1—18 企业办各级各类

学校类别	合　计	事业性经费支出	个人部分	工资福利支出	对个人和家庭的补助支出	#助学金
总　　计	**16321811**	**15787454**	**8797987**	**6790432**	**2007555**	**695466**
一、高等学校	5469108	5393615	2298016	1787111	510905	225361
1. 普通高等学校	4979235	4904384	2030435	1580337	450098	210051
高等本科学校	2162171	2136848	756852	545188	211664	98452
高等专科学校	466126	452787	214135	163552	50583	19090
高等职业学校	2350938	2314749	1059448	871597	187851	92509
2. 成人高等学校	489873	489231	267581	206774	60807	15310
二、中等职业学校	4019359	3888050	1988437	1444538	543899	331854
1. 中等专业学校	1139703	1033964	570247	410398	159849	79691
2. 职业高中	292961	292961	183274	130717	52557	41947
#农村	57631	57631	34659	22612	12047	11199
3. 技工学校	2438341	2412771	1154057	844812	309245	198148
4. 成人中专学校	148354	148354	80859	58611	22248	12068
三、中学	3852246	3612431	2382343	1908473	473870	68692
1. 普通中学	3852246	3612431	2382343	1908473	473870	68692
普通高中	1393664	1309901	799094	660149	138945	15924
#农村	226008	196673	139368	99867	39501	7293
普通初中	2458582	2302530	1583249	1248324	334925	52768
#农村	866903	788066	582769	414297	168472	37896
2. 成人中学						
四、小学	2852765	2766855	2047936	1597501	450435	67508
1. 普通小学	2852765	2766855	2047936	1597501	450435	67508
#农村	1415913	1347674	1048473	755678	292795	55325
2. 成人小学						
五、特殊教育						
1. 特殊教育学校						
2. 工读学校						
六、幼儿园	11524	11524	8456	7190	1266	
七、教育行政单位	34429	34429	18508	11822	6686	10
八、教育事业单位	19958	19958	11336	8844	2492	
九、其他	62422	60592	42955	24953	18002	2041

教育机构教育经费支出明细

单位:千元

公用部分	商品和服务支出	其他资本性支出	专项公用支出	专项项目支出	基本建设支出
6989467	**3786970**	**3202497**	**1451056**	**1751441**	**534357**
3095599	1405833	1689766	708115	981651	75493
2873949	1280735	1593214	665016	928198	74851
1379996	504461	875535	330442	545093	25323
238652	109479	129173	47114	82059	13339
1255301	666795	588506	287460	301046	36189
221650	125098	96552	43099	53453	642
1899613	1155754	743859	480032	263827	131309
463717	300863	162854	86269	76585	105739
109687	74087	35600	14462	21138	
22972	5559	17413	350	17063	
1258714	734091	524623	370914	153709	25570
67495	46713	20782	8387	12395	
1230088	708619	521469	154895	366574	239815
1230088	708619	521469	154895	366574	239815
510807	281220	229587	69109	160478	83763
57305	30888	26417	8347	18070	29335
710281	427399	291882	85786	206096	156052
205297	110048	95249	28711	66538	78837
718919	478486	240433	101489	138944	85910
718919	478486	240433	101489	138944	85910
299201	192669	106532	40190	66342	68239
3068	2981	87	87		
15921	14515	1406	1406		
8622	7821	801	801		
17637	12961	4676	4231	445	1830

1—19 中央企业办各级各类

学校类别	合 计	事业性经费支出	个人部分	工资福利支出	对个人和家庭的补助支出	#助学金
总　计	**5591267**	**5229601**	**3052476**	**2181869**	**870607**	**238739**
一、高等学校	2106159	2065086	880986	663086	217900	85466
1. 普通高等学校	1982261	1941330	829044	619169	209875	84501
高等本科学校	981987	956664	409988	251611	158377	59292
高等专科学校	47130	47130	31909	27458	4451	1629
高等职业学校	953144	937536	387147	340100	47047	23580
2. 成人高等学校	123898	123756	51942	43917	8025	965
二、中等职业学校	767892	667072	339501	258578	80923	40786
1. 中等专业学校	506126	413215	206127	151425	54702	24603
2. 职业高中	14737	14737	8083	6448	1635	664
#农村						
3. 技工学校	192646	184737	98987	79986	19001	12992
4. 成人中专学校	54383	54383	26304	20719	5585	2527
三、中学	1373390	1226582	878718	615576	263142	52799
1. 普通中学	1373390	1226582	878718	615576	263142	52799
普通高中	519145	459440	306823	229027	77796	11144
#农村	150457	121122	89422	58239	31183	7163
普通初中	854245	767142	571895	386549	185346	41655
#农村	622245	550271	421425	271987	149438	37063
2. 成人中学						
四、小学	1215493	1144358	872016	591820	280196	57637
1. 普通小学	1215493	1144358	872016	591820	280196	57637
#农村	879433	821915	641058	412864	228194	53118
2. 成人小学						
五、特殊教育						
1. 特殊教育学校						
2. 工读学校						
六、幼儿园	11524	11524	8456	7190	1266	
七、教育行政单位	34429	34429	18508	11822	6686	10
八、教育事业单位	19958	19958	11336	8844	2492	
九、其他	62422	60592	42955	24953	18002	2041

教育机构教育经费支出明细

单位:千元

公用部分	商品和服务支出	其他资本性支出	专项公用支出	专项项目支出	基本建设支出
2177125	**1254035**	**923090**	**456399**	**466691**	**361666**
1184100	639592	544508	290874	253634	41073
1112286	595659	516627	274208	242419	40931
546676	298983	247693	155679	92014	25323
15221	13312	1909	1909		
550389	283364	267025	116620	150405	15608
71814	43933	27881	16666	11215	142
327571	203474	124097	56147	67950	100820
207088	134684	72404	37022	35382	92911
6654	2065	4589	4489	100	
85750	51228	34522	10764	23758	7909
28079	15497	12582	3872	8710	
347864	204832	143032	62712	80320	146808
347864	204832	143032	62712	80320	146808
152617	90178	62439	30220	32219	59705
31700	19315	12385	6353	6032	29335
195247	114654	80593	32492	48101	87103
128846	77813	51033	20706	30327	71974
272342	167859	104483	40141	64342	71135
272342	167859	104483	40141	64342	71135
180857	114042	66815	25372	41443	57518
3068	2981	87	87		
15921	14515	1406	1406		
8622	7821	801	801		
17637	12961	4676	4231	445	1830

1—20 地方企业办各级各类

学校类别	合计	事业性经费支出	个人部分	工资福利支出	对个人和家庭的补助支出	#助学金
总计	**10730544**	**10557853**	**5745511**	**4608563**	**1136948**	**456727**
一、高等学校	3362949	3328529	1417030	1124025	293005	139895
1. 普通高等学校	2996974	2963054	1201391	961168	240223	125550
高等本科学校	1180184	1180184	346864	293577	53287	39160
高等专科学校	418996	405657	182226	136094	46132	17461
高等职业学校	1397794	1377213	672301	531497	140804	68929
2. 成人高等学校	365975	365475	215639	162857	52782	14345
二、中等职业学校	3251467	3220978	1648936	1185960	462976	291068
1. 中等专业学校	633577	620749	364120	258973	105147	55088
2. 职业高中	278224	278224	175191	124269	50922	41283
#农村	57631	57631	34659	22612	12047	11199
3. 技工学校	2245695	2228034	1055070	764826	290244	185156
4. 成人中专学校	93971	93971	54555	37892	16663	9541
三、中学	2478856	2385849	1503625	1292897	210728	15893
1. 普通中学	2478856	2385849	1503625	1292897	210728	15893
普通高中	874519	850461	492271	431122	61149	4780
#农村	75551	75551	49946	41628	8318	130
普通初中	1604337	1535388	1011354	861775	149579	11113
#农村	244658	237795	161344	142310	19034	833
2. 成人中学						
四、小学	1637272	1622497	1175920	1005681	170239	9871
1. 普通小学	1637272	1622497	1175920	1005681	170239	9871
#农村	536480	525759	407415	342814	64601	2207
2. 成人小学						
五、特殊教育						
1. 特殊教育学校						
2. 工读学校						
六、幼儿园						
七、教育行政单位						
八、教育事业单位						
九、其他						

教育机构教育经费支出明细

单位:千元

公用部分	商品和服务支出	其他资本性支出	专项公用支出	专项项目支出	基本建设支出
4812342	**2532935**	**2279407**	**994657**	**1284750**	**172691**
1911499	766241	1145258	417241	728017	34420
1761663	685076	1076587	390808	685779	33920
833320	205478	627842	174763	453079	
223431	96167	127264	45205	82059	13339
704912	383431	321481	170840	150641	20581
149836	81165	68671	26433	42238	500
1572042	952280	619762	423885	195877	30489
256629	166179	90450	49247	41203	12828
103033	72022	31011	9973	21038	
22972	5559	17413	350	17063	
1172964	682863	490101	360150	129951	17661
39416	31216	8200	4515	3685	
882224	503787	378437	92183	286254	93007
882224	503787	378437	92183	286254	93007
358190	191042	167148	38889	128259	24058
25605	11573	14032	1994	12038	
524034	312745	211289	53294	157995	68949
76451	32235	44216	8005	36211	6863
446577	310627	135950	61348	74602	14775
446577	310627	135950	61348	74602	14775
118344	78627	39717	14818	24899	10721

1—21 民办各级各类

学校类别	合　计	事业性经费支出	个人部分	工资福利支出	对个人和家庭的补助支出	#助学金
总　　计	**84878212**	**81656931**	**33220131**	**27819706**	**5400425**	**4406233**
一、高等学校	39392968	36919762	10491461	8133191	2358270	1948567
1. 普通高等学校	39365956	36892750	10483918	8125688	2358230	1948530
高等本科学校	27209628	25665582	7475159	5618596	1856563	1506315
高等专科学校	220781	195306	52132	42528	9604	9141
高等职业学校	11935547	11031862	2956627	2464564	492063	433074
2. 成人高等学校	27012	27012	7543	7503	40	37
二、中等职业学校	8649245	8596827	4440999	2514273	1926726	1856794
1. 中等专业学校	3478992	3472770	1725908	1011072	714836	682791
2. 职业高中	4094542	4061435	2196857	1200460	996397	976686
#农村	377069	370568	215398	116533	98865	97382
3. 技工学校	679095	677257	307308	169864	137444	121597
4. 成人中专学校	396616	385365	210926	132877	78049	75720
三、中学	25551801	25055506	12701159	11880511	820648	448980
1. 普通中学	25450618	24954323	12632151	11816754	815397	443829
普通高中	10451365	10217476	5212006	4902264	309742	165335
#农村	1190695	1172712	603785	568985	34800	21864
普通初中	14999253	14736847	7420145	6914490	505655	278494
#农村	2430654	2412544	1240932	1143404	97528	74331
2. 成人中学	101183	101183	69008	63757	5251	5151
四、小学	11272047	11073388	5578713	5284521	294192	151345
1. 普通小学	11272047	11073388	5578713	5284521	294192	151345
#农村	2062605	2051036	1082308	1018346	63962	47579
2. 成人小学						
五、特殊教育	12151	11448	7799	7210	589	547
1. 特殊教育学校	12151	11448	7799	7210	589	547
2. 工读学校						
六、幼儿园						
七、教育行政单位						
八、教育事业单位						
九、其他						

教育机构教育经费支出明细

单位:千元

公用部分	商品和服务支出	其他资本性支出	专项公用支出	专项项目支出	基本建设支出
48436800	**26541023**	**21895777**	**8198162**	**13697615**	**3221281**
26428301	12867593	13560708	4609713	8950995	2473206
26408832	12857669	13551163	4608668	8942495	2473206
18190423	9477720	8712703	3218856	5493847	1544046
143174	34098	109076	12765	96311	25475
8075235	3345851	4729384	1377047	3352337	903685
19469	9924	9545	1045	8500	
4155828	2225909	1929919	808297	1121622	52418
1746862	902645	844217	330435	513782	6222
1864578	985925	878653	385659	492994	33107
155170	91389	63781	29699	34082	6501
369949	234676	135273	51549	83724	1838
174439	102663	71776	40654	31122	11251
12354347	7981441	4372906	1854271	2518635	496295
12322172	7949906	4372266	1853631	2518635	496295
5005470	3298331	1707139	712665	994474	233889
568927	346025	222902	104537	118365	17983
7316702	4651575	2665127	1140966	1524161	262406
1171612	711614	459998	206293	253705	18110
32175	31535	640	640		
5494675	3463163	2031512	925155	1106357	198659
5494675	3463163	2031512	925155	1106357	198659
968728	608851	359877	186990	172887	11569
3649	2917	732	726	6	703
3649	2917	732	726	6	703

1—22 全国各级各类教育机构预算内

学校类别	合计	事业费支出	个人部分	工资福利支出	对个人和家庭的补助支出	＃助学金
总计	**830345571**	**801704487**	**566585933**	**431692213**	**134893720**	**49106283**
一、高等学校	162446061	149818444	86786736	55089835	31696901	15191971
1. 普通高等学校	157804507	145255010	83583025	52851203	30731822	14853388
高等本科学校	130789291	119969492	67419717	42317889	25101828	11455277
高等专科学校	4792762	4409625	2725247	1832551	892696	531247
高等职业学校	22222454	20875893	13438061	8700763	4737298	2866864
2. 成人高等学校	4641554	4563434	3203711	2238632	965079	338583
二、中等职业学校	52519677	50835755	38905333	23620882	15284451	10730725
1. 中等专业学校	21278880	20741932	15304486	9098468	6206018	4311142
2. 职业高中	22869563	22095423	17638445	10596952	7041493	5192769
＃农村	3056270	2943431	2367293	1522154	845139	677114
3. 技工学校	4912057	4634848	3212823	1891138	1321685	981673
4. 成人中专学校	3459177	3363552	2749579	2034324	715255	245141
三、中学	268213426	259781957	194264326	157621281	36643045	11964820
1. 普通中学	268006367	259574898	194106370	157501067	36605303	11952093
普通高中	76067276	73045195	57119206	48135326	8983880	1197721
＃农村	10774437	10547345	8586835	7436303	1150532	238128
普通初中	191939091	186529703	136987164	109365741	27621423	10754372
＃农村	118348573	115266700	84065082	66591273	17473809	8532613
2. 成人中学	207059	207059	157956	120214	37742	12727
四、小学	279103555	275955714	213991115	171056041	42935074	9690819
1. 普通小学	279064920	275917079	213961409	171028773	42932636	9690819
＃农村	191983935	190253832	147834244	118284528	29549716	8445945
2. 成人小学	38635	38635	29706	27268	2438	
五、特殊教育	3074061	2964053	2158517	1747766	410751	63424
1. 特殊教育学校	2997699	2888761	2109812	1705085	404727	63024
2. 工读学校	76362	75292	48705	42681	6024	400
六、幼儿园	11237719	10973359	9124971	7945019	1179952	
七、教育行政单位	14196905	13654533	5923260	4364329	1558931	18764
八、教育事业单位	31964065	30674598	11158787	6947528	4211259	1422462
九、其他	7590102	7046074	4272888	3299532	973356	23298

教育事业费和基本建设支出明细

单位：千元

公用部分	商品和服务支出	其他资本性支出	专项公用支出	专项项目支出	基本建设支出
235118554	**143539567**	**91578987**	**42172465**	**49406522**	**28641084**
63031708	36743209	26288499	16761143	9527356	12627617
61671985	35932315	25739670	16471218	9268452	12549497
52549775	31164318	21385457	13903851	7481606	10819799
1684378	1092565	591813	397156	194657	383137
7437832	3675432	3762400	2170211	1592189	1346561
1359723	810894	548829	289925	258904	78120
11930422	5892873	6037549	2807951	3229598	1683922
5437446	2642350	2795096	1305326	1489770	536948
4456978	2108850	2348128	874950	1473178	774140
576138	304096	272042	104001	168041	112839
1422025	677520	744505	542909	201596	277209
613973	464153	149820	84766	65054	95625
65517631	39609263	25908368	8921703	16986665	8431469
65468528	39568620	25899908	8915323	16984585	8431469
15925989	8315319	7610670	2523114	5087556	3022081
1960510	1110873	849637	266878	582759	227092
49542539	31253301	18289238	6392209	11897029	5409388
31201618	19827889	11373729	3764116	7609613	3081873
49103	40643	8460	6380	2080	
61964599	41173644	20790955	7457878	13333077	3147841
61955670	41167046	20788624	7455547	13333077	3147841
42419588	28192258	14227330	4638091	9589239	1730103
8929	6598	2331	2331		
805536	462262	343274	152479	190795	110008
778949	442838	336111	146467	189644	108938
26587	19424	7163	6012	1151	1070
1848388	1015302	833086	316643	516443	264360
7731273	4438996	3292277	1292028	2000249	542372
19515811	12397547	7118264	4088779	3029485	1289467
2773186	1806471	966715	373861	592854	544028

1—23 中央属各级各类教育机构预算内

学校类别	合　计	事业费支出	个人部分	工资福利支出	对个人和家庭的补助支出	#助学金
总　　计	**55013780**	**50411527**	**25718353**	**15275743**	**10442610**	**4060040**
一、高等学校	48209288	43959889	22712346	13806981	8905365	2917508
1. 普通高等学校	48151730	43902331	22679387	13781823	8897564	2917127
高等本科学校	47836367	43615401	22500384	13667903	8832481	2874598
高等专科学校	130961	113961	62872	42109	20763	9913
高等职业学校	184402	172969	116131	71811	44320	32616
2. 成人高等学校	57558	57558	32959	25158	7801	381
二、中等职业学校	260741	214081	138197	82950	55247	45971
1. 中等专业学校	221905	182745	114255	65275	48980	39910
2. 职业高中	15774	15774	9589	7763	1826	1224
#农村						
3. 技工学校	16344	8844	8844	5645	3199	4837
4. 成人中专学校	6718	6718	5509	4267	1242	
三、中学	1163901	1044076	765621	605185	160436	48729
1. 普通中学	1163901	1044076	765621	605185	160436	48729
普通高中	465841	427429	314153	246302	67851	8564
#农村	105126	85258	62696	51502	11194	6859
普通初中	698060	616647	451468	358883	92585	40165
#农村	486436	418662	317037	256109	60928	36707
2. 成人中学						
四、小学	1052624	988855	706268	555867	150401	56663
1. 普通小学	1052624	988855	706268	555867	150401	56663
#农村	677306	625208	479859	391226	88633	52776
2. 成人小学						
五、特殊教育						
1. 特殊教育学校						
2. 工读学校						
六、幼儿园	3478	3478	2498	2464	34	
七、教育行政单位	99066	99066	53006	50366	2640	10
八、教育事业单位	3624601	3502001	1127773	46089	1081684	977003
九、其他	600081	600081	212644	125841	86803	14156

教育事业费和基本建设支出明细

单位:千元

公用部分	商品和服务支出	其他资本性支出			基本建设支出
			专项公用支出	专项项目支出	
24693174	**16439285**	**8253889**	**5686598**	**2567291**	**4602253**
21247543	13685922	7561621	5313352	2248269	4249399
21222944	13665967	7556977	5308708	2248269	4249399
21115017	13596659	7518358	5281612	2236746	4220966
51089	33674	17415	13000	4415	17000
56838	35634	21204	14096	7108	11433
24599	19955	4644	4644		
75884	38081	37803	21612	16191	46660
68490	34698	33792	17601	16191	39160
6185	2224	3961	3961		
					7500
1209	1159	50	50		
278455	162831	115624	47502	68122	119825
278455	162831	115624	47502	68122	119825
113276	69111	44165	21167	22998	38412
22562	14090	8472	3846	4626	19868
165179	93720	71459	26335	45124	81413
101625	62258	39367	15488	23879	67774
282587	161771	120816	65698	55118	63769
282587	161771	120816	65698	55118	63769
145349	92441	52908	19305	33603	52098
980	980				
46060	46059	1	1		
2374228	2051195	323033	204135	118898	122600
387437	292446	94991	34298	60693	

1—24　地方各级各类教育机构预算内

学校类别	合　计	事业费支　出	个人部分	工资福利支出	对个人和家庭的补助支出	#助学金
总　　计	**775331791**	**751292960**	**540867580**	**416416470**	**124451110**	**45046243**
一、高等学校	114236773	105858555	64074390	41282854	22791536	12274463
1.普通高等学校	109652777	101352679	60903638	39069380	21834258	11936261
高等本科学校	82952924	76354091	44919333	28649986	16269347	8580679
高等专科学校	4661801	4295664	2662375	1790442	871933	521334
高等职业学校	22038052	20702924	13321930	8628952	4692978	2834248
2.成人高等学校	4583996	4505876	3170752	2213474	957278	338202
二、中等职业学校	52258936	50621674	38767136	23537932	15229204	10684754
1.中等专业学校	21056975	20559187	15190231	9033193	6157038	4271232
2.职业高中	22853789	22079649	17628856	10589189	7039667	5191545
#农村	3056270	2943431	2367293	1522154	845139	677114
3.技工学校	4895713	4626004	3203979	1885493	1318486	976836
4.成人中专学校	3452459	3356834	2744070	2030057	714013	245141
三、中学	267049525	258737881	193498705	157016096	36482609	11916091
1.普通中学	266842466	258530822	193340749	156895882	36444867	11903364
普通高中	75601435	72617766	56805053	47889024	8916029	1189157
#农村	10669311	10462087	8524139	7384801	1139338	231269
普通初中	191241031	185913056	136535696	109006858	27528838	10714207
#农村	117862137	114848038	83748045	66335164	17412881	8495906
2.成人中学	207059	207059	157956	120214	37742	12727
四、小学	278050931	274966859	213284847	170500174	42784673	9634156
1.普通小学	278012296	274928224	213255141	170472906	42782235	9634156
#农村	191306629	189628624	147354385	117893302	29461083	8393169
2.成人小学	38635	38635	29706	27268	2438	
五、特殊教育	3074061	2964053	2158517	1747766	410751	63424
1.特殊教育学校	2997699	2888761	2109812	1705085	404727	63024
2.工读学校	76362	75292	48705	42681	6024	400
六、幼儿园	11234241	10969881	9122473	7942555	1179918	
七、教育行政单位	14097839	13555467	5870254	4313963	1556291	18754
八、教育事业单位	28339464	27172597	10031014	6901439	3129575	445459
九、其他	6990021	6445993	4060244	3173691	886553	9142

教育事业费和基本建设支出明细

单位:千元

公用部分	商品和服务支出	其他资本性支出	专项公用支出	专项项目支出	基本建设支出
210425380	**127100282**	**83325098**	**36485867**	**46839231**	**24038831**
41784165	23057287	18726878	11447791	7279087	8378218
40449041	22266348	18182693	11162510	7020183	8300098
31434758	17567659	13867099	8622239	5244860	6598833
1633289	1058891	574398	384156	190242	366137
7380994	3639798	3741196	2156115	1585081	1335128
1335124	790939	544185	285281	258904	78120
11854538	5854792	5999746	2786339	3213407	1637262
5368956	2607652	2761304	1287725	1473579	497788
4450793	2106626	2344167	870989	1473178	774140
576138	304096	272042	104001	168041	112839
1422025	677520	744505	542909	201596	269709
612764	462994	149770	84716	65054	95625
65239176	39446432	25792744	8874201	16918543	8311644
65190073	39405789	25784284	8867821	16916463	8311644
15812713	8246208	7566505	2501947	5064558	2983669
1937948	1096783	841165	263032	578133	207224
49377360	31159581	18217779	6365874	11851905	5327975
31099993	19765631	11334362	3748628	7585734	3014099
49103	40643	8460	6380	2080	
61682012	41011873	20670139	7392180	13277959	3084072
61673083	41005275	20667808	7389849	13277959	3084072
42274239	28099817	14174422	4618786	9555636	1678005
8929	6598	2331	2331		
805536	462262	343274	152479	190795	110008
778949	442838	336111	146467	189644	108938
26587	19424	7163	6012	1151	1070
1847408	1014322	833086	316643	516443	264360
7685213	4392937	3292276	1292027	2000249	542372
17141583	10346352	6795231	3884644	2910587	1166867
2385749	1514025	871724	339563	532161	544028

1—25 全国教育部门和其他部门各级各类教育机构

学校类别	合计	事业费支出				
			个人部分			
				工资福利支出	对个人和家庭的补助支出	
						#助学金
总计	**820121881**	**791811857**	**559494778**	**428545365**	**130949413**	**45731645**
一、高等学校	160001862	147407651	85043146	54556355	30486791	14148235
1. 普通高等学校	155381034	142864943	81857764	52329228	29528536	13815362
高等本科学校	129088375	118289849	66251092	42015481	24235611	10711705
高等专科学校	4729659	4346522	2666829	1781668	885161	523721
高等职业学校	21563000	20228572	12939843	8532079	4407764	2579936
2. 成人高等学校	4620828	4542708	3185382	2227127	958255	332873
二、中等职业学校	49530976	47895514	36438433	23197187	13241246	8784706
1. 中等专业学校	20303959	19806971	14486591	8983122	5503469	3638378
2. 职业高中	21838761	21064621	16649727	10556480	6093247	4264612
#农村	2950311	2837472	2264775	1521289	743486	580809
3. 技工学校	4020417	3751708	2640574	1638892	1001682	706356
4. 成人中专学校	3367839	3272214	2661541	2018693	642848	175360
三、中学	265366862	257120218	192546501	156314988	36231513	11724563
1. 普通中学	265164946	256918302	192393688	156194774	36198914	11716979
普通高中	75180926	72262257	56537221	47669544	8867677	1133020
#农村	10603968	10396744	8469953	7337793	1132160	225008
普通初中	189984020	184656045	135856467	108525230	27331237	10583959
#农村	117578576	114564477	83623728	66265398	17358330	8447620
2. 成人中学	201916	201916	152813	120214	32599	7584
四、小学	277237841	274154369	212883110	170216906	42666204	9546645
1. 普通小学	277199206	274115734	212853404	170189638	42663766	9546645
#农村	190941039	189263634	147191194	117798081	29393113	8355021
2. 成人小学	38635	38635	29706	27268	2438	
五、特殊教育	3070723	2960715	2155915	1745619	410296	62982
1. 特殊教育学校	2994361	2885423	2107210	1702938	404272	62582
2. 工读学校	76362	75292	48705	42681	6024	400
六、幼儿园	11234241	10969881	9122473	7942555	1179918	
七、教育行政单位	14172520	13630148	5909778	4353388	1556390	18754
八、教育事业单位	31948588	30659121	11148788	6939132	4209656	1422462
九、其他	7558268	7014240	4246634	3279235	967399	23298

预算内教育事业费和基本建设支出明细

单位：千元

公用部分	商品和服务支出	其他资本性支出			基本建设支出
			专项公用支出	专项项目支出	
232317079	**141885374**	**90431705**	**41585082**	**48846623**	**28310024**
62364505	36586004	25778501	16581733	9196768	12594211
61007179	35777507	25229672	16291808	8937864	12516091
52038757	31062549	20976208	13783037	7193171	10798526
1679693	1088080	591613	396956	194657	383137
7288729	3626878	3661851	2111815	1550036	1334428
1357326	808497	548829	289925	258904	78120
11457081	5719219	5737862	2568788	3169074	1635462
5320380	2584998	2735382	1282420	1452962	496988
4414894	2084495	2330399	863681	1466718	774140
572697	300967	271730	103689	168041	112839
1111134	587858	523276	338136	185140	268709
610673	461868	148805	84551	64254	95625
64573717	38855330	25718387	8828222	16890165	8246644
64524614	38814687	25709927	8821842	16888085	8246644
15725036	8163215	7561821	2501651	5060170	2918669
1926791	1086897	839894	262407	577487	207224
48799578	30651472	18148106	6320191	11827915	5327975
30940749	19627965	11312784	3733798	7578986	3014099
49103	40643	8460	6380	2080	
61271259	40625825	20645434	7384644	13260790	3083472
61262330	40619227	20643103	7382313	13260790	3083472
42072440	27929502	14142938	4597665	9545273	1677405
8929	6598	2331	2331		
804800	461526	343274	152479	190795	110008
778213	442102	336111	146467	189644	108938
26587	19424	7163	6012	1151	1070
1847408	1014322	833086	316643	516443	264360
7720370	4428094	3292276	1292027	2000249	542372
19510333	12392815	7117518	4088033	3029485	1289467
2767606	1802239	965367	372513	592854	544028

1—26 中央属教育部门和其他部门各级各类教育机构

学校类别	合 计	事业费支出	个人部分	工资福利支出	对个人和家庭的补助支出	#助学金
总 计	**52370307**	**48024514**	**23943964**	**13942110**	**10001854**	**3878392**
一、高等学校	47608303	43385110	22301793	13564174	8737619	2869492
1. 普通高等学校	47566142	43342949	22281834	13550521	8731313	2869492
高等本科学校	47348298	43143605	22165705	13477083	8688622	2841901
高等专科学校	129358	112358	61269	42109	19160	8310
高等职业学校	88486	86986	54860	31329	23531	19281
2. 成人高等学校	42161	42161	19959	13653	6306	
二、中等职业学校	89315	89315	55692	33108	22584	17012
1. 中等专业学校	84098	84098	50761	29083	21678	16106
2. 职业高中	5217	5217	4931	4025	906	906
#农村						
3. 技工学校						
4. 成人中专学校						
三、中学	250474	250474	155612	109583	46029	504
1. 普通中学	250474	250474	155612	109583	46029	504
普通高中	177873	177873	112999	81793	31206	180
#农村						
普通初中	72601	72601	42613	27790	14823	324
#农村	3867	3867	2848	1960	888	250
2. 成人中学						
四、小学	170163	170163	87179	52583	34596	225
1. 普通小学	170163	170163	87179	52583	34596	225
#农村	802	802	320	200	120	120
2. 成人小学						
五、特殊教育						
1. 特殊教育学校						
2. 工读学校						
六、幼儿园						
七、教育行政单位	74681	74681	39524	39425	99	
八、教育事业单位	3609124	3486524	1117774	37693	1080081	977003
九、其他	568247	568247	186390	105544	80846	14156

预算内教育事业费和基本建设支出明细

单位：千元

公用部分	商品和服务支出	其他资本性支出			基本建设支出
			专项公用支出	专项项目支出	
24080550	**16099845**	**7980705**	**5531812**	**2448893**	**4345793**
21083317	13626807	7456510	5229407	2227103	4223193
21061115	13609249	7451866	5224763	2227103	4223193
20977900	13552185	7425715	5205627	2220088	4204693
51089	33674	17415	13000	4415	17000
32126	23390	8736	6136	2600	1500
22202	17558	4644	4644		
33623	17425	16198	9307	6891	
33337	17139	16198	9307	6891	
286	286				
94862	48902	45960	18631	27329	
94862	48902	45960	18631	27329	
64874	35315	29559	12810	16749	
29988	13587	16401	5821	10580	
1019	307	712	243	469	
82984	36877	46107	38128	7979	
82984	36877	46107	38128	7979	
482	235	247	20	227	
35157	35157				
2368750	2046463	322287	203389	118898	122600
381857	288214	93643	32950	60693	

1—27 地方教育部门和其他部门各级各类教育机构

学校类别	合 计	事业费支出	个人部分	工资福利支出	对个人和家庭的补助支出	#助学金
总 计	**767751574**	**743787343**	**535550814**	**414603255**	**120947559**	**41853253**
一、高等学校	112393559	104022541	62741353	40992181	21749172	11278743
1.普通高等学校	107814892	99521994	59575930	38778707	20797223	10945870
高等本科学校	81740077	75146244	44085387	28538398	15546989	7869804
高等专科学校	4600301	4234164	2605560	1739559	866001	515411
高等职业学校	21474514	20141586	12884983	8500750	4384233	2560655
2.成人高等学校	4578667	4500547	3165423	2213474	951949	332873
二、中等职业学校	49441661	47806199	36382741	23164079	13218662	8767694
1.中等专业学校	20219861	19722873	14435830	8954039	5481791	3622272
2.职业高中	21833544	21059404	16644796	10552455	6092341	4263706
#农村	2950311	2837472	2264775	1521289	743486	580809
3.技工学校	4020417	3751708	2640574	1638892	1001682	706356
4.成人中专学校	3367839	3272214	2661541	2018693	642848	175360
三、中学	265116388	256869744	192390889	156205405	36185484	11724059
1.普通中学	264914472	256667828	192238076	156085191	36152885	11716475
普通高中	75003053	72084384	56424222	47587751	8836471	1132840
#农村	10603968	10396744	8469953	7337793	1132160	225008
普通初中	189911419	184583444	135813854	108497440	27316414	10583635
#农村	117574709	114560610	83620880	66263438	17357442	8447370
2.成人中学	201916	201916	152813	120214	32599	7584
四、小学	277067678	273984206	212795931	170164323	42631608	9546420
1.普通小学	277029043	273945571	212766225	170137055	42629170	9546420
#农村	190940237	189262832	147190874	117797881	29392993	8354901
2.成人小学	38635	38635	29706	27268	2438	
五、特殊教育	3070723	2960715	2155915	1745619	410296	62982
1.特殊教育学校	2994361	2885423	2107210	1702938	404272	62582
2.工读学校	76362	75292	48705	42681	6024	400
六、幼儿园	11234241	10969881	9122473	7942555	1179918	
七、教育行政单位	14097839	13555467	5870254	4313963	1556291	18754
八、教育事业单位	28339464	27172597	10031014	6901439	3129575	445459
九、其他	6990021	6445993	4060244	3173691	886553	9142

预算内教育事业费和基本建设支出明细

单位：千元

公用部分	商品和服务支出	其他资本性支出	专项公用支出	专项项目支出	基本建设支出
208236529	**125785529**	**82451000**	**36053270**	**46397730**	**23964231**
41281188	22959197	18321991	11352326	6969665	8371018
39946064	22168258	17777806	11067045	6710761	8292898
31060857	17510364	13550493	8577410	4973083	6593833
1628604	1054406	574198	383956	190242	366137
7256603	3603488	3653115	2105679	1547436	1332928
1335124	790939	544185	285281	258904	78120
11423458	5701794	5721664	2559481	3162183	1635462
5287043	2567859	2719184	1273113	1446071	496988
4414608	2084209	2330399	863681	1466718	774140
572697	300967	271730	103689	168041	112839
1111134	587858	523276	338136	185140	268709
610673	461868	148805	84551	64254	95625
64478855	38806428	25672427	8809591	16862836	8246644
64429752	38765785	25663967	8803211	16860756	8246644
15660162	8127900	7532262	2488841	5043421	2918669
1926791	1086897	839894	262407	577487	207224
48769590	30637885	18131705	6314370	11817335	5327975
30939730	19627658	11312072	3733555	7578517	3014099
49103	40643	8460	6380	2080	
61188275	40588948	20599327	7346516	13252811	3083472
61179346	40582350	20596996	7344185	13252811	3083472
42071958	27929267	14142691	4597645	9545046	1677405
8929	6598	2331	2331		
804800	461526	343274	152479	190795	110008
778213	442102	336111	146467	189644	108938
26587	19424	7163	6012	1151	1070
1847408	1014322	833086	316643	516443	264360
7685213	4392937	3292276	1292027	2000249	542372
17141583	10346352	6795231	3884644	2910587	1166867
2385749	1514025	871724	339563	532161	544028

1—28 企业办各级各类教育机构

学校类别	合计	事业费支出	个人部分	工资福利支出	对个人和家庭的补助支出	#助学金
总计	**4907329**	**4647669**	**3107893**	**2155089**	**952804**	**512057**
一、高等学校	1199376	1171770	674481	391739	282742	127081
1. 普通高等学校	1178650	1151044	656152	380234	275918	121371
高等本科学校	788623	772350	384242	218092	166150	49827
高等专科学校	55201	55201	50667	43152	7515	7506
高等职业学校	334826	323493	221243	118990	102253	64038
2. 成人高等学校	20726	20726	18329	11505	6824	5710
二、中等职业学校	1153544	1105084	703557	369879	333678	266959
1. 中等专业学校	313288	273328	187534	98664	88870	68697
2. 职业高中	50650	50650	41648	9916	31732	30905
#农村	11200	11200	11177		11177	10952
3. 技工学校	767008	758508	454113	249350	204763	160679
4. 成人中专学校	22598	22598	20262	11949	8313	6678
三、中学	1321023	1201198	879605	711683	167922	56445
1. 普通中学	1321023	1201198	879605	711683	167922	56445
普通高中	372745	334333	259883	215251	44632	9927
#农村	109777	89909	64155	52649	11506	6930
普通初中	948278	866865	619722	496432	123290	46518
#农村	514109	446335	327060	264521	62539	36994
2. 成人中学						
四、小学	1158212	1094443	798017	639690	158327	61562
1. 普通小学	1158212	1094443	798017	639690	158327	61562
#农村	801062	748964	552846	436039	116807	54414
2. 成人小学						
五、特殊教育						
1. 特殊教育学校						
2. 工读学校						
六、幼儿园	3478	3478	2498	2464	34	
七、教育行政单位	24385	24385	13482	10941	2541	10
八、教育事业单位	15477	15477	9999	8396	1603	
九、其他	31834	31834	26254	20297	5957	

预算内教育事业费和基本建设支出明细

单位:千元

公用部分	商品和服务支出	其他资本性支出			基本建设支出
			专项公用支出	专项项目支出	
1539776	**674854**	**864922**	**452844**	**412078**	**259660**
497289	101255	396034	141500	254534	27606
494892	98858	396034	141500	254534	27606
388108	48735	339373	89778	249595	16273
4534	4334	200	200		
102250	45789	56461	51522	4939	11333
2397	2397				
401527	127128	274399	229021	45378	48460
85794	39018	46776	18354	28422	39960
9002	3041	5961	5961		
23	23				
304395	83333	221062	204606	16456	8500
2336	1736	600	100	500	
321593	226304	95289	41314	53975	119825
321593	226304	95289	41314	53975	119825
74450	55464	18986	11614	7372	38412
25754	16747	9007	3893	5114	19868
247143	170840	76303	29700	46603	81413
119275	77165	42110	17379	24731	67774
296426	199321	97105	38914	58191	63769
296426	199321	97105	38914	58191	63769
196118	129334	66784	27222	39562	52098
980	980				
10903	10902	1	1		
5478	4732	746	746		
5580	4232	1348	1348		

1—29 中央企业办各级各类教育机构

学校类别	合　计	事业费支　出	个人部分	工资福利支出	对个人和家庭的补助支出	#助学金
总　　计	**2643473**	**2387013**	**1774389**	**1333633**	**440756**	**181648**
一、高等学校	600985	574779	410553	242807	167746	48016
1. 普通高等学校	585588	559382	397553	231302	166251	47635
高等本科学校	488069	471796	334679	190820	143859	32697
高等专科学校	1603	1603	1603		1603	1603
高等职业学校	95916	85983	61271	40482	20789	13335
2. 成人高等学校	15397	15397	13000	11505	1495	381
二、中等职业学校	171426	124766	82505	49842	32663	28959
1. 中等专业学校	137807	98647	63494	36192	27302	23804
2. 职业高中	10557	10557	4658	3738	920	318
#农村						
3. 技工学校	16344	8844	8844	5645	3199	4837
4. 成人中专学校	6718	6718	5509	4267	1242	
三、中学	913427	793602	610009	495602	114407	48225
1. 普通中学	913427	793602	610009	495602	114407	48225
普通高中	287968	249556	201154	164509	36645	8384
#农村	105126	85258	62696	51502	11194	6859
普通初中	625459	544046	408855	331093	77762	39841
#农村	482569	414795	314189	254149	60040	36457
2. 成人中学						
四、小学	882461	818692	619089	503284	115805	56438
1. 普通小学	882461	818692	619089	503284	115805	56438
#农村	676504	624406	479539	391026	88513	52656
2. 成人小学						
五、特殊教育						
1. 特殊教育学校						
2. 工读学校						
六、幼儿园	3478	3478	2498	2464	34	
七、教育行政单位	24385	24385	13482	10941	2541	10
八、教育事业单位	15477	15477	9999	8396	1603	
九、其他	31834	31834	26254	20297	5957	

预算内教育事业费和基本建设支出明细

单位：千元

公用部分	商品和服务支出	其他资本性支出			基本建设支出
			专项公用支出	专项项目支出	
612624	**339440**	**273184**	**154786**	**118398**	**256460**
164226	59115	105111	83945	21166	26206
161829	56718	105111	83945	21166	26206
137117	44474	92643	75985	16658	16273
24712	12244	12468	7960	4508	9933
2397	2397				
42261	20656	21605	12305	9300	46660
35153	17559	17594	8294	9300	39160
5899	1938	3961	3961		
					7500
1209	1159	50	50		
183593	113929	69664	28871	40793	119825
183593	113929	69664	28871	40793	119825
48402	33796	14606	8357	6249	38412
22562	14090	8472	3846	4626	19868
135191	80133	55058	20514	34544	81413
100606	61951	38655	15245	23410	67774
199603	124894	74709	27570	47139	63769
199603	124894	74709	27570	47139	63769
144867	92206	52661	19285	33376	52098
980	980				
10903	10902	1	1		
5478	4732	746	746		
5580	4232	1348	1348		

1—30 地方企业办各级各类教育机构

学校类别	合计	事业费支出	个人部分	工资福利支出	对个人和家庭的补助支出	#助学金
总计	**2263856**	**2260656**	**1333504**	**821456**	**512048**	**330409**
一、高等学校	598391	596991	263928	148932	114996	79065
1. 普通高等学校	593062	591662	258599	148932	109667	73736
高等本科学校	300554	300554	49563	27272	22291	17130
高等专科学校	53598	53598	49064	43152	5912	5903
高等职业学校	238910	237510	159972	78508	81464	50703
2. 成人高等学校	5329	5329	5329		5329	5329
二、中等职业学校	982118	980318	621052	320037	301015	238000
1. 中等专业学校	175481	174681	124040	62472	61568	44893
2. 职业高中	40093	40093	36990	6178	30812	30587
#农村	11200	11200	11177		11177	10952
3. 技工学校	750664	749664	445269	243705	201564	155842
4. 成人中专学校	15880	15880	14753	7682	7071	6678
三、中学	407596	407596	269596	216081	53515	8220
1. 普通中学	407596	407596	269596	216081	53515	8220
普通高中	84777	84777	58729	50742	7987	1543
#农村	4651	4651	1459	1147	312	71
普通初中	322819	322819	210867	165339	45528	6677
#农村	31540	31540	12871	10372	2499	537
2. 成人中学						
四、小学	275751	275751	178928	136406	42522	5124
1. 普通小学	275751	275751	178928	136406	42522	5124
#农村	124558	124558	73307	45013	28294	1758
2. 成人小学						
五、特殊教育						
1. 特殊教育学校						
2. 工读学校						
六、幼儿园						
七、教育行政单位						
八、教育事业单位						
九、其他						

预算内教育事业费和基本建设支出明细

单位：千元

公用部分	商品和服务支出	其他资本性支出	专项公用支出	专项项目支出	基本建设支出
927152	**335414**	**591738**	**298058**	**293680**	**3200**
333063	42140	290923	57555	233368	1400
333063	42140	290923	57555	233368	1400
250991	4261	246730	13793	232937	
4534	4334	200	200		
77538	33545	43993	43562	431	1400
359266	106472	252794	216716	36078	1800
50641	21459	29182	10060	19122	800
3103	1103	2000	2000		
23	23				
304395	83333	221062	204606	16456	1000
1127	577	550	50	500	
138000	112375	25625	12443	13182	
138000	112375	25625	12443	13182	
26048	21668	4380	3257	1123	
3192	2657	535	47	488	
111952	90707	21245	9186	12059	
18669	15214	3455	2134	1321	
96823	74427	22396	11344	11052	
96823	74427	22396	11344	11052	
51251	37128	14123	7937	6186	

1—31 民办各级各类教育机构

学校类别	合计	事业费支出	个人部分	工资福利支出	对个人和家庭的补助支出	#助学金
总计	**5316361**	**5244961**	**3983262**	**991759**	**2991503**	**2862581**
一、高等学校	1244823	1239023	1069109	141741	927368	916655
1. 普通高等学校	1244823	1239023	1069109	141741	927368	916655
高等本科学校	912293	907293	784383	84316	700067	693745
高等专科学校	7902	7902	7751	7731	20	20
高等职业学校	324628	323828	276975	49694	227281	222890
2. 成人高等学校						
二、中等职业学校	1835157	1835157	1763343	53816	1709527	1679060
1. 中等专业学校	661633	661633	630361	16682	613679	604067
2. 职业高中	980152	980152	947070	30556	916514	897252
#农村	94759	94759	91341	865	90476	85353
3. 技工学校	124632	124632	118136	2896	115240	114638
4. 成人中专学校	68740	68740	67776	3682	64094	63103
三、中学	1525541	1460541	838220	594610	243610	183812
1. 普通中学	1520398	1455398	833077	594610	238467	178669
普通高中	513605	448605	322102	250531	71571	54774
#农村	60692	60692	52727	45861	6866	6190
普通初中	1006793	1006793	510975	344079	166896	123895
#农村	255888	255888	114294	61354	52940	47999
2. 成人中学	5143	5143	5143		5143	5143
四、小学	707502	706902	309988	199445	110543	82612
1. 普通小学	707502	706902	309988	199445	110543	82612
#农村	241834	241234	90204	50408	39796	36510
2. 成人小学						
五、特殊教育	3338	3338	2602	2147	455	442
1. 特殊教育学校	3338	3338	2602	2147	455	442
2. 工读学校						
六、幼儿园						
七、教育行政单位						
八、教育事业单位						
九、其他						

预算内教育事业费和基本建设支出明细

单位：千元

公用部分	商品和服务支出	其他资本性支出		基本建设支出
		专项公用支出	专项项目支出	

公用部分	商品和服务支出	其他资本性支出	专项公用支出	专项项目支出	基本建设支出
1261699	**979339**	**282360**	**134539**	**147821**	**71400**
169914	55950	113964	37910	76054	5800
169914	55950	113964	37910	76054	5800
122910	53034	69876	31036	38840	5000
151	151				
46853	2765	44088	6874	37214	800
71814	46526	25288	10142	15146	
31272	18334	12938	4552	8386	
33082	21314	11768	5308	6460	
3418	3106	312	312		
6496	6329	167	167		
964	549	415	115	300	
622321	527629	94692	52167	42525	65000
622321	527629	94692	52167	42525	65000
126503	96640	29863	9849	20014	65000
7965	7229	736	578	158	
495818	430989	64829	42318	22511	
141594	122759	18835	12939	5896	
396914	348498	48416	34320	14096	600
396914	348498	48416	34320	14096	600
151030	133422	17608	13204	4404	600
736	736				
736	736				

1—32 全国教育部门和其他部门各级学校生均教育经费支出

单位:元

学校类别	教育经费支出	事业性经费支出	个人部分	公用部分	基本建设支出
总　计	**6042.78**	**5820.20**	**3413.15**	**2407.05**	**222.58**
一、高等学校	17256.89	16021.97	7030.50	8991.46	1234.92
1.普通高等学校	17972.13	16655.99	7282.77	9373.22	1316.14
高等本科学校	20307.98	18752.14	8139.16	10612.98	1555.84
高等专科学校	11115.70	10345.33	5137.60	5207.74	770.36
高等职业学校	11657.74	11019.77	4897.21	6122.56	637.97
2.成人高等学校	7814.26	7651.57	3700.02	3951.55	162.69
二、中等职业学校	7278.99	7031.16	4049.61	2981.55	247.83
1.中等专业学校	7616.32	7405.45	4140.52	3264.93	210.88
2.职业高中	6767.05	6531.87	3853.76	2678.11	235.18
#农村	5357.29	5187.05	3159.24	2027.81	170.24
3.技工学校	6696.59	6216.30	3339.78	2876.51	480.30
4.成人中专学校	10992.46	10803.13	7020.55	3782.58	189.32
三、中学	5058.29	4922.07	3162.14	1759.94	136.21
1.普通中学	5054.23	4917.97	3160.44	1757.53	136.26
普通高中	6258.78	6080.74	3530.77	2549.97	178.04
#农村	4779.44	4702.64	2902.96	1799.68	76.80
普通初中	4533.72	4415.52	3000.41	1415.11	118.20
#农村	4005.82	3905.08	2688.72	1216.36	100.74
2.成人中学	17894.54	17894.54	8534.70	9359.84	
四、小学	3411.04	3371.20	2493.90	877.30	39.85
1.普通小学	3411.57	3371.71	2494.25	877.47	39.86
#农村	3116.82	3088.59	2330.71	757.88	28.23
2.成人小学	1715.37	1715.37	1369.96	345.41	
五、特殊教育	23670.78	22974.24	14499.33	8474.91	696.54
1.特殊教育学校	23477.79	22770.17	14469.20	8300.97	707.63
2.工读学校	31335.17	31079.19	15696.17	15383.01	255.98
六、幼儿园	3718.29	3647.30	2460.89	1186.41	70.99

1—33 全国教育部门和其他部门各级学校生均预算内教育经费支出

单位:元

学校类别	预算内教育经费支出	事业费支出	个人部分	公用部分	基本建设支出
总计	**3856.33**	**3723.22**	**2630.83**	**1092.39**	**133.12**
一、高等学校	8025.77	7394.03	4265.80	3128.23	631.73
1.普通高等学校	8241.58	7577.71	4341.83	3235.89	663.87
高等本科学校	9551.79	8752.76	4902.20	3850.57	799.03
高等专科学校	5546.10	5096.82	3127.18	1969.64	449.27
高等职业学校	4806.79	4509.32	2884.53	1624.79	297.47
2.成人高等学校	4267.81	4195.65	2942.03	1253.63	72.15
二、中等职业学校	3941.49	3811.34	2899.63	911.71	130.14
1.中等专业学校	3981.77	3884.31	2840.94	1043.37	97.46
2.职业高中	3832.87	3697.00	2922.15	774.85	135.87
#农村	3139.65	3019.57	2410.12	609.45	120.08
3.技工学校	3213.56	2998.78	2110.64	888.14	214.78
4.成人中专学校	6495.31	6310.89	5133.13	1177.76	184.43
三、中学	3554.42	3443.96	2579.04	864.92	110.46
1.普通中学	3552.84	3442.35	2577.81	864.54	110.49
普通高中	3338.44	3208.84	2510.56	698.28	129.60
#农村	2648.05	2596.30	2115.14	481.16	51.75
普通初中	3645.49	3543.25	2606.87	936.38	102.24
#农村	3390.06	3303.16	2411.07	892.09	86.90
2.成人中学	8555.04	8555.04	6474.58	2080.46	
四、小学	2788.07	2757.06	2140.88	616.18	31.01
1.普通小学	2788.55	2757.53	2141.25	616.28	31.02
#农村	2640.79	2617.59	2035.71	581.88	23.20
2.成人小学	1253.16	1253.16	963.54	289.62	
五、特殊教育	18042.80	17396.43	12667.62	4728.80	646.38
1.特殊教育学校	18037.12	17380.91	12693.20	4687.72	656.21
2.工读学校	18268.42	18012.44	11651.91	6360.53	255.98
六、幼儿园	2141.61	2091.22	1739.04	352.18	50.40

1—34　中央属教育部门和其他部门各级学校生均教育经费支出

单位:元

学校类别	教育经费支出	事业性经费支出	个人部分	公用部分	基本建设支出
总　　计	**34315.89**	**31608.06**	**11715.78**	**19892.28**	**2707.82**
一、高等学校	32903.67	30197.27	11337.81	18859.46	2706.40
1. 普通高等学校	32828.37	30119.71	11318.12	18801.60	2708.66
高等本科学校	33072.91	30350.61	11387.44	18963.17	2722.31
高等专科学校	21251.04	17017.80	8104.51	8913.29	4233.24
高等职业学校	11457.95	10519.24	5241.73	5277.50	938.71
2. 成人高等学校	123121.00	123121.00	34934.99	88186.00	
二、中等职业学校	10532.08	10532.08	5361.76	5170.32	
1. 中等专业学校	10293.54	10293.54	5078.26	5215.27	
2. 职业高中	15034.69	15034.69	10712.92	4321.77	
＃农村					
3. 技工学校					
4. 成人中专学校					
三、中学	17050.61	17050.61	9885.82	7164.79	
1. 普通中学	17050.61	17050.61	9885.82	7164.79	
普通高中	19328.99	19328.99	11072.35	8256.64	
＃农村					
普通初中	12294.79	12294.79	7409.08	4885.70	
＃农村	4869.39	4869.39	3464.84	1404.55	
2. 成人中学					
四、小学	9015.15	9015.15	4799.22	4215.94	
1. 普通小学	9015.15	9015.15	4799.22	4215.94	
＃农村	2414.26	2414.26	1869.94	544.32	
2. 成人小学					
五、特殊教育					
1. 特殊教育学校					
2. 工读学校					
六、幼儿园	134.88	134.88	65.12	69.77	

1—35 中央属教育部门和其他部门各级学校生均预算内教育经费支出

单位:元

学校类别	预算内教育经费支出	事业费支出			基本建设支出
			个人部分	公用部分	
总　计	**14647.14**	**13431.69**	**6696.75**	**6734.95**	**1215.45**
一、高等学校	13634.65	12425.16	6387.06	6038.10	1209.49
1.普通高等学校	13631.64	12421.35	6385.59	6035.76	1210.30
高等本科学校	13753.45	12532.10	6438.56	6093.53	1221.35
高等专科学校	14560.24	12646.76	6896.30	5750.46	1913.48
高等职业学校	2337.31	2297.69	1449.10	848.59	39.62
2.成人高等学校	18151.98	18151.98	8593.14	9558.84	
二、中等职业学校	5375.24	5375.24	3351.71	2023.53	
1.中等专业学校	5329.40	5329.40	3216.79	2112.61	
2.职业高中	6240.43	6240.43	5898.33	342.11	
#农村					
3.技工学校					
4.成人中专学校					
三、中学	6408.28	6408.28	3981.27	2427.01	
1.普通中学	6408.28	6408.28	3981.27	2427.01	
普通高中	6730.98	6730.98	4276.05	2454.93	
#农村					
普通初中	5734.68	5734.68	3365.96	2368.72	
#农村	2590.09	2590.09	1907.57	682.52	
2.成人中学					
四、小学	6478.20	6478.20	3318.96	3159.25	
1.普通小学	6478.20	6478.20	3318.96	3159.25	
#农村	772.64	772.64	308.29	464.35	
2.成人小学					
五、特殊教育					
1.特殊教育学校					
2.工读学校					
六、幼儿园					

1—36 地方教育部门和其他部门各级学校生均教育经费支出

单位:元

学校类别	教育经费支出	事业性经费支出			基本建设支出
			个人部分	公用部分	
总　计	**5514.35**	**5338.22**	**3257.97**	**2080.25**	**176.13**
一、高等学校	13925.68	13004.04	6113.48	6890.56	921.64
1.普通高等学校	14517.44	13525.12	6344.39	7180.73	992.32
高等本科学校	15955.03	14796.97	7031.47	7765.50	1158.06
高等专科学校	10997.42	10267.46	5102.97	5164.49	729.95
高等职业学校	11659.42	11023.96	4894.32	6129.64	635.46
2.成人高等学校	7574.06	7411.03	3634.95	3776.08	163.03
二、中等职业学校	7274.68	7026.53	4047.87	2978.66	248.16
1.中等专业学校	7608.01	7396.48	4137.60	3258.88	211.53
2.职业高中	6765.83	6530.62	3852.75	2677.87	235.21
#农村	5357.29	5187.05	3159.24	2027.81	170.24
3.技工学校	6696.59	6216.30	3339.78	2876.51	480.30
4.成人中专学校	10992.46	10803.13	7020.55	3782.58	189.32
三、中学	5052.01	4915.72	3158.62	1757.10	136.29
1.普通中学	5047.94	4911.61	3156.91	1754.70	136.33
普通高中	6243.42	6065.17	3521.91	2543.27	178.25
#农村	4779.44	4702.64	2902.96	1799.68	76.80
普通初中	4531.83	4413.60	2999.34	1414.26	118.23
#农村	4005.78	3905.04	2688.68	1216.35	100.74
2.成人中学	17894.54	17894.54	8534.70	9359.84	
四、小学	3409.56	3369.71	2493.29	876.42	39.86
1.普通小学	3410.09	3370.22	2493.64	876.58	39.87
#农村	3116.83	3088.60	2330.72	757.88	28.23
2.成人小学	1715.37	1715.37	1369.96	345.41	
五、特殊教育	23670.78	22974.24	14499.33	8474.91	696.54
1.特殊教育学校	23477.79	22770.17	14469.20	8300.97	707.63
2.工读学校	31335.17	31079.19	15696.17	15383.01	255.98
六、幼儿园	3718.58	3647.59	2461.09	1186.50	70.99

1—37 地方教育部门和其他部门各级学校生均预算内教育经费支出

单位:元

学校类别	预算内教育经费支出	事业费支出	个人部分	公用部分	基本建设支出
总计	**3671.81**	**3557.20**	**2561.30**	**995.90**	**114.61**
一、高等学校	6834.80	6325.75	3815.38	2510.36	509.05
1.普通高等学校	7017.41	6477.64	3877.65	2599.99	539.76
高等本科学校	8115.64	7460.96	4377.06	3083.91	654.67
高等专科学校	5451.20	5017.34	3087.50	1929.84	433.86
高等职业学校	4827.81	4528.14	2896.75	1631.40	299.66
2.成人高等学校	4237.96	4165.65	2929.88	1235.77	72.31
二、中等职业学校	3939.59	3809.27	2899.03	910.24	130.32
1.中等专业学校	3977.59	3879.82	2839.77	1040.05	97.77
2.职业高中	3832.51	3696.63	2921.72	774.91	135.89
#农村	3139.65	3019.57	2410.12	609.45	120.08
3.技工学校	3213.56	2998.78	2110.64	888.14	214.78
4.成人中专学校	6495.31	6310.89	5133.13	1177.76	184.43
三、中学	3552.93	3442.41	2578.30	864.11	110.52
1.普通中学	3551.34	3440.79	2577.07	863.72	110.55
普通高中	3334.46	3204.70	2508.49	696.21	129.76
#农村	2648.05	2596.30	2115.14	481.16	51.75
普通初中	3644.98	3542.72	2606.68	936.04	102.26
#农村	3390.10	3303.19	2411.09	892.10	86.91
2.成人中学	8555.04	8555.04	6474.58	2080.46	
四、小学	2787.10	2756.08	2140.57	615.51	31.02
1.普通小学	2787.57	2756.55	2140.94	615.61	31.03
#农村	2640.82	2617.62	2035.74	581.88	23.20
2.成人小学	1253.16	1253.16	963.54	289.62	
五、特殊教育	18042.80	17396.43	12667.62	4728.80	646.38
1.特殊教育学校	18037.12	17380.91	12693.20	4687.72	656.21
2.工读学校	18268.42	18012.44	11651.91	6360.53	255.98
六、幼儿园	2141.79	2091.39	1739.19	352.21	50.40

第二部分

省、自治区、直辖市
按来源分类教育经费收入

2—1 分地区

地　区	总　计			教育部门和其他部门		
	合　计	中　央	地　方	合　计	中　央	地　方
合　计	**1427056742**	**133883324**	**1293173418**	**1319514841**	**128334389**	**1191180452**
北　京	88382904	41481245	46901659	84943166	41469246	43473920
天　津	23591448	2983022	20608426	21954329	2963537	18990792
河　北	56912832	1063693	55849139	52874057	717256	52156801
山　西	33322605	38561	33284044	31196649	9916	31186733
内蒙古	26342222	86952	26255270	25661491	82186	25579305
辽　宁	51905819	3982708	47923111	48924757	3982708	44942049
吉　林	30010541	2868596	27141945	27982179	2842387	25139792
黑龙江	39502178	5636671	33865507	35921513	4730129	31191384
上　海	59049121	10818863	48230258	55864513	10775022	45089491
江　苏	108949443	9306721	99642722	99858450	9306721	90551729
浙　江	83455806	3727468	79728338	74196171	3727468	70468703
安　徽	45940085	2102769	43837316	42564475	2072451	40492024
福　建	41059459	2074050	38985409	37348930	2074050	35274880
江　西	33510238	178526	33331712	30202008	159942	30042066
山　东	81347722	3856247	77491475	75777633	3772111	72005522
河　南	65756955	141727	65615228	61398576	135579	61262997
湖　北	56090178	10894253	45195925	51420710	10790026	40630684
湖　南	54085727	3425226	50660501	49002065	3315859	45686206
广　东	121468482	4852946	116615536	107633183	4837978	102795205
广　西	34762232		34762232	32837795		32837795
海　南	9289811		9289811	7940892		7940892
重　庆	29792049	3166246	26625803	27752752	3163206	24589546
四　川	73863863	8080479	65783384	68860645	8049088	60811557
贵　州	27176221	84840	27091381	26411444	68427	26343017
云　南	34240984	11661	34229323	32837109	8106	32829003
西　藏	4941223		4941223	4935971		4935971
陕　西	45484035	7422352	38061683	41493699	7412445	34081254
甘　肃	24693862	1591862	23102000	24001117	1577260	22423857
青　海	6080336		6080336	5990995		5990995
宁　夏	7284427	258312	7026115	7009735	258312	6751423
新　疆	28763934	3747328	25016606	24717832	32973	24684859

教育经费总收入

单位:千元

企业办学			民办学校
合　计	中　央	地　方	地　方
16803436	**5548935**	**11254501**	**90738465**
854001	11999	842002	2585737
752968	19485	733483	884151
747517	346437	401080	3291258
308238	28645	279593	1817718
307793	4766	303027	372938
320719		320719	2660343
386797	26209	360588	1641565
2459863	906542	1553321	1120802
562090	43841	518249	2622518
288644		288644	8802349
608865		608865	8650770
406402	30318	376084	2969208
17831		17831	3692698
49638	18584	31054	3258592
1369428	84136	1285292	4200661
351854	6148	345706	4006525
329863	104227	225636	4339605
152845	109367	43478	4930817
309590	14968	294622	13525709
45410		45410	1879027
924145		924145	424774
138632	3040	135592	1900665
212939	31391	181548	4790279
289024	16413	272611	475753
213684	3555	210129	1190191
584		584	4668
328793	9907	318886	3661543
220956	14602	206354	471789
39757		39757	49584
47910		47910	226782
3756656	3714355	42301	289446

2—2 分地区

地区	总计			教育部门和其他部门		
	合计	中央	地方	合计	中央	地方
合计	**1021945956**	**75143678**	**946802278**	**1004796970**	**71047991**	**933748979**
北京	62688675	24357997	38330678	61989683	24353571	37636112
天津	16698520	1761697	14936823	16291966	1746792	14545174
河北	42326864	614052	41712812	41811034	412553	41398481
山西	25717344	32587	25684757	25393514	9916	25383598
内蒙古	21935486	82842	21852644	21663694	82186	21581508
辽宁	39022108	2272860	36749248	38674884	2272860	36402024
吉林	23042479	1922728	21119751	22660066	1896519	20763547
黑龙江	29286921	2795209	26491712	27290159	2212637	25077522
上海	42112991	5372445	36740546	41930333	5348985	36581348
江苏	69734042	4885866	64848176	69096532	4885866	64210666
浙江	53458836	1734686	51724150	52544143	1734686	50809457
安徽	32922525	1164396	31758129	32581238	1154191	31427047
福建	28812599	1176630	27635969	28666829	1176630	27490199
江西	22343865	164893	22178972	22071976	159547	21912429
山东	59564078	2093502	57470576	58090210	2071890	56018320
河南	49872430	103433	49768997	49066761	102233	48964528
湖北	34212172	6161826	28050346	34052094	6141129	27910965
湖南	36494123	2133460	34360663	36010442	2095379	33915063
广东	82172198	2034763	80137435	81429961	2028483	79401478
广西	26500496		26500496	26390955		26390955
海南	6869932		6869932	6155694		6155694
重庆	19720915	1584777	18136138	19385177	1584441	17800736
四川	52827510	3880441	48947069	52141358	3868369	48272989
贵州	23077973	76096	23001877	22920814	68398	22852416
云南	28242028	8734	28233294	27958223	8106	27950117
西藏	4783935		4783935	4783481		4783481
陕西	30822766	4232190	26590576	30439522	4222979	26216543
甘肃	20775020	1173469	19601551	20593523	1166691	19426832
青海	5478642		5478642	5450999		5450999
宁夏	5966652	209981	5756671	5915264	209981	5705283
新疆	24461831	3112118	21349713	21346441	32973	21313468

国家财政性教育经费

单位：千元

企业办学			民办学校
合　　计	中　　央	地　　方	地　　方
10888659	**4095687**	**6792972**	**6260327**
683916	4426	679490	15076
404909	14905	390004	1645
404641	201499	203142	111189
234452	22671	211781	89378
239114	656	238458	32678
167126		167126	180098
297939	26209	271730	84474
1987331	582572	1404759	9431
174329	23460	150869	8329
76356		76356	561154
137919		137919	776774
202611	10205	192406	138676
4527		4527	141243
18214	5346	12868	253675
837052	21612	815440	636816
194029	1200	192829	611640
34363	20697	13666	125715
51740	38081	13659	431941
158952	6280	152672	583285
24293		24293	85248
697497		697497	16741
36959	336	36623	298779
103784	12072	91712	582368
121191	7698	113493	35968
163259	628	162631	120546
454		454	
138151	9211	128940	245093
136367	6778	129589	45130
24421		24421	3222
23483		23483	27905
3109280	3079145	30135	6110

2—3 分地区

地区	总计			教育部门和其他部门		
	合计	中央	地方	合计	中央	地方
合计	**945539019**	**73245209**	**872293810**	**933920360**	**70160231**	**863760129**
北京	59300543	24116414	35184129	58678166	24116324	34561842
天津	15448939	1733352	13715587	15258660	1732483	13526177
河北	38714999	416232	38298767	38508915	407546	38101369
山西	23004633	11022	22993611	22873144	9916	22863228
内蒙古	20482260	82829	20399431	20334680	82173	20252507
辽宁	35961399	2254667	33706732	35770272	2254667	33515605
吉林	21952341	1894540	20057801	21848025	1894540	19953485
黑龙江	27271685	2501758	24769927	26402293	2206207	24196086
上海	37019143	5034798	31984345	36949299	5028418	31920881
江苏	61853819	4851618	57002201	61293170	4851618	56441552
浙江	44779843	1718227	43061616	44086526	1718227	42368299
安徽	30984384	1154841	29829543	30811862	1153886	29657976
福建	26742719	1156880	25585839	26604604	1156880	25447724
江西	21454351	162896	21291455	21191139	158984	21032155
山东	53093423	2061938	51031485	52152579	2060977	50091602
河南	47484717	102233	47382484	46821794	102233	46719561
湖北	32012450	6071584	25940866	31888687	6071584	25817103
湖南	34581247	2120733	32460514	34134941	2089809	32045132
广东	77272554	2012142	75260412	76680604	2008092	74672512
广西	25093085		25093085	24999610		24999610
海南	6000012		6000012	5900847		5900847
重庆	18716802	1575588	17141214	18407486	1575588	16831898
四川	49845747	3855769	45989978	49248856	3854984	45393872
贵州	21656417	72698	21583719	21545391	68398	21476993
云南	26898423	8734	26889689	26772393	8106	26764287
西藏	4754821		4754821	4754821		4754821
陕西	29325303	4156800	25168503	29036881	4156593	24880288
甘肃	20093173	1149150	18944023	20020660	1149044	18871616
青海	5324059		5324059	5307453		5307453
宁夏	5630807	209981	5420826	5598659	209981	5388678
新疆	22784921	2757785	20027136	20037943	32973	20004970

财政预算内教育经费

单位:千元

企业办学			民办学校
合　计	中　央	地　方	地　方
5713631	**3084978**	**2628653**	**5905028**
607651	90	607561	14726
188634	869	187765	1645
99495	8686	90809	106589
45206	1106	44100	86283
114917	656	114261	32663
11029		11029	180098
20342		20342	83974
859961	295551	564410	9431
61515	6380	55135	8329
48406		48406	512243
86669		86669	606648
36900	955	35945	135622
4527		4527	133588
10377	3912	6465	252835
331592	961	330631	609252
54849		54849	608074
6046		6046	117717
43203	30924	12279	403103
27485	4050	23435	564465
8227		8227	85248
82466		82466	16699
11740		11740	297576
17940	785	17155	578951
81059	4300	76759	29967
17841	628	17213	108189
49580	207	49373	238842
27433	106	27327	45080
13384		13384	3222
4289		4289	27859
2740868	2724812	16056	6110

2—4 分地区

地区	总计			教育部门和其他部门		
	合计	中央	地方	合计	中央	地方
合计	**806844431**	**49391850**	**757452581**	**796871841**	**47019408**	**749852433**
北京	43425465	15287912	28137553	42830990	15287912	27543078
天津	14428754	1260172	13168582	14256092	1259303	12996789
河北	35218136	390837	34827299	35023764	389817	34633947
山西	20826630	2466	20824164	20705809	1360	20704449
内蒙古	16785571	77402	16708169	16639999	76746	16563253
辽宁	28462044	1417728	27044316	28275937	1417728	26858209
吉林	18041799	1444828	16596971	17953916	1444828	16509088
黑龙江	25404475	1636241	23768234	24833487	1465163	23368324
上海	32515514	3384297	29131217	32460607	3377917	29082690
江苏	54891074	3220415	51670659	54388268	3220415	51167853
浙江	40508176	819905	39688271	39868014	819905	39048109
安徽	25630100	808287	24821813	25488856	807332	24681524
福建	22331957	806906	21525051	22200776	806906	21393870
江西	18813719	145489	18668230	18566781	143648	18423133
山东	51226782	1441634	49785148	50312183	1440673	48871510
河南	41845149	88187	41756962	41303545	88187	41215358
湖北	28311669	4235835	24075834	28214708	4235835	23978873
湖南	28467657	1486966	26980691	28049085	1456242	26592843
广东	61485362	1441098	60044264	60993061	1437058	59556003
广西	22741072		22741072	22672399		22672399
海南	5073443		5073443	4985407		4985407
重庆	14981186	1265418	13715768	14742570	1265418	13477152
四川	36841675	2537776	34303899	36287324	2537641	33749683
贵州	20488252	72698	20415554	20377438	68398	20309040
云南	22257437	2270	22255167	22138305	1642	22136663
西藏	3700281		3700281	3700281		3700281
陕西	26097490	2942725	23154765	25824874	2942518	22882356
甘肃	17717249	797008	16920241	17662057	796902	16865155
青海	4185902		4185902	4170206		4170206
宁夏	4901833	204381	4697452	4875155	204381	4670774
新疆	19238578	2172969	17065609	17069947	25533	17044414

财政预算内教育事业费拨款

单位:千元

企业办学			民办学校
合　计	中　央	地　方	地　方
4666557	**2372442**	**2294115**	**5306033**
582211		582211	12264
171017	869	170148	1645
91813	1020	90793	102559
42001	1106	40895	78820
113209	656	112553	32363
8608		8608	177499
4642		4642	83241
566357	171078	395279	4631
50094	6380	43714	4813
45190		45190	457616
75958		75958	564204
27416	955	26461	113828
3377		3377	127804
7192	1841	5351	239746
308149	961	307188	606450
46022		46022	495582
5716		5716	91245
43003	30724	12279	375569
24775	4040	20735	467526
4156		4156	64517
74307		74307	13729
11440		11440	227176
15477	135	15342	538874
81059	4300	76759	29755
14879	628	14251	104253
42466	207	42259	230150
26627	106	26521	28565
12499		12499	3197
4289		4289	22389
2162608	2147436	15172	6023

2—5 分地区

地区	总计			教育部门和其他部门		
	合计	中央	地方	合计	中央	地方
合计	**28641084**	**4539005**	**24102079**	**28310024**	**4282545**	**24027479**
北京	2982838	1424694	1558144	2982838	1424694	1558144
天津	78500	44800	33700	77100	44800	32300
河北	263103	7000	256103	263103	7000	256103
山西	674232		674232	674232		674232
内蒙古	693280		693280	693280		693280
辽宁	1569108	358250	1210858	1569108	358250	1210858
吉林	237354	122300	115054	237354	122300	115054
黑龙江	763324	504761	258563	730937	472374	258563
上海	1049039	164504	884535	1049039	164504	884535
江苏	2780601	338210	2442391	2779601	338210	2441391
浙江	729155	6000	723155	729155	6000	723155
安徽	376026	18793	357233	376026	18793	357233
福建	787792	22550	765242	786192	22550	763642
江西	644824		644824	644824		644824
山东	328457	58590	269867	328457	58590	269867
河南	640748		640748	640748		640748
湖北	824715	310288	514427	824715	310288	514427
湖南	1000136	81870	918266	1000136	81870	918266
广东	5469567	56520	5413047	5469567	56520	5413047
广西	322284		322284	322284		322284
海南	532568		532568	532568		532568
重庆	455913	40830	415083	390313	40830	349483
四川	1113278	373330	739948	1113278	373330	739948
贵州	415790		415790	415790		415790
云南	582826		582826	582826		582826
西藏	725370		725370	725370		725370
陕西	775063	363642	411421	775063	363642	411421
甘肃	226927	18000	208927	226927	18000	208927
青海	334314		334314	334314		334314
宁夏	265860		265860	260860		260860
新疆	998092	224073	774019	774019		774019

财政预算内基本建设拨款

单位:千元

企业办学			民办学校
合　计	中　央	地　方	地　方
259660	**256460**	**3200**	**71400**
1400		1400	
32387	32387		
1000		1000	
800		800	800
			65600
			5000
224073	224073		

2—6 分地区

地区	总计			教育部门和其他部门		
	合计	中央	地方	合计	中央	地方
合计	**16699907**	**12168614**	**4531293**	**16699907**	**12168614**	**4531293**
北京	5085198	4810065	275133	5085198	4810065	275133
天津	315629	240643	74986	315629	240643	74986
河北	21709	3469	18240	21709	3469	18240
山西	78662	2506	76156	78662	2506	76156
内蒙古	77045	4900	72145	77045	4900	72145
辽宁	471189	319228	151961	471189	319228	151961
吉林	476365	193050	283315	476365	193050	283315
黑龙江	292395	210420	81975	292395	210420	81975
上海	1846341	1128307	718034	1846341	1128307	718034
江苏	1430415	964539	465876	1430415	964539	465876
浙江	427684	220837	206847	427684	220837	206847
安徽	338279	313251	25028	338279	313251	25028
福建	363553	195085	168468	363553	195085	168468
江西	36639	7259	29380	36639	7259	29380
山东	582158	398479	183679	582158	398479	183679
河南	94112	8597	85515	94112	8597	85515
湖北	1315446	1067828	247618	1315446	1067828	247618
湖南	578131	489798	88333	578131	489798	88333
广东	1024017	464327	559690	1024017	464327	559690
广西	23501		23501	23501		23501
海南	29378		29378	29378		29378
重庆	329506	222456	107050	329506	222456	107050
四川	507474	362206	145268	507474	362206	145268
贵州	80373		80373	80373		80373
云南	43690		43690	43690		43690
西藏	12465		12465	12465		12465
陕西	635968	432624	203344	635968	432624	203344
甘肃	131877	108740	23137	131877	108740	23137
青海	27835		27835	27835		27835
宁夏	22430		22430	22430		22430
新疆	443		443	443		443

财政预算内科研拨款

单位：千元

企业办学			民办学校
合　计	中　央	地　方	地　方

2—7 分地区

地区	总计			教育部门和其他部门		
	合计	中央	地方	合计	中央	地方
合计	**93353597**	**7145740**	**86207857**	**92038588**	**6689664**	**85348924**
北京	7807042	2593743	5213299	7779140	2593653	5185487
天津	626056	187737	438319	609839	187737	422102
河北	3212051	14926	3197125	3200339	7260	3193079
山西	1425109	6050	1419059	1414441	6050	1408391
内蒙古	2926364	527	2925837	2924356	527	2923829
辽宁	5459058	159461	5299597	5454038	159461	5294577
吉林	3196823	134362	3062461	3180390	134362	3046028
黑龙江	811491	150336	661155	545474	58250	487224
上海	1608249	357690	1250559	1593312	357690	1235622
江苏	2751729	328454	2423275	2694886	328454	2366432
浙江	3114828	671485	2443343	3061673	671485	2390188
安徽	4639979	14510	4625469	4608701	14510	4594191
福建	3259417	132339	3127078	3254083	132339	3121744
江西	1959169	10148	1949021	1942895	8077	1934818
山东	956026	163235	792791	929781	163235	766546
河南	4904708	5449	4899259	4783389	5449	4777940
湖北	1560620	457633	1102987	1533818	457633	1076185
湖南	4535323	62099	4473224	4507589	61899	4445690
广东	9293608	50197	9243411	9193959	50187	9143772
广西	2006228		2006228	1981426		1981426
海南	364623		364623	353494		353494
重庆	2950197	46884	2903313	2945097	46884	2898213
四川	11383320	582457	10800863	11340780	581807	10758973
贵州	672002		672002	671790		671790
云南	4014470	6464	4008006	4007572	6464	4001108
西藏	316705		316705	316705		316705
陕西	1816782	417809	1398973	1800976	417809	1383167
甘肃	2017120	225402	1791718	1999799	225402	1774397
青海	776008		776008	775098		775098
宁夏	440684	5600	435084	440214	5600	434614
新疆	2547808	360743	2187065	2193534	7440	2186094

财政预算内其他拨款

单位:千元

企业办学			民办学校
合　计	中　央	地　方	地　方
787414	**456076**	**331338**	**527595**
25440	90	25350	2462
16217		16217	
7682	7666	16	4030
3205		3205	7463
1708		1708	300
2421		2421	2599
15700		15700	733
261217	92086	169131	4800
11421		11421	3516
2216		2216	54627
10711		10711	42444
9484		9484	21794
350		350	4984
3185	2071	1114	13089
23443		23443	2802
8827		8827	112492
330		330	26472
200	200		27534
2710	10	2700	96939
4071		4071	20731
8159		8159	2970
300		300	4800
2463	650	1813	40077
			212
2962		2962	3936
7114		7114	8692
806		806	16515
885		885	25
			470
354187	353303	884	87

2—8 分地区

地区	总计			教育部门和其他部门		
	合计	中央	地方	合计	中央	地方
合计	**69064470**	**1559**	**69062911**	**68561366**	**626**	**68560740**
北京	2944942		2944942	2936932		2936932
天津	1001320	50	1001270	997710	50	997660
河北	3291609		3291609	3285103		3285103
山西	2556865		2556865	2518170		2518170
内蒙古	1324978	13	1324965	1318485	13	1318472
辽宁	2875205		2875205	2874905		2874905
吉林	765407		765407	764907		764907
黑龙江	879715	833	878882	870437		870437
上海	4579764		4579764	4579764		4579764
江苏	7578217		7578217	7529306		7529306
浙江	8608597		8608597	8403271		8403271
安徽	1749109		1749109	1743755		1743755
福建	2031593		2031593	2023938		2023938
江西	868079	563	867516	867239	563	866676
山东	5940591		5940591	5873910		5873910
河南	2219879		2219879	2216313		2216313
湖北	1997519	100	1997419	1989421		1989421
湖南	1744090		1744090	1715252		1715252
广东	4640041		4640041	4620562		4620562
广西	1344530		1344530	1343986		1343986
海南	214462		214462	214183		214183
重庆	952161		952161	950628		950628
四川	2828010		2828010	2823917		2823917
贵州	1363828		1363828	1357097		1357097
云南	1129893		1129893	1115636		1115636
西藏	28660		28660	28660		28660
陕西	1322047		1322047	1315730		1315730
甘肃	544456		544456	544406		544406
青海	139973		139973	139973		139973
宁夏	316543		316543	316497		316497
新疆	1282387		1282387	1281273		1281273

各级政府征收用于教育的税费

单位:千元

企业办学			民办学校
合　　计	中　　央	地　　方	地　　方
147805	**933**	**146872**	**355299**
7660		7660	350
3610		3610	
1906		1906	4600
35600		35600	3095
6478		6478	15
300		300	
			500
9278	833	8445	
			48911
35200		35200	170126
2300		2300	3054
			7655
			840
39117		39117	27564
			3566
100	100		7998
			28838
659		659	18820
544		544	
237		237	42
330		330	1203
676		676	3417
730		730	6001
1900		1900	12357
66		66	6251
			50
			46
1114		1114	

2—9 分地区

地区	总计			教育部门和其他部门		
	合计	中央	地方	合计	中央	地方
合计	**52740734**	**1559**	**52739175**	**52407753**	**626**	**52407127**
北京	2944363		2944363	2936353		2936353
天津	1001320	50	1001270	997710	50	997660
河北	2334593		2334593	2328087		2328087
山西	2146849		2146849	2143754		2143754
内蒙古	1181083	13	1181070	1174640	13	1174627
辽宁	2361548		2361548	2361248		2361248
吉林	765407		765407	764907		764907
黑龙江	770752	833	769919	761772		761772
上海	3901698		3901698	3901698		3901698
江苏	4892257		4892257	4844909		4844909
浙江	4092899		4092899	3988159		3988159
安徽	1401013		1401013	1395659		1395659
福建	1355250		1355250	1353355		1353355
江西	731800	563	731237	730960	563	730397
山东	4552115		4552115	4506516		4506516
河南	2218155		2218155	2214589		2214589
湖北	1309617	100	1309517	1305519		1305519
湖南	1438355		1438355	1409667		1409667
广东	4537233		4537233	4517754		4517754
广西	779378		779378	778834		778834
海南	207031		207031	206772		206772
重庆	865658		865658	864125		864125
四川	1654695		1654695	1650602		1650602
贵州	1034796		1034796	1028615		1028615
云南	1080797		1080797	1066540		1066540
西藏	28660		28660	28660		28660
陕西	1289219		1289219	1282902		1282902
甘肃	479302		479302	479252		479252
青海	123618		123618	123618		123618
宁夏	244248		244248	244202		244202
新疆	1017025		1017025	1016375		1016375

教育费附加

单位:千元

企业办学			民办学校
合　　计	中　　央	地　　方	地　　方
101611	**933**	**100678**	**231370**
7660		7660	350
3610		3610	
1906		1906	4600
			3095
6428		6428	15
300		300	
			500
8980	833	8147	
			47348
34389		34389	70351
2300		2300	3054
			1895
			840
30146		30146	15453
			3566
100	100		3998
			28688
659		659	18820
544		544	
237		237	22
330		330	1203
676		676	3417
730		730	5451
1900		1900	12357
66		66	6251
			50
			46
650		650	

2—10 分地区

地区	总计			教育部门和其他部门		
	合计	中央	地方	合计	中央	地方
合计	**12203774**		**12203774**	**12132652**		**12132652**
北京						
天津						
河北	943796		943796	943796		943796
山西						
内蒙古	130736		130736	130736		130736
辽宁	418678		418678	418678		418678
吉林						
黑龙江	30617		30617	30617		30617
上海	678066		678066	678066		678066
江苏	2174795		2174795	2173295		2173295
浙江	2827864		2827864	2790258		2790258
安徽	314090		314090	314090		314090
福建	625546		625546	619786		619786
江西	120657		120657	120657		120657
山东	1281040		1281040	1259958		1259958
河南						
湖北	539215		539215	535215		535215
湖南	252796		252796	252646		252646
广东						
广西	550849		550849	550849		550849
海南	6289		6289	6279		6279
重庆	50221		50221	50221		50221
四川	461994		461994	461994		461994
贵州	322550		322550	322000		322000
云南	47696		47696	47696		47696
西藏						
陕西	32351		32351	32351		32351
甘肃	64614		64614	64614		64614
青海	16355		16355	16355		16355
宁夏	47597		47597	47597		47597
新疆	265362		265362	264898		264898

地方教育附加

单位:千元

企业办学			民办学校
合计	中央	地方	地方
10246		**10246**	**60876**
			1500
811		811	36795
			5760
8971		8971	12111
			4000
			150
			10
			550
464		464	

2—11 分地区

地区	总计			教育部门和其他部门		
	合计	中央	地方	合计	中央	地方
合计	**4119962**		**4119962**	**4020961**		**4020961**
北京	579		579	579		579
天津						
河北	13220		13220	13220		13220
山西	410016		410016	374416		374416
内蒙古	13159		13159	13109		13109
辽宁	94979		94979	94979		94979
吉林						
黑龙江	78346		78346	78048		78048
上海						
江苏	511165		511165	511102		511102
浙江	1687834		1687834	1624854		1624854
安徽	34006		34006	34006		34006
福建	50797		50797	50797		50797
江西	15622		15622	15622		15622
山东	107436		107436	107436		107436
河南	1724		1724	1724		1724
湖北	148687		148687	148687		148687
湖南	52939		52939	52939		52939
广东	102808		102808	102808		102808
广西	14303		14303	14303		14303
海南	1142		1142	1132		1132
重庆	36282		36282	36282		36282
四川	711321		711321	711321		711321
贵州	6482		6482	6482		6482
云南	1400		1400	1400		1400
西藏						
陕西	477		477	477		477
甘肃	540		540	540		540
青海						
宁夏	24698		24698	24698		24698
新疆						

地方教育基金

单位:千元

企业办学			民办学校
合　　计	中　　央	地　　方	地　　方
35948		**35948**	**63053**
35600		35600	
50		50	
298		298	
			63
			62980
			10

2—12 分地区

地区	总计			教育部门和其他部门		
	合计	中央	地方	合计	中央	地方
合计	**4941007**	**984351**	**3956656**			
北京	61038	4300	56738			
天津	212665	14036	198629			
河北	300950	192813	108137			
山西	153646	21565	132081			
内蒙古	117569		117569			
辽宁	155644		155644			
吉林	277562	26199	251363			
黑龙江	1108605	286188	822417			
上海	94163	17080	77083			
江苏	23557		23557			
浙江	13975		13975			
安徽	163268	9249	154019			
福建						
江西	7837	1434	6403			
山东	464170	20651	443519			
河南	138228	1200	137028			
湖北	28217	20597	7620			
湖南	7957	7157	800			
广东	129424	2230	127194			
广西	15465		15465			
海南	613057		613057			
重庆	24789	336	24453			
四川	76270	6287	69983			
贵州	39385	3398	35987			
云南	142510		142510			
西藏	274		274			
陕西	86062	9004	77058			
甘肃	108934	6672	102262			
青海	9672		9672			
宁夏	19194		19194			
新疆	346920	333955	12965			

企业办学中的企业拨款

单位：千元

企业办学			民办学校
合　计	中　央	地　方	地　方
4941007	**984351**	**3956656**	
61038	4300	56738	
212665	14036	198629	
300950	192813	108137	
153646	21565	132081	
117569		117569	
155644		155644	
277562	26199	251363	
1108605	286188	822417	
94163	17080	77083	
23557		23557	
13975		13975	
163268	9249	154019	
7837	1434	6403	
464170	20651	443519	
138228	1200	137028	
28217	20597	7620	
7957	7157	800	
129424	2230	127194	
15465		15465	
613057		613057	
24789	336	24453	
76270	6287	69983	
39385	3398	35987	
142510		142510	
274		274	
86062	9004	77058	
108934	6672	102262	
9672		9672	
19194		19194	
346920	333955	12965	

2—13 分地区

地区	总计			教育部门和其他部门		
	合计	中央	地方	合计	中央	地方
合计	**2401460**	**912559**	**1488901**	**2315244**	**887134**	**1428110**
北京	382152	237283	144869	374585	237247	137338
天津	35596	14259	21337	35596	14259	21337
河北	19306	5007	14299	17016	5007	12009
山西	2200		2200	2200		2200
内蒙古	10679		10679	10529		10529
辽宁	29860	18193	11667	29707	18193	11514
吉林	47169	1989	45180	47134	1979	45155
黑龙江	26916	6430	20486	17429	6430	10999
上海	419921	320567	99354	401270	320567	80703
江苏	278449	34248	244201	274056	34248	239808
浙江	56421	16459	39962	54346	16459	37887
安徽	25764	306	25458	25621	305	25316
福建	38287	19750	18537	38287	19750	18537
江西	13598		13598	13598		13598
山东	65894	10913	54981	63721	10913	52808
河南	29606		29606	28654		28654
湖北	173986	69545	104441	173986	69545	104441
湖南	160829	5570	155259	160249	5570	154679
广东	130179	20391	109788	128795	20391	108404
广西	47416		47416	47359		47359
海南	42401		42401	40664		40664
重庆	27163	8853	18310	27063	8853	18210
四川	77483	18385	59098	68585	13385	55200
贵州	18343		18343	18326		18326
云南	71202		71202	70194		70194
西藏	180		180			
陕西	89354	66386	22968	86911	66386	20525
甘肃	28457	17647	10810	28457	17647	10810
青海	4938		4938	3573		3573
宁夏	108		108	108		108
新疆	47603	20378	27225	27225		27225

校办产和社会服务收入用于教育的经费

单位：千元

企业办学			民办学校
合　计	中　央	地　方	地　方
86216	**25425**	**60791**	
7567	36	7531	
2290		2290	
150		150	
153		153	
35	10	25	
9487		9487	
18651		18651	
4393		4393	
2075		2075	
143	1	142	
2173		2173	
952		952	
580		580	
1384		1384	
57		57	
1737		1737	
100		100	
8898	5000	3898	
17		17	
1008		1008	
180		180	
2443		2443	
1365		1365	
20378	20378		

2—14 分地区

地区	总计			教育部门和其他部门		
	合计	中央	地方	合计	中央	地方
合计	**6984793**		**6984793**			
北京	134470		134470			
天津	30938		30938			
河北	106055		106055			
山西	252083		252083			
内蒙古	114359		114359			
辽宁	257368		257368			
吉林	66943		66943			
黑龙江	114134		114134			
上海	48162		48162			
江苏	315511		315511			
浙江	206203		206203			
安徽	598185		598185			
福建	511168		511168			
江西	141192		141192			
山东	230572		230572			
河南	398889		398889			
湖北	388196		388196			
湖南	351515		351515			
广东	1191695		1191695			
广西	346871		346871			
海南	65866		65866			
重庆	132415		132415			
四川	611061		611061			
贵州	84047		84047			
云南	48311		48311			
西藏	1074		1074			
陕西	189987		189987			
甘肃	12446		12446			
青海	5715		5715			
宁夏	20605		20605			
新疆	8757		8757			

民办学校中举办者投入

单位:千元

企业办学			民办学校
合　计	中　央	地　方	地　方
			6984793
			134470
			30938
			106055
			252083
			114359
			257368
			66943
			114134
			48162
			315511
			206203
			598185
			511168
			141192
			230572
			398889
			388196
			351515
			1191695
			346871
			65866
			132415
			611061
			84047
			48311
			1074
			189987
			12446
			5715
			20605
			8757

2—15 分地区

地 区	总 计			教育部门和其他部门		
	合 计	中 央	地 方	合 计	中 央	地 方
合 计	**10266633**	**1385583**	**8881050**	**9474265**	**1375127**	**8099138**
北 京	826800	400397	426403	824858	400397	424461
天 津	126575	13284	113291	126124	13284	112840
河 北	49939	226	49713	48155	226	47929
山 西	79345		79345	78793		78793
内蒙古	43594		43594	43428		43428
辽 宁	48209	22769	25440	33642	22769	10873
吉 林	51625	7276	44349	50422	7276	43146
黑龙江	34382	21350	13032	33087	21350	11737
上 海	271457	143840	127617	251981	143840	108141
江 苏	1765819	291715	1474104	1651900	291715	1360185
浙 江	1794348	17893	1776455	1447921	17893	1430028
安 徽	256262	11329	244933	248395	11329	237066
福 建	380462	26073	354389	364530	26073	338457
江 西	113700		113700	93709		93709
山 东	308453	67175	241278	305389	67175	238214
河 南	38504		38504	34026		34026
湖 北	233682	99317	134365	216825	99317	117508
湖 南	257504	49867	207637	248326	49867	198459
广 东	921756	31112	890644	899559	31107	868452
广 西	108471		108471	87662		87662
海 南	249760		249760	246192		246192
重 庆	581377	40401	540976	444514	40401	404113
四 川	825979	70606	755373	811290	69555	741735
贵 州	76247		76247	76133		76133
云 南	226114		226114	223980		223980
西 藏	3365		3365	3335		3335
陕 西	168128	53149	114979	165349	53149	112200
甘 肃	115875	6655	109220	115691	6655	109036
青 海	10710		10710	10710		10710
宁 夏	235763	1749	234014	235625	1749	233876
新 疆	62428	9400	53028	52714		52714

社会捐赠经费

单位:千元

企业办学			民办学校
合计	中央	地方	地方
50197	**10456**	**39741**	**742171**
			1942
			451
			1784
342		342	210
			166
			14567
20		20	1183
732		732	563
9952		9952	9524
620		620	113299
18191		18191	328236
446		446	7421
33		33	15899
			19991
			3064
272		272	4206
1139		1139	15718
			9178
1953	5	1948	20244
148		148	20661
3426		3426	142
1095		1095	135768
2219	1051	1168	12470
7		7	107
1		1	2133
30		30	
12		12	2767
			184
			138
9559	9400	159	155

2—16 分地区

地区	总计			教育部门和其他部门		
	合计	中央	地方	合计	中央	地方
合计	**700989**		**700989**	**700989**		**700989**
北京	7956		7956	7956		7956
天津	73117		73117	73117		73117
河北	10977		10977	10977		10977
山西	17975		17975	17975		17975
内蒙古	2832		2832	2832		2832
辽宁	447		447	447		447
吉林	1979		1979	1979		1979
黑龙江						
上海	376		376	376		376
江苏	65383		65383	65383		65383
浙江	195714		195714	195714		195714
安徽	11607		11607	11607		11607
福建	35976		35976	35976		35976
江西	7185		7185	7185		7185
山东	62118		62118	62118		62118
河南	3535		3535	3535		3535
湖北	8557		8557	8557		8557
湖南	9404		9404	9404		9404
广东	109498		109498	109498		109498
广西	4531		4531	4531		4531
海南	165		165	165		165
重庆	9388		9388	9388		9388
四川	29016		29016	29016		29016
贵州	546		546	546		546
云南	22087		22087	22087		22087
西藏						
陕西	5301		5301	5301		5301
甘肃	2760		2760	2760		2760
青海	30		30	30		30
宁夏	2053		2053	2053		2053
新疆	476		476	476		476

农村捐赠经费

单位:千元

企业办学			民办学校
合　计	中　央	地　方	地　方

2—17 分地区

地区	总计			教育部门和其他部门		
	合计	中央	地方	合计	中央	地方
合计	**336707107**	**47846895**	**288860212**	**257216141**	**46632356**	**210583785**
北京	20247437	13470193	6777244	17724652	13462741	4261911
天津	5817797	953093	4864704	4645804	950898	3694906
河北	12380366	412633	11967733	9021684	269417	8752267
山西	6976219	5974	6970245	5492056		5492056
内蒙古	3865291	4110	3861181	3584373		3584373
辽宁	11693202	1575016	10118186	9368838	1575016	7793822
吉林	6513357	866540	5646817	4955572	866540	4089032
黑龙江	9439290	2406667	7032623	8132797	2194221	5938576
上海	12894650	4540385	8354265	10095863	4527792	5568071
江苏	29699471	3193368	26506103	21936925	3193368	18743557
浙江	21726214	1372435	20353779	14322490	1372435	12950055
安徽	11241582	848638	10392944	8884194	828956	8055238
福建	10347369	783146	9564223	7388297	783146	6605151
江西	9483988	13633	9470355	6657805	395	6657410
山东	19500133	1486638	18013495	15744977	1427839	14317138
河南	14283408	37488	14245920	11219056	33000	11186056
湖北	18153054	4055586	14097468	14167846	3973419	10194427
湖南	14854765	1093945	13760820	10835087	1027891	9807196
广东	33075419	2190937	30884482	21596948	2183167	19413781
广西	7198223		7198223	5780462		5780462
海南	1826848		1826848	1318517		1318517
重庆	7505351	1382205	6123146	6294927	1379504	4915423
四川	18072671	3695692	14376979	14503788	3681565	10822223
贵州	3602888	8135	3594753	3139080		3139080
云南	5010292	2927	5007365	4005204		4005204
西藏	151832		151832	148138		148138
陕西	12651736	2526920	10124816	9312381	2526224	6786157
甘肃	3545134	343646	3201488	3057225	335822	2721403
青海	486227		486227	430745		430745
宁夏	865627	39000	826627	671626	39000	632626
新疆	3597266	537945	3059321	2778784		2778784

事业收入

单位:千元

企业办学			民办学校
合　计	中　央	地　方	地　方
5335815	**1214539**	**4121276**	**74155151**
143232	7452	135780	2379553
340547	2195	338352	831446
339731	143216	196515	3018951
72660	5974	66686	1411503
68662	4110	64552	212256
153380		153380	2170984
84581		84581	1473204
322926	212446	110480	983567
336181	12593	323588	2462606
197581		197581	7564965
415590		415590	6988134
190774	19682	171092	2166614
8792		8792	2950280
30904	13238	17666	2795279
518483	58799	459684	3236673
154679	4488	150191	2909673
289035	82167	206868	3696173
93401	66054	27347	3926277
135971	7770	128201	11342500
20635		20635	1397126
212616		212616	295715
93303	2701	90602	1117121
97091	14127	82964	3471792
141906	8135	133771	321902
44403	2927	41476	960685
100		100	3594
165461	696	164765	3173894
76244	7824	68420	411665
15329		15329	40153
22832		22832	171169
548785	537945	10840	269697

2—18 分地区

地 区	总 计			教育部门和其他部门		
	合 计	中 央	地 方	合 计	中 央	地 方
合 计	**234929828**	**23568973**	**211360855**	**165783135**	**22699969**	**143083166**
北 京	9866354	5123186	4743168	7491001	5115734	2375267
天 津	4119427	586147	3533280	3015729	583952	2431777
河 北	9929847	331308	9598539	6749452	222387	6527065
山 西	4899420	5944	4893476	3711391		3711391
内蒙古	3070056	4110	3065946	2800479		2800479
辽 宁	9105386	880117	8225269	6919482	880117	6039365
吉 林	4826155	687533	4138622	3475104	687533	2787571
黑龙江	6429279	617030	5812249	5311392	443832	4867560
上 海	10019212	3137178	6882034	7330373	3126847	4203526
江 苏	18004708	990365	17014343	11502740	990365	10512375
浙 江	15057443	493945	14563498	8893180	493945	8399235
安 徽	8034318	344018	7690300	6041721	329743	5711978
福 建	7051583	293495	6758088	4404903	293495	4111408
江 西	7605845	13633	7592212	5010777	395	5010382
山 东	14010299	911259	13099040	10881843	852460	10029383
河 南	11202343	31756	11170587	8384342	27268	8357074
湖 北	13474834	2938912	10535922	9934435	2867147	7067288
湖 南	11165034	796066	10368968	7781329	734832	7046497
广 东	23915269	1186265	22729004	13785153	1181522	12603631
广 西	5369224		5369224	4026414		4026414
海 南	1262891		1262891	897673		897673
重 庆	5050845	890113	4160732	4119641	887412	3232229
四 川	9870681	1628303	8242378	7282506	1617445	5665061
贵 州	2436240	8135	2428105	2098265		2098265
云 南	3843616	2927	3840689	2887435		2887435
西 藏	99950		99950	96256		96256
陕 西	9244264	1117861	8126403	6169563	1117442	5052121
甘 肃	2728085	225420	2502665	2282195	217596	2064599
青 海	333917		333917	284142		284142
宁 夏	614819	28500	586319	443471	28500	414971
新 疆	2288484	295447	1993037	1770748		1770748

学杂费收入

单位：千元

企业办学			民办学校
合计	中央	地方	地方
4418486	**869004**	**3549482**	**64728207**
129944	7452	122492	2245409
320748	2195	318553	782950
290644	108921	181723	2889751
62127	5944	56183	1125902
67598	4110	63488	201979
104074		104074	2081830
72615		72615	1278436
256465	173198	83267	861422
306171	10331	295840	2382668
155846		155846	6346122
306402		306402	5857861
166119	14275	151844	1826478
8250		8250	2638430
28442	13238	15204	2566626
468114	58799	409315	2660342
144150	4488	139662	2673851
278490	71765	206725	3261909
85790	61234	24556	3297915
110406	4743	105663	10019710
18708		18708	1324102
190015		190015	175203
62049	2701	59348	869155
66659	10858	55801	2521516
124523	8135	116388	213452
41987	2927	39060	914194
100		100	3594
153836	419	153417	2920865
61429	7824	53605	384461
12508		12508	37267
22832		22832	148516
301445	295447	5998	216291

2—19 分地区

地区	总计			教育部门和其他部门		
	合计	中央	地方	合计	中央	地方
合计	**51152253**	**9507168**	**41645085**	**48027465**	**9278915**	**38748550**
北京	4485522	3252658	1232864	4403973	3252537	1151436
天津	917618	254948	662670	890435	252563	637872
河北	2049608	36782	2012826	1993184	35060	1958124
山西	297614		297614	232286		232286
内蒙古	383492		383492	369996		369996
辽宁	884932	112063	772869	847393	112063	735330
吉林	336137	72052	264085	316119	72052	244067
黑龙江	627451	413445	214006	465470	301921	163549
上海	3721861	762193	2959668	3586336	754405	2831931
江苏	7434600	935772	6498828	7173093	935772	6237321
浙江	6270205	602454	5667751	5881617	602454	5279163
安徽	921531	78406	843125	850648	77975	772673
福建	1007861	88201	919660	929274	88201	841073
江西	1427493		1427493	1378518		1378518
山东	1744486	208932	1535554	1637057	205207	1431850
河南	1163724	806	1162918	1078733	346	1078387
湖北	3103074	577524	2525550	2983945	576161	2407784
湖南	2127820	147954	1979866	1908210	142722	1765488
广东	4107414	596134	3511280	3706715	595221	3111494
广西	608171		608171	578716		578716
海南	277405		277405	220489		220489
重庆	1851991	158863	1693128	1628134	158860	1469274
四川	1526642	433740	1092902	1404209	429599	974610
贵州	335066	609	334457	275417	29	275388
云南	714239		714239	649702		649702
西藏	1017		1017	1017		1017
陕西	1651418	610093	1041325	1576447	610093	966354
甘肃	245387	68092	177295	234678	68092	166586
青海	99042		99042	98541		98541
宁夏	195780	7582	188198	187220	7582	179638
新疆	633652	87865	545787	539893		539893

其他收入

单位:千元

企业办学			民办学校
合计	中央	地方	地方
528765	**228253**	**300512**	**2596023**
26853	121	26732	54696
7512	2385	5127	19671
3145	1722	1423	53279
784		784	64544
17		17	13479
213		213	37326
4257		4257	15761
148874	111524	37350	13107
41628	7788	33840	93897
14087		14087	247420
37165		37165	351423
12571	431	12140	58312
4479		4479	74108
520		520	48455
13893	3725	10168	93536
2874	460	2414	82117
5326	1363	3963	113803
7704	5232	2472	211906
12714	913	11801	387985
334		334	29121
10606		10606	46310
7275	3	7272	216582
9845	4141	5704	112588
25920	580	25340	33729
6021		6021	58516
25169		25169	49802
8345		8345	2364
7		7	494
1595		1595	6965
89032	87865	1167	4727

第三部分

省、自治区、直辖市
各级各类教育机构
教育经费收入情况

3—1 分地区各级各类教育机构

地区	总计	国家财政性教育经费	预算内教育经费	教育事业费拨款	基本建设拨款	科研拨款	其他拨款	各级政府征收用于教育的税费	教育费附加
合计	**1427056742**	**1021945956**	**945539019**	**806844431**	**28641084**	**16699907**	**93353597**	**69064470**	**52740734**
北京	88382904	62688675	59300543	43425465	2982838	5085198	7807042	2944942	2944363
天津	23591448	16698520	15448939	14428754	78500	315629	626056	1001320	1001320
河北	56912832	42326864	38714999	35218136	263103	21709	3212051	3291609	2334593
山西	33322605	25717344	23004633	20826630	674232	78662	1425109	2556865	2146849
内蒙古	26342222	21935486	20482260	16785571	693280	77045	2926364	1324978	1181083
辽宁	51905819	39022108	35961399	28462044	1569108	471189	5459058	2875205	2361548
吉林	30010541	23042479	21952341	18041799	237354	476365	3196823	765407	765407
黑龙江	39502178	29286921	27271685	25404475	763324	292395	811491	879715	770752
上海	59049121	42112991	37019143	32515514	1049039	1846341	1608249	4579764	3901698
江苏	108949443	69734042	61853819	54891074	2780601	1430415	2751729	7578217	4892257
浙江	83455806	53458836	44779843	40508176	729155	427684	3114828	8608597	4092899
安徽	45940085	32922525	30984384	25630100	376026	338279	4639979	1749109	1401013
福建	41059459	28812599	26742719	22331957	787792	363553	3259417	2031593	1355250
江西	33510238	22343865	21454351	18813719	644824	36639	1959169	868079	731800
山东	81347722	59564078	53093423	51226782	328457	582158	956026	5940591	4552115
河南	65756955	49872430	47484717	41845149	640748	94112	4904708	2219879	2218155
湖北	56090178	34212172	32012450	28311669	824715	1315446	1560620	1997519	1309617
湖南	54085727	36494123	34581247	28467657	1000136	578131	4535323	1744090	1438355
广东	121468482	82172198	77272554	61485362	5469567	1024017	9293608	4640041	4537233
广西	34762232	26500496	25093085	22741072	322284	23501	2006228	1344530	779378
海南	9289811	6869932	6000012	5073443	532568	29378	364623	214462	207031
重庆	29792049	19720915	18716802	14981186	455913	329506	2950197	952161	865658
四川	73863863	52827510	49845747	36841675	1113278	507474	11383320	2828010	1654695
贵州	27176221	23077973	21656417	20488252	415790	80373	672002	1363828	1034796
云南	34240984	28242028	26898423	22257437	582826	43690	4014470	1129893	1080797
西藏	4941223	4783935	4754821	3700281	725370	12465	316705	28660	28660
陕西	45484035	30822766	29325303	26097490	775063	635968	1816782	1322047	1289219
甘肃	24693862	20775020	20093173	17717249	226927	131877	2017120	544456	479302
青海	6080336	5478642	5324059	4185902	334314	27835	776008	139973	123618
宁夏	7284427	5966652	5630807	4901833	265860	22430	440684	316543	244248
新疆	28763934	24461831	22784921	19238578	998092	443	2547808	1282387	1017025

教育经费收入情况

单位：千元

地方教育附加	地方教育基金	企业办学中的企业拨款	校办产业和社会服务收入用于教育的经费	民办学校中举办者投入	社会捐赠经费	#农村	事业收入	#学杂费	其他收入
12203774	**4119962**	**4941007**	**2401460**	**6984793**	**10266633**	**700989**	**336707107**	**234929828**	**51152253**
	579	61038	382152	134470	826800	7956	20247437	9866354	4485522
		212665	35596	30938	126575	73117	5817797	4119427	917618
943796	13220	300950	19306	106055	49939	10977	12380366	9929847	2049608
	410016	153646	2200	252083	79345	17975	6976219	4899420	297614
130736	13159	117569	10679	114359	43594	2832	3865291	3070056	383492
418678	94979	155644	29860	257368	48209	447	11693202	9105386	884932
		277562	47169	66943	51625	1979	6513357	4826155	336137
30617	78346	1108605	26916	114134	34382		9439290	6429279	627451
678066		94163	419921	48162	271457	376	12894650	10019212	3721861
2174795	511165	23557	278449	315511	1765819	65383	29699471	18004708	7434600
2827864	1687834	13975	56421	206203	1794348	195714	21726214	15057443	6270205
314090	34006	163268	25764	598185	256262	11607	11241582	8034318	921531
625546	50797		38287	511168	380462	35976	10347369	7051583	1007861
120657	15622	7837	13598	141192	113700	7185	9483988	7605845	1427493
1281040	107436	464170	65894	230572	308453	62118	19500133	14010299	1744486
	1724	138228	29606	398889	38504	3535	14283408	11202343	1163724
539215	148687	28217	173986	388196	233682	8557	18153054	13474834	3103074
252796	52939	7957	160829	351515	257504	9404	14854765	11165034	2127820
	102808	129424	130179	1191695	921756	109498	33075419	23915269	4107414
550849	14303	15465	47416	346871	108471	4531	7198223	5369224	608171
6289	1142	613057	42401	65866	249760	165	1826848	1262891	277405
50221	36282	24789	27163	132415	581377	9388	7505351	5050845	1851991
461994	711321	76270	77483	611061	825979	29016	18072671	9870681	1526642
322550	6482	39385	18343	84047	76247	546	3602888	2436240	335066
47696	1400	142510	71202	48311	226114	22087	5010292	3843616	714239
		274	180	1074	3365		151832	99950	1017
32351	477	86062	89354	189987	168128	5301	12651736	9244264	1651418
64614	540	108934	28457	12446	115875	2760	3545134	2728085	245387
16355		9672	4938	5715	10710	30	486227	333917	99042
47597	24698	19194	108	20605	235763	2053	865627	614819	195780
265362		346920	47603	8757	62428	476	3597266	2288484	633652

3—2 分地区中央属各级各类教育机构

地区	总计	国家财政性教育经费	预算内教育经费	教育事业费拨款	基本建设拨款	科研拨款	其他拨款	各级政府征收用于教育的税费	教育费附加
合计	**140175117**	**81435471**	**79481827**	**51546857**	**4602253**	**14415323**	**8917394**	**56734**	**56734**
北京	42601096	25477848	25236265	15382049	1424694	4992674	3436848		
天津	3067382	1846057	1817502	1264866	44800	301579	206257	260	260
河北	1063693	614052	416232	390837	7000	3469	14926		
山西	30105	24131	2566	2466			100		
内蒙古	5350	1240	1227	1000			227	13	13
辽宁	4122070	2412222	2394029	1452901	358250	320409	262469		
吉林	3161885	2216017	2187829	1487716	122300	366874	210939		
黑龙江	5607554	2766092	2472641	1597525	495687	226122	153307	833	833
上海	12417014	6970596	6632949	4366677	179504	1600111	486657		
江苏	10003779	5582924	5547976	3520558	352210	1289342	385866	700	700
浙江	4497427	2504645	2433921	1296195	6000	180447	951279	54265	54265
安徽	2107218	1168845	1159290	790317	18793	335709	14471		
福建	2250389	1352969	1333219	866437	28550	231323	206909		
江西	22145	8512	6515	4444			2071	563	563
山东	4066593	2303848	2272284	1481978	58590	485312	246404		
河南	83189	44895	43695	38246			5449		
湖北	11056177	6323750	6233508	4219633	310288	1237516	466071	100	100
湖南	3473198	2181432	2168705	1453303	81870	569336	64196		
广东	6065964	3247781	3225160	2186555	92342	797301	148962		
广西									
海南									
重庆	3333152	1751683	1742494	1321268	40830	323913	56483		
四川	8132221	3932183	3907511	2501619	374830	439290	591772		
贵州	18863	10119	6721	6721					
云南	3555	628	628	628					
西藏									
陕西	7601090	4410928	4335538	2936829	363642	610538	424529		
甘肃	1467831	1049438	1025119	680562	18000	103758	222799		
青海									
宁夏	201822	153491	153491	148091		300	5100		
新疆	3714355	3079145	2724812	2147436	224073		353303		

教育经费收入情况

单位：千元

地方教育附加	地方教育基金	企业办学中的企业拨款	校办产业和社会服务收入用于教育的经费	民办学校中举办者投入	社会捐赠经费	#农村	事业收入	#学杂费	其他收入
		984351	**912559**		**1385583**		**47846895**	**23568973**	**9507168**
		4300	237283		400397		13470193	5123186	3252658
		14036	14259		13284		953093	586147	254948
		192813	5007		226		412633	331308	36782
		21565					5974	5944	
							4110	4110	
			18193		22769		1575016	880117	112063
		26199	1989		7276		866540	687533	72052
		286188	6430		21350		2406667	617030	413445
		17080	320567		143840		4540385	3137178	762193
			34248		291715		3193368	990365	935772
			16459		17893		1372435	493945	602454
		9249	306		11329		848638	344018	78406
			19750		26073		783146	293495	88201
		1434					13633	13633	
		20651	10913		67175		1486638	911259	208932
		1200					37488	31756	806
		20597	69545		99317		4055586	2938912	577524
		7157	5570		49867		1093945	796066	147954
		2230	20391		31112		2190937	1186265	596134
		336	8853		40401		1382205	890113	158863
		6287	18385		70606		3695692	1628303	433740
		3398					8135	8135	609
							2927	2927	
		9004	66386		53149		2526920	1117861	610093
		6672	17647		6655		343646	225420	68092
					1749		39000	28500	7582
		333955	20378		9400		537945	295447	87865

3—3 分地区地方各级各类教育机构

地区	总计	国家财政性教育经费	预算内教育经费	教育事业费拨款	基本建设拨款	科研拨款	其他拨款	各级政府征收用于教育的税费	教育费附加
合计	**1286881625**	**940510485**	**866057192**	**755297574**	**24038831**	**2284584**	**84436203**	**69007736**	**52684000**
北京	45781808	37210827	34064278	28043416	1558144	92524	4370194	2944942	2944363
天津	20524066	14852463	13631437	13163888	33700	14050	419799	1001060	1001060
河北	55849139	41712812	38298767	34827299	256103	18240	3197125	3291609	2334593
山西	33292500	25693213	23002067	20824164	674232	78662	1425009	2556865	2146849
内蒙古	26336872	21934246	20481033	16784571	693280	77045	2926137	1324965	1181070
辽宁	47783749	36609886	33567370	27009143	1210858	150780	5196589	2875205	2361548
吉林	26848656	20826462	19764512	16554083	115054	109491	2985884	765407	765407
黑龙江	33894624	26520829	24799044	23806950	267637	66273	658184	878882	769919
上海	46632107	35142395	30386194	28148837	869535	246230	1121592	4579764	3901698
江苏	98945664	64151118	56305843	51370516	2428391	141073	2365863	7577517	4891557
浙江	78958379	50954191	42345922	39211981	723155	247237	2163549	8554332	4038634
安徽	43832867	31753680	29825094	24839783	357233	2570	4625508	1749109	1401013
福建	38809070	27459630	25409500	21465520	759242	132230	3052508	2031593	1355250
江西	33488093	22335353	21447836	18809275	644824	36639	1957098	867516	731237
山东	77281129	57260230	50821139	49744804	269867	96846	709622	5940591	4552115
河南	65673766	49827535	47441022	41806903	640748	94112	4899259	2219879	2218155
湖北	45034001	27888422	25778942	24092036	514427	77930	1094549	1997419	1309517
湖南	50612529	34312691	32412542	27014354	918266	8795	4471127	1744090	1438355
广东	115402518	78924417	74047394	59298807	5377225	226716	9144646	4640041	4537233
广西	34762232	26500496	25093085	22741072	322284	23501	2006228	1344530	779378
海南	9289811	6869932	6000012	5073443	532568	29378	364623	214462	207031
重庆	26458897	17969232	16974308	13659918	415083	5593	2893714	952161	865658
四川	65731642	48895327	45938236	34340056	738448	68184	10791548	2828010	1654695
贵州	27157358	23067854	21649696	20481531	415790	80373	672002	1363828	1034796
云南	34237429	28241400	26897795	22256809	582826	43690	4014470	1129893	1080797
西藏	4941223	4783935	4754821	3700281	725370	12465	316705	28660	28660
陕西	37882945	26411838	24989765	23160661	411421	25430	1392253	1322047	1289219
甘肃	23226031	19725582	19068054	17036687	208927	28119	1794321	544456	479302
青海	6080336	5478642	5324059	4185902	334314	27835	776008	139973	123618
宁夏	7082605	5813161	5477316	4753742	265860	22130	435584	316543	244248
新疆	25049579	21382686	20060109	17091142	774019	443	2194505	1282387	1017025

教育经费收入情况

单位:千元

地方教育附加	地方教育基金	企业办学中的企业拨款	校办产业和社会服务收入用于教育的经费	民办学校中举办者投入	社会捐赠经费	#农村	事业收入	#学杂费	其他收入
12203774	**4119962**	**3956656**	**1488901**	**6984793**	**8881050**	**700989**	**288860212**	**211360855**	**41645085**
	579	56738	144869	134470	426403	7956	6777244	4743168	1232864
		198629	21337	30938	113291	73117	4864704	3533280	662670
943796	13220	108137	14299	106055	49713	10977	11967733	9598539	2012826
	410016	132081	2200	252083	79345	17975	6970245	4893476	297614
130736	13159	117569	10679	114359	43594	2832	3861181	3065946	383492
418678	94979	155644	11667	257368	25440	447	10118186	8225269	772869
		251363	45180	66943	44349	1979	5646817	4138622	264085
30617	78346	822417	20486	114134	13032		7032623	5812249	214006
678066		77083	99354	48162	127617	376	8354265	6882034	2959668
2174795	511165	23557	244201	315511	1474104	65383	26506103	17014343	6498828
2827864	1687834	13975	39962	206203	1776455	195714	20353779	14563498	5667751
314090	34006	154019	25458	598185	244933	11607	10392944	7690300	843125
625546	50797		18537	511168	354389	35976	9564223	6758088	919660
120657	15622	6403	13598	141192	113700	7185	9470355	7592212	1427493
1281040	107436	443519	54981	230572	241278	62118	18013495	13099040	1535554
	1724	137028	29606	398889	38504	3535	14245920	11170587	1162918
539215	148687	7620	104441	388196	134365	8557	14097468	10535922	2525550
252796	52939	800	155259	351515	207637	9404	13760820	10368968	1979866
	102808	127194	109788	1191695	890644	109498	30884482	22729004	3511280
550849	14303	15465	47416	346871	108471	4531	7198223	5369224	608171
6289	1142	613057	42401	65866	249760	165	1826848	1262891	277405
50221	36282	24453	18310	132415	540976	9388	6123146	4160732	1693128
461994	711321	69983	59098	611061	755373	29016	14376979	8242378	1092902
322550	6482	35987	18343	84047	76247	546	3594753	2428105	334457
47696	1400	142510	71202	48311	226114	22087	5007365	3840689	714239
		274	180	1074	3365		151832	99950	1017
32351	477	77058	22968	189987	114979	5301	10124816	8126403	1041325
64614	540	102262	10810	12446	109220	2760	3201488	2502665	177295
16355		9672	4938	5715	10710	30	486227	333917	99042
47597	24698	19194	108	20605	234014	2053	826627	586319	188198
265362		12965	27225	8757	53028	476	3059321	1993037	545787

3—4 分地区高等学校

地区	总计	国家财政性教育经费							
			预算内教育经费	教育事业费拨款	基本建设拨款	科研拨款	其他拨款	各级政府征收用于教育的税费	教育费附加
合计	**434687795**	**206245604**	**199863685**	**151595793**	**12627617**	**16699907**	**18940368**	**3435064**	**1825006**
北京	46478712	27131203	26713733	17357561	1789224	5085198	2481750	61408	61408
天津	9964869	5167657	4978955	4301563	64200	315629	297563	12563	12563
河北	13803980	5155734	4828860	4045000	22700	21709	739451	85185	67935
山西	6110075	3208329	3070830	2345561	176296	78662	470311	136161	36588
内蒙古	5293607	3062623	2981108	2467866	74116	77045	362081	52817	9584
辽宁	18165122	8784623	8529033	5240501	1408400	471189	1408943	103140	33325
吉林	10288654	5675985	5613364	4292723	157600	476365	686676	48314	48314
黑龙江	13919405	6141429	5882415	4962863	516711	292395	110446	20547	20547
上海	25518025	14949855	14538778	11330737	507254	1846341	854446		
江苏	37650775	17044408	15967241	12938094	848774	1430415	749958	1011617	394231
浙江	24045680	10028863	9263875	7033819	284292	427684	1518080	735099	437683
安徽	10352606	4067658	3949316	3126085	48793	338279	436159	45893	17550
福建	11519019	5154698	4994554	3530458	228341	363553	872202	137399	56234
江西	10698539	3309817	3297110	2983011	83952	36639	193508	4555	3004
山东	21667087	10133213	9581138	8274342	263582	582158	461056	248408	140981
河南	14192740	5818515	5668814	4596487	132527	94112	845688	57827	57827
湖北	24021736	9746317	9398783	6941892	475408	1315446	666037	261368	102111
湖南	16209924	6750935	6612091	5171270	632570	578131	230120	118131	97463
广东	34592954	17813857	17654651	11894025	3557762	1024017	1178847	80830	80430
广西	7022133	2815677	2748290	2561068	53520	23501	110201	42869	28744
海南	1780349	876534	740992	631520	46740	29378	33354		
重庆	9690362	3982605	3957389	3218117	40930	329506	368836	15000	
四川	19886901	8243663	8120934	5606691	438130	507474	1568639	49789	23920
贵州	3881360	2122556	2108084	1918906	88182	80373	20623	13486	7020
云南	6386433	3322525	3245010	2643211	5000	43690	553109	27850	27850
西藏	697882	589834	584905	388466	167450	12465	16524	4929	4929
陕西	19096188	8324727	8182226	6353913	381242	635968	811103	46078	43938
甘肃	5201343	3067127	3016987	2285359	30900	131877	568851	8092	5323
青海	805908	569250	568220	400342	1959	27835	138084		
宁夏	1478226	841339	822074	698560	58500	22430	42584	71	71
新疆	4267201	2344048	2243925	2055782	42562	443	145138	5638	5433

教育经费收入情况

单位：千元

地方教育附加	地方教育基金	企业办学中的企业拨款	校办产业和社会服务收入用于教育的经费	民办学校中举办者投入	社会捐赠经费	#农村	事业收入	#学杂费	其他收入
792675	**817383**	**1626955**	**1319900**	**3016865**	**2900000**		**193287695**	**147428622**	**29237631**
		51066	304996	130589	403998		15782820	8267373	3030102
		151533	24606	16091	35130		4074637	3076108	671354
17250		228617	13072	20290	3068		7007394	6214794	1617494
	99573		1338		16503		2736118	2144311	149125
43233		27730	968	62835	663		1959831	1698737	207655
18860	50955	127362	25088	35596	42136		8582254	6910372	720513
		2000	12307	6251	20902		4390269	3923441	195247
		230216	8251	62116	21433		7246553	5039142	447874
		52827	358250	41853	218541		8738819	6671435	1568957
408986	208400		65550	75326	779115		15280756	10707123	4471170
109189	188227		29889	69044	118763		10924650	8228664	2904360
11625	16718	64529	7920	299539	31254		5508847	4169958	445308
45165	36000		22745	248906	87029		5504518	4129407	523868
335	1216	1074	7078	2200	34860		6272563	5741812	1079099
19347	88080	277490	26177	55350	83326		10517550	8262030	877648
		81136	10738	116916	4927		7502206	6893993	750176
67779	91478	8075	78091	267949	111185		12061213	9986295	1835072
20668		5650	15063	34851	131066		7954841	6631608	1338231
	400		78376	646007	246386		13842171	11030907	2044533
14125			24518	266665	12637		3681056	3133563	246098
		135542			10		863104	812455	40701
	15000	785	9431	102672	13345		4757482	3671688	834258
4533	21336	44098	28842	370690	141604		10336441	6314816	794503
6466			986		7748		1643935	1337313	107121
		211	49454	8529	38863		2628844	2307364	387672
					1868		106180	59310	
2140		16768	79655	60000	115124		9138535	6639597	1457802
2769		24401	17647		18796		1948039	1636375	167381
			1030		1638		213348	178059	21672
		19194		16600	150677		422418	356807	47162
205		76651	17834		7405		1660273	1253765	255475

3—5 分地区中央属高等学校

地区	总计	国家财政性教育经费	预算内教育经费	教育事业费拨款	基本建设拨款	科研拨款	其他拨款	各级政府征收用于教育的税费	教育费附加
合计	**127047388**	**71210365**	**69764749**	**43917971**	**4249399**	**14415323**	**7182056**	**55275**	**55275**
北京	33733522	18614918	18395880	9966585	1302094	4992674	2134527		
天津	3020695	1806394	1791925	1242289	44800	301579	203257	210	210
河北	1024873	605052	411501	390837	7000	3469	10195		
山西									
内蒙古									
辽宁	4122070	2412222	2394029	1452901	358250	320409	262469		
吉林	3046001	2135201	2135201	1444188	122300	366874	201839		
黑龙江	5249014	2451808	2229642	1464853	471233	226122	67434		
上海	11992331	6802470	6481980	4230690	179504	1600111	471675		
江苏	10003779	5582924	5547976	3520558	352210	1289342	385866	700	700
浙江	4496965	2504183	2433459	1295733	6000	180447	951279	54265	54265
安徽	2047375	1141035	1140730	771757	18793	335709	14471		
福建	2158609	1318951	1299201	832419	28550	231323	206909		
江西	18183	4945	3871	1800			2071		
山东	4066593	2303848	2272284	1481978	58590	485312	246404		
河南	77041	43695	43695	38246			5449		
湖北	10988577	6276515	6198795	4185035	310288	1237516	465956	100	100
湖南	3383938	2110925	2099705	1384303	81870	569336	64196		
广东	6050996	3241501	3221110	2182515	92342	797301	148952		
广西									
海南									
重庆	3255251	1723233	1714401	1294210	40830	323913	55448		
四川	8043031	3884496	3870011	2470175	374830	439290	585716		
贵州	10180	4300	4300	4300					
云南									
西藏									
陕西	7590111	4400684	4334298	2936527	363642	610538	423591		
甘肃	1467022	1048629	1024970	680413	18000	103758	222799		
青海									
宁夏	201822	153491	153491	148091		300	5100		
新疆	999409	638945	562294	497568	18273		46453		

教育经费收入情况

单位：千元

地方教育附加	地方教育基金	企业办学中的企业拨款	校办产业和社会服务收入用于教育的经费	民办学校中举办者投入	社会捐赠经费	＃农村	事业收入	＃学杂费	其他收入
		523493	**866848**		**1339954**		**45902445**	**23187823**	**8594624**
			219038		399997		12201870	5098228	2516737
			14259		12226		949798	582852	252277
		188544	5007		226		384535	305253	35060
			18193		22769		1575016	880117	112063
					6236		832737	680770	71827
		215736	6430		21350		2365906	579962	409950
			320490		141924		4371071	3081467	676866
			34248		291715		3193368	990365	935772
			16459		17893		1372435	493945	602454
			305		11329		817356	318143	77655
			19750		26073		734984	293495	78601
		1074					13238	13238	
		20651	10913		67175		1486638	911259	208932
							33000	27268	346
		8075	69545		95177		4048408	2934128	568477
		5650	5570		49867		1075551	778608	147595
			20391		31107		2183167	1181522	595221
			8832		9519		1372018	882234	150481
		1100	13385		69383		3659420	1598994	429732
							5300	5300	580
			66386		53149		2526185	1117403	610093
		6012	17647		6655		343646	225420	68092
					1749		39000	28500	7582
		76651			4435		317798	179352	38231

3—6 分地区地方高等学校

地区	总计	国家财政性教育经费	预算内教育经费	教育事业费拨款	基本建设拨款	科研拨款	其他拨款	各级政府征收用于教育的税费	教育费附加
合计	**307640407**	**135035239**	**130098936**	**107677822**	**8378218**	**2284584**	**11758312**	**3379789**	**1769731**
北京	12745190	8516285	8317853	7390976	487130	92524	347223	61408	61408
天津	6944174	3361263	3187030	3059274	19400	14050	94306	12353	12353
河北	12779107	4550682	4417359	3654163	15700	18240	729256	85185	67935
山西	6110075	3208329	3070830	2345561	176296	78662	470311	136161	36588
内蒙古	5293607	3062623	2981108	2467866	74116	77045	362081	52817	9584
辽宁	14043052	6372401	6135004	3787600	1050150	150780	1146474	103140	33325
吉林	7242653	3540784	3478163	2848535	35300	109491	484837	48314	48314
黑龙江	8670391	3689621	3652773	3498010	45478	66273	43012	20547	20547
上海	13525694	8147385	8056798	7100047	327750	246230	382771		
江苏	27646996	11461484	10419265	9417536	496564	141073	364092	1010917	393531
浙江	19548715	7524680	6830416	5738086	278292	247237	566801	680834	383418
安徽	8305231	2926623	2808586	2354328	30000	2570	421688	45893	17550
福建	9360410	3835747	3695353	2698039	199791	132230	665293	137399	56234
江西	10680356	3304872	3293239	2981211	83952	36639	191437	4555	3004
山东	17600494	7829365	7308854	6792364	204992	96846	214652	248408	140981
河南	14115699	5774820	5625119	4558241	132527	94112	840239	57827	57827
湖北	13033159	3469802	3199988	2756857	165120	77930	200081	261268	102011
湖南	12825986	4640010	4512386	3786967	550700	8795	165924	118131	97463
广东	28541958	14572356	14433541	9711510	3465420	226716	1029895	80830	80430
广西	7022133	2815677	2748290	2561068	53520	23501	110201	42869	28744
海南	1780349	876534	740992	631520	46740	29378	33354		
重庆	6435111	2259372	2242988	1923907	100	5593	313388	15000	
四川	11843870	4359167	4250923	3136516	63300	68184	982923	49789	23920
贵州	3871180	2118256	2103784	1914606	88182	80373	20623	13486	7020
云南	6386433	3322525	3245010	2643211	5000	43690	553109	27850	27850
西藏	697882	589834	584905	388466	167450	12465	16524	4929	4929
陕西	11506077	3924043	3847928	3417386	17600	25430	387512	46078	43938
甘肃	3734321	2018498	1992017	1604946	12900	28119	346052	8092	5323
青海	805908	569250	568220	400342	1959	27835	138084		
宁夏	1276404	687848	668583	550469	58500	22130	37484	71	71
新疆	3267792	1705103	1681631	1558214	24289	443	98685	5638	5433

教育经费收入情况

单位:千元

地方教育附加	地方教育基金	企业办学中的企业拨款	校办产业和社会服务收入用于教育的经费	民办学校中举办者投入	社会捐赠经费	＃农村	事业收入	＃学杂费	其他收入
792675	817383	1103462	453052	3016865	1560046		147385250	124240799	20643007
		51066	85958	130589	4001		3580950	3169145	513365
		151533	10347	16091	22904		3124839	2493256	419077
17250		40073	8065	20290	2842		6622859	5909541	1582434
	99573		1338		16503		2736118	2144311	149125
43233		27730	968	62835	663		1959831	1698737	207655
18860	50955	127362	6895	35596	19367		7007238	6030255	608450
		2000	12307	6251	14666		3557532	3242671	123420
		14480	1821	62116	83		4880647	4459180	37924
		52827	37760	41853	76617		4367748	3589968	892091
408986	208400		31302	75326	487400		12087388	9716758	3535398
109189	188227		13430	69044	100870		9552215	7734719	2301906
11625	16718	64529	7615	299539	19925		4691491	3851815	367653
45165	36000		2995	248906	60956		4769534	3835912	445267
335	1216		7078	2200	34860		6259325	5728574	1079099
19347	88080	256839	15264	55350	16151		9030912	7350771	668716
		81136	10738	116916	4927		7469206	6866725	749830
67779	91478		8546	267949	16008		8012805	7052167	1266595
20668			9493	34851	81199		6879290	5853000	1190636
	400		57985	646007	215279		11659004	9849385	1449312
14125			24518	266665	12637		3681056	3133563	246098
		135542			10		863104	812455	40701
	15000	785	599	102672	3826		3385464	2789454	683777
4533	21336	42998	15457	370690	72221		6677021	4715822	364771
6466			986		7748		1638635	1332013	106541
		211	49454	8529	38863		2628844	2307364	387672
					1868		106180	59310	
2140		16768	13269	60000	61975		6612350	5522194	847709
2769		18389			12141		1604393	1410955	99289
			1030		1638		213348	178059	21672
		19194		16600	148928		383448	328307	39580
205			17834		2970		1342475	1074413	217244

3—7 分地区普通高等学校

地区	总计	国家财政性教育经费	预算内教育经费	教育事业费拨款	基本建设拨款	科研拨款	其他拨款	各级政府征收用于教育的税费	教育费附加
合计	**421023693**	**200351158**	**194468037**	**147027367**	**12549497**	**16683094**	**18208079**	**3168163**	**1669867**
北京	45179167	26696573	26331658	17047319	1769824	5085098	2429417	15171	15171
天津	9747163	5059857	4876258	4203097	64200	314482	294479	11820	11820
河北	13389933	4968344	4649166	3883646	22700	20419	722401	77489	60969
山西	5901999	3121353	2985404	2264142	176296	78632	466334	134611	35038
内蒙古	5165600	2989797	2911986	2419422	74116	77045	341403	49113	6080
辽宁	17619251	8480154	8326554	5095833	1406010	466128	1358583	83696	31181
吉林	9957560	5452876	5396982	4125424	157600	476365	637593	43587	43587
黑龙江	13499758	5889286	5672767	4764414	516711	292355	99287	18693	18693
上海	24342247	14362169	13973532	10774464	507254	1846341	845473		
江苏	36755745	16660138	15634557	12619127	848774	1430415	736241	960338	378276
浙江	22861746	9570648	8894107	6705219	273592	427684	1487612	646652	398959
安徽	10158648	4002328	3885080	3064946	48793	338215	433126	44897	16754
福建	11025530	4922934	4763793	3346893	228341	363342	825217	136799	55634
江西	10409049	3211763	3199326	2893239	83952	36629	185506	4285	2754
山东	20698669	9711325	9182637	7927158	248802	582098	424579	231428	126361
河南	13601856	5564373	5417263	4404509	127527	92642	792585	55236	55236
湖北	23772033	9672337	9332759	6878434	475288	1315395	663642	260487	101230
湖南	15877507	6661208	6529554	5097350	631070	578131	223003	111247	93285
广东	33446114	17389824	17235780	11551935	3539322	1023867	1120656	76826	76826
广西	6735339	2687310	2621824	2438583	53520	23451	106270	42869	28744
海南	1766612	868997	733455	623983	46740	29378	33354		
重庆	9379763	3910402	3885971	3157084	40930	329506	358451	15000	
四川	19239880	7882863	7785955	5481551	438130	502303	1363971	45704	21813
贵州	3682234	2031602	2017960	1830775	87582	79314	20289	12656	6816
云南	6268070	3238425	3160910	2564703	5000	43690	547517	27850	27850
西藏	697882	589834	584905	388466	167450	12465	16524	4929	4929
陕西	18697944	8213789	8090358	6270765	381242	635968	802383	45208	43208
甘肃	4999356	2989661	2956675	2232083	30900	131028	562664	6154	3435
青海	774421	558174	557144	393061	1959	27835	134289		
宁夏	1478226	841339	822074	698560	58500	22430	42584	71	71
新疆	3894391	2151475	2051643	1881182	37372	443	132646	5347	5147

教育经费收入情况

单位:千元

地方教育附加	地方教育基金	企业办学中的企业拨款	校办产业和社会服务收入用于教育的经费	民办学校中举办者投入	社会捐赠经费	#农村	事业收入	#学杂费	其他收入
737629	**760667**	**1441469**	**1273489**	**3016865**	**2863430**		**186441417**	**141812767**	**28350823**
		51066	298678	130589	403832		15016717	7657262	2931456
		151533	20246	16091	35102		3982084	2987624	654029
16520		228617	13072	20290	3033		6792376	6015507	1605890
	99573		1338		16496		2615847	2096056	148303
43033		27730	968	62835	663		1909169	1651112	203136
18840	33675	44816	25088	35596	42136		8342551	6708379	718814
			12307	6251	20852		4290659	3833308	186922
		189575	8251	62116	21408		7084759	4899372	442189
		52827	335810	41853	218015		8389910	6453699	1330300
373662	208400		65243	75326	758455		14832302	10344853	4429524
98502	149191		29889	69044	118656		10314543	7715269	2788855
11425	16718	64529	7822	299539	31254		5389812	4061546	435715
45165	36000		22342	248906	87024		5276486	3931680	490180
315	1216	1074	7078	2200	34860		6084958	5559545	1075268
16987	88080	272109	25151	55350	82396		10034491	7877837	815107
		81136	10738	116916	4927		7203350	6603038	712290
67779	91478	1000	78091	267949	111173		11899539	9830673	1821035
17962		5350	15057	34851	129946		7715352	6454510	1336150
			77218	646007	245584		13142050	10492002	2022649
14125			22617	266665	12561		3525493	2996437	243310
		135542			10		856904	806335	40701
	15000		9431	102672	13345		4559601	3502275	793743
2555	21336	29324	21880	370690	130715		10081493	6107187	774119
5840			986		7015		1537745	1235714	105872
		211	49454	8529	38863		2598758	2277278	383495
					1868		106180	59310	
2000			78223	60000	114928		8902556	6433631	1406671
2719		9185	17647		18796		1836977	1533330	153922
			1030		1638		193099	168233	21510
		19194		16600	150677		422448	356807	47162
200		76651	17834		7202		1503208	1162958	232506

3—8 分地区中央属普通高等学校

地区	总计	国家财政性教育经费							
			预算内教育经费	教育事业费拨款	基本建设拨款	科研拨款	其他拨款	各级政府征收用于教育的税费	教育费附加
合计	**126215296**	**71076692**	**69687191**	**43853846**	**4249399**	**14415223**	**7168723**	**55275**	**55275**
北京	33032898	18555680	18337629	9917857	1302094	4992574	2125104		
天津	3020695	1806394	1791925	1242289	44800	301579	203257	210	210
河北	1024873	605052	411501	390837	7000	3469	10195		
山西									
内蒙古									
辽宁	4115608	2412222	2394029	1452901	358250	320409	262469		
吉林	3046001	2135201	2135201	1444188	122300	366874	201839		
黑龙江	5188947	2411167	2229642	1464853	471233	226122	67434		
上海	11987051	6802470	6481980	4230690	179504	1600111	471675		
江苏	10003779	5582924	5547976	3520558	352210	1289342	385866	700	700
浙江	4496965	2504183	2433459	1295733	6000	180447	951279	54265	54265
安徽	2047375	1141035	1140730	771757	18793	335709	14471		
福建	2158609	1318951	1299201	832419	28550	231323	206909		
江西	18183	4945	3871	1800			2071		
山东	4066593	2303848	2272284	1481978	58590	485312	246404		
河南	77041	43695	43695	38246			5449		
湖北	10976948	6269440	6198795	4185035	310288	1237516	465956	100	100
湖南	3381924	2110411	2099491	1384089	81870	569336	64196		
广东	6050996	3241501	3221110	2182515	92342	797301	148952		
广西									
海南									
重庆	3255251	1723233	1714401	1294210	40830	323913	55448		
四川	8041449	3883396	3870011	2470175	374830	439290	585716		
贵州	10180	4300	4300	4300					
云南									
西藏									
陕西	7590111	4400684	4334298	2936527	363642	610538	423591		
甘肃	1453186	1042617	1024970	680413	18000	103758	222799		
青海									
宁夏	201822	153491	153491	148091		300	5100		
新疆	968811	619852	543201	482385	18273		42543		

教育经费收入情况

单位:千元

地方教育附加	地方教育基金	企业办学中的企业拨款	校办产业和社会服务收入用于教育的经费	民办学校中举办者投入	社会捐赠经费	#农村	事业收入	#学杂费	其他收入
		468365	**865861**		**1339954**		**45287215**	**22733292**	**8511435**
			218051		399997		11643301	4682487	2433920
			14259		12226		949798	582852	252277
		188544	5007		226		384535	305253	35060
			18193		22769		1568554	873708	112063
					6236		832737	680770	71827
		175095	6430		21350		2346480	563777	409950
			320490		141924		4365791	3081467	676866
			34248		291715		3193368	990365	935772
			16459		17893		1372435	493945	602454
			305		11329		817356	318143	77655
			19750		26073		734984	293495	78601
		1074					13238	13238	
		20651	10913		67175		1486638	911259	208932
							33000	27268	346
		1000	69545		95177		4043854	2932838	568477
		5350	5570		49867		1074051	777108	147595
			20391		31107		2183167	1181522	595221
			8832		9519		1372018	882234	150481
			13385		69383		3659118	1598994	429552
							5300	5300	580
			66386		53149		2526185	1117403	610093
			17647		6655		335822	217596	68092
					1749		39000	28500	7582
		76651			4435		306485	173770	38039

3—9　分地区地方普通高等学校

地区	总计	国家财政性教育经费	预算内教育经费	教育事业费拨款	基本建设拨款	科研拨款	其他拨款	各级政府征收用于教育的税费	教育费附加
合计	**294808397**	**129274466**	**124780846**	**103173521**	**8300098**	**2267871**	**11039356**	**3112888**	**1614592**
北京	12146269	8140893	7994029	7129462	467730	92524	304313	15171	15171
天津	6726468	3253463	3084333	2960808	19400	12903	91222	11610	11610
河北	12365060	4363292	4237665	3492809	15700	16950	712206	77489	60969
山西	5901999	3121353	2985404	2264142	176296	78632	466334	134611	35038
内蒙古	5165600	2989797	2911986	2419422	74116	77045	341403	49113	6080
辽宁	13503643	6067932	5932525	3642932	1047760	145719	1096114	83696	31181
吉林	6911559	3317675	3261781	2681236	35300	109491	435754	43587	43587
黑龙江	8310811	3478119	3443125	3299561	45478	66233	31853	18693	18693
上海	12355196	7559699	7491552	6543774	327750	246230	373798		
江苏	26751966	11077214	10086581	9098569	496564	141073	350375	959638	377576
浙江	18364781	7066465	6460648	5409486	267592	247237	536333	592387	344694
安徽	8111273	2861293	2744350	2293189	30000	2506	418655	44897	16754
福建	8866921	3603983	3464592	2514474	199791	132019	618308	136799	55634
江西	10390866	3206818	3195455	2891439	83952	36629	183435	4285	2754
山东	16632076	7407477	6910353	6445180	190212	96786	178175	231428	126361
河南	13524815	5520678	5373568	4366263	127527	92642	787136	55236	55236
湖北	12795085	3402897	3133964	2693399	165000	77879	197686	260387	101130
湖南	12495583	4550797	4430063	3713261	549200	8795	158807	111247	93285
广东	27395118	14148323	14014670	9369420	3446980	226566	971704	76826	76826
广西	6735339	2687310	2621824	2438583	53520	23451	106270	42869	28744
海南	1766612	868997	733455	623983	46740	29378	33354		
重庆	6124512	2187169	2171570	1862874	100	5593	303003	15000	
四川	11198431	3999467	3915944	3011376	63300	63013	778255	45704	21813
贵州	3672054	2027302	2013660	1826475	87582	79314	20289	12656	6816
云南	6268070	3238425	3160910	2564703	5000	43690	547517	27850	27850
西藏	697882	589834	584905	388466	167450	12465	16524	4929	4929
陕西	11107833	3813105	3756060	3334238	17600	25430	378792	45208	43208
甘肃	3546170	1947044	1931705	1551670	12900	27270	339865	6154	3435
青海	774421	558174	557144	393061	1959	27835	134289		
宁夏	1276404	687848	668583	550469	58500	22130	37484	71	71
新疆	2925580	1531623	1508442	1398797	19099	443	90103	5347	5147

教育经费收入情况

单位：千元

地方教育附加	地方教育基金	企业办学中的企业拨款	校办产业和社会服务收入用于教育的经费	民办学校中举办者投入	社会捐赠经费	＃农村	事业收入	＃学杂费	其他收入
737629	**760667**	**973104**	**407628**	**3016865**	**1523476**		**141154202**	**119079475**	**19839388**
		51066	80627	130589	3835		3373416	2974775	497536
		151533	5987	16091	22876		3032286	2404772	401752
16520		40073	8065	20290	2807		6407841	5710254	1570830
	99573		1338		16496		2615847	2096056	148303
43033		27730	968	62835	663		1909169	1651112	203136
18840	33675	44816	6895	35596	19367		6773997	5834671	606751
			12307	6251	14616		3457922	3152538	115095
		14480	1821	62116	58		4738279	4335595	32239
		52827	15320	41853	76091		4024119	3372232	653434
373662	208400		30995	75326	466740		11638934	9354488	3493752
98502	149191		13430	69044	100763		8942108	7221324	2186401
11425	16718	64529	7517	299539	19925		4572456	3743403	358060
45165	36000		2592	248906	60951		4541502	3638185	411579
315	1216		7078	2200	34860		6071720	5546307	1075268
16987	88080	251458	14238	55350	15221		8547853	6966578	606175
		81136	10738	116916	4927		7170350	6575770	711944
67779	91478		8546	267949	15996		7855685	6897835	1252558
17962			9487	34851	80079		6641301	5677402	1188555
			56827	646007	214477		10958883	9310480	1427428
14125			22617	266665	12561		3525493	2996437	243310
		135542			10		856904	806335	40701
	15000		599	102672	3826		3187583	2620041	643262
2555	21336	29324	8495	370690	61332		6422375	4508193	344567
5840			986		7015		1532445	1230414	105292
		211	49454	8529	38863		2598758	2277278	383495
					1868		106180	59310	
2000			11837	60000	61779		6376371	5316228	796578
2719		9185			12141		1501155	1315734	85830
			1030		1638		193099	168233	21510
		19194		16600	148928		383448	328307	39580
200			17834		2767		1196723	989188	194467

3—10 分地区普通高等本科学校

地区	总计	国家财政性教育经费	预算内教育经费	教育事业费拨款	基本建设拨款	科研拨款	其他拨款	各级政府征收用于教育的税费	教育费附加
合计	**340744720**	**166852237**	**164186224**	**121876050**	**10819799**	**16576982**	**14913393**	**959763**	**424955**
北京	42302868	25378254	25088399	16003024	1690944	5084398	2310033		
天津	8007305	4223387	4076493	3466195	49800	307396	253102	210	210
河北	9612959	3524249	3476023	2837670	20500	20319	597534	35220	20200
山西	4202832	2237165	2173817	1587982	104926	68976	411933	62119	1400
内蒙古	3259579	1927534	1890366	1560846	3000	76905	249615	36200	2200
辽宁	15447701	7345080	7275363	4334989	1385829	464639	1089906	44956	3041
吉林	8904555	4879882	4876943	3681430	157600	474233	563680		
黑龙江	11714148	5044654	4952486	4084640	492018	292157	83671	7914	7914
上海	22668602	13906788	13529653	10456244	507254	1846191	719964		
江苏	28004559	12839154	12629376	9944518	740324	1421855	522679	145366	37172
浙江	17875659	7117408	6718619	4917096	91463	407169	1302891	374049	253626
安徽	7869306	3245159	3186398	2489661	43793	338081	314863	12925	1500
福建	8472564	4108366	4004806	2730614	201344	360017	712831	81885	8820
江西	7497763	2327730	2319566	2145657	17689	35906	120314	2754	2754
山东	15263031	7809226	7581644	6445161	212122	580039	344322	54510	2370
河南	9820785	3822025	3805465	3039326	3527	89912	672700	5822	5822
湖北	20334268	8531531	8423221	6071918	446088	1315379	589836	35245	20130
湖南	11236491	4920560	4887881	3827894	417058	573352	69577	23000	23000
广东	26122738	14227689	14155693	9271180	3105568	991640	787305		
广西	4347429	1931032	1909525	1767229	52420	19175	70701	664	
海南	1288390	619432	563890	490702	34716	29360	9112		
重庆	8068493	3530253	3521421	2874662	40830	329506	276423		
四川	15355827	6377790	6352190	4477102	393330	501295	980463	7096	7041
贵州	2750675	1482667	1476808	1377273	14682	75968	8885	4873	2800
云南	4900716	2598906	2531171	2081161		43455	406555	21350	21350
西藏	550179	455878	453554	311942	117440	12465	11707	2324	2324
陕西	16369384	7269038	7189534	5452852	375642	635968	725072	1281	1281
甘肃	3977332	2459199	2441552	1809973	27000	130768	473811		
青海	597176	427198	427198	291035		27835	108328		
宁夏	1015900	618750	618750	507133	54500	22330	34787		
新疆	2905506	1666253	1648419	1538941	18392	293	90793		

教育经费收入情况

单位:千元

地方教育附加	地方教育基金	企业办学中的企业拨款	校办产业和社会服务收入用于教育的经费	民办学校中举办者投入	社会捐赠经费	#农村	事业收入	#学杂费	其他收入
312285	222523	501405	1204845	1752527	2597988		145096638	105589966	24445330
			289855	78380	403529		13580075	6349486	2862630
		131331	15353	16091	27623		3170304	2282874	569900
15020			13006		326		4646818	4043007	1441566
	60719		1229		16496		1825767	1368471	123404
34000			968		663		1167594	975762	163788
18840	23075		24761	11586	42136		7349979	5841453	698920
			2939	6251	20800		3820726	3378346	176896
		76003	8251	61691	21408		6271341	4132886	315054
		50000	327135	36960	216954		7277529	5415649	1230371
107194	1000		64412	62860	693399		11139027	7206819	3270119
70834	49589		24740	69044	95318		8229848	5911158	2364041
11425		38529	7307	176408	30915		4045925	2899290	370899
37065	36000		21675	30000	84951		3824882	2731537	424365
			5410		33610		4111005	3705218	1025418
	52140	150000	23072		82068		6734485	4972605	637252
			10738	104936	4599		5240530	4758726	648695
15115			73065	267949	110798		9908216	8084762	1515774
			9679		102780		5012510	4136735	1200641
			71996	543157	228524		9420744	7280953	1702624
664			20843	15485	7969		2241282	1882046	151661
		55542			10		631285	597358	37663
			8832		12779		3823247	2869328	702214
55			18504	203200	106002		7954640	4639843	714195
2073			986		7006		1176066	938107	84936
			46385	8529	35751		1946504	1676271	311026
					1705		92596	45726	
			78223	60000	104747		7590818	5221471	1344781
			17647		11993		1372798	1127261	133342
					1638		147844	126622	20496
					84317		269419	217846	43414
			17834		7174		1072834	772350	159245

3—11 分地区中央属普通高等本科学校

地区	总计	国家财政性教育经费	预算内教育经费	教育事业费拨款	基本建设拨款	科研拨款	其他拨款	各级政府征收用于教育的税费	教育费附加
合计	**124341987**	**70307985**	**69310960**	**43586483**	**4220966**	**14414113**	**7089398**	**55175**	**55175**
北京	33032898	18555680	18337629	9917857	1302094	4992574	2125104		
天津	3020695	1806394	1791925	1242289	44800	301579	203257	210	210
河北	717256	412553	407546	389817	7000	3469	7260		
山西									
内蒙古									
辽宁	4115608	2412222	2394029	1452901	358250	320409	262469		
吉林	3046001	2135201	2135201	1444188	122300	366874	201839		
黑龙江	4873497	2265486	2183053	1426447	463300	226122	67184		
上海	11987051	6802470	6481980	4230690	179504	1600111	471675		
江苏	9865383	5491473	5456525	3462557	335210	1288232	370526	700	700
浙江	4496965	2504183	2433459	1295733	6000	180447	951279	54265	54265
安徽	2047375	1141035	1140730	771757	18793	335709	14471		
福建	2158609	1318951	1299201	832419	28550	231323	206909		
江西									
山东	3982457	2282236	2271323	1481017	58590	485312	246404		
河南									
湖北	10901005	6268340	6198795	4185035	310288	1237516	465956		
湖南	3294831	2074351	2068781	1353579	81870	569336	63996		
广东	5642782	3193867	3173490	2162446	92342	797301	121401		
广西									
海南									
重庆	3195150	1705522	1696690	1289281	40830	323913	42666		
四川	7923213	3821322	3807937	2411643	373330	439290	583674		
贵州									
云南									
西藏									
陕西	7590111	4400684	4334298	2936527	363642	610538	423591		
甘肃	1453186	1042617	1024970	680413	18000	103758	222799		
青海									
宁夏	201822	153491	153491	148091		300	5100		
新疆	796092	519907	519907	471796	16273		31838		

教育经费收入情况

单位：千元

地方教育附加	地方教育基金	企业办学中的企业拨款	校办产业和社会服务收入用于教育的经费	民办学校中举办者投入	社会捐赠经费	#农村	事业收入	#学杂费	其他收入
		76003	**865847**		**1339954**		**44491439**	**22082866**	**8202609**
			218051		399997		11643301	4682487	2433920
			14259		12226		949798	582852	252277
			5007		226		269417	222387	35060
			18193		22769		1568554	873708	112063
					6236		832737	680770	71827
		76003	6430		21350		2284731	526608	301930
			320490		141924		4365791	3081467	676866
			34248		291715		3156595	970089	925600
			16459		17893		1372435	493945	602454
			305		11329		817356	318143	77655
			19750		26073		734984	293495	78601
			10913		67175		1427839	852460	205207
			69545		95177		3969470	2865499	568018
			5570		49867		1027891	734832	142722
			20377		31107		1979040	1017144	438768
			8832		9519		1329628	847112	150481
			13385		69383		3604170	1552131	428338
			66386		53149		2526185	1117403	610093
			17647		6655		335822	217596	68092
					1749		39000	28500	7582
					4435		256695	124238	15055

3—12 分地区地方普通高等本科学校

地区	总计	国家财政性教育经费	预算内教育经费	教育事业费拨款	基本建设拨款	科研拨款	其他拨款	各级政府征收用于教育的税费	教育费附加
合计	**216402733**	**96544252**	**94875264**	**78289567**	**6598833**	**2162869**	**7823995**	**904588**	**369780**
北京	9269970	6822574	6750770	6085167	388850	91824	184929		
天津	4986610	2416993	2284568	2223906	5000	5817	49845		
河北	8895703	3111696	3068477	2447853	13500	16850	590274	35220	20200
山西	4202832	2237165	2173817	1587982	104926	68976	411933	62119	1400
内蒙古	3259579	1927534	1890366	1560846	3000	76905	249615	36200	2200
辽宁	11332093	4932858	4881334	2882088	1027579	144230	827437	44956	3041
吉林	5858554	2744681	2741742	2237242	35300	107359	361841		
黑龙江	6840651	2779168	2769433	2658193	28718	66035	16487	7914	7914
上海	10681551	7104318	7047673	6225554	327750	246080	248289		
江苏	18139176	7347681	7172851	6481961	405114	133623	152153	144666	36472
浙江	13378694	4613225	4285160	3621363	85463	226722	351612	319784	199361
安徽	5821931	2104124	2045668	1717904	25000	2372	300392	12925	1500
福建	6313955	2789415	2705605	1898195	172794	128694	505922	81885	8820
江西	7497763	2327730	2319566	2145657	17689	35906	120314	2754	2754
山东	11280574	5526990	5310321	4964144	153532	94727	97918	54510	2370
河南	9820785	3822025	3805465	3039326	3527	89912	672700	5822	5822
湖北	9433263	2263191	2224426	1886883	135800	77863	123880	35245	20130
湖南	7941660	2846209	2819100	2474315	335188	4016	5581	23000	23000
广东	20479956	11033822	10982203	7108734	3013226	194339	665904		
广西	4347429	1931032	1909525	1767229	52420	19175	70701	664	
海南	1288390	619432	563890	490702	34716	29360	9112		
重庆	4873343	1824731	1824731	1585381		5593	233757		
四川	7432614	2556468	2544253	2065459	20000	62005	396789	7096	7041
贵州	2750675	1482667	1476808	1377273	14682	75968	8885	4873	2800
云南	4900716	2598906	2531171	2081161		43455	406555	21350	21350
西藏	550179	455878	453554	311942	117440	12465	11707	2324	2324
陕西	8779273	2868354	2855236	2516325	12000	25430	301481	1281	1281
甘肃	2524146	1416582	1416582	1129560	9000	27010	251012		
青海	597176	427198	427198	291035		27835	108328		
宁夏	814078	465259	465259	359042	54500	22030	29687		
新疆	2109414	1146346	1128512	1067145	2119	293	58955		

教育经费收入情况

单位:千元

地方教育附加	地方教育基金	企业办学中的企业拨款	校办产业和社会服务收入用于教育的经费	民办学校中举办者投入	社会捐赠经费	#农村	事业收入	#学杂费	其他收入
312285	**222523**	**425402**	**338998**	**1752527**	**1258034**		**100605199**	**83507100**	**16242721**
			71804	78380	3532		1936774	1666999	428710
		131331	1094	16091	15397		2220506	1700022	317623
15020			7999		100		4377401	3820620	1406506
	60719		1229		16496		1825767	1368471	123404
34000			968		663		1167594	975762	163788
18840	23075		6568	11586	19367		5781425	4967745	586857
			2939	6251	14564		2987989	2697576	105069
			1821	61691	58		3986610	3606278	13124
		50000	6645	36960	75030		2911738	2334182	553505
107194	1000		30164	62860	401684		7982432	6236730	2344519
70834	49589		8281	69044	77425		6857413	5417213	1761587
11425		38529	7002	176408	19586		3228569	2581147	293244
37065	36000		1925	30000	58878		3089898	2438042	345764
			5410		33610		4111005	3705218	1025418
	52140	150000	12159		14893		5306646	4120145	432045
			10738	104936	4599		5240530	4758726	648695
15115			3520	267949	15621		5938746	5219263	947756
			4109		52913		3984619	3401903	1057919
			51619	543157	197417		7441704	6263809	1263856
664			20843	15485	7969		2241282	1882046	151661
		55542			10		631285	597358	37663
					3260		2493619	2022216	551733
55			5119	203200	36619		4350470	3087712	285857
2073			986		7006		1176066	938107	84936
			46385	8529	35751		1946504	1676271	311026
					1705		92596	45726	
			11837	60000	51598		5064633	4104068	734688
					5338		1036976	909665	65250
					1638		147844	126622	20496
					82568		230419	189346	35832
			17834		2739		816139	648112	144190

3—13 分地区普通高等专科学校

地区	总计	国家财政性教育经费	预算内教育经费	教育事业费拨款	基本建设拨款	科研拨款	其他拨款	各级政府征收用于教育的税费	教育费附加
合计	**10835986**	**5657848**	**5278395**	**4346281**	**383137**	**17266**	**531711**	**186926**	**34020**
北京	363782	284502	276132	233767	40000		2365		
天津	148616	54988	34786	26524		7086	1176		
河北	646398	263342	261342	224151	200		36991	2000	500
山西	256435	134154	133954	94345	20500	70	19039	200	
内蒙古	172019	120242	112242	102337			9905	8000	
辽宁	444114	252322	250837	161340		100	89397	1485	1485
吉林	335916	141775	140798	122509		2076	16213	871	871
黑龙江	176570	82811	82032	77174			4858	779	779
上海	300120	172289	172273	164862			7411		
江苏	597774	319371	213430	178260	17000	1150	17020	105941	10415
浙江	456857	264765	262169	245406		201	16562	2491	2491
安徽	214443	84995	84995	59348			25647		
福建	113084	56004	55962	53830	200		1932	42	42
江西	208816	104581	104581	92115	5000	40	7426		
山东	381196	169353	169196	154754	9180	310	4952		
河南	1668223	949026	859049	692070	96000	2140	68839	8841	8841
湖北	230308	75298	27618	23934			3684	47680	
湖南	827556	458195	457213	327777	113977	398	15061		
广东	285572	167572	167072	145920		263	20889	500	500
广西	482299	223216	222625	217984		10	4631		
海南	124224	80000							
重庆	54715	18935	18928	18186			742		
四川	701576	260241	259386	216280	2000	305	40801		
贵州	283242	178138	176542	112775	60400	2612	755	1596	1596
云南	621255	342173	335673	278409	5000	205	52059	6500	6500
西藏	35187	31769	31769	29515			2254		
陕西	185189	88391	88391	74386			14005		
甘肃	337055	161139	161139	124897		150	36092		
青海									
宁夏									
新疆	183445	118261	118261	93426	13680	150	11005		

教育经费收入情况

单位:千元

地方教育附加	地方教育基金	企业办学中的企业拨款	校办产业和社会服务收入用于教育的经费	民办学校中举办者投入	社会捐赠经费	#农村	事业收入	#学杂费	其他收入
10626	**142280**	**181338**	**11189**	**425**	**20731**		**4868751**	**4142350**	**288231**
			8370		301		75414	66936	3565
		20202					91497	86883	2131
1500					300		321291	290237	61465
	200						120441	105212	1840
8000							51769	42334	8
							189594	150802	2198
			106				189586	184005	4555
				425			93267	87700	67
			16		401		99229	90338	28201
1126	94400						250547	175217	27856
			105		250		180032	150381	11810
							128100	113932	1348
							53538	47913	3542
							102508	100577	1727
			157				203800	174022	8043
		81136			70		685893	621648	33234
	47680						148929	144424	6081
			982				356528	334055	12833
							109938	93884	8062
			591		1490		251643	211298	5950
		80000					44224	38725	
			7				34803	29077	977
			855		9758		419894	209266	11683
							99899	86801	5205
					2361		252116	219321	24605
							3418	3418	
							91916	91916	4882
					5800		158813	135234	11303
							60124	56794	5060

3－14 分地区中央属普通高等专科学校

地区	总计	国家财政性教育经费	预算内教育经费	教育事业费拨款	基本建设拨款	科研拨款	其他拨款	各级政府征收用于教育的税费	教育费附加
合计	**276772**	**147454**	**147454**	**97850**	**17000**	**1110**	**31494**		
北京									
天津									
河北									
山西									
内蒙古									
辽宁									
吉林									
黑龙江									
上海									
江苏	138396	91451	91451	58001	17000	1110	15340		
浙江									
安徽									
福建									
江西									
山东									
河南	77041	43695	43695	38246			5449		
湖北	39127								
湖南									
广东									
广西									
海南									
重庆									
四川									
贵州									
云南									
西藏									
陕西									
甘肃									
青海									
宁夏									
新疆	22208	12308	12308	1603			10705		

教育经费收入情况

单位:千元

地方教育附加	地方教育基金	企业办学中的企业拨款	校办产业和社会服务收入用于教育的经费	民办学校中举办者投入	社会捐赠经费	#农村	事业收入	#学杂费	其他收入
							115561	**88827**	**13757**
							36773	20276	10172
							33000	27268	346
							38668	34163	459
							7120	7120	2780

3—15 分地区地方普通高等专科学校

地区	总计	国家财政性教育经费	预算内教育经费	教育事业费拨款	基本建设拨款	科研拨款	其他拨款	各级政府征收用于教育的税费	教育费附加
合计	**10559214**	**5510394**	**5130941**	**4248431**	**366137**	**16156**	**500217**	**186926**	**34020**
北京	363782	284502	276132	233767	40000		2365		
天津	148616	54988	34786	26524		7086	1176		
河北	646398	263342	261342	224151	200		36991	2000	500
山西	256435	134154	133954	94345	20500	70	19039	200	
内蒙古	172019	120242	112242	102337			9905	8000	
辽宁	444114	252322	250837	161340		100	89397	1485	1485
吉林	335916	141775	140798	122509		2076	16213	871	871
黑龙江	176570	82811	82032	77174			4858	779	779
上海	300120	172289	172273	164862			7411		
江苏	459378	227920	121979	120259		40	1680	105941	10415
浙江	456857	264765	262169	245406		201	16562	2491	2491
安徽	214443	84995	84995	59348			25647		
福建	113084	56004	55962	53830	200		1932	42	42
江西	208816	104581	104581	92115	5000	40	7426		
山东	381196	169353	169196	154754	9180	310	4952		
河南	1591182	905331	815354	653824	96000	2140	63390	8841	8841
湖北	191181	75298	27618	23934			3684	47680	
湖南	827556	458195	457213	327777	113977	398	15061		
广东	285572	167572	167072	145920		263	20889	500	500
广西	482299	223216	222625	217984		10	4631		
海南	124224	80000							
重庆	54715	18935	18928	18186			742		
四川	701576	260241	259386	216280	2000	305	40801		
贵州	283242	178138	176542	112775	60400	2612	755	1596	1596
云南	621255	342173	335673	278409	5000	205	52059	6500	6500
西藏	35187	31769	31769	29515			2254		
陕西	185189	88391	88391	74386			14005		
甘肃	337055	161139	161139	124897		150	36092		
青海									
宁夏									
新疆	161237	105953	105953	91823	13680	150	300		

教育经费收入情况

单位:千元

地方教育附加	地方教育基金	企业办学中的企业拨款	校办产业和社会服务收入用于教育的经费	民办学校中举办者投入	社会捐赠经费	#农村	事业收入	#学杂费	其他收入
10626	**142280**	**181338**	**11189**	**425**	**20731**		**4753190**	**4053523**	**274474**
			8370		301		75414	66936	3565
		20202					91497	86883	2131
1500					300		321291	290237	61465
	200						120441	105212	1840
8000							51769	42334	8
							189594	150802	2198
			106				189586	184005	4555
				425			93267	87700	67
			16		401		99229	90338	28201
1126	94400						213774	154941	17684
			105		250		180032	150381	11810
							128100	113932	1348
							53538	47913	3542
							102508	100577	1727
			157				203800	174022	8043
		81136			70		652893	594380	32888
	47680						110261	110261	5622
			982				356528	334055	12833
							109938	93884	8062
			591		1490		251643	211298	5950
		80000					44224	38725	
			7				34803	29077	977
			855		9758		419894	209266	11683
							99899	86801	5205
					2361		252116	219321	24605
							3418	3418	
							91916	91916	4882
					5800		158813	135234	11303
							53004	49674	2280

3—16　分地区普通高等职业学校

地区	总计	国家财政性教育经费	预算内教育经费	教育事业费拨款	基本建设拨款	科研拨款	其他拨款	各级政府征收用于教育的税费	教育费附加
合计	**69442987**	**27841073**	**25003418**	**20805036**	**1346561**	**88846**	**2762975**	**2021474**	**1210892**
北京	2512517	1033817	967127	810528	38880	700	117019	15171	15171
天津	1591242	781482	764979	710378	14400		40201	11610	11610
河北	3130576	1180753	911801	821825	2000	100	87876	40269	40269
山西	1442732	750034	677633	581815	50870	9586	35362	72292	33638
内蒙古	1734002	942021	909378	756239	71116	140	81883	4913	3880
辽宁	1727436	882752	800354	599504	20181	1389	179280	37255	26655
吉林	717089	431219	379241	321485		56	57700	42716	42716
黑龙江	1609040	761821	638249	602600	24693	198	10758	10000	10000
上海	1373525	283092	271606	153358		150	118098		
江苏	8153412	3501613	2791751	2496349	91450	7410	196542	709031	330689
浙江	4529230	2188475	1913319	1542717	182129	20314	168159	270112	142842
安徽	2074899	672174	613687	515937	5000	134	92616	31972	15254
福建	2439882	758564	703025	562449	26797	3325	110454	54872	46772
江西	2702470	779452	775179	655467	61263	683	57766	1531	
山东	5054442	1732746	1431797	1327243	27500	1749	75305	176918	123991
河南	2112848	793322	752749	673113	28000	590	51046	40573	40573
湖北	3207457	1065508	881920	782582	29200	16	70122	177562	81100
湖南	3813460	1282453	1184460	941679	100035	4381	138365	88247	70285
广东	7037804	2994563	2913015	2134835	433754	31964	312462	76326	76326
广西	1905611	533062	489674	453370	1100	4266	30938	42205	28744
海南	353998	169565	169565	133281	12024	18	24242		
重庆	1256555	361214	345622	264236	100		81286	15000	
四川	3182477	1244832	1174379	788169	42800	703	342707	38608	14772
贵州	648317	370797	364610	340727	12500	734	10649	6187	2420
云南	746099	297346	294066	205133		30	88903		
西藏	112516	102187	99582	47009	50010		2563	2605	2605
陕西	2143371	856360	812433	743527	5600		63306	43927	41927
甘肃	684969	369323	353984	297213	3900	110	52761	6154	3435
青海	177245	130976	129946	102026	1959		25961		
宁夏	462326	222589	203324	191427	4000	100	7797	71	71
新疆	805440	366961	284963	248815	5300		30848	5347	5147

教育经费收入情况

单位:千元

地方教育附加	地方教育基金	企业办学中的企业拨款	校办产业和社会服务收入用于教育的经费	民办学校中举办者投入	社会捐赠经费	#农村	事业收入	#学杂费	其他收入
414718	395864	758726	57455	1263913	244711		36476028	32080451	3617262
		51066	453	52209	2		1361228	1240840	65261
			4893		7479		720283	617867	81998
		228617	66	20290	2407		1824267	1682263	102859
	38654		109				669639	622373	23059
1033		27730		62835			689806	633016	39340
	10600	44816	327	24010			802978	716124	17696
			9262		52		280347	270957	5471
		113572					720151	678786	127068
		2827	8659	4893	660		1013152	947712	71728
265342	113000		831	12466	65056		3442728	2962817	1131549
27668	99602		5044		23088		1904663	1653730	413004
	16718	26000	515	123131	339		1215787	1048324	63468
8100			667	218906	2073		1398066	1152230	62273
315	1216	1074	1668	2200	1250		1871445	1753750	48123
16987	35940	122109	1922	55350	328		3096206	2731210	169812
				11980	258		1276927	1222664	30361
52664	43798	1000	5026		375		1842394	1601487	299180
17962		5350	4396	34851	27166		2346314	1983720	122676
			5222	102850	17060		3611368	3117165	311963
13461			1183	251180	3102		1032568	903093	85699
							181395	170252	3038
	15000		592	102672	566		701551	603870	90552
2500	21336	29324	2521	167490	14955		1706959	1258078	48241
3767					9		261780	210806	15731
		211	3069		751		400138	381686	47864
					163		10166	10166	
2000					10181		1219822	1120244	57008
2719		9185			1003		305366	270835	9277
			1030				45255	41611	1014
		19194		16600	66360		153029	138961	3748
200		76651			28		370250	333814	68201

3—17 分地区中央属普通高等职业学校

地区	总计	国家财政性教育经费	预算内教育经费	教育事业费拨款	基本建设拨款	科研拨款	其他拨款	各级政府征收用于教育的税费	教育费附加
合计	**1596537**	**621253**	**228777**	**169513**	**11433**		**47831**	**100**	**100**
北京									
天津									
河北	307617	192499	3955	1020			2935		
山西									
内蒙古									
辽宁									
吉林									
黑龙江	315450	145681	46589	38406	7933		250		
上海									
江苏									
浙江									
安徽									
福建									
江西	18183	4945	3871	1800			2071		
山东	84136	21612	961	961					
河南									
湖北	36816	1100						100	100
湖南	87093	36060	30710	30510			200		
广东	408214	47634	47620	20069			27551		
广西									
海南									
重庆	60101	17711	17711	4929			12782		
四川	118236	62074	62074	58532	1500		2042		
贵州	10180	4300	4300	4300					
云南									
西藏									
陕西									
甘肃									
青海									
宁夏									
新疆	150511	87637	10986	8986	2000				

教育经费收入情况

单位:千元

地方教育附加	地方教育基金	企业办学中的企业拨款	校办产业和社会服务收入用于教育的经费	民办学校中举办者投入	社会捐赠经费	#农村	事业收入	#学杂费	其他收入
		392362	**14**				**680215**	**561599**	**295069**
		188544					115118	82866	
		99092					61749	37169	108020
		1074					13238	13238	
		20651					58799	58799	3725
		1000					35716	33176	
		5350					46160	42276	4873
			14				204127	164378	156453
							42390	35122	
							54948	46863	1214
							5300	5300	580
		76651					42670	42412	20204

3－18 分地区地方普通高等职业学校

地 区	总 计	国家财政性教育经费	预算内教育经费					各级政府征收用于教育的税费	
				教育事业费拨款	基本建设拨款	科研拨款	其他拨款		教育费附加
合 计	**67846450**	**27219820**	**24774641**	**20635523**	**1335128**	**88846**	**2715144**	**2021374**	**1210792**
北 京	2512517	1033817	967127	810528	38880	700	117019	15171	15171
天 津	1591242	781482	764979	710378	14400		40201	11610	11610
河 北	2822959	988254	907846	820805	2000	100	84941	40269	40269
山 西	1442732	750034	677633	581815	50870	9586	35362	72292	33638
内蒙古	1734002	942021	909378	756239	71116	140	81883	4913	3880
辽 宁	1727436	882752	800354	599504	20181	1389	179280	37255	26655
吉 林	717089	431219	379241	321485		56	57700	42716	42716
黑龙江	1293590	616140	591660	564194	16760	198	10508	10000	10000
上 海	1373525	283092	271606	153358		150	118098		
江 苏	8153412	3501613	2791751	2496349	91450	7410	196542	709031	330689
浙 江	4529230	2188475	1913319	1542717	182129	20314	168159	270112	142842
安 徽	2074899	672174	613687	515937	5000	134	92616	31972	15254
福 建	2439882	758564	703025	562449	26797	3325	110454	54872	46772
江 西	2684287	774507	771308	653667	61263	683	55695	1531	
山 东	4970306	1711134	1430836	1326282	27500	1749	75305	176918	123991
河 南	2112848	793322	752749	673113	28000	590	51046	40573	40573
湖 北	3170641	1064408	881920	782582	29200	16	70122	177462	81000
湖 南	3726367	1246393	1153750	911169	100035	4381	138165	88247	70285
广 东	6629590	2946929	2865395	2114766	433754	31964	284911	76326	76326
广 西	1905611	533062	489674	453370	1100	4266	30938	42205	28744
海 南	353998	169565	169565	133281	12024	18	24242		
重 庆	1196454	343503	327911	259307	100		68504	15000	
四 川	3064241	1182758	1112305	729637	41300	703	340665	38608	14772
贵 州	638137	366497	360310	336427	12500	734	10649	6187	2420
云 南	746099	297346	294066	205133		30	88903		
西 藏	112516	102187	99582	47009	50010		2563	2605	2605
陕 西	2143371	856360	812433	743527	5600		63306	43927	41927
甘 肃	684969	369323	353984	297213	3900	110	52761	6154	3435
青 海	177245	130976	129946	102026	1959		25961		
宁 夏	462326	222589	203324	191427	4000	100	7797	71	71
新 疆	654929	279324	273977	239829	3300		30848	5347	5147

教育经费收入情况

单位：千元

地方教育附加	地方教育基金	企业办学中的企业拨款	校办产业和社会服务收入用于教育的经费	民办学校中举办者投入	社会捐赠经费	#农村	事业收入	#学杂费	其他收入
414718	**395864**	**366364**	**57441**	**1263913**	**244711**		**35795813**	**31518852**	**3322193**
		51066	453	52209	2		1361228	1240840	65261
			4893		7479		720283	617867	81998
		40073	66	20290	2407		1709149	1599397	102859
	38654		109				669639	622373	23059
1033		27730		62835			689806	633016	39340
	10600	44816	327	24010			802978	716124	17696
			9262		52		280347	270957	5471
		14480					658402	641617	19048
		2827	8659	4893	660		1013152	947712	71728
265342	113000		831	12466	65056		3442728	2962817	1131549
27668	99602		5044		23088		1904663	1653730	413004
	16718	26000	515	123131	339		1215787	1048324	63468
8100			667	218906	2073		1398066	1152230	62273
315	1216		1668	2200	1250		1858207	1740512	48123
16987	35940	101458	1922	55350	328		3037407	2672411	166087
				11980	258		1276927	1222664	30361
52664	43798		5026		375		1806678	1568311	299180
17962			4396	34851	27166		2300154	1941444	117803
			5208	102850	17060		3407241	2952787	155510
13461			1183	251180	3102		1032568	903093	85699
							181395	170252	3038
	15000		592	102672	566		659161	568748	90552
2500	21336	29324	2521	167490	14955		1652011	1211215	47027
3767					9		256480	205506	15151
		211	3069		751		400138	381686	47864
					163		10166	10166	
2000					10181		1219822	1120244	57008
2719		9185			1003		305366	270835	9277
			1030				45255	41611	1014
		19194		16600	66360		153029	138961	3748
200					28		327580	291402	47997

3—19 分地区成人高等学校

地区	总计	国家财政性教育经费	预算内教育经费	教育事业费拨款	基本建设拨款	科研拨款	其他拨款	各级政府征收用于教育的税费	教育费附加
合计	**13664102**	**5894446**	**5395648**	**4568426**	**78120**	**16813**	**732289**	**266901**	**155139**
北京	1299545	434630	382075	310242	19400	100	52333	46237	46237
天津	217706	107800	102697	98466		1147	3084	743	743
河北	414047	187390	179694	161354		1290	17050	7696	6966
山西	208076	86976	85426	81419		30	3977	1550	1550
内蒙古	128007	72826	69122	48444			20678	3704	3504
辽宁	545871	304469	202479	144668	2390	5061	50360	19444	2144
吉林	331094	223109	216382	167299			49083	4727	4727
黑龙江	419647	252143	209648	198449		40	11159	1854	1854
上海	1175778	587686	565246	556273			8973		
江苏	895030	384270	332684	318967			13717	51279	15955
浙江	1183934	458215	369768	328600	10700		30468	88447	38724
安徽	193958	65330	64236	61139		64	3033	996	796
福建	493489	231764	230761	183565		211	46985	600	600
江西	289490	98054	97784	89772		10	8002	270	250
山东	968418	421888	398501	347184	14780	60	36477	16980	14620
河南	590884	254142	251551	191978	5000	1470	53103	2591	2591
湖北	249703	73980	66024	63458	120	51	2395	881	881
湖南	332417	89727	82537	73920	1500		7117	6884	4178
广东	1146840	424033	418871	342090	18440	150	58191	4004	3604
广西	286794	128367	126466	122485		50	3931		
海南	13737	7537	7537	7537					
重庆	310599	72203	71418	61033			10385		
四川	647021	360800	334979	125140		5171	204668	4085	2107
贵州	199126	90954	90124	88131	600	1059	334	830	204
云南	118363	84100	84100	78508			5592		
西藏									
陕西	398244	110938	91868	83148			8720	870	730
甘肃	201987	77466	60312	53276		849	6187	1938	1888
青海	31487	11076	11076	7281			3795		
宁夏									
新疆	372810	192573	192282	174600	5190		12492	291	286

教育经费收入情况

单位：千元

地方教育附加	地方教育基金	企业办学中的企业拨款	校办产业和社会服务收入用于教育的经费	民办学校中举办者投入	社会捐赠经费	#农村	事业收入	#学杂费	其他收入
55046	**56716**	**185486**	**46411**		**36570**		**6846278**	**5615855**	**886808**
			6318		166		766103	610111	98646
			4360		28		92553	88484	17325
730					35		215018	199287	11604
					7		120271	48255	822
200							50662	47625	4519
20	17280	82546					239703	201993	1699
		2000			50		99610	90133	8325
		40641			25		161794	139770	5685
			22440		526		348909	217736	238657
35324			307		20660		448454	362270	41646
10687	39036				107		610107	513395	115505
200			98				119035	108412	9593
			403		5		228032	197727	33688
20							187605	182267	3831
2360		5381	1026		930		483059	384193	62541
							298856	290955	37886
		7075			12		161674	155622	14037
2706		300	6		1120		239489	177098	2081
	400		1158		802		700121	538905	21884
			1901		76		155563	137126	2788
							6200	6120	
		785					197881	169413	40515
1978		14774	6962		10889		254948	207629	20384
626					733		106190	101599	1249
							30086	30086	4177
140		16768	1432		196		235979	205966	51131
50		15216					111062	103045	13459
							20249	9826	162
5					203		157065	90807	22969

3—20 分地区中央属成人高等学校

地区	总计	国家财政性教育经费	预算内教育经费	教育事业费拨款	基本建设拨款	科研拨款	其他拨款	各级政府征收用于教育的税费	教育费附加
合计	**832092**	**133673**	**77558**	**64125**		**100**	**13333**		
北京	700624	59238	58251	48728		100	9423		
天津									
河北									
山西									
内蒙古									
辽宁	6462								
吉林									
黑龙江	60067	40641							
上海	5280								
江苏									
浙江									
安徽									
福建									
江西									
山东									
河南									
湖北	11629	7075							
湖南	2014	514	214	214					
广东									
广西									
海南									
重庆									
四川	1582	1100							
贵州									
云南									
西藏									
陕西									
甘肃	13836	6012							
青海									
宁夏									
新疆	30598	19093	19093	15183			3910		

教育经费收入情况

单位:千元

地方教育附加	地方教育基金	企业办学中的企业拨款	校办产业和社会服务收入用于教育的经费	民办学校中举办者投入	社会捐赠经费	#农村	事业收入	#学杂费	其他收入
		55128	**987**				**615230**	**454531**	**83189**
			987				558569	415741	82817
							6462	6409	
		40641					19426	16185	
							5280		
		7075					4554	1290	
		300					1500	1500	
		1100					302		180
		6012					7824	7824	
							11313	5582	192

3—21 分地区地方成人高等学校

地区	总计	国家财政性教育经费							
			预算内教育经费	教育事业费拨款	基本建设拨款	科研拨款	其他拨款	各级政府征收用于教育的税费	教育费附加
合计	**12832010**	**5760773**	**5318090**	**4504301**	**78120**	**16713**	**718956**	**266901**	**155139**
北京	598921	375392	323824	261514	19400		42910	46237	46237
天津	217706	107800	102697	98466		1147	3084	743	743
河北	414047	187390	179694	161354		1290	17050	7696	6966
山西	208076	86976	85426	81419		30	3977	1550	1550
内蒙古	128007	72826	69122	48444			20678	3704	3504
辽宁	539409	304469	202479	144668	2390	5061	50360	19444	2144
吉林	331094	223109	216382	167299			49083	4727	4727
黑龙江	359580	211502	209648	198449		40	11159	1854	1854
上海	1170498	587686	565246	556273			8973		
江苏	895030	384270	332684	318967			13717	51279	15955
浙江	1183934	458215	369768	328600	10700		30468	88447	38724
安徽	193958	65330	64236	61139		64	3033	996	796
福建	493489	231764	230761	183565		211	46985	600	600
江西	289490	98054	97784	89772		10	8002	270	250
山东	968418	421888	398501	347184	14780	60	36477	16980	14620
河南	590884	254142	251551	191978	5000	1470	53103	2591	2591
湖北	238074	66905	66024	63458	120	51	2395	881	881
湖南	330403	89213	82323	73706	1500		7117	6884	4178
广东	1146840	424033	418871	342090	18440	150	58191	4004	3604
广西	286794	128367	126466	122485		50	3931		
海南	13737	7537	7537	7537					
重庆	310599	72203	71418	61033			10385		
四川	645439	359700	334979	125140		5171	204668	4085	2107
贵州	199126	90954	90124	88131	600	1059	334	830	204
云南	118363	84100	84100	78508			5592		
西藏									
陕西	398244	110938	91868	83148			8720	870	730
甘肃	188151	71454	60312	53276		849	6187	1938	1888
青海	31487	11076	11076	7281			3795		
宁夏									
新疆	342212	173480	173189	159417	5190		8582	291	286

教育经费收入情况

单位：千元

地方教育附加	地方教育基金	企业办学中的企业拨款	校办产业和社会服务收入用于教育的经费	民办学校中举办者投入	社会捐赠经费	#农村	事业收入	#学杂费	其他收入
55046	**56716**	**130358**	**45424**		**36570**		**6231048**	**5161324**	**803619**
			5331		166		207534	194370	15829
			4360		28		92553	88484	17325
730					35		215018	199287	11604
					7		120271	48255	822
200							50662	47625	4519
20	17280	82546					233241	195584	1699
		2000			50		99610	90133	8325
					25		142368	123585	5685
			22440		526		343629	217736	238657
35324			307		20660		448454	362270	41646
10687	39036				107		610107	513395	115505
200			98				119035	108412	9593
			403		5		228032	197727	33688
20							187605	182267	3831
2360		5381	1026		930		483059	384193	62541
							298856	290955	37886
					12		157120	154332	14037
2706			6		1120		237989	175598	2081
	400		1158		802		700121	538905	21884
			1901		76		155563	137126	2788
							6200	6120	
		785					197881	169413	40515
1978		13674	6962		10889		254646	207629	20204
626					733		106190	101599	1249
							30086	30086	4177
140		16768	1432		196		235979	205966	51131
50		9204					103238	95221	13459
							20249	9826	162
5					203		145752	85225	22777

3—22 分地区中等职业学校

地 区	总 计	国家财政性教育经费	预算内教育经费	教育事业费拨款	基本建设拨款	科研拨款	其他拨款	各级政府征收用于教育的税费	教育费附加
合 计	**104924351**	**68227144**	**58554921**	**50735392**	**1683922**		**6135607**	**8832175**	**7445037**
北 京	3906203	3241589	2744658	2320582	51655		372421	475044	475044
天 津	1602365	1189894	1057215	964641	8500		84074	94259	94259
河 北	5510942	3603108	3099008	2838220	33067		227721	451078	431011
山 西	3191303	2236516	1980679	1835113	41540		104026	209587	194103
内蒙古	1881625	1448439	1385285	1138642	31480		215163	52522	47697
辽 宁	3954948	2953762	2472205	1959861	49805		462539	473454	462113
吉 林	1864762	1422231	1254329	1040567	5350		208412	155051	155051
黑龙江	1773143	1320306	1248814	1103643	30297		114874	32609	32359
上 海	4104899	3006636	1974819	1894535	3314		76970	985424	975317
江 苏	8809948	4882277	3913211	3471051	212348		229812	940658	509251
浙 江	6842801	4533330	3430752	3080427	65050		285275	1094706	698365
安 徽	3419970	1927540	1480661	1286390	36190		158081	389893	359007
福 建	3295894	2194886	1910984	1631836	41249		237899	281983	261226
江 西	1886784	1137112	1080252	904989	52356		122907	54054	40066
山 东	8386938	5376577	4321204	4169244	12180		139780	981062	780340
河 南	5468123	3564857	3297817	2976428	46131		275258	208322	208312
湖 北	3155171	1711313	1436740	1257793	42130		136817	264721	205176
湖 南	3769358	2007249	1839160	1604502	35800		198858	158892	145661
广 东	9302393	5523854	4901026	3962298	310650		628078	619674	608215
广 西	3226550	2063788	1898108	1709238	46089		142781	154031	73170
海 南	850543	594701	520680	458591	32206		29883	14005	13748
重 庆	2379482	1462729	1293961	1063291	17800		212870	144071	142674
四 川	5280751	3147494	2849896	2217510	56997		575389	270469	217491
贵 州	1325255	906108	848823	775457	33531		39835	48471	44183
云 南	2803998	1988741	1854957	1497995	44848		312114	112139	109375
西 藏	134769	127688	127688	67878	56400		3410		
陕 西	2600564	1667574	1554590	1187309	153674		213607	86154	84114
甘 肃	1784681	1276298	1230624	1094345	26400		109879	40701	39984
青 海	390571	305908	301818	240301	19929		41588	2725	2725
宁 夏	445622	339445	328990	252690	35000		41300	10347	10228
新 疆	1573995	1065194	915967	730025	51956		133986	26069	24772

教育经费收入情况

单位:千元

地方教育附加	地方教育基金	企业办学中的企业拨款	校办产业和社会服务收入用于教育的经费	民办学校中举办者投入	社会捐赠经费	#农村	事业收入	#学杂费	其他收入
1030281	**356857**	**723895**	**116153**	**947535**	**305978**	**20930**	**32241208**	**26236444**	**3202486**
		9972	11915	500	563	5	560021	424173	103530
		37282	1138	562	1499	850	378684	346381	31726
16841	3226	49544	3478	52589	2986		1724042	1564983	128217
	15484	46153	97	37287	11076	11040	889458	629687	16966
3852	973	9850	782	34974	679		378152	328381	19381
7073	4268	7950	153	8253	83		948616	824880	44234
		11532	1319	22417	1770		403472	304511	14872
	250	37713	1170	9995	153		401784	364305	40905
10107		34665	11728		1325	140	804844	687063	292094
342752	88655	23225	5183	23680	50018	1288	3069221	2176987	784752
203478	192863	3975	3897	5498	41971	5409	1964796	1541960	297206
30886		51209	5777	98072	3459		1316130	1105954	74769
20657	100		1919	12406	3613	209	1030285	759935	54704
13488	500	2120	686	20454	368	35	672758	588145	56092
200722		63430	10881	134648	4523	41	2760515	2176219	110675
	10	53650	5068	56218	955		1768698	1540778	77395
47838	11707	5750	4102	35945	7696	1008	1273034	1050771	127183
13231		1392	7805	111386	9436	2	1573693	1374039	67594
	11459	956	2198	43095	26891	259	3423307	3015402	285246
79361	1500	5809	5840	33186	3423		1067505	879839	58648
257		59816	200	4046	55563		179683	135894	16550
	1397	24004	693	16715	8168		794742	577887	97128
28783	24195	17819	9310	91915	35620		1889966	1419618	115756
4018	270	3398	5416	5659	25794		339488	295586	48206
2764		17304	4341	23156	2625	342	705956	549919	83520
							7081	7081	
2040		26121	709	51371	2365		834286	715106	44968
717		3389	1584	8258	376	302	483168	429759	16581
			1365	1670	30		72853	53694	10110
119			108	3500	2107		90263	74918	10307
1297		115867	7291	80	843		434707	292589	73171

3—23 分地区中央属中等职业学校

地区	总计	国家财政性教育经费	预算内教育经费	教育事业费拨款	基本建设拨款	科研拨款	其他拨款	各级政府征收用于教育的税费	教育费附加
合计	**833259**	**507394**	**301607**	**194996**	**46660**		**59951**		
北京	65069	38291	33955	32752			1203		
天津	19485	14905	869	869					
河北	37873	8053	4731				4731		
山西	6370	2150	940	940					
内蒙古	4766	656	656	656					
辽宁									
吉林									
黑龙江	100441	72434	54438	22016	7500		24922		
上海	76456	34152	17072	17072					
江苏									
浙江									
安徽	59843	27810	18560	18560					
福建									
江西	538	143	143	143					
山东									
河南	6148	1200							
湖北	135								
湖南	18102	592							
广东									
广西									
海南									
重庆	3040	336							
四川	74204	39315	29248	23310			5938		
贵州	6233	3398							
云南	3555	628	628	628					
西藏									
陕西									
甘肃									
青海									
宁夏									
新疆	351001	263331	140367	78050	39160		23157		

教育经费收入情况

单位：千元

地方教育附加	地方教育基金	企业办学中的企业拨款	校办产业和社会服务收入用于教育的经费	民办学校中举办者投入	社会捐赠经费	#农村	事业收入	#学杂费	其他收入
		193653	**12134**		**1181**		**279984**	**230936**	**44700**
		4300	36				25961	16021	817
		14036					2195	2195	2385
		3322					28098	26055	1722
		1210					4220	4220	
							4110	4110	
		17996					27942	27681	65
		17080					30843	11981	11461
		9249	1				31282	25875	751
							395	395	
		1200					4488	4488	460
							135	105	
		592					17151	17151	359
		336					2701	2701	3
		5067	5000		1181		29700	26405	4008
		3398					2835	2835	
							2927	2927	
		115867	7097				65001	55791	22669

3—24 分地区地方中等职业学校

地区	总计	国家财政性教育经费	预算内教育经费	教育事业费拨款	基本建设拨款	科研拨款	其他拨款	各级政府征收用于教育的税费	教育费附加
合计	**104091092**	**67719750**	**58253314**	**50540396**	**1637262**		**6075656**	**8832175**	**7445037**
北京	3841134	3203298	2710703	2287830	51655		371218	475044	475044
天津	1582880	1174989	1056346	963772	8500		84074	94259	94259
河北	5473069	3595055	3094277	2838220	33067		222990	451078	431011
山西	3184933	2234366	1979739	1834173	41540		104026	209587	194103
内蒙古	1876859	1447783	1384629	1137986	31480		215163	52522	47697
辽宁	3954948	2953762	2472205	1959861	49805		462539	473454	462113
吉林	1864762	1422231	1254329	1040567	5350		208412	155051	155051
黑龙江	1672702	1247872	1194376	1081627	22797		89952	32609	32359
上海	4028443	2972484	1957747	1877463	3314		76970	985424	975317
江苏	8809948	4882277	3913211	3471051	212348		229812	940658	509251
浙江	6842801	4533330	3430752	3080427	65050		285275	1094706	698365
安徽	3360127	1899730	1462101	1267830	36190		158081	389893	359007
福建	3295894	2194886	1910984	1631836	41249		237899	281983	261226
江西	1886246	1136969	1080109	904846	52356		122907	54054	40066
山东	8386938	5376577	4321204	4169244	12180		139780	981062	780340
河南	5461975	3563657	3297817	2976428	46131		275258	208322	208312
湖北	3155036	1711313	1436740	1257793	42130		136817	264721	205176
湖南	3751256	2006657	1839160	1604502	35800		198858	158892	145661
广东	9302393	5523854	4901026	3962298	310650		628078	619674	608215
广西	3226550	2063788	1898108	1709238	46089		142781	154031	73170
海南	850543	594701	520680	458591	32206		29883	14005	13748
重庆	2376442	1462393	1293961	1063291	17800		212870	144071	142674
四川	5206547	3108179	2820648	2194200	56997		569451	270469	217491
贵州	1319022	902710	848823	775457	33531		39835	48471	44183
云南	2800443	1988113	1854329	1497367	44848		312114	112139	109375
西藏	134769	127688	127688	67878	56400		3410		
陕西	2600564	1667574	1554590	1187309	153674		213607	86154	84114
甘肃	1784681	1276298	1230624	1094345	26400		109879	40701	39984
青海	390571	305908	301818	240301	19929		41588	2725	2725
宁夏	445622	339445	328990	252690	35000		41300	10347	10228
新疆	1222994	801863	775600	651975	12796		110829	26069	24772

教育经费收入情况

单位:千元

地方教育附加	地方教育基金	企业办学中的企业拨款	校办产业和社会服务收入用于教育的经费	民办学校中举办者投入	社会捐赠经费	#农村	事业收入	#学杂费	其他收入
1030281	**356857**	**530242**	**104019**	**947535**	**304797**	**20930**	**31961224**	**26005508**	**3157786**
		5672	11879	500	563	5	534060	408152	102713
		23246	1138	562	1499	850	376489	344186	29341
16841	3226	46222	3478	52589	2986		1695944	1538928	126495
	15484	44943	97	37287	11076	11040	885238	625467	16966
3852	973	9850	782	34974	679		374042	324271	19381
7073	4268	7950	153	8253	83		948616	824880	44234
		11532	1319	22417	1770		403472	304511	14872
	250	19717	1170	9995	153		373842	336624	40840
10107		17585	11728		1325	140	774001	675082	280633
342752	88655	23225	5183	23680	50018	1288	3069221	2176987	784752
203478	192863	3975	3897	5498	41971	5409	1964796	1541960	297206
30886		41960	5776	98072	3459		1284848	1080079	74018
20657	100		1919	12406	3613	209	1030285	759935	54704
13488	500	2120	686	20454	368	35	672363	587750	56092
200722		63430	10881	134648	4523	41	2760515	2176219	110675
	10	52450	5068	56218	955		1764210	1536290	76935
47838	11707	5750	4102	35945	7696	1008	1272899	1050666	127183
13231		800	7805	111386	9436	2	1556542	1356888	67235
	11459	956	2198	43095	26891	259	3423307	3015402	285246
79361	1500	5809	5840	33186	3423		1067505	879839	58648
257		59816	200	4046	55563		179683	135894	16550
	1397	23668	693	16715	8168		792041	575186	97125
28783	24195	12752	4310	91915	34439		1860266	1393213	111748
4018	270		5416	5659	25794		336653	292751	48206
2764		17304	4341	23156	2625	342	703029	546992	83520
							7081	7081	
2040		26121	709	51371	2365		834286	715106	44968
717		3389	1584	8258	376	302	483168	429759	16581
			1365	1670	30		72853	53694	10110
119			108	3500	2107		90263	74918	10307
1297			194	80	843		369706	236798	50502

3—25　分地区中等专业学校

地区	总计	国家财政性教育经费							
			预算内教育经费	教育事业费拨款	基本建设拨款	科研拨款	其他拨款	各级政府征收用于教育的税费	教育费附加
合　计	**43782428**	**26588483**	**23851919**	**20636131**	**536948**		**2678840**	**2419324**	**2031650**
北　京	1265863	1035371	1022306	883428	30655		108223	8821	8821
天　津	950686	698395	630864	592514			38350	58116	58116
河　北	2100981	1090471	1017762	911922	9000		96840	66204	65234
山　西	1537086	950189	910115	839099	4700		66316	30436	15612
内蒙古	753848	519021	511555	405849	1500		104206	5467	3960
辽　宁	1999137	1452543	1316911	1047672	17155		252084	130982	125952
吉　林	658504	493705	438607	361009	2950		74648	54830	54830
黑龙江	602143	373066	366098	349440	3100		13558	3614	3614
上　海	2026862	1302021	1102694	1046215			56479	176950	176950
江　苏	3166213	1664954	1398839	1232896	50673		115270	266099	144944
浙　江	848927	513712	381463	290057	2674		88732	128630	83838
安　徽	1443494	693930	551676	482526	15820		53330	141926	136126
福　建	1773345	1129991	1004206	845552	26580		132074	124934	108545
江　西	811906	404105	395366	334588	12456		48322	8321	2231
山　东	3059805	1920176	1628925	1526497	4000		98428	286339	243687
河　南	2488232	1489753	1435572	1293561	12324		129687	54010	54010
湖　北	1865303	972108	784835	663407	28600		92828	180460	134681
湖　南	835307	445588	401148	343557	9000		48591	41772	37409
广　东	4528078	2513972	2180922	1887192	45348		248382	331216	319757
广　西	2159546	1368178	1253336	1108610	30570		114156	105671	43243
海　南	642586	417078	349225	312863	12453		23909	8213	8213
重　庆	645941	395730	328531	286969	1200		40362	66837	66737
四　川	2045340	1024933	960032	732635	20387		207010	57559	55858
贵　州	678351	483302	450046	394610	30603		24833	24442	22110
云　南	1365182	927458	906557	727662	5237		173658	16681	16681
西　藏	129639	122632	122632	62822	56400		3410		
陕　西	883811	477643	459202	402480	15100		41622	649	649
甘　肃	1052058	725264	696810	613495	12800		70515	27108	26908
青　海	236159	178591	177196	126999	19179		31018	30	30
宁　夏	215538	147867	145737	124239	14500		6998	2022	2022
新　疆	1012557	656736	522751	405766	41984		75001	10985	10882

教育经费收入情况

单位：千元

地方教育附加	地方教育基金	企业办学中的企业拨款	校办产业和社会服务收入用于教育的经费	民办学校中举办者投入	社会捐赠经费	#农村	事业收入	#学杂费	其他收入
313890	**73784**	**275713**	**41527**	**374358**	**163535**	**1079**	**15151014**	**12697906**	**1505038**
		946	3298				206789	167787	23703
		9348	67				231689	216106	20602
970		5115	1390	49459	26		881242	817043	79783
	14824	9638		27805	10		547809	369941	11273
1507		1773	226	34314	16		191632	171890	8865
762	4268	4650		4806			509159	463897	32629
			268		1050		161012	125438	2737
		2684	670	7797			215003	202310	6277
		21109	1268		1129		512467	430921	211245
110935	10220		16	12630	18973	1000	1095259	784575	374397
15079	29713	2055	1564	1473	187		298686	236618	34869
5800			328	34146	1358		675508	611684	38552
16389			851	9549	2192	8	608757	460281	22856
6090			418	4926	25		363500	348752	39350
42652		98	4814	8778	2002		1093941	894978	34908
			171	27643	383		926645	836067	43808
42779	3000	5750	1063	28344	1213		782240	637215	81398
4363		600	2068	2298	5610		358960	322259	22851
	11459	956	878	36211	18483	71	1842604	1670000	116808
62428		4846	4325	28276	1977		717417	585938	43698
		59630	10	4046	54121		156176	126416	11165
	100		362	6840			224996	165581	18375
1501	200	7027	315	39354	25971		895624	649260	59458
2332		3398	5416	660	25240		155220	135202	13929
		2452	1768	293	1044		386121	311131	50266
							7007	7007	
		17771	21				390246	368134	15922
200			1346	800	1		311985	273734	14008
			1365	330			52128	37313	5110
			108	3500	2093		54182	46390	7896
103		115867	7133	80	431		297010	224038	58300

3－26 分地区中央属中等专业学校

地 区	总 计	国家财政性教育经费	预算内教育经费	教育事业费拨款	基本建设拨款	科研拨款	其他拨款	各级政府征收用于教育的税费	教育费附加
合 计	**583756**	**371437**	**226785**	**163665**	**39160**		**23960**		
北 京	53933	33865	33865	32752			1113		
天 津									
河 北									
山 西	6370	2150	940	940					
内蒙古									
辽 宁									
吉 林									
黑龙江									
上 海	76456	34152	17072	17072					
江 苏									
浙 江									
安 徽	29525	17605	17605	17605					
福 建									
江 西	538	143	143	143					
山 东									
河 南									
湖 北									
湖 南	13000								
广 东									
广 西									
海 南									
重 庆									
四 川	48561	17997	17997	17997					
贵 州	6233	3398							
云 南									
西 藏									
陕 西									
甘 肃									
青 海									
宁 夏									
新 疆	349140	262127	139163	77156	39160		22847		

教育经费收入情况

单位：千元

地方教育附加	地方教育基金	企业办学中的企业拨款	校办产业和社会服务收入用于教育的经费	民办学校中举办者投入	社会捐赠经费	#农村	事业收入	#学杂费	其他收入
		137555	**7097**		**1051**		**172781**	**131892**	**38487**
							19372	9432	696
		1210					4220	4220	
		17080					30843	11981	11461
							11600	11600	320
							395	395	
							13000	13000	
					1051		26083	23206	3430
		3398					2835	2835	
		115867	7097				64433	55223	22580

3—27 分地区地方中等专业学校

地区	总计	国家财政性教育经费	预算内教育经费	教育事业费拨款	基本建设拨款	科研拨款	其他拨款	各级政府征收用于教育的税费	教育费附加
合计	**43198672**	**26217046**	**23625134**	**20472466**	**497788**		**2654880**	**2419324**	**2031650**
北京	1211930	1001506	988441	850676	30655		107110	8821	8821
天津	950686	698395	630864	592514			38350	58116	58116
河北	2100981	1090471	1017762	911922	9000		96840	66204	65234
山西	1530716	948039	909175	838159	4700		66316	30436	15612
内蒙古	753848	519021	511555	405849	1500		104206	5467	3960
辽宁	1999137	1452543	1316911	1047672	17155		252084	130982	125952
吉林	658504	493705	438607	361009	2950		74648	54830	54830
黑龙江	602143	373066	366098	349440	3100		13558	3614	3614
上海	1950406	1267869	1085622	1029143			56479	176950	176950
江苏	3166213	1664954	1398839	1232896	50673		115270	266099	144944
浙江	848927	513712	381463	290057	2674		88732	128630	83838
安徽	1413969	676325	534071	464921	15820		53330	141926	136126
福建	1773345	1129991	1004206	845552	26580		132074	124934	108545
江西	811368	403962	395223	334445	12456		48322	8321	2231
山东	3059805	1920176	1628925	1526497	4000		98428	286339	243687
河南	2488232	1489753	1435572	1293561	12324		129687	54010	54010
湖北	1865303	972108	784835	663407	28600		92828	180460	134681
湖南	822307	445588	401148	343557	9000		48591	41772	37409
广东	4528078	2513972	2180922	1887192	45348		248382	331216	319757
广西	2159546	1368178	1253336	1108610	30570		114156	105671	43243
海南	642586	417078	349225	312863	12453		23909	8213	8213
重庆	645941	395730	328531	286969	1200		40362	66837	66737
四川	1996779	1006936	942035	714638	20387		207010	57559	55858
贵州	672118	479904	450046	394610	30603		24833	24442	22110
云南	1365182	927458	906557	727662	5237		173658	16681	16681
西藏	129639	122632	122632	62822	56400		3410		
陕西	883811	477643	459202	402480	15100		41622	649	649
甘肃	1052058	725264	696810	613495	12800		70515	27108	26908
青海	236159	178591	177196	126999	19179		31018	30	30
宁夏	215538	147867	145737	124239	14500		6998	2022	2022
新疆	663417	394609	383588	328610	2824		52154	10985	10882

教育经费收入情况

单位:千元

地方教育附加	地方教育基金	企业办学中的企业拨款	校办产业和社会服务收入用于教育的经费	民办学校中举办者投入	社会捐赠经费	#农村	事业收入	#学杂费	其他收入
313890	**73784**	**138158**	**34430**	**374358**	**162484**	**1079**	**14978233**	**12566014**	**1466551**
		946	3298				187417	158355	23007
		9348	67				231689	216106	20602
970		5115	1390	49459	26		881242	817043	79783
	14824	8428		27805	10		543589	365721	11273
1507		1773	226	34314	16		191632	171890	8865
762	4268	4650		4806			509159	463897	32629
			268		1050		161012	125438	2737
		2684	670	7797			215003	202310	6277
		4029	1268		1129		481624	418940	199784
110935	10220		16	12630	18973	1000	1095259	784575	374397
15079	29713	2055	1564	1473	187		298686	236618	34869
5800			328	34146	1358		663908	600084	38232
16389			851	9549	2192	8	608757	460281	22856
6090			418	4926	25		363105	348357	39350
42652		98	4814	8778	2002		1093941	894978	34908
			171	27643	383		926645	836067	43808
42779	3000	5750	1063	28344	1213		782240	637215	81398
4363		600	2068	2298	5610		345960	309259	22851
	11450	956	878	36211	18483	71	1842604	1670000	116808
62428		4846	4325	28276	1977		717417	585938	43698
		59630	10	4046	54121		156176	126416	11165
	100		362	6840			224996	165581	18375
1501	200	7027	315	39354	24920		869541	626054	56028
2332			5416	660	25240		152385	132367	13929
		2452	1768	293	1044		386121	311131	50266
							7007	7007	
		17771	21				390246	368134	15922
200			1346	800	1		311985	273734	14008
			1365	330			52128	37313	5110
			108	3500	2093		54182	46390	7896
103			36	80	431		232577	168815	35720

3—28 分地区职业高中

地 区	总 计	国家财政性教育经费	预算内教育经费	教育事业费拨款	基本建设拨款	科研拨款	其他拨款	各级政府征收用于教育的税费	教育费附加
合 计	**43425754**	**30895513**	**24943043**	**21951383**	**774140**		**2217520**	**5857826**	**4988337**
北 京	1657279	1419135	969525	729353	21000		219172	449600	449600
天 津	182343	142509	111250	104373			6877	31259	31259
河 北	2395398	1867670	1518648	1434575	21067		63006	349018	333660
山 西	1225710	962976	776218	712871	36340		27007	164165	163505
内蒙古	838390	693905	653315	560658	22179		70478	38497	35251
辽 宁	1574435	1258043	915760	769011	650		146099	339883	333572
吉 林	826192	627337	531409	458105	2400		70904	84599	84599
黑龙江	795468	665736	629221	579675	19697		29849	28526	28276
上 海	1649102	1412055	614233	599112	3314		11807	797822	797822
江 苏	4145323	2538514	1915146	1743987	74175		96984	622587	328752
浙 江	4929640	3342778	2458851	2300952	39875		118024	882749	568341
安 徽	1600762	1069323	827023	720721	20370		85932	238052	214399
福 建	926612	662528	526003	465187	11113		49703	136163	133633
江 西	906875	625128	583320	488045	39830		55445	39420	31567
山 东	3497536	2479363	1880868	1862283	6300		12285	584597	470339
河 南	1754042	1307575	1179825	1085835	23367		70623	123505	123495
湖 北	979449	596759	522629	476497	13530		32602	71459	67430
湖 南	2382681	1266072	1159062	1050836	17800		90426	102651	94786
广 东	2577043	1766437	1548361	1223433	103388		221540	216955	216955
广 西	428754	344600	299349	278179	9670		11500	45225	28967
海 南	145680	130122	128279	105793	19753		2733	1657	1400
重 庆	1101508	755358	683098	560430	16600		106068	72259	71075
四 川	2623588	1744358	1535595	1220614	30700		284281	204955	154741
贵 州	463810	344107	320121	302241	2928		14952	23986	22030
云 南	1001456	769122	681066	577156	35970		67940	87218	85456
西 藏									
陕 西	1574327	1100257	1009949	704644	138574		166731	82703	80663
甘 肃	611133	474382	460344	421508	13300		25536	13550	13033
青 海	154412	127317	124622	113302	750		10570	2695	2695
宁 夏	203969	174060	165735	112583	20500		32652	8325	8206
新 疆	272837	227987	214218	189424	9000		15794	13746	12830

教育经费收入情况

单位:千元

地方教育附加	地方教育基金	企业办学中的企业拨款	校办产业和社会服务收入用于教育的经费	民办学校中举办者投入	社会捐赠经费	#农村	事业收入	#学杂费	其他收入
609332	**260157**	**69155**	**25489**	**517971**	**127151**	**19682**	**10787455**	**8849911**	**1097664**
			10		546	5	184615	114013	52983
				562	850	850	36780	32973	1642
14912	446		4		2960		499370	453159	25398
	660	22496	97	9202	11060	11040	237149	186732	5323
2273	973	1737	356	660	663		134549	126402	8613
6311		2400		3247	83		302466	267770	10596
		11065	264	22417	652		168428	126150	7358
	250	7989		1498	110		116957	96334	11167
					30		197327	188611	39690
220050	73785	200	581	11050	28093	288	1231859	870957	335807
157984	156424	920	258	4025	40325	5409	1349506	1096681	193006
23653			4248	55219	2081		454037	383502	20102
2430	100		362	1907	1078	201	246410	192593	14689
7353	500	2120	268	14779	293	35	254753	207270	11922
114258		12195	1703	103480	2437	16	862816	698709	49440
	10		4245	25528	529		404366	347383	16044
3949	80		2671	2401	5675	1008	347301	298326	27313
7865		200	4159	108968	2340	2	969970	860189	35331
			1121	4399	7899	184	713999	603004	84309
14758	1500		26	4910	170		72084	53534	6990
257		186			1442		13751	9309	365
	1184		1	5677	6876		291737	236765	41860
26239	23975		3808	50051	6174		788936	655153	34069
1686	270			4959	554		104241	81504	9949
1762		462	376	22863	1502	342	195072	163925	12897
2040		6935	670	51371	2337		392321	322931	28041
517		250	238	7458	302	302	127805	115902	1186
				1340	30		20725	16381	5000
119					14		27653	20380	2242
916			23		46		40472	23369	4332

3—29 分地区中央属职业高中

地区	总计	国家财政性教育经费	预算内教育经费	教育事业费拨款	基本建设拨款	科研拨款	其他拨款	各级政府征收用于教育的税费	教育费附加
合计	**27364**	**24815**	**22098**	**15764**			**6334**		
北京									
天津									
河北									
山西									
内蒙古									
辽宁									
吉林									
黑龙江	14660	14310	11593	10547			1046		
上海									
江苏									
浙江									
安徽									
福建									
江西									
山东									
河南									
湖北	135								
湖南									
广东									
广西									
海南									
重庆									
四川	12569	10505	10505	5217			5288		
贵州									
云南									
西藏									
陕西									
甘肃									
青海									
宁夏									
新疆									

教育经费收入情况

单位:千元

地方教育附加	地方教育基金	企业办学中的企业拨款	校办产业和社会服务收入用于教育的经费	民办学校中举办者投入	社会捐赠经费	#农村	事业收入	#学杂费	其他收入
		2717			**130**		**2307**	**1688**	**112**
		2717					285	24	65
							135	105	
					130		1887	1559	47

3—30 分地区地方职业高中

地区	总计	国家财政性教育经费	预算内教育经费					各级政府征收用于教育的税费	
				教育事业费拨款	基本建设拨款	科研拨款	其他拨款		教育费附加
合计	**43398390**	**30870698**	**24920945**	**21935619**	**774140**		**2211186**	**5857826**	**4988337**
北京	1657279	1419135	969525	729353	21000		219172	449600	449600
天津	182343	142509	111250	104373			6877	31259	31259
河北	2395398	1867670	1518648	1434575	21067		63006	349018	333660
山西	1225710	962976	776218	712871	36340		27007	164165	163505
内蒙古	838390	693905	653315	560658	22179		70478	38497	35251
辽宁	1574435	1258043	915760	769011	650		146099	339883	333572
吉林	826192	627337	531409	458105	2400		70904	84599	84599
黑龙江	780808	651426	617628	569128	19697		28803	28526	28276
上海	1649102	1412055	614233	599112	3314		11807	797822	797822
江苏	4145323	2538514	1915146	1743987	74175		96984	622587	328752
浙江	4929640	3342778	2458851	2300952	39875		118024	882749	568341
安徽	1600762	1069323	827023	720721	20370		85932	238052	214399
福建	926612	662528	526003	465187	11113		49703	136163	133633
江西	906875	625128	583320	488045	39830		55445	39420	31567
山东	3497536	2479363	1880868	1862283	6300		12285	584597	470339
河南	1754042	1307575	1179825	1085835	23367		70623	123505	123495
湖北	979314	596759	522629	476497	13530		32602	71459	67430
湖南	2382681	1266072	1159062	1050836	17800		90426	102651	94786
广东	2577043	1766437	1548361	1223433	103388		221540	216955	216955
广西	428754	344600	299349	278179	9670		11500	45225	28967
海南	145680	130122	128279	105793	19753		2733	1657	1400
重庆	1101508	755358	683098	560430	16600		106068	72259	71075
四川	2611019	1733853	1525090	1215397	30700		278993	204955	154741
贵州	463810	344107	320121	302241	2928		14952	23986	22030
云南	1001456	769122	681066	577156	35970		67940	87218	85456
西藏									
陕西	1574327	1100257	1009949	704644	138574		166731	82703	80663
甘肃	611133	474382	460344	421508	13300		25536	13550	13033
青海	154412	127317	124622	113302	750		10570	2695	2695
宁夏	203969	174060	165735	112583	20500		32652	8325	8206
新疆	272837	227987	214218	189424	9000		15794	13746	12830

教育经费收入情况

单位:千元

地方教育附加	地方教育基金	企业办学中的企业拨款	校办产业和社会服务收入用于教育的经费	民办学校中举办者投入	社会捐赠经费	#农村	事业收入	#学杂费	其他收入
609332	**260157**	**66438**	**25489**	**517971**	**127021**	**19682**	**10785148**	**8848223**	**1097552**
			10		546	5	184615	114013	52983
				562	850	850	36780	32973	1642
14912	446		4		2960		499370	453159	25398
	660	22496	97	9202	11060	11040	237149	186732	5323
2273	973	1737	356	660	663		134549	126402	8613
6311		2400		3247	83		302466	267770	10596
		11065	264	22417	652		168428	126150	7358
	250	5272		1498	110		116672	96310	11102
					30		197327	188611	39690
220050	73785	200	581	11050	28093	288	1231859	870957	335807
157984	156424	920	258	4025	40325	5409	1349506	1096681	193006
23653			4248	55219	2081		454037	383502	20102
2430	100		362	1907	1078	201	246410	192593	14689
7353	500	2120	268	14779	293	35	254753	207270	11922
114258		12195	1703	103480	2437	16	862816	698709	49440
	10		4245	25528	529		404366	347383	16044
3949	80		2671	2401	5675	1008	347166	298221	27313
7865		200	4159	108968	2340	2	969970	860189	35331
			1121	4399	7899	184	713999	603004	84309
14758	1500		26	4910	170		72084	53534	6990
257		186			1442		13751	9309	365
	1184		1	5677	6876		291737	236765	41860
26239	23975		3808	50051	6044		787049	653594	34022
1686	270			4959	554		104241	81504	9949
1762		462	376	22863	1502	342	195072	163925	12897
2040		6935	670	51371	2337		392321	322931	28041
517		250	238	7458	302	302	127805	115902	1186
				1340	30		20725	16381	5000
119					14		27653	20380	2242
916			23		46		40472	23369	4332

3—31 分地区农村职业高中

地区	总计	国家财政性教育经费	预算内教育经费	教育事业费拨款	基本建设拨款	科研拨款	其他拨款	各级政府征收用于教育的税费	教育费附加
合计	**5597173**	**3962148**	**3269614**	**2888662**	**112839**		**268113**	**668253**	**530025**
北京	253468	191349	142312	108483	21000		12829	49037	49037
天津	6184	4929	3304	3304				1625	1625
河北	225084	182135	163219	158207			5012	18916	16589
山西	113960	80732	63366	61408			1958	17366	17106
内蒙古	37241	31035	30702	28967			1735	333	283
辽宁	53616	53034	20908	18213			2695	32126	31306
吉林	14214	13414	13414	12224			1190		
黑龙江	20808	18588	13261	13229			32	80	80
上海									
江苏	538280	343165	281512	265336	1280		14896	61544	31359
浙江	878250	563527	383916	373084	2795		8037	178433	94111
安徽	413386	298217	258829	226565	6550		25714	35388	31802
福建	107719	78950	68122	63046	69		5007	10827	10827
江西	49021	30458	29903	25986	2345		1572	555	555
山东	252820	201237	142426	141730			696	47012	37228
河南	343838	287649	249837	233525	3000		13312	37789	37789
湖北	68601	41109	32148	31136			1012	8361	8348
湖南	339004	157207	147025	132019	2900		12106	10150	10050
广东	693775	495977	402518	310993	52000		39525	92903	92903
广西	39041	32873	26006	23138	2200		668	6867	6057
海南	15104	14731	14495	13059			1436	50	50
重庆	178702	113302	106052	90860	3500		11692	7250	7250
四川	555335	410701	387907	285299	7300		95308	22244	17983
贵州	25174	21115	20421	17928	1500		993	694	658
云南	43302	30119	28419	23568	3000		1851	1700	1700
西藏									
陕西	202771	153473	128727	122437			6290	24746	23576
甘肃	119140	104479	102222	96667	3400		2155	2257	1753
青海									
宁夏	5359	4770	4770	4378			392		
新疆	3976	3873	3873	3873					

教育经费收入情况

单位：千元

地方教育附加	地方教育基金	企业办学中的企业拨款	校办产业和社会服务收入用于教育的经费	民办学校中举办者投入	社会捐赠经费	#农村	事业收入	#学杂费	其他收入
83330	**54898**	**16853**	**7428**	**50808**	**35972**	**17165**	**1428951**	**1192951**	**119294**
					5	5	43944	31205	18170
							1255	1255	
2327					604		41804	35292	541
	260			300	11047	11040	21671	13521	210
50							2591	2591	3615
820							582	567	
							800	800	
		5247					2169	1029	51
27849	2336		109	1070	6293	288	180794	143966	6958
32060	52262	920	258	1945	13947	5242	272622	213992	26209
3586			4000	10744	1048		96621	85256	6756
			1	580	266	201	26872	18989	1051
				1000	3		16426	13362	1134
9784		10500	1299	1592	156	5	46226	41221	3609
			23	255			53848	49455	2086
13			600		15		24872	22621	2605
100			32	24704	64		151604	142257	5425
			556	1376	583	184	174162	150237	21677
810							5499	4606	669
		186			1		366	233	6
				4277	15		53731	48131	7377
4221	40		550	530	1525		134748	108180	7831
36				930			2558	2221	571
				1000	200	200	10480	9229	1503
1170				505	200		47501	40029	1092
504							14597	12510	64
							505	190	84
							103		

3—32 分地区技工学校

地区	总计	国家财政性教育经费	预算内教育经费	教育事业费拨款	基本建设拨款	科研拨款	其他拨款	各级政府征收用于教育的税费	教育费附加
合计	**11484146**	**6407714**	**5709515**	**4776951**	**277209**		**655355**	**309543**	**242320**
北京	920702	750228	724935	683768			41167	7660	7660
天津	351448	264875	233870	193470	8500		31900	2000	2000
河北	644805	341208	272514	235650	3000		33864	24321	24321
山西	266823	185104	163208	161679	500		1029	7877	7877
内蒙古	113498	78471	70451	62042	1500		6909	1680	1680
辽宁	362679	228170	224533	130855	32000		61678	2584	2584
吉林	88753	40261	28370	25181			3189	11424	11424
黑龙江	190932	140973	128712	54705	7500		66507		
上海	119133	40995	17930	17930					
江苏	1061526	382635	327494	305904	10000		11590	27629	21879
浙江	609081	401042	350362	270871	21187		58304	47605	26980
安徽	214944	82916	34337	29111			5226	5329	4329
福建	343124	207837	198985	176378	3556		19051	8467	7630
江西	46166	20979	20919	19254			1665	60	60
山东	1408220	687947	557361	532760	1880		22721	75652	46291
河南	791208	478729	416700	369856	6940		39904	7737	7737
湖北	112507	49385	39665	32575			7090	9552	925
湖南	282237	112375	105862	91194	9000		5668	5592	5022
广东	1777475	1008440	946506	668723	159414		118369	61735	61735
广西	466307	228536	225372	214027	4060		7285	860	560
海南	39770	29147	28957	26386			2571		
重庆	370713	167974	147368	110933			36435	330	330
四川	154181	82979	66022	53747	3600		8675	1038	906
贵州	170876	69936	69936	69886			50		
云南	302745	178354	161767	118273	3600		39894		
西藏									
陕西	31091	8930	8930	8930					
甘肃	28370	13016	12723	12723					
青海									
宁夏									
新疆	214832	126272	125726	100140	972		24614	411	390

教育经费收入情况

单位:千元

地方教育附加	地方教育基金	企业办学中的企业拨款	校办产业和社会服务收入用于教育的经费	民办学校中举办者投入	社会捐赠经费	#农村	事业收入	#学杂费	其他收入
53146	**14077**	**345272**	**43384**	**35384**	**7995**	**25**	**4653151**	**3750697**	**379902**
		9026	8607	500	17		143777	128040	26180
		27934	1071		649		82132	77642	3792
		42609	1764	3130			282876	259689	17591
		14019		280			81297	70095	142
		6340					34247	26930	780
		900	153	200			133306	90046	1003
		467					47873	47696	619
		11761	500				26548	25865	23411
		13556	9509				58130	43885	20008
1300	4450	23025	4487		2335		631560	469194	44996
19625	1000	1000	2075		365		183581	141583	24093
1000		43249	1	2272			122433	83660	7323
837			385	950	109		122305	97744	11923
				749			24438	24438	
29361		50590	4344	19450	26	25	681811	493758	18986
		53650	642		26		299091	260272	13362
	8627		168		8		54402	41831	8712
570		592	329	120	1166		163778	140765	4798
			199	1985	400		695582	628100	71068
300		963	1341		1270		232288	209314	4213
			190				6611	169	4012
		20176	100	3198	1290		178330	133051	19921
132		10732	5187	2510			67285	33471	1407
				40			76645	76645	24255
		14390	2197		79		105769	74117	18543
							22020	22020	141
		293					15347	13874	7
21			135		255		79689	36803	8616

3－33 分地区中央属技工学校

地区	总计	国家财政性教育经费	预算内教育经费	教育事业费拨款	基本建设拨款	科研拨款	其他拨款	各级政府征收用于教育的税费	教育费附加
合计	**167756**	**84606**	**41467**	**8849**	**7500**		**25118**		
北京	11136	4426	90				90		
天津	19485	14905	869	869					
河北	37873	8053	4731				4731		
山西									
内蒙古	4766	656	656	656					
辽宁									
吉林									
黑龙江	33259	32792	32792	5645	7500		19647		
上海									
江苏									
浙江									
安徽	30318	10205	955	955					
福建									
江西									
山东									
河南	6148	1200							
湖北									
湖南	5102	592							
广东									
广西									
海南									
重庆	3040	336							
四川	13074	10813	746	96			650		
贵州									
云南	3555	628	628	628					
西藏									
陕西									
甘肃									
青海									
宁夏									
新疆									

教育经费收入情况

单位:千元

地方教育附加	地方教育基金	企业办学中的企业拨款	校办产业和社会服务收入用于教育的经费	民办学校中举办者投入	社会捐赠经费	#农村	事业收入	#学杂费	其他收入
		38102	**5037**				**77138**	**69598**	**6012**
		4300	36				6589	6589	121
		14036					2195	2195	2385
		3322					28098	26055	1722
							4110	4110	
							467	467	
		9249	1				19682	14275	431
		1200					4488	4488	460
		592					4151	4151	359
		336					2701	2701	3
		5067	5000				1730	1640	531
							2927	2927	

3—34 分地区地方技工学校

地区	总计	国家财政性教育经费	预算内教育经费	教育事业费拨款	基本建设拨款	科研拨款	其他拨款	各级政府征收用于教育的税费	教育费附加
合计	**11316390**	**6323108**	**5668048**	**4768102**	**269709**		**630237**	**309543**	**242320**
北京	909566	745802	724845	683768			41077	7660	7660
天津	331963	249970	233001	192601	8500		31900	2000	2000
河北	606932	333155	267783	235650	3000		29133	24321	24321
山西	266823	185104	163208	161679	500		1029	7877	7877
内蒙古	108732	77815	69795	61386	1500		6909	1680	1680
辽宁	362679	228170	224533	130855	32000		61678	2584	2584
吉林	88753	40261	28370	25181			3189	11424	11424
黑龙江	157673	108181	95920	49060			46860		
上海	119133	40995	17930	17930					
江苏	1061526	382635	327494	305904	10000		11590	27629	21879
浙江	609081	401042	350362	270871	21187		58304	47605	26980
安徽	184626	72711	33382	28156			5226	5329	4329
福建	343124	207837	198985	176378	3556		19051	8467	7630
江西	46166	20979	20919	19254			1665	60	60
山东	1408220	687947	557361	532760	1880		22721	75652	46291
河南	785060	477529	416700	369856	6940		39904	7737	7737
湖北	112507	49385	39665	32575			7090	9552	925
湖南	277135	111783	105862	91194	9000		5668	5592	5022
广东	1777475	1008440	946506	668723	159414		118369	61735	61735
广西	466307	228536	225372	214027	4060		7285	860	560
海南	39770	29147	28957	26386			2571		
重庆	367673	167638	147368	110933			36435	330	330
四川	141107	72166	65276	53651	3600		8025	1038	906
贵州	170876	69936	69936	69886			50		
云南	299190	177726	161139	117645	3600		39894		
西藏									
陕西	31091	8930	8930	8930					
甘肃	28370	13016	12723	12723					
青海									
宁夏									
新疆	214832	126272	125726	100140	972		24614	411	390

教育经费收入情况

单位:千元

地方教育附加	地方教育基金	企业办学中的企业拨款	校办产业和社会服务收入用于教育的经费	民办学校中举办者投入	社会捐赠经费	#农村	事业收入	#学杂费	其他收入
53146	**14077**	**307170**	**38347**	**35384**	**7995**	**25**	**4576013**	**3681099**	**373890**
		4726	8571	500	17		137188	121451	26059
		13898	1071		649		79937	75447	1407
		39287	1764	3130			254778	233634	15869
		14019		280			81297	70095	142
		6340					30137	22820	780
		900	153	200			133306	90046	1003
		467					47873	47696	619
		11761	500				26081	25398	23411
		13556	9509				58130	43885	20008
1300	4450	23025	4487		2335		631560	469194	44996
19625	1000	1000	2075		365		183581	141583	24093
1000		34000		2272			102751	69385	6892
837			385	950	109		122305	97744	11923
				749			24438	24438	
29361		50590	4344	19450	26	25	681811	493758	18986
		52450	642		26		294603	255784	12902
	8627		168		8		54402	41831	8712
570			329	120	1166		159627	136614	4439
			199	1985	400		695582	628100	71068
300		963	1341		1270		232288	209314	4213
			190				6611	169	4012
		19840	100	3198	1290		175629	130350	19918
132		5665	187	2510			65555	31831	876
				40			76645	76645	24255
		14390	2197		79		102842	71190	18543
							22020	22020	141
		293					15347	13874	7
21			135		255		79689	36803	8616

3—35 分地区成人中等专业学校

地区	总计	国家财政性教育经费	预算内教育经费					各级政府征收用于教育的税费	
				教育事业费拨款	基本建设拨款	科研拨款	其他拨款		教育费附加
合计	6232023	4335434	4050444	3370927	95625		583892	245482	182730
北京	62359	36855	27892	24033			3859	8963	8963
天津	117888	84115	81231	74284			6947	2884	2884
河北	369758	303759	290084	256073			34011	11535	7796
山西	161684	138247	131138	121464			9674	7109	7109
内蒙古	175889	157042	149964	110093	6301		33570	6878	6806
辽宁	18697	15006	15001	12323			2678	5	5
吉林	291313	260928	255943	196272			59671	4198	4198
黑龙江	184600	140531	124783	119823			4960	469	469
上海	309802	251565	239962	231278			8684	10652	545
江苏	436886	296174	271732	188264	77500		5968	24343	13676
浙江	455153	275798	240076	218547	1314		20215	35722	19206
安徽	160770	81371	67625	54032			13593	4586	4153
福建	252813	194530	181790	144719			37071	12419	11418
江西	121837	86900	80647	63102	70		17475	6253	6208
山东	421377	289091	254050	247704			6346	34474	20023
河南	434641	288800	265720	227176	3500		35044	23070	23070
湖北	197912	93061	89611	85314			4297	3250	2140
湖南	269133	183214	173088	118915			54173	8877	8444
广东	419797	235005	225237	182950	2500		39787	9768	9768
广西	171943	122474	120051	108422	1789		9840	2275	400
海南	22507	18354	14219	13549			670	4135	4135
重庆	261320	143667	134964	104959			30005	4645	4532
四川	457642	295224	288247	210514	2310		75423	6917	5986
贵州	12218	8763	8720	8720				43	43
云南	134615	113807	105567	74904	41		30622	8240	7238
西藏	5130	5056	5056	5056					
陕西	111335	80744	76509	71255			5254	2802	2802
甘肃	93120	63636	60747	46619	300		13828	43	43
青海									
宁夏	26115	17518	17518	15868			1650		
新疆	73769	54199	53272	34695			18577	927	670

教育经费收入情况

单位:千元

地方教育附加	地方教育基金	企业办学中的企业拨款	校办产业和社会服务收入用于教育的经费	民办学校中举办者投入	社会捐赠经费	#农村	事业收入	#学杂费	其他收入
53913	**8839**	**33755**	**5753**	**19822**	**7297**	**144**	**1649588**	**937930**	**219882**
							24840	14333	664
							28083	19660	5690
959	2780	1820	320				60554	35092	5445
					6		23203	2919	228
72			200				17724	3159	1123
							3685	3167	6
			787		68		26159	5227	4158
		15279		700	43		43276	39796	50
10107			951		166	140	36920	23646	21151
10467	200		99		617		110543	52261	29552
10790	5726				1094		133023	67078	45238
433		7960	1200	6435	20		64152	27108	8792
1001			321		234		52813	9317	5236
45					50		30067	7685	4820
14451		547	20	2940	58		121947	88774	7341
			10	3047	17		138596	97056	4181
1110			200	5200	800		89091	73399	9760
433			1249		320		80985	50826	4614
				500	109	4	171122	114298	13061
1875			148		6		45716	31053	3747
							3145		1008
	113	3828	230	1000	2		99679	42490	16972
911	20	60			3475		138121	81734	20822
							3382	2235	73
1002							18994	746	1814
							74	74	
		1415	18		28		29699	2021	864
		2846			73		28031	26249	1380
							8128	8148	169
257					111		17536	8379	1923

3—36 分地区中央属成人中等专业学校

地区	总计	国家财政性教育经费	预算内教育经费	教育事业费拨款	基本建设拨款	科研拨款	其他拨款	各级政府征收用于教育的税费	教育费附加
合计	**54383**	**26536**	**11257**	**6718**			**4539**		
北京									
天津									
河北									
山西									
内蒙古									
辽宁									
吉林									
黑龙江	52522	25332	10053	5824			4229		
上海									
江苏									
浙江									
安徽									
福建									
江西									
山东									
河南									
湖北									
湖南									
广东									
广西									
海南									
重庆									
四川									
贵州									
云南									
西藏									
陕西									
甘肃									
青海									
宁夏									
新疆	1861	1204	1204	894			310		

教育经费收入情况

单位：千元

地方教育附加	地方教育基金	企业办学中的企业拨款	校办产业和社会服务收入用于教育的经费	民办学校中举办者投入	社会捐赠经费	＃农村	事业收入	＃学杂费	其他收入
		15279					**27758**	**27758**	**89**
		15279					27190	27190	
							568	568	89

3—37 分地区地方成人中等专业学校

地区	总计	国家财政性教育经费	预算内教育经费					各级政府征收用于教育的税费	
				教育事业费拨款	基本建设拨款	科研拨款	其他拨款		教育费附加
合计	**6177640**	**4308898**	**4039187**	**3364209**	**95625**		**579353**	**245482**	**182730**
北京	62359	36855	27892	24033			3859	8963	8963
天津	117888	84115	81231	74284			6947	2884	2884
河北	369758	303759	290084	256073			34011	11535	7796
山西	161684	138247	131138	121464			9674	7109	7109
内蒙古	175889	157042	149964	110093	6301		33570	6878	6806
辽宁	18697	15006	15001	12323			2678	5	5
吉林	291313	260928	255943	196272			59671	4198	4198
黑龙江	132078	115199	114730	113999			731	469	469
上海	309802	251565	239962	231278			8684	10652	545
江苏	436886	296174	271732	188264	77500		5968	24343	13676
浙江	455153	275798	240076	218547	1314		20215	35722	19206
安徽	160770	81371	67625	54032			13593	4586	4153
福建	252813	194530	181790	144719			37071	12419	11418
江西	121837	86900	80647	63102	70		17475	6253	6208
山东	421377	289091	254050	247704			6346	34474	20023
河南	434641	288800	265720	227176	3500		35044	23070	23070
湖北	197912	93061	89611	85314			4297	3250	2140
湖南	269133	183214	173088	118915			54173	8877	8444
广东	419797	235005	225237	182950	2500		39787	9768	9768
广西	171943	122474	120051	108422	1789		9840	2275	400
海南	22507	18354	14219	13549			670	4135	4135
重庆	261320	143667	134964	104959			30005	4645	4532
四川	457642	295224	288247	210514	2310		75423	6917	5986
贵州	12218	8763	8720	8720				43	43
云南	134615	113807	105567	74904	41		30622	8240	7238
西藏	5130	5056	5056	5056					
陕西	111335	80744	76509	71255			5254	2802	2802
甘肃	93120	63636	60747	46619	300		13828	43	43
青海									
宁夏	26115	17518	17518	15868			1650		
新疆	71908	52995	52068	33801			18267	927	670

教育经费收入情况

单位：千元

地方教育附加	地方教育基金	企业办学中的企业拨款	校办产业和社会服务收入用于教育的经费	民办学校中举办者投入	社会捐赠经费	#农村	事业收入	#学杂费	其他收入
53913	8839	18476	5753	19822	7297	144	1621830	910172	219793
							24840	14333	664
							28083	19660	5690
959	2780	1820	320				60554	35092	5445
					6		23203	2919	228
72			200				17724	3159	1123
							3685	3167	6
			787		68		26159	5227	4158
				700	43		16086	12606	50
10107			951		166	140	36920	23646	21151
10467	200		99		617		110543	52261	29552
10790	5726				1094		133023	67078	45238
433		7960	1200	6435	20		64152	27108	8792
1001			321		234		52813	9317	5236
45					50		30067	7685	4820
14451		547	20	2940	58		121947	88774	7341
			10	3047	17		138596	97056	4181
1110			200	5200	800		89091	73399	9760
433			1249		320		80985	50826	4614
				500	109	4	171122	114298	13061
1875			148		6		45716	31053	3747
							3145		1008
	113	3828	230	1000	2		99679	42490	16972
911	20	60			3475		138121	81734	20822
							3382	2235	73
1002							18994	746	1814
							74	74	
		1415	18		28		29699	2021	864
		2846			73		28031	26249	1380
							8428	8148	169
257					111		16968	7811	1834

3—38 分地区中学

地区	总计	国家财政性教育经费	预算内教育经费	教育事业费拨款	基本建设拨款	科研拨款	其他拨款	各级政府征收用于教育的税费	教育费附加
合计	**412910056**	**321468281**	**292857076**	**259105233**	**8431469**		**25320374**	**26870012**	**21023736**
北京	11580287	9538844	8678298	7016944	411760		1249594	852577	852488
天津	5330617	4365923	3905196	3790794	2800		111602	447325	447325
河北	18090845	15161705	13664071	12694444	173904		795723	1493633	1044196
山西	11716159	8978787	7694216	7021138	391084		281994	1246756	1117632
内蒙古	8579775	7356544	6785877	5774302	231176		780399	519968	474253
辽宁	13366458	11575088	10636868	9164733	58621		1413514	931682	801062
吉林	8129851	6841039	6375876	5407211	64636		904029	303041	303041
黑龙江	10341715	8886595	8035643	7654163	150714		230766	380863	365341
上海	13840574	11041333	9146471	8407682	429982		308807	1894765	1667788
江苏	29992365	20268417	17726390	16060614	1032333		633443	2535668	1922933
浙江	26282437	17353789	14061783	13275020	252753		534010	3280991	1323820
安徽	16049488	11855876	11129763	9404726	203719		1521318	697341	550288
福建	12293347	9067879	8267943	7429062	127829		711052	794436	507892
江西	9145055	7051059	6704402	5797981	326243		580178	341450	280436
山东	26311282	21324513	18768727	18607971	7393		153363	2479358	1983284
河南	22029878	18076860	17019894	15073278	324895		1621721	1044457	1043546
湖北	15959009	11590272	10693102	10027281	256493		409328	825929	565264
湖南	17682137	12902591	11962547	9930060	247688		1784799	858287	663999
广东	37234749	26500703	24644957	21006238	789866		2848853	1740917	1676351
广西	10685813	8620677	8192111	7458322	120000		613789	415927	237193
海南	3305930	2517375	2229717	1723996	377071		128650	42593	40094
重庆	8928263	6606450	6159810	5088203	239450		832157	443352	411338
四川	22346897	17608664	16512232	12261515	450445		3800272	1077425	769098
贵州	7722953	6413871	6153391	5902910	98328		152153	245545	191193
云南	10173980	8975409	8389591	7197938	342877		848776	482388	472535
西藏	1316161	1286724	1286724	1066639	160820		59265		
陕西	11923779	9707833	9116563	8550378	193067		373118	563517	542034
甘肃	7827128	6962186	6632825	5999882	119454		513489	263591	227195
青海	1919689	1768556	1723516	1335565	177548		210403	40202	38425
宁夏	2614456	2231155	2050316	1763803	140257		146256	180839	148694
新疆	10188979	9031564	8508256	7212440	528263		767553	445189	354998

教育经费收入情况

单位:千元

地方教育附加	地方教育基金	企业办学中的企业拨款	校办产业和社会服务收入用于教育的经费	民办学校中举办者投入	社会捐赠经费	＃农村	事业收入	＃学杂费	其他收入
4544468	**1301808**	**1443727**	**297466**	**1969984**	**3681210**	**283333**	**76658829**	**47891565**	**9131752**
	89		7969	2050	211483	4585	1484116	813430	343794
		11712	1690	10515	8189	2207	829291	431193	116699
444963	4474	2911	1090	23490	20814	1901	2713008	1739419	171828
	129124	37686	129	121672	23421	1480	2506590	1741955	85689
36806	8909	47966	2733	12156	16367	81	1106506	912149	88202
119415	11205	6215	323	194320	3120	243	1540463	1204580	53467
		156545	5577	25946	12242	784	1189166	514118	61458
9311	6211	464649	5440	21319	7719		1347215	885245	78867
226977			97	4695	39422	98	1956201	1705822	798923
511685	101050		6359	179012	479962	32159	7924854	4266883	1140120
1207801	749370	10000	1015	72812	959739	105046	6348186	4062011	1547911
141175	5878	22747	6025	165161	107761	6568	3719643	2512601	201047
280071	6473		5500	147215	157084	17973	2685273	1771687	235896
54142	6872	1487	3720	101221	33954	3912	1828283	1116824	130538
478006	18068	72490	3938	20496	74572	18934	4512476	2898152	379225
	911	1870	10639	141488	15136	1690	3627437	2130245	168957
243477	17188	13094	58147	73121	64310	2995	3651068	2143914	580238
144893	49395		81757	162360	58438	6246	4133549	2806050	425199
	64566	94657	20172	184117	315500	46332	9418675	6148960	815754
168878	9856	2075	10564	31406	54124	3184	1801312	1061865	178294
1847	652	230667	14398	29510	130613	37	542245	258519	86187
21839	10175		3288	6050	388005	6712	1297572	662934	630186
218755	89572	3834	15173	104325	279968	8934	4027520	1696137	326420
54107	245	13186	1749	66924	11234	47	1152460	697897	78464
9853		94295	9135	8460	43982	6485	1062774	748724	83355
				858	900		26708	25753	971
21006	477	22420	5333	46790	21862	3924	2075749	1537859	71545
36096	300	59657	6113	3958	45829	204	797901	591033	17254
1777		4747	91	1110	2135	21	125316	75862	22572
21397	10748			505	73895	484	225849	138300	83052
90191		68817	9302	6922	19430	67	1001423	591444	129640

3—39 分地区中央属中学

地区	总计	国家财政性教育经费	预算内教育经费	教育事业费拨款	基本建设拨款	科研拨款	其他拨款	各级政府征收用于教育的税费	教育费附加
合计	**2017947**	**1525442**	**1372395**	**1046727**	**119825**		**205843**	**1098**	**1098**
北京	361808	171467	171467	141629			29838		
天津	12455	10394	10394	10394					
河北	290	290							
山西	9914	8322	663	622			41		
内蒙古									
辽宁									
吉林	76304	50084	29875	28275			1600		
黑龙江	148077	132208	102930	54686	12580		35664	535	535
上海	100716	36191	36114	22044			14070		
江苏									
浙江									
安徽									
福建									
江西	3023	3023	2460	2460				563	563
山东									
河南									
湖北	52193	35160	22638	22638					
湖南									
广东	9600	3991	3864	3854			10		
广西									
海南									
重庆	60482	19624	19603	18899			704		
四川	10463	5575	5575	5507			68		
贵州	1406	1406	1406	1406					
云南									
西藏									
陕西	9907	9211	207	207					
甘肃									
青海									
宁夏									
新疆	1161309	1038496	965199	734106	107245		123848		

教育经费收入情况

单位：千元

地方教育附加	地方教育基金	企业办学中的企业拨款	校办产业和社会服务收入用于教育的经费	民办学校中举办者投入	社会捐赠经费	#农村	事业收入	#学杂费	其他收入
		144520	**7429**		**35908**		**270160**	**134377**	**186437**
					400		55536	8937	134405
					961		1100	1100	
		290							
		7659					1592	1592	
		20199	10		391		25661	5621	168
		28743					12740	9324	3129
			77		1150		43734	43730	19641
		12522			3052		5397	4595	8584
		127					4743	4743	866
			21		27546		5572	4308	7740
							4888	2366	
		9004					696	419	
		65976	7321		2408		108501	47642	11904

3—40 分地区地方中学

地区	总计	国家财政性教育经费	预算内教育经费	教育事业费拨款	基本建设拨款	科研拨款	其他拨款	各级政府征收用于教育的税费	教育费附加
合计	**410892109**	**319942839**	**291484681**	**258058506**	**8311644**		**25114531**	**26868914**	**21022638**
北京	11218479	9367377	8506831	6875315	411760		1219756	852577	852488
天津	5318162	4355529	3894802	3780400	2800		111602	447325	447325
河北	18090555	15161415	13664071	12694444	173904		795723	1493633	1044196
山西	11706245	8970465	7693553	7020516	391084		281953	1246756	1117632
内蒙古	8579775	7356544	6785877	5774302	231176		780399	519968	474253
辽宁	13366458	11575088	10636868	9164733	58621		1413514	931682	801062
吉林	8053547	6790955	6346001	5378936	64636		902429	303041	303041
黑龙江	10193638	8754387	7932713	7599477	138134		195102	380328	364806
上海	13739858	11005142	9110357	8385638	429982		294737	1894765	1667788
江苏	29992365	20268417	17726390	16060614	1032333		633443	2535668	1922933
浙江	26282437	17353789	14061783	13275020	252753		534010	3280991	1323820
安徽	16049488	11855876	11129763	9404726	203719		1521318	697341	550288
福建	12293347	9067879	8267943	7429062	127829		711052	794436	507892
江西	9142032	7048036	6701942	5795521	326243		580178	340887	279873
山东	26311282	21324513	18768727	18607971	7393		153363	2479358	1983284
河南	22029878	18076860	17019894	15073278	324895		1621721	1044457	1043546
湖北	15906816	11555112	10670464	10004643	256493		409328	825929	565264
湖南	17682137	12902591	11962547	9930060	247688		1784799	858287	663999
广东	37225149	26496712	24641093	21002384	789866		2848843	1740917	1676351
广西	10685813	8620677	8192111	7458322	120000		613789	415927	237193
海南	3305930	2517375	2229717	1723996	377071		128650	42593	40094
重庆	8867781	6586826	6140207	5069304	239450		831453	443352	411338
四川	22336434	17603089	16506657	12256008	450445		3800204	1077425	769098
贵州	7721547	6412465	6151985	5901504	98328		152153	245545	191193
云南	10173980	8975409	8389591	7197938	342877		848776	482388	472535
西藏	1316161	1286724	1286724	1066639	160820		59265		
陕西	11913872	9698622	9116356	8550171	193067		373118	563517	542034
甘肃	7827128	6962186	6632825	5999882	119454		513489	263591	227195
青海	1919689	1768556	1723516	1335565	177548		210403	40202	38425
宁夏	2614456	2231155	2050316	1763803	140257		146256	180839	148694
新疆	9027670	7993068	7543057	6478334	421018		643705	445189	354998

教育经费收入情况

单位:千元

地方教育附加	地方教育基金	企业办学中的企业拨款	校办产业和社会服务收入用于教育的经费	民办学校中举办者投入	社会捐赠经费	#农村	事业收入	#学杂费	其他收入
4544468	**1301808**	**1299207**	**290037**	**1969984**	**3645302**	**283333**	**76388669**	**47757188**	**8945315**
	89		7969	2050	211083	4585	1428580	804493	209389
		11712	1690	10515	7228	2207	828191	430093	116699
444963	4474	2621	1090	23490	20814	1901	2713008	1739419	171828
	129124	30027	129	121672	23421	1480	2504998	1740363	85689
36806	8909	47966	2733	12156	16367	81	1106506	912149	88202
119415	11205	6215	323	194320	3120	243	1540463	1204580	53467
		136346	5567	25946	11851	784	1163505	508497	61290
9311	6211	435906	5440	21319	7719		1334475	875921	75738
226977			20	4695	38272	98	1912467	1662092	779282
511685	101050		6359	179012	479962	32159	7924854	4266883	1140120
1207801	749370	10000	1015	72812	959739	105046	6348186	4062011	1547911
141175	5878	22747	6025	165161	107761	6568	3719643	2512601	201047
280071	6473		5500	147215	157084	17973	2685273	1771687	235896
54142	6872	1487	3720	101221	33954	3912	1828283	1116824	130538
478006	18068	72490	3938	20496	74572	18934	4512476	2898152	379225
	911	1870	10639	141488	15136	1690	3627437	2130245	168957
243477	17188	572	58147	73121	61258	2995	3645671	2139319	571654
144893	49395		81757	162360	58438	6246	4133549	2806050	425199
	64566	94530	20172	184117	315500	46332	9413932	6144217	814888
168878	9856	2075	10564	31406	54124	3184	1801312	1061865	178294
1847	652	230667	14398	29510	130613	37	542245	258519	86187
21839	10175		3267	6050	360459	6712	1292000	658626	622446
218755	89572	3834	15173	104325	279968	8934	4022632	1693771	326420
54107	245	13186	1749	66924	11234	47	1152460	697897	78464
9853		94295	9135	8460	43982	6485	1062774	748724	83355
				858	900		26708	25753	971
21006	477	13416	5333	46790	21862	3924	2075053	1537440	71545
36096	300	59657	6113	3958	45829	204	797901	591033	17254
1777		4747	91	1110	2135	21	125316	75862	22572
21397	10748			505	73895	484	225849	138300	83052
90191		2841	1981	6922	17022	67	892922	543802	117736

3—41 分地区普通中学

地区	总计	国家财政性教育经费	预算内教育经费	教育事业费拨款	基本建设拨款	科研拨款	其他拨款	各级政府征收用于教育的税费	教育费附加
合计	**412399143**	**321202557**	**292633027**	**258895954**	**8431469**		**25305604**	**26829154**	**21007390**
北京	11580287	9538844	8678298	7016944	411760		1249594	852577	852488
天津	5328918	4364230	3903503	3789138	2800		111565	447325	447325
河北	18088435	15159996	13662362	12692885	173904		795573	1493633	1044196
山西	11716159	8978787	7694216	7021138	391084		281994	1246756	1117632
内蒙古	8579775	7356544	6785877	5774302	231176		780399	519968	474253
辽宁	13366458	11575088	10636868	9164733	58621		1413514	931682	801062
吉林	8127204	6838496	6373363	5404904	64636		903823	303011	303011
黑龙江	10341715	8886595	8035643	7654163	150714		230766	380863	365341
上海	13762153	10985597	9099337	8360828	429982		308527	1886163	1667788
江苏	29896018	20247503	17710773	16045581	1032333		632859	2530371	1921120
浙江	26034878	17222781	13953955	13174404	252753		526798	3258618	1313815
安徽	16049488	11855876	11129763	9404726	203719		1521318	697341	550288
福建	12289059	9064558	8264622	7426213	127829		710580	794436	507892
江西	9144543	7050978	6704321	5797900	326243		580178	341450	280436
山东	26311282	21324513	18768727	18607971	7393		153363	2479358	1983284
河南	22000010	18055337	16998371	15055718	324895		1617758	1044457	1043546
湖北	15956011	11589736	10692576	10026755	256493		409328	825929	565264
湖南	17681768	12902519	11962475	9929988	247688		1784799	858287	663999
广东	37211569	26491997	24636708	20998554	789866		2848288	1740460	1675894
广西	10685813	8620677	8192111	7458322	120000		613789	415927	237193
海南	3305930	2517375	2229717	1723996	377071		128650	42593	40094
重庆	8927555	6605801	6159161	5087673	239450		832038	443352	411338
四川	22341837	17603865	16508532	12258908	450445		3799179	1076326	768057
贵州	7722953	6413871	6153391	5902910	98328		152153	245545	191193
云南	10173980	8975409	8389591	7197938	342877		848776	482388	472535
西藏	1316161	1286724	1286724	1066639	160820		59265		
陕西	11911676	9697536	9109266	8543081	193067		373118	560517	539034
甘肃	7826425	6961844	6632483	5999582	119454		513447	263591	227195
青海	1919689	1768556	1723516	1335565	177548		210403	40202	38425
宁夏	2614456	2231155	2050316	1763803	140257		146256	180839	148694
新疆	10186938	9029769	8506461	7210692	528263		767506	445189	354998

教育经费收入情况

单位：千元

地方教育附加	地方教育基金	企业办学中的企业拨款	校办产业和社会服务收入用于教育的经费	民办学校中举办者投入	社会捐赠经费	#农村	事业收入	#学杂费	其他收入
4523261	1298503	1443727	296649	1969934	3680789	283177	76456716	47829593	9089147
	89		7969	2050	211483	4585	1484116	813430	343794
		11712	1690	10515	8189	2207	829291	431193	116693
444963	4474	2911	1090	23490	20814	1901	2712307	1738818	171828
	129124	37686	129	121672	23421	1480	2506590	1741955	85689
36806	8909	47966	2733	12156	16367	81	1106506	912149	88202
119415	11205	6215	323	194320	3120	243	1540463	1204580	53467
		156545	5577	25946	12242	784	1189062	514118	61458
9311	6211	464649	5440	21319	7719		1347215	885245	78867
218375			97	4695	39422	98	1937381	1704035	795058
511123	98128		6359	179012	479962	32159	7849754	4255444	1139787
1195816	748987	10000	208	72812	959485	104890	6268808	4025058	1510992
141175	5878	22747	6025	165161	107761	6568	3719643	2512601	201047
280071	6473		5500	147215	157084	17973	2684747	1771687	235455
54142	6872	1487	3720	101221	33954	3912	1827852	1116824	130538
478006	18068	72490	3938	20496	74572	18934	4512476	2898152	379225
	911	1870	10639	141488	15136	1690	3619254	2126728	168795
243477	17188	13094	58137	73121	64310	2995	3648606	2143328	580238
144893	49395		81757	162310	58438	6246	4133302	2805803	425199
	64566	94657	20172	184117	315500	46332	9405014	6143358	814941
168878	9856	2075	10564	31406	54124	3184	1801312	1061865	178294
1847	652	230667	14398	29510	130613	37	542245	258519	86187
21839	10175		3288	6050	388005	6712	1297572	662934	630127
218697	89572	3834	15173	104325	279801	8934	4027426	1696137	326420
54107	245	13186	1749	66924	11234	47	1152460	697897	78464
9853		94295	9135	8460	43982	6485	1062774	748724	83355
				858	900		26708	25753	971
21006	477	22420	5333	46790	21862	3924	2073943	1536619	71545
36096	300	59657	6113	3958	45829	204	797547	591033	17247
1777		4747	91	1110	2135	21	125316	75862	22572
21397	10748			505	73895	484	225849	138300	83052
90191		68817	9302	6922	19430	67	1001177	591444	129640

3—42 分地区中央属普通中学

地区	总计	国家财政性教育经费							
			预算内教育经费	教育事业费拨款	基本建设拨款	科研拨款	其他拨款	各级政府征收用于教育的税费	教育费附加
合计	**2017947**	**1525442**	**1372395**	**1046727**	**119825**		**205843**	**1098**	**1098**
北京	361808	171467	171467	141629			29838		
天津	12455	10394	10394	10394					
河北	290	290							
山西	9914	8322	663	622			41		
内蒙古									
辽宁									
吉林	76304	50084	29875	28275			1600		
黑龙江	148077	132208	102930	54686	12580		35664	535	535
上海	100716	36191	36114	22044			14070		
江苏									
浙江									
安徽									
福建									
江西	3023	3023	2460	2460				563	563
山东									
河南									
湖北	52193	35160	22638	22638					
湖南									
广东	9600	3991	3864	3854			10		
广西									
海南									
重庆	60482	19624	19603	18899			704		
四川	10463	5575	5575	5507			68		
贵州	1406	1406	1406	1406					
云南									
西藏									
陕西	9907	9211	207	207					
甘肃									
青海									
宁夏									
新疆	1161309	1038496	965199	734106	107245		123848		

教育经费收入情况

单位:千元

地方教育附加	地方教育基金	企业办学中的企业拨款	校办产业和社会服务收入用于教育的经费	民办学校中举办者投入	社会捐赠经费	#农村	事业收入	#学杂费	其他收入
		144520	**7429**		**35908**		**270160**	**134377**	**186437**
					400		55536	8937	134405
					961		1100	1100	
		290							
		7659					1592	1592	
		20199	10		391		25661	5621	168
		28743					12740	9324	3129
			77		1150		43734	43730	19641
		12522			3052		5397	4595	8584
		127					4743	4743	866
			21		27546		5572	4308	7740
							4888	2366	
		9004					696	419	
		65976	7321		2408		108501	47642	11904

3—43 分地区地方普通中学

地区	总计	国家财政性教育经费	预算内教育经费					各级政府征收用于教育的税费	
				教育事业费拨款	基本建设拨款	科研拨款	其他拨款		教育费附加
合计	**410381196**	**319677115**	**291260632**	**257849227**	**8311644**		**25099761**	**26828056**	**21006292**
北京	11218479	9367377	8506831	6875315	411760		1219756	852577	852488
天津	5316463	4353836	3893109	3778744	2800		111565	447325	447325
河北	18088145	15159706	13662362	12692885	173904		795573	1493633	1044196
山西	11706245	8970465	7693553	7020516	391084		281953	1246756	1117632
内蒙古	8579775	7356544	6785877	5774302	231176		780399	519968	474253
辽宁	13366458	11575088	10636868	9164733	58621		1413514	931682	801062
吉林	8050900	6788412	6343488	5376629	64636		902223	303011	303011
黑龙江	10193638	8754387	7932713	7599477	138134		195102	380328	364806
上海	13661437	10949406	9063223	8338784	429982		294457	1886163	1667788
江苏	29896018	20247503	17710773	16045581	1032333		632859	2530371	1921120
浙江	26034878	17222781	13953955	13174404	252753		526798	3258618	1313815
安徽	16049488	11855876	11129763	9404726	203719		1521318	697341	550288
福建	12289059	9064558	8264622	7426213	127829		710580	794436	507892
江西	9141520	7047955	6701861	5795440	326243		580178	340887	279873
山东	26311282	21324513	18768727	18607971	7393		153363	2479358	1983284
河南	22000010	18055337	16998371	15055718	324895		1617758	1044457	1043546
湖北	15903818	11554576	10669938	10004117	256493		409328	825929	565264
湖南	17681768	12902519	11962475	9929988	247688		1784799	858287	663999
广东	37201969	26488006	24632844	20994700	789866		2848278	1740460	1675894
广西	10685813	8620677	8192111	7458322	120000		613789	415927	237193
海南	3305930	2517375	2229717	1723996	377071		128650	42593	40094
重庆	8867073	6586177	6139558	5068774	239450		831334	443352	411338
四川	22331374	17598290	16502957	12253401	450445		3799111	1076326	768057
贵州	7721547	6412465	6151985	5901504	98328		152153	245545	191193
云南	10173980	8975409	8389591	7197938	342877		848776	482388	472535
西藏	1316161	1286724	1286724	1066639	160820		59265		
陕西	11901769	9688325	9109059	8542874	193067		373118	560517	539034
甘肃	7826425	6961844	6632483	5999582	119454		513447	263591	227195
青海	1919689	1768556	1723516	1335565	177548		210403	40202	38425
宁夏	2614456	2231155	2050316	1763803	140257		146256	180839	148694
新疆	9025629	7991273	7541262	6476586	421018		643658	445189	354998

教育经费收入情况

单位:千元

地方教育附加	地方教育基金	企业办学中的企业拨款	校办产业和社会服务收入用于教育的经费	民办学校中举办者投入	社会捐赠经费	#农村	事业收入	#学杂费	其他收入
4523261	**1298503**	**1299207**	**289220**	**1969934**	**3644881**	**283177**	**76186556**	**47695216**	**8902710**
	89		7969	2050	211083	4585	1428580	804493	209389
		11712	1690	10515	7228	2207	828191	430093	116693
444963	4474	2621	1090	23490	20814	1901	2712307	1738818	171828
	129124	30027	129	121672	23421	1480	2504998	1740363	85689
36806	8909	47966	2733	12156	16367	81	1106506	912149	88202
119415	11205	6215	323	194320	3120	243	1540463	1204580	53467
		136346	5567	25946	11851	784	1163401	508497	61290
9311	6211	435906	5440	21319	7719		1334475	875921	75738
218375			20	4695	38272	98	1893647	1660305	775417
511123	98128		6359	179012	479962	32159	7849754	4255444	1139787
1195816	748987	10000	208	72812	959485	104890	6268808	4025058	1510992
141175	5878	22747	6025	165161	107761	6568	3719643	2512601	201047
280071	6473		5500	147215	157084	17973	2684747	1771687	235455
54142	6872	1487	3720	101221	33954	3912	1827852	1116824	130538
478006	18068	72490	3938	20496	74572	18934	4512476	2898152	379225
	911	1870	10639	141488	15136	1690	3619254	2126728	168795
243477	17188	572	58137	73121	61258	2995	3643209	2138733	571654
144893	49395		81757	162310	58438	6246	4133302	2805803	425199
	64566	94530	20172	184117	315500	46332	9400271	6138615	814075
168878	9856	2075	10564	31406	54124	3184	1801312	1061865	178294
1847	652	230667	14398	29510	130613	37	542245	258519	86187
21839	10175		3267	6050	360459	6712	1292000	658626	622387
218697	89572	3834	15173	104325	279801	8934	4022538	1693771	326420
54107	245	13186	1749	66924	11234	47	1152460	697897	78464
9853		94295	9135	8460	43982	6485	1062774	748724	83355
				858	900		26708	25753	971
21006	477	13416	5333	46790	21862	3924	2073247	1536200	71545
36096	300	59657	6113	3958	45829	204	797547	591033	17247
1777		4747	91	1110	2135	21	125316	75862	22572
21397	10748			505	73895	484	225849	138300	83052
90191		2841	1981	6922	17022	67	892676	543802	117736

3—44 分地区普通高中

地区	总计	国家财政性教育经费	预算内教育经费	教育事业费拨款	基本建设拨款	科研拨款	其他拨款	各级政府征收用于教育的税费	教育费附加
合计	**160223558**	**96124200**	**83789224**	**72443828**	**3022081**		**8323315**	**11714609**	**9729974**
北京	5209923	3901383	3624476	2921931	154659		547886	271452	271452
天津	2487641	1813708	1492759	1439015	1517		52227	315843	315843
河北	6731742	4506703	3882833	3603463	13600		265770	623704	564322
山西	4720005	2829756	2303938	2006376	179684		117878	521068	512516
内蒙古	3413254	2321346	2097378	1785598	52165		259615	200540	174364
辽宁	4561493	3259754	2785046	2377929	38200		368917	474641	431624
吉林	3164480	2217119	2022377	1727503	5000		289874	133936	133936
黑龙江	3339869	2352779	2065467	1974703	33180		57584	185997	178236
上海	6275654	4455356	3194559	2827581	243443		123535	1260720	1252777
江苏	13118736	6655240	5855233	4930385	733317		191531	798082	627912
浙江	10966628	5034895	3965311	3669237	73585		222489	1069454	385500
安徽	6218554	3159056	2799313	2290969	17662		490682	345643	282899
福建	5196424	3079140	2806829	2414545	53461		338823	268343	197303
江西	3675850	2057332	1920294	1647419	46489		226386	135247	110174
山东	10279579	6428869	5220563	5161553	2200		56810	1178854	1015634
河南	7689999	4615059	4073368	3599478	76113		397777	533625	532718
湖北	6079484	2711725	2346457	2214322	7544		124591	327430	167088
湖南	7240668	3518007	3066022	2610137	9583		446302	418402	305786
广东	16019220	9253644	8432690	7044538	345201		1042951	769580	744462
广西	3474518	1919904	1689642	1477972	15124		196546	228323	122303
海南	1155166	745236	677223	474929	157908		44386	14181	13224
重庆	3512219	2079952	1847392	1473196	78592		295604	231773	217709
四川	7385277	4553868	4067535	2819996	176101		1071438	477532	322634
贵州	2505605	1534611	1440390	1384505	9826		46059	88386	67601
云南	3271833	2325763	2026636	1613952	81104		331580	223074	218366
西藏	379830	353481	353481	205371	133375		14735		
陕西	4314649	2635367	2384686	2228803	16367		139516	236655	222668
甘肃	2826756	2054979	1897495	1689614	19937		187944	114599	111596
青海	695407	590863	569822	443669	36058		90095	18758	18373
宁夏	1119491	794953	703403	598172	41601		63630	91550	80589
新疆	3193604	2364352	2176606	1786967	169485		220154	157217	130365

教育经费收入情况

单位:千元

地方教育附加	地方教育基金	企业办学中的企业拨款	校办产业和社会服务收入用于教育的经费	民办学校中举办者投入	社会捐赠经费	#农村	事业收入	#学杂费	其他收入
1469570	**515065**	**491767**	**128600**	**876452**	**1550339**	**84921**	**56964934**	**39269189**	**4707633**
			5455	2050	89992	2332	1028846	698929	187652
		3752	1354	3928	1394		597693	335601	70918
57035	2347		166	11559	6193		2114682	1393494	92605
	8552	4628	122	37706	14823	447	1808098	1326125	29622
19434	6742	22399	1029	9350	3363		1022381	885109	56814
42517	500		67	15160	1231		1264690	1020487	20658
		59158	1648	9323	5393	103	891207	434977	41438
1841	5920	101293	22	3373	4094		935956	633500	43667
7943			77	778	25362		1305483	1165666	488675
138920	31250		1925	117012	217001	17059	5524308	3471357	605175
364300	319654		130	51192	355609	42054	4814784	3426795	710148
57994	4750	10574	3526	71400	25318	1752	2854389	2001363	108391
67828	3212		3968	81177	82679	4293	1859970	1303329	93458
24547	526		1791	61054	17346	1268	1467861	999736	72257
162330	890	27725	1727	9700	20692	1264	3651489	2504313	168829
	907	814	7252	48973	6077	293	2905595	1759865	114295
146170	14172	12258	25580	61720	30965	53	3007469	1900121	267605
103920	8696		33583	110296	32121	4506	3320018	2395101	260226
	25118	40912	10462	31598	134054	4352	6241551	4696011	358373
105173	847	286	1653	15183	21962	255	1428354	897864	89115
474	483	52538	1294	15498	462		364008	220739	29962
11314	2750		787	25	198168	3523	879430	598390	354644
82388	72510		8801	32393	113098	827	2500226	1328316	185692
20735	50	5354	481	39631	4875		881536	621284	44952
4708		71156	4897	6637	13465	310	891210	693648	34758
				331			25057	24662	961
13595	392	12989	1037	22460	3308	72	1620882	1270085	32632
2881	122	37459	5426	2842	38851		719351	562400	10733
385		2255	28	567	593		88150	60483	15234
6286	4675			250	72371	158	187787	126760	64130
26852		26217	4312	3286	9479		762473	512679	54014

3—45 分地区中央属普通高中

地区	总计	国家财政性教育经费	预算内教育经费	教育事业费拨款	基本建设拨款	科研拨款	其他拨款	各级政府征收用于教育的税费	教育费附加
合计	**1003840**	**632304**	**560763**	**431864**	**38412**		**90487**		
北京	239282	117780	117780	95819			21961		
天津	8681	6939	6939	6939					
河北									
山西	4514	2922							
内蒙古									
辽宁									
吉林	62463	36243	29875	28275			1600		
黑龙江	75447	61467	49770	23392	3980		22398		
上海	100716	36191	36114	22044			14070		
江苏									
浙江									
安徽									
福建									
江西									
山东									
河南									
湖北	37322	24998	12740	12740					
湖南									
广东	9439	3830	3830	3820			10		
广西									
海南									
重庆	41103	13462	13462	12978			484		
四川	7171	4118	4118	4050			68		
贵州									
云南									
西藏									
陕西	9907	9211	207	207					
甘肃									
青海									
宁夏									
新疆	407795	315143	285928	221600	34432		29896		

教育经费收入情况

单位:千元

地方教育附加	地方教育基金	企业办学中的企业拨款	校办产业和社会服务收入用于教育的经费	民办学校中举办者投入	社会捐赠经费	#农村	事业收入	#学杂费	其他收入
		68011	**3530**		**24196**		**221919**	**127787**	**125421**
					198		36892	8937	84412
					642		1100	1100	
		2922					1592	1592	
		6363	5		391		25661	5621	168
		11697					12361	9324	1619
			77		1150		43734	43730	19641
		12258			2016		4493	4059	5815
							4743	4743	866
					18727		3599	2826	5315
							3053	2143	
		9004					696	419	
		25767	3448		1072		83995	43293	7585

3—46 分地区地方普通高中

地区	总计	国家财政性教育经费	预算内教育经费	教育事业费拨款	基本建设拨款	科研拨款	其他拨款	各级政府征收用于教育的税费	教育费附加
合计	**159219718**	**95491896**	**83228461**	**72011964**	**2983669**		**8232828**	**11714609**	**9729974**
北京	4970641	3783603	3506696	2826112	154659		525925	271452	271452
天津	2478960	1806769	1485820	1432076	1517		52227	315843	315843
河北	6731742	4506703	3882833	3603463	13600		265770	623704	564322
山西	4715491	2826834	2303938	2006376	179684		117878	521068	512516
内蒙古	3413254	2321346	2097378	1785598	52165		259615	200540	174364
辽宁	4561493	3259754	2785046	2377929	38200		368917	474641	431624
吉林	3102017	2180876	1992502	1699228	5000		288274	133936	133936
黑龙江	3264422	2291312	2015697	1951311	29200		35186	185997	178236
上海	6174938	4419165	3158445	2805537	243443		109465	1260720	1252777
江苏	13118736	6655240	5855233	4930385	733317		191531	798082	627912
浙江	10966628	5034895	3965311	3669237	73585		222489	1069454	385500
安徽	6218554	3159056	2799313	2290969	17662		490682	345643	282899
福建	5196424	3079140	2806829	2414545	53461		338823	268343	197303
江西	3675850	2057332	1920294	1647419	46489		226386	135247	110174
山东	10279579	6428869	5220563	5161553	2200		56810	1178854	1015634
河南	7689999	4615059	4073368	3599478	76113		397777	533625	532718
湖北	6042162	2686727	2333717	2201582	7544		124591	327430	167088
湖南	7240668	3518007	3066022	2610137	9583		446302	418402	305786
广东	16009781	9249814	8428860	7040718	345201		1042941	769580	744462
广西	3474518	1919904	1689642	1477972	15124		196546	228323	122303
海南	1155166	745236	677223	474929	157908		44386	14181	13224
重庆	3471116	2066490	1833930	1460218	78592		295120	231773	217709
四川	7378106	4549750	4063417	2815946	176101		1071370	477532	322634
贵州	2505605	1534611	1440390	1384505	9826		46059	88386	67601
云南	3271833	2325763	2026636	1613952	81104		331580	223074	218366
西藏	379830	353481	353481	205371	133375		14735		
陕西	4304742	2626156	2384479	2228596	16367		139516	236655	222668
甘肃	2826756	2054979	1897495	1689614	19937		187944	114599	111596
青海	695407	590863	569822	443669	36058		90095	18758	18373
宁夏	1119491	794953	703403	598172	41601		63630	91550	80589
新疆	2785809	2049209	1890678	1565367	135053		190258	157217	130365

教育经费收入情况

单位：千元

地方教育附加	地方教育基金	企业办学中的企业拨款	校办产业和社会服务收入用于教育的经费	民办学校中举办者投入	社会捐赠经费	#农村	事业收入	#学杂费	其他收入
1469570	515065	423756	125070	876452	1526143	84921	56743015	39141402	4582212
			5455	2050	89794	2332	991954	689992	103240
		3752	1354	3928	752		596593	334501	70918
57035	2347		166	11559	6193		2114682	1393494	92605
	8552	1706	122	37706	14823	447	1806506	1324533	29622
19434	6742	22399	1029	9350	3363		1022381	885109	56814
42517	500		67	15160	1231		1264690	1020487	20658
		52795	1643	9323	5002	103	865546	429356	41270
1841	5920	89596	22	3373	4094		923595	624176	42048
7943				778	24212		1261749	1121936	469034
138920	31250		1925	117012	217001	17059	5524308	3471357	605175
364300	319654		130	51192	355609	42054	4814784	3426795	710148
57994	4750	10574	3526	71400	25318	1752	2854389	2001363	108391
67828	3212		3968	81177	82679	4293	1859970	1303329	93458
24547	526		1791	61054	17346	1268	1467861	999736	72257
162330	890	27725	1727	9700	20692	1264	3651489	2504313	168829
	907	814	7252	48973	6077	293	2905595	1759865	114295
146170	14172		25580	61720	28949	53	3002976	1896062	261790
103920	8696		33583	110296	32121	4506	3320018	2395101	260226
	25118	40912	10462	31598	134054	4352	6236808	4691268	357507
105173	847	286	1653	15183	21962	255	1428354	897864	89115
474	483	52538	1294	15498	462		364008	220739	29962
11314	2750		787	25	179441	3523	875831	595564	349329
82388	72510		8801	32393	113098	827	2497173	1326173	185692
20735	50	5354	481	39631	4875		881536	621284	44952
4708		71156	4897	6637	13465	310	891210	693648	34758
				331			25057	24662	961
13595	392	3985	1037	22460	3308	72	1620186	1269666	32632
2881	122	37459	5426	2842	38851		719351	562400	10733
385		2255	28	567	593		88150	60483	15234
6286	4675			250	72371	158	187787	126760	64130
26852		450	864	3286	8407		678478	469386	46429

3—47 分地区农村高中

地 区	总 计	国家财政性教育经费	预算内教育经费	教育事业费拨款	基本建设拨款	科研拨款	其他拨款	各级政府征收用于教育的税费	教育费附加
合 计	**21354198**	**12954922**	**11835585**	**10565122**	**227092**		**1043371**	**1037041**	**827242**
北 京	618745	528164	488715	351036	91060		46619	39355	39355
天 津	340083	238417	198185	192484			5701	40232	40232
河 北	713062	566938	480956	455412			25544	85982	83391
山 西	322032	170751	134590	125426	997		8167	36161	36161
内蒙古	147673	114491	106373	95598	615		10160	8118	8118
辽 宁	197467	164459	141695	131576			10119	22764	22714
吉 林	118374	82573	78010	69768			8242	556	556
黑龙江	48044	41118	27575	27146			429	1698	1698
上 海	168300	138984	133041	131634			1407	5943	5869
江 苏	2252582	1212950	1100576	1025596	41343		33637	112374	82236
浙 江	2428158	1120312	895276	874188	1421		19667	225036	101723
安 徽	1324025	786601	762651	618175	6096		138380	18372	10714
福 建	1594448	1000275	954255	879040	1729		73486	45245	32007
江 西	294233	129652	126168	114104	1689		10375	2434	2284
山 东	954737	632480	582024	579998			2026	49487	44478
河 南	702588	411743	388821	351194	8793		28834	22331	22153
湖 北	646274	278885	270062	263538	1328		5196	4663	4272
湖 南	1578379	706601	639745	538190	132		101423	55505	50367
广 东	1948144	1126459	1031662	912588	18932		100142	92330	92330
广 西	297611	189228	185634	170592	415		14627	3387	2243
海 南	140143	116422	98038	90163	5486		2389	610	87
重 庆	793257	571487	503143	429296	1840		72007	68116	65260
四 川	1512840	963979	928334	717932	3070		207332	35375	24295
贵 州	293303	199448	193063	179949	6232		6882	6385	3526
云 南	321529	237966	219186	189909	2224		27053	18697	18183
西 藏									
陕 西	800452	554449	524900	494089	3018		27793	25582	23272
甘 肃	478788	389510	382696	354253	2229		26214	6552	6515
青 海	40492	34697	32835	26629	1924		4282	722	699
宁 夏	52326	45356	45029	40735	1630		2664	327	327
新 疆	226109	200527	182347	134884	24889		22574	2702	2177

教育经费收入情况

单位:千元

地方教育附加	地方教育基金	企业办学中的企业拨款	校办产业和社会服务收入用于教育的经费	民办学校中举办者投入	社会捐赠经费	#农村	事业收入	#学杂费	其他收入
167576	**42223**	**59008**	**23288**	**165224**	**277260**	**65068**	**7491049**	**5229845**	**465743**
			94		1944		81398	58841	7239
							101209	45827	457
2591				2261	62		136864	100779	6937
				10932	504	447	135094	79709	4751
					169		31086	24698	1927
50					336		32486	27491	186
		3993	14		122		35583	21391	96
		11845					4183	3671	2743
74					245		21427	19392	7644
28513	1625				37582	16305	946445	597893	55605
88085	35228			37559	105664	36827	1079241	692058	85382
7658		5576	2	15015	3226	425	491157	360829	28026
13238			775		46115	4228	513244	362110	34814
122	28		1050	3964	2432	110	153831	120712	4354
5009		773	196	3619	3342	702	308370	224512	6926
	178		591	11614	606	259	250759	185478	27866
211	180		4160	7218	3930	33	339769	248885	16472
5066	72		11351	59541	4877	863	761636	542607	45724
			2467	3486	13127	1297	773417	595244	31655
1144			207		599		101654	60866	6130
40	483	17759	15		198		21105	14685	2418
1617	1239		228		7042	2522	184313	147578	30415
7912	3168		270	1741	42224	775	463127	254915	41769
2859				4448	108		84494	64482	4805
514			83	659	748	275	80815	68817	1341
2310		3356	611	2600	925		239852	207939	2626
15	22		262		1020		87896	74846	362
23		1140		567			3567	2788	1661
					44		5009	3636	1917
525		14566	912		69		22018	17166	3495

3—48 分地区中央属农村高中

地区	总计	国家财政性教育经费	预算内教育经费	教育事业费拨款	基本建设拨款	科研拨款	其他拨款	各级政府征收用于教育的税费	教育费附加
合计	**159308**	**138391**	**123377**	**85182**	**19868**		**18327**		
北京									
天津									
河北									
山西									
内蒙古									
辽宁									
吉林									
黑龙江									
上海									
江苏									
浙江									
安徽									
福建									
江西									
山东									
河南									
湖北									
湖南									
广东									
广西									
海南									
重庆									
四川									
贵州									
云南									
西藏									
陕西									
甘肃									
青海									
宁夏									
新疆	159308	138391	123377	85182	19868		18327		

教育经费收入情况

单位:千元

地方教育附加	地方教育基金	企业办学中的企业拨款	校办产业和社会服务收入用于教育的经费	民办学校中举办者投入	社会捐赠经费	#农村	事业收入	#学杂费	其他收入
		14116	**898**		**60**		**19877**	**16137**	**980**
		14116	898		60		19877	16137	980

3—49 分地区地方农村高中

地区	总计	国家财政性教育经费	预算内教育经费	教育事业费拨款	基本建设拨款	科研拨款	其他拨款	各级政府征收用于教育的税费	教育费附加
合计	**21194890**	**12816531**	**11712208**	**10479940**	**207224**		**1025044**	**1037041**	**827242**
北京	618745	528164	488715	351036	91060		46619	39355	39355
天津	340083	238417	198185	192484			5701	40232	40232
河北	713062	566938	480956	455412			25544	85982	83391
山西	322032	170751	134590	125426	997		8167	36161	36161
内蒙古	147673	114491	106373	95598	615		10160	8118	8118
辽宁	197467	164459	141695	131576			10119	22764	22714
吉林	118374	82573	78010	69768			8242	556	556
黑龙江	48044	41118	27575	27146			429	1698	1698
上海	168300	138984	133041	131634			1407	5943	5869
江苏	2252582	1212950	1100576	1025596	41343		33637	112374	82236
浙江	2428158	1120312	895276	874188	1421		19667	225036	101723
安徽	1324025	786601	762651	618175	6096		138380	18372	10714
福建	1594448	1000275	954255	879040	1729		73486	45245	32007
江西	294233	129652	126168	114104	1689		10375	2434	2284
山东	954737	632480	582024	579998			2026	49487	44478
河南	702588	411743	388821	351194	8793		28834	22331	22153
湖北	646274	278885	270062	263538	1328		5196	4663	4272
湖南	1578379	706601	639745	538190	132		101423	55505	50367
广东	1948144	1126459	1031662	912588	18932		100142	92330	92330
广西	297611	189228	185634	170592	415		14627	3387	2243
海南	140143	116422	98038	90163	5486		2389	610	87
重庆	793257	571487	503143	429296	1840		72007	68116	65260
四川	1512840	963979	928334	717932	3070		207332	35375	24295
贵州	293303	199448	193063	179949	6232		6882	6385	3526
云南	321529	237966	219186	189909	2224		27053	18697	18183
西藏									
陕西	800452	554449	524900	494089	3018		27793	25582	23272
甘肃	478788	389510	382696	354253	2229		26214	6552	6515
青海	40492	34697	32835	26629	1924		4282	722	699
宁夏	52326	45356	45029	40735	1630		2664	327	327
新疆	66801	62136	58970	49702	5021		4247	2702	2177

教育经费收入情况

单位:千元

地方教育附加	地方教育基金	企业办学中的企业拨款	校办产业和社会服务收入用于教育的经费	民办学校中举办者投入	社会捐赠经费	＃农村	事业收入	＃学杂费	其他收入
167576	**42223**	**44892**	**22390**	**165224**	**277200**	**65068**	**7471172**	**5213708**	**464763**
			94		1944		81398	58841	7239
							101209	45827	457
2591				2261	62		136864	100779	6937
				10932	504	447	135094	79709	4751
					169		31086	24698	1927
50					336		32486	27491	186
		3993	14		122		35583	21391	96
		11845					4183	3671	2743
74					245		21427	19392	7644
28513	1625				37582	16305	946445	597893	55605
88085	35228			37559	105664	36827	1079241	692058	85382
7658		5576	2	15015	3226	425	491157	360829	28026
13238			775		46115	4228	513244	362110	34814
122	28		1050	3964	2432	110	153831	120712	4354
5009		773	196	3619	3342	702	308370	224512	6926
	178		591	11614	606	259	250759	185478	27866
211	180		4160	7218	3930	33	339769	248885	16472
5066	72		11351	59541	4877	863	761636	542607	45724
			2467	3486	13127	1297	773417	595244	31655
1144			207		599		101654	60866	6130
40	483	17759	15		198		21105	14685	2418
1617	1239		228		7042	2522	184313	147578	30415
7912	3168		270	1741	42224	775	463127	254915	41769
2859				4448	108		84494	64482	4805
514			83	659	748	275	80815	68817	1341
2310		3356	611	2600	925		239852	207939	2626
15	22		262		1020		87896	74846	362
23		1140		567			3567	2788	1661
					44		5009	3636	1917
525		450	14		9		2141	1029	2515

3—50 分地区普通初中

地区	总计	国家财政性教育经费	预算内教育经费	教育事业费拨款	基本建设拨款	科研拨款	其他拨款	各级政府征收用于教育的税费	教育费附加
合计	**252175585**	**225078357**	**208843803**	**186452126**	**5409388**		**16982289**	**15114545**	**11277416**
北京	6370364	5637461	5053822	4095013	257101		701708	581125	581036
天津	2841277	2550522	2410744	2350123	1283		59338	131482	131482
河北	11356693	10653293	9779529	9089422	160304		529803	869929	479874
山西	6996154	6149031	5390278	5014762	211400		164116	725688	605116
内蒙古	5166521	5035198	4688499	3988704	179011		520784	319428	299889
辽宁	8804965	8315334	7851822	6786804	20421		1044597	457041	369438
吉林	4962724	4621377	4350986	3677401	59636		613949	169075	169075
黑龙江	7001846	6533816	5970176	5679460	117534		173182	194866	187105
上海	7486499	6530241	5904778	5533247	186539		184992	625443	415011
江苏	16777282	13592263	11855540	11115196	299016		441328	1732289	1293208
浙江	15068250	12187886	9988644	9505167	179168		304309	2189164	928315
安徽	9830934	8696820	8330450	7113757	186057		1030636	351698	267389
福建	7092635	5985418	5457793	5011668	74368		371757	526093	310589
江西	5468693	4993646	4784027	4150481	279754		353792	206203	170262
山东	16031703	14895644	13548164	13446418	5193		96553	1300504	967650
河南	14310011	13440278	12925003	11456240	248782		1219981	510832	510828
湖北	9876527	8878011	8346119	7812433	248949		284737	498499	398176
湖南	10441100	9384512	8896453	7319851	238105		1338497	439885	358213
广东	21192349	17238353	16204018	13954016	444665		1805337	970880	931432
广西	7211295	6700773	6502469	5980350	104876		417243	187604	114890
海南	2150764	1772139	1552494	1249067	219163		84264	28412	26870
重庆	5415336	4525849	4311769	3614477	160858		536434	211579	193629
四川	14956560	13049997	12440997	9438912	274344		2727741	598794	445423
贵州	5217348	4879260	4713001	4518405	88502		106094	157159	123592
云南	6902147	6649646	6362955	5583986	261773		517196	259314	254169
西藏	936331	933243	933243	861268	27445		44530		
陕西	7597027	7062169	6724580	6314278	176700		233602	323862	316366
甘肃	4999669	4906865	4734988	4309968	99517		325503	148992	115599
青海	1224282	1177693	1153694	891896	141490		120308	21444	20052
宁夏	1494965	1436202	1346913	1165631	98656		82626	89289	68105
新疆	6993334	6665417	6329855	5423725	358778		547352	287972	224633

教育经费收入情况

单位：千元

地方教育附加	地方教育基金	企业办学中的企业拨款	校办产业和社会服务收入用于教育的经费	民办学校中举办者投入	社会捐赠经费	#农村	事业收入	#学杂费	其他收入
3053691	783438	951960	168049	1093482	2130450	198256	19491782	8560404	4381514
	89		2514		121491	2253	455270	114501	156142
		7960	336	6587	6795	2207	231598	95592	45775
387928	2127	2911	924	11931	14621	1901	597625	345324	79223
	120572	33058	7	83966	8598	1033	698492	415830	56067
17372	2167	25567	1704	2806	13004	81	84125	27040	31388
76898	10705	6215	256	179160	1889	243	275773	184093	32809
		97387	3929	16623	6849	681	297855	79141	20020
7470	291	363356	5418	17946	3625		411259	251745	35200
210432			20	3917	14060	98	631898	538369	306383
372203	66878		4434	62000	262961	15100	2325446	784087	534612
831516	429333	10000	78	21620	603876	62836	1454024	598263	800844
83181	1128	12173	2499	93761	82443	4816	865254	511238	92656
212243	3261		1532	66038	74405	13680	824777	468358	141997
29595	6346	1487	1929	40167	16608	2644	359991	117088	58281
315676	17178	44765	2211	10796	53880	17670	860987	393839	210396
	4	1056	3387	92515	9059	1397	713659	366863	54500
97307	3016	836	32557	11401	33345	2942	641137	243207	312633
40973	40699		48174	52014	26317	1740	813284	410702	164973
	39448	53745	9710	152519	181446	41980	3163463	1447347	456568
63705	9009	1789	8911	16223	32162	2929	372958	164001	89179
1373	169	178129	13104	14012	130151	37	178237	37780	56225
10525	7425		2501	6025	189837	3189	418142	64544	275483
136309	17062	3834	6372	71932	166703	8107	1527200	367821	140728
33372	195	7832	1268	27293	6359	47	270924	76613	33512
5145		23139	4238	1823	30517	6175	171564	55076	48597
				527	900		1651	1091	10
7411	85	9431	4296	24330	18554	3852	453061	266534	38913
33215	178	22198	687	1116	6978	204	78196	28633	6514
1392		2492	63	543	1542	21	37166	15379	7338
15111	6073			255	1524	326	38062	11540	18922
63339		42600	4990	3636	9951	67	238704	78765	75626

3—51 分地区中央属普通初中

地区	总计	国家财政性教育经费	预算内教育经费	教育事业费拨款	基本建设拨款	科研拨款	其他拨款	各级政府征收用于教育的税费	教育费附加
合计	**1014107**	**893138**	**811632**	**614863**	**81413**		**115356**	**1098**	**1098**
北京	122526	53687	53687	45810			7877		
天津	3774	3455	3455	3455					
河北	290	290							
山西	5400	5400	663	622			41		
内蒙古									
辽宁									
吉林	13841	13841							
黑龙江	72630	70741	53160	31294	8600		13266	535	535
上海									
江苏									
浙江									
安徽									
福建									
江西	3023	3023	2460	2460				563	563
山东									
河南									
湖北	14871	10162	9898	9898					
湖南									
广东	161	161	34	34					
广西									
海南									
重庆	19379	6162	6141	5921			220		
四川	3292	1457	1457	1457					
贵州	1406	1406	1406	1406					
云南									
西藏									
陕西									
甘肃									
青海									
宁夏									
新疆	753514	723353	679271	512506	72813		93952		

教育经费收入情况

单位:千元

地方教育附加	地方教育基金	企业办学中的企业拨款	校办产业和社会服务收入用于教育的经费	民办学校中举办者投入	社会捐赠经费	#农村	事业收入	#学杂费	其他收入
		76509	**3899**		**11712**		**48241**	**6590**	**61016**
					202		18644		49993
					319				
		290							
		4737							
		13836	5						
		17046					379		1510
		264			1036		904	536	2769
		127							
			21		8819		1973	1482	2425
							1835	223	
		40209	3873		1336		24506	4349	4319

3—52 分地区地方普通初中

地区	总计	国家财政性教育经费	预算内教育经费	教育事业费拨款	基本建设拨款	科研拨款	其他拨款	各级政府征收用于教育的税费	教育费附加
合计	**251161478**	**224185219**	**208032171**	**185837263**	**5327975**		**16866933**	**15113447**	**11276318**
北京	6247838	5583774	5000135	4049203	257101		693831	581125	581036
天津	2837503	2547067	2407289	2346668	1283		59338	131482	131482
河北	11356403	10653003	9779529	9089422	160304		529803	869929	479874
山西	6990754	6143631	5389615	5014140	211400		164075	725688	605116
内蒙古	5166521	5035198	4688499	3988704	179011		520784	319428	299889
辽宁	8804965	8315334	7851822	6786804	20421		1044597	457041	369438
吉林	4948883	4607536	4350986	3677401	59636		613949	169075	169075
黑龙江	6929216	6463075	5917016	5648166	108934		159916	194331	186570
上海	7486499	6530241	5904778	5533247	186539		184992	625443	415011
江苏	16777282	13592263	11855540	11115196	299016		441328	1732289	1293208
浙江	15068250	12187886	9988644	9505167	179168		304309	2189164	928315
安徽	9830934	8696820	8330450	7113757	186057		1030636	351698	267389
福建	7092635	5985418	5457793	5011668	74368		371757	526093	310589
江西	5465670	4990623	4781567	4148021	279754		353792	205640	169699
山东	16031703	14895644	13548164	13446418	5193		96553	1300504	967650
河南	14310011	13440278	12925003	11456240	248782		1219981	510832	510828
湖北	9861656	8867849	8336221	7802535	248949		284737	498499	398176
湖南	10441100	9384512	8896453	7319851	238105		1338497	439885	358213
广东	21192188	17238192	16203984	13953982	444665		1805337	970880	931432
广西	7211295	6700773	6502469	5980350	104876		417243	187604	114890
海南	2150764	1772139	1552494	1249067	219163		84264	28412	26870
重庆	5395957	4519687	4305628	3608556	160858		536214	211579	193629
四川	14953268	13048540	12439540	9437455	274344		2727741	598794	445423
贵州	5215942	4877854	4711595	4516999	88502		106094	157159	123592
云南	6902147	6649646	6362955	5583986	261773		517196	259314	254169
西藏	936331	933243	933243	861268	27445		44530		
陕西	7597027	7062169	6724580	6314278	176700		233602	323862	316366
甘肃	4999669	4906865	4734988	4309968	99517		325503	148992	115599
青海	1224282	1177693	1153694	891896	141490		120308	21444	20052
宁夏	1494965	1436202	1346913	1165631	98656		82626	89289	68105
新疆	6239820	5942064	5650584	4911219	285965		453400	287972	224633

教育经费收入情况

单位：千元

地方教育附加	地方教育基金	企业办学中的企业拨款	校办产业和社会服务收入用于教育的经费	民办学校中举办者投入	社会捐赠经费	#农村	事业收入	#学杂费	其他收入
3053691	**783438**	**875451**	**164150**	**1093482**	**2118738**	**198256**	**19443541**	**8553814**	**4320498**
	89		2514		121289	2253	436626	114501	106149
		7960	336	6587	6476	2207	231598	95592	45775
387928	2127	2621	924	11931	14621	1901	597625	345324	79223
	120572	28321	7	83966	8598	1033	698492	415830	56067
17372	2167	25567	1704	2806	13004	81	84125	27040	31388
76898	10705	6215	256	179160	1889	243	275773	184093	32809
		83551	3924	16623	6849	681	297855	79141	20020
7470	291	346310	5418	17946	3625		410880	251745	33690
210432			20	3917	14060	98	631898	538369	306383
372203	66878		4434	62000	262961	15100	2325446	784087	534612
831516	429333	10000	78	21620	603876	62836	1454024	598263	800844
83181	1128	12173	2499	93761	82443	4816	865254	511238	92656
212243	3261		1532	66038	74405	13680	824777	468358	141997
29595	6346	1487	1929	40167	16608	2644	359991	117088	58281
315676	17178	44765	2211	10796	53880	17670	860987	393839	210396
	4	1056	3387	92515	9059	1397	713659	366863	54500
97307	3016	572	32557	11401	32309	2942	640233	242671	309864
40973	40699		48174	52014	26317	1740	813284	410702	164973
	39448	53618	9710	152519	181446	41980	3163463	1447347	456568
63705	9009	1789	8911	16223	32162	2929	372958	164001	89179
1373	169	178129	13104	14012	130151	37	178237	37780	56225
10525	7425		2480	6025	181018	3189	416169	63062	273058
136309	17062	3834	6372	71932	166703	8107	1525365	367598	140728
33372	195	7832	1268	27293	6359	47	270924	76613	33512
5145		23139	4238	1823	30517	6175	171564	55076	48597
				527	900		1651	1091	10
7411	85	9431	4296	24330	18554	3852	453061	266534	38913
33215	178	22198	687	1116	6978	204	78196	28633	6514
1392		2492	63	543	1542	21	37166	15379	7338
15111	6073			255	1524	320	38062	11540	18922
63339		2391	1117	3636	8615	67	214198	74416	71307

3—53 分地区农村初中

地区	总计	国家财政性教育经费	预算内教育经费	教育事业费拨款	基本建设拨款	科研拨款	其他拨款	各级政府征收用于教育的税费	教育费附加
合计	**142823948**	**135722337**	**128372035**	**115683957**	**3081873**		**9606205**	**7019956**	**4624077**
北京	1957035	1919007	1733397	1464096	133886		135415	185535	185446
天津	1073040	1025013	995388	974965			20423	29625	29625
河北	6884285	6709800	6236634	5815047	127984		293603	473142	212104
山西	3536795	3406020	3190291	3033350	101694		55247	215663	171309
内蒙古	1645122	1623336	1561197	1357823	41245		162129	61575	60231
辽宁	4180253	4139293	3893132	3481274	19603		392255	245966	208076
吉林	2506276	2475353	2429836	2094533	45956		289347	26954	26954
黑龙江	2545089	2517868	2437254	2344162	53259		39833	40886	36050
上海	1984806	1900351	1656349	1553376			102973	244002	65853
江苏	8618572	7848650	6884928	6543761	149169		191998	960449	673545
浙江	8622115	7638142	6233217	6038875	42009		152333	1404847	517207
安徽	6735215	6454835	6315085	5418095	156870		740120	135217	98775
福建	4628417	4243824	3943229	3685815	47288		210126	299786	142367
江西	3457213	3277059	3195583	2787892	200717		206974	79958	66308
山东	11411336	10824754	10070535	10009240	4470		56825	736401	498065
河南	9310004	9093416	8940777	7994857	157984		787936	150293	150289
湖北	6190215	5956019	5778709	5416762	209954		151993	154692	133162
湖南	7276211	6980020	6773038	5496769	209062		1067207	169047	152159
广东	9030940	7914043	7598844	6679341	153045		766458	307111	307111
广西	4614778	4473656	4382839	4057694	76783		248362	85952	52197
海南	1172333	1009180	891973	761871	88626		41476	12603	11251
重庆	3242798	3013008	2920001	2512484	84316		323201	92106	80479
四川	9701177	9200413	8873628	6667003	220038		1986587	323319	225465
贵州	3702811	3587772	3491993	3331368	84860		75765	92456	73023
云南	4876992	4794037	4672122	4149191	206960		315971	119162	116510
西藏									
陕西	5105584	4997525	4805371	4528504	104883		171984	180630	176965
甘肃	3473159	3448173	3391654	3112907	67437		211310	55939	52538
青海	507385	503609	497409	392986	64922		39501	5187	4471
宁夏	791537	772888	743537	655751	54545		33241	29351	19562
新疆	4042455	3975273	3834085	3324165	174308		335612	102102	76980

教育经费收入情况

单位：千元

地方教育附加	地方教育基金	企业办学中的企业拨款	校办产业和社会服务收入用于教育的经费	民办学校中举办者投入	社会捐赠经费	#农村	事业收入	#学杂费	其他收入
2010753	**385126**	**226202**	**104144**	**210370**	**822968**	**170815**	**4412228**	**1173449**	**1656045**
	89		75		7399	938	19492	218	11137
				193	2429	157	42577	4508	2828
259261	1777		24	4434	12895	1901	135716	71996	21440
	44354	59	7	17760	2908	933	96828	67767	13279
1125	219		564	43	1237	81	13209	1607	7297
28248	9642		195		690	243	20567	1250	19703
		15736	2827	64	5079	681	18664	293	7116
4629	207	38661	1067	274	797		11614	3293	14536
178149					4239	98	39873	10801	40343
251681	35223		3273	4409	51063	14901	537677	122808	176773
626503	261137		78	7552	183217	56293	420270	93151	372934
35914	528	2332	2201	34663	17375	4463	179559	101666	48783
154158	3261		809	650	62742	13188	213864	73374	107337
13382	268	496	1022	3819	11221	2081	134242	46583	30872
237257	1079	15968	1850	8764	29154	16756	430528	176617	118136
	4		2346	34089	5034	1288	154841	83984	22624
20949	581		22618	1025	11243	2460	129062	24522	92866
14579	2309		37935	12712	12811	1602	180465	17185	90203
		1939	6149	44294	92233	32281	832843	203075	147527
27755	6000	267	4598	318	7168	570	89050	9432	44586
1187	165	104074	530	443	117178	37	34255	4359	11277
5433	6194		901	5446	18468	2364	136729	1878	69147
89819	8035	807	2659	23494	122903	8102	282856	7696	71511
19252	181	2988	335	2606	4522	47	91851	1058	16060
2652			2753	513	17692	4974	37564	2387	27186
3633	32	7346	4178	2140	16147	3852	65543	41355	24229
3263	138		580		2225	204	19518		3243
716		1013		543	452	21	605		2176
6086	3703				1006	232	6968		10675
25122		34516	4570	122	1441	67	35398	586	30221

3—54 分地区中央属农村初中

地区	总计	国家财政性教育经费	预算内教育经费					各级政府征收用于教育的税费	
				教育事业费拨款	基本建设拨款	科研拨款	其他拨款		教育费附加
合计	**618946**	**610519**	**573769**	**418826**	**67774**		**87169**	**563**	**563**
北京									
天津									
河北									
山西									
内蒙古									
辽宁									
吉林									
黑龙江									
上海									
江苏									
浙江									
安徽									
福建									
江西	3023	3023	2460	2460				563	563
山东									
河南									
湖北									
湖南									
广东									
广西									
海南									
重庆									
四川	722	272	272	272					
贵州	1406	1406	1406	1406					
云南									
西藏									
陕西									
甘肃									
青海									
宁夏									
新疆	613795	605818	569631	414688	67774		87169		

教育经费收入情况

单位：千元

地方教育附加	地方教育基金	企业办学中的企业拨款	校办产业和社会服务收入用于教育的经费	民办学校中举办者投入	社会捐赠经费	#农村	事业收入	#学杂费	其他收入
		32679	**3508**		**770**		**6376**		**1281**
							450		
		32679	3508		770		5926		1281

3—55 分地区地方农村初中

地区	总计	国家财政性教育经费	预算内教育经费	教育事业费拨款	基本建设拨款	科研拨款	其他拨款	各级政府征收用于教育的税费	教育费附加
合计	**142205002**	**135111818**	**127798266**	**115265131**	**3014099**		**9519036**	**7019393**	**4623514**
北京	1957035	1919007	1733397	1464096	133886		135415	185535	185446
天津	1073040	1025013	995388	974965			20423	29625	29625
河北	6884285	6709800	6236634	5815047	127984		293603	473142	212104
山西	3536795	3406020	3190291	3033350	101694		55247	215663	171309
内蒙古	1645122	1623336	1561197	1357823	41245		162129	61575	60231
辽宁	4180253	4139293	3893132	3481274	19603		392255	245966	208076
吉林	2506276	2475353	2429836	2094533	45956		289347	26954	26954
黑龙江	2545089	2517868	2437254	2344162	53259		39833	40886	36050
上海	1984806	1900351	1656349	1553376			102973	244002	65853
江苏	8618572	7848650	6884928	6543761	149169		191998	960449	673545
浙江	8622115	7638142	6233217	6038875	42009		152333	1404847	517207
安徽	6735215	6454835	6315085	5418095	156870		740120	135217	98775
福建	4628417	4243824	3943229	3685815	47288		210126	299786	142367
江西	3454190	3274036	3193123	2785432	200717		206974	79395	65745
山东	11411336	10824754	10070535	10009240	4470		56825	736401	498065
河南	9310004	9093416	8940777	7994857	157984		787936	150293	150289
湖北	6190215	5956019	5778709	5416762	209954		151993	154692	133162
湖南	7276211	6980020	6773038	5496769	209062		1067207	169047	152159
广东	9030940	7914043	7598844	6679341	153045		766458	307111	307111
广西	4614778	4473656	4382839	4057694	76783		248362	85952	52197
海南	1172333	1009180	891973	761871	88626		41476	12603	11251
重庆	3242798	3013008	2920001	2512484	84316		323201	92106	80479
四川	9700455	9200141	8873356	6666731	220038		1986587	323319	225465
贵州	3701405	3586366	3490587	3329962	84860		75765	92456	73023
云南	4876992	4794037	4672122	4149191	206960		315971	119162	116510
西藏									
陕西	5105584	4997525	4805371	4528504	104883		171984	180630	176965
甘肃	3473159	3448173	3391654	3112907	67437		211310	55939	52538
青海	507385	503609	497409	392986	64922		39501	5187	4471
宁夏	791537	772888	743537	655751	54545		33241	29351	19562
新疆	3428660	3369455	3264454	2909477	106534		248443	102102	76980

教育经费收入情况

单位:千元

地方教育附加	地方教育基金	企业办学中的企业拨款	校办产业和社会服务收入用于教育的经费	民办学校中举办者投入	社会捐赠经费	#农村	事业收入	#学杂费	其他收入
2010753	**385126**	**193523**	**100636**	**210370**	**822198**	**170815**	**4405852**	**1173449**	**1654764**
	89		75		7399	938	19492	218	11137
				193	2429	157	42577	4508	2828
259261	1777		24	4434	12895	1901	135716	71996	21440
	44354	59	7	17760	2908	933	96828	67767	13279
1125	219		564	43	1237	81	13209	1607	7297
28248	9642		195		690	243	20567	1250	19703
		15736	2827	64	5079	681	18664	293	7116
4629	207	38661	1067	274	797		11614	3293	14536
178149					4239	98	39873	10801	40343
251681	35223		3273	4409	51063	14901	537677	122808	176773
626503	261137		78	7552	183217	56293	420270	93151	372934
35914	528	2332	2201	34663	17375	4463	179559	101666	48783
154158	3261		809	650	62742	13188	213864	73374	107337
13382	268	496	1022	3819	11221	2081	134242	46583	30872
237257	1079	15968	1850	8764	29154	16756	430528	176617	118136
	4		2346	34089	5034	1288	154841	83984	22624
20949	581		22618	1025	11243	2460	129062	24522	92866
14579	2309		37935	12712	12811	1602	180465	17185	90203
		1039	6149	44294	92233	32281	832843	203075	147527
27755	6000	267	4598	318	7168	570	89050	9432	44586
1187	165	104074	530	443	117178	37	34255	4359	11277
5433	6194		901	5446	18468	2364	136729	1878	69147
89819	8035	807	2659	23494	122903	8102	282406	7696	71511
19252	181	2988	335	2606	4522	47	91851	1058	16060
2652			2753	513	17692	4974	37564	2387	27186
3633	32	7346	4178	2140	16147	3852	65543	41355	24229
3263	138		580		2225	204	19518		3243
716		1013		543	452	21	605		2176
6086	3703				1006	232	6968		10675
25122		1837	1062	122	671	67	29472	586	28940

3—56 分地区成人中学

地区	总计	国家财政性教育经费	预算内教育经费	教育事业费拨款	基本建设拨款	科研拨款	其他拨款	各级政府征收用于教育的税费	教育费附加
合计	**510913**	**265724**	**224049**	**209279**			**14770**	**40858**	**16346**
北京									
天津	1699	1693	1693	1656			37		
河北	2410	1709	1709	1559			150		
山西									
内蒙古									
辽宁									
吉林	2647	2543	2513	2307			206	30	30
黑龙江									
上海	78421	55736	47134	46854			280	8602	
江苏	96347	20914	15617	15033			584	5297	1813
浙江	247559	131008	107828	100616			7212	22373	10005
安徽									
福建	4288	3321	3321	2849			472		
江西	512	81	81	81					
山东									
河南	29868	21523	21523	17560			3963		
湖北	2998	536	526	526					
湖南	369	72	72	72					
广东	23180	8706	8249	7684			565	457	457
广西									
海南									
重庆	708	649	649	530			119		
四川	5060	4799	3700	2607			1093	1099	1041
贵州									
云南									
西藏									
陕西	12103	10297	7297	7297				3000	3000
甘肃	703	342	342	300			42		
青海									
宁夏									
新疆	2041	1795	1795	1748			47		

教育经费收入情况

单位：千元

地方教育附加	地方教育基金	企业办学中的企业拨款	校办产业和社会服务收入用于教育的经费	民办学校中举办者投入	社会捐赠经费	#农村	事业收入	#学杂费	其他收入
21207	**3305**		**817**	**50**	**421**	**156**	**202113**	**61972**	**42605**
									6
							701	601	
							104		
8602							18820	1787	3865
562	2922						75100	11439	333
11985	383		807		254	156	79378	36953	36919
							526		441
							431		
							8183	3517	162
			10				2462	586	
				50			247	247	
							13661	5602	813
									59
58					167		94		
							1806	1240	
							354		7
							246		

3—57　分地区小学

地区	总计	国家财政性教育经费	预算内教育经费	教育事业费拨款	基本建设拨款	科研拨款	其他拨款	各级政府征收用于教育的税费	教育费附加
合计	**355123280**	**329841180**	**311290016**	**274822455**	**3147841**		**33319720**	**17243544**	**12910961**
北京	8869713	8047480	7435041	6208943	164888		1061210	606553	606553
天津	4154799	3839471	3633833	3537379			96454	193219	193219
河北	16051188	15601272	14620974	13368394	14355		1238225	959318	504034
山西	10000636	9412194	8666909	8127970	48192		490747	675428	517852
内蒙古	7540332	7390278	7078028	5709393	78243		1290392	277986	265134
辽宁	11698504	11423171	10796655	9196436	22881		1577338	612239	461345
吉林	7627137	7336386	7048689	5864816	4074		1179799	170839	170839
黑龙江	9333170	9104037	8502741	8207545	56022		239174	219079	137134
上海	8463034	7750396	6716873	6493192	25000		198681	1026852	942291
江苏	22467460	20097335	17967844	17012522	302631		652691	2124004	1491883
浙江	19805575	16917221	14579769	13981029	116350		482390	2336994	1084356
安徽	13836845	13318852	12908244	10540962	80712		2286570	384593	292391
福建	10924731	10097875	9417636	8110190	84524		1222922	680093	416195
江西	9124067	8657403	8402776	7325321	144794		932661	250571	212120
山东	20142874	19116486	17716025	17538661	16082		161282	1348049	968892
河南	19415012	18542442	18107227	16239910	100958		1766359	431221	430418
湖北	10125982	9277816	8754890	8432728	35379		286783	499173	343226
湖南	13741946	12963650	12446343	10303547	53939		2088857	465735	409814
广东	33417160	27163795	25687059	21225369	620806		3840884	1426487	1400727
广西	11451202	11027211	10820349	9750425	48178		1021746	194240	121245
海南	2737057	2433613	2214920	1993617	63287		158016	23117	20372
重庆	7358609	6697569	6433792	5008575	88065		1337152	258426	227947
四川	21578915	20098880	19554336	14727620	161002		4665714	531535	373447
贵州	9482165	9144067	8870518	8591462	59130		219926	250556	175548
云南	11888680	11505193	11203167	9203615	33611		1965941	264073	244059
西藏	1977097	1974763	1974309	1533843	319200		121266		
陕西	10064051	9603482	9145754	8740024	46030		359700	433986	428858
甘肃	7843353	7716740	7543409	6816345	28323		698741	150850	132165
青海	2303052	2244594	2193022	1790703	117330		284989	46595	37535
宁夏	2218589	2151239	2049424	1855212	26953		167259	101815	63791
新疆	9480345	9186269	8799460	7386707	186902		1225851	299918	237571

教育经费收入情况

单位：千元

地方教育附加	地方教育基金	企业办学中的企业拨款	校办产业和社会服务收入用于教育的经费	民办学校中举办者投入	社会捐赠经费	#农村	事业收入	#学杂费	其他收入
3658846	**673737**	**1140677**	**166943**	**1048565**	**2694793**	**381252**	**16874942**	**7676257**	**4663800**
			5886	1331	83649	3366	605583	147694	131670
		12138	281	3770	81663	70060	184988	62496	44907
453234	2050	19878	1102	9626	22631	8941	356124	200057	61535
	157576	69807	50	91718	22994	5435	448767	290841	24963
12565	287	32023	2241	4394	13843	2751	95485	37310	36332
145511	5383	14117	160	19199	1616	204	225224	92784	29294
		107485	9373	12329	15565	1195	237927	49075	24930
10060	71885	375737	6480	20704	2693		176096	100857	29640
84561		6671		1614	5165	138	465991	339492	239868
571645	60476	332	5155	37493	396520	28365	1402625	318033	533487
983076	269562		458	58849	621004	83694	1264010	561070	944491
90792	1410	24783	1232	35413	90370	4882	281185	111513	111025
260454	3444		146	102641	98514	17382	504758	160359	120943
34855	3596	3156	900	17317	38762	2990	319597	65288	90988
378759	398	50760	1652	19975	128095	39805	674795	270540	203523
	803	1572	2422	84267	16031	1840	697178	414937	75094
134764	21183	1298	22455	11181	38355	3541	479309	151077	319321
52984	2937	915	50657	42733	48635	3071	511728	174802	175200
	25760	33811	16438	318476	281386	62664	4993332	3113790	660171
70875	2120	7581	5041	15524	26062	953	311323	161478	71082
2385	360	187032	8544	32310	57791	28	175493	46287	37850
21532	8947		5351	6978	155310	2676	302351	55772	196401
136758	21330	10519	2490	44131	220427	19982	1037350	265954	178127
74771	237	22801	192	11464	22942	499	246386	57820	57306
20014		30700	7253	8166	94956	12247	201400	65961	78965
		274	180	216	590		1524	1244	4
5128		20753	2989	31826	28051	1374	344210	238044	56482
18505	180	21487	994	230	39709	1670	71333	21673	15341
9060		4925	52	2935	4904	9	33300	11921	17319
24211	13813				7761	1315	22181	11505	37408
62347		80122	6769	1755	28799	175	203389	76583	60133

3—58 分地区中央属小学

地区	总计	国家财政性教育经费	预算内教育经费	教育事业费拨款	基本建设拨款	科研拨款	其他拨款	各级政府征收用于教育的税费	教育费附加
合计	**1441060**	**1357325**	**1232142**	**985058**	**63769**		**183315**	**361**	**361**
北京	73399	45410	45410	45410					
天津	14747	14364	14314	11314			3000	50	50
河北	657	657							
山西	13821	13659	963	904			59		
内蒙古	584	584	571	344			227	13	13
辽宁									
吉林	39580	30732	22753	15253			7500		
黑龙江	100907	100671	76950	50729	4374		21847	298	298
上海									
江苏									
浙江	462	462	462	462					
安徽									
福建									
江西	401	401	41	41					
山东									
河南									
湖北	15272	12075	12075	11960			115		
湖南	71158	69915	69000	69000					
广东	5368	2289	186	186					
广西									
海南									
重庆	14314	8484	8484	8159			325		
四川	4523	2797	2677	2627			50		
贵州	684	684	684	684					
云南									
西藏									
陕西	1072	1033	1033	95			938		
甘肃	809	809	149	149					
青海									
宁夏									
新疆	1083302	1052299	976390	767741	59395		149254		

教育经费收入情况

单位：千元

地方教育附加	地方教育基金	企业办学中的企业拨款	校办产业和社会服务收入用于教育的经费	民办学校中举办者投入	社会捐赠经费	#农村	事业收入	#学杂费	其他收入
		116932	**7890**		**7759**		**43322**	**7912**	**32654**
							2820		25169
					97				286
		657							
		12696					162	132	
		6000	1979		649		8142	1142	57
		23423					16		220
		360							
					1088		1646	84	463
		915					1243	307	
		2103			5		3027		47
					3321		1870	826	639
		120			42		1684	538	
							39	39	
		660							
		69998	5911		2557		22673	4844	5773

3—59 分地区地方小学

地 区	总 计	国家财政性教育经费	预算内教育经费	教育事业费拨款	基本建设拨款	科研拨款	其他拨款	各级政府征收用于教育的税费	教育费附加
合 计	**353682220**	**328483855**	**310057874**	**273837397**	**3084072**		**33136405**	**17243183**	**12910600**
北 京	8796314	8002070	7389631	6163533	164888		1061210	606553	606553
天 津	4140052	3825107	3619519	3526065			93454	193169	193169
河 北	16050531	15600615	14620974	13368394	14355		1238225	959318	504034
山 西	9986815	9398535	8665946	8127066	48192		490688	675428	517852
内蒙古	7539748	7389694	7077457	5709049	78243		1290165	277973	265121
辽 宁	11698504	11423171	10796655	9196436	22881		1577338	612239	461345
吉 林	7587557	7305654	7025936	5849563	4074		1172299	170839	170839
黑龙江	9232263	9003366	8425791	8156816	51648		217327	218781	136836
上 海	8463034	7750396	6716873	6493192	25000		198681	1026852	942291
江 苏	22467460	20097335	17967844	17012522	302631		652691	2124004	1491883
浙 江	19805113	16916759	14579307	13980567	116350		482390	2336994	1084356
安 徽	13836845	13318852	12908244	10540962	80712		2286570	384593	292391
福 建	10924731	10097875	9417636	8110190	84524		1222922	680093	416195
江 西	9123666	8657002	8402735	7325280	144794		932661	250571	212120
山 东	20142874	19116486	17716025	17538661	16082		161282	1348049	968892
河 南	19415012	18542442	18107227	16239910	100958		1766359	431221	430418
湖 北	10110710	9265741	8742815	8420768	35379		286668	499173	343226
湖 南	13670788	12893735	12377343	10234547	53939		2088857	465735	409814
广 东	33411792	27161506	25686873	21225183	620806		3840884	1426487	1400727
广 西	11451202	11027211	10820349	9750425	48178		1021746	194240	121245
海 南	2737057	2433613	2214920	1993617	63287		158016	23117	20372
重 庆	7344295	6689085	6425308	5000416	88065		1336827	258426	227947
四 川	21574392	20096083	19551659	14724993	161002		4665664	531535	373447
贵 州	9481481	9143383	8869834	8590778	59130		219926	250556	175548
云 南	11888680	11505193	11203167	9203615	33611		1965941	264073	244059
西 藏	1977097	1974763	1974309	1533843	319200		121266		
陕 西	10062979	9602449	9144721	8739929	46030		358762	433986	428858
甘 肃	7842544	7715931	7543260	6816196	28323		698741	150850	132165
青 海	2303052	2244594	2193022	1790703	117330		284989	46595	37535
宁 夏	2218589	2151239	2049424	1855212	26953		167259	101815	63791
新 疆	8397043	8133970	7823070	6618966	127507		1076597	299918	237571

教育经费收入情况

单位：千元

地方教育附加	地方教育基金	企业办学中的企业拨款	校办产业和社会服务收入用于教育的经费	民办学校中举办者投入	社会捐赠经费	#农村	事业收入	#学杂费	其他收入
3658846	**673737**	**1023745**	**159053**	**1048565**	**2687034**	**381252**	**16831620**	**7668345**	**4631146**
			5886	1331	83649	3366	602763	147694	106501
		12138	281	3770	81566	70060	184988	62496	44621
453234	2050	19221	1102	9626	22631	8941	356124	200057	61535
	157576	57111	50	91718	22994	5435	448605	290709	24963
12565	287	32023	2241	4394	13843	2751	95485	37310	36332
145511	5383	14117	160	19199	1616	204	225224	92784	29294
		101485	7394	12329	14916	1195	229785	47933	24873
10060	71885	352314	6480	20704	2693		176080	100857	29420
84561		6671		1614	5165	138	465991	339492	239868
571645	60476	332	5155	37493	396520	28365	1402625	318033	533487
983076	269562		458	58849	621004	83694	1264010	561070	944491
90792	1410	24783	1232	35413	90370	4882	281185	111513	111025
260454	3444		146	102641	98514	17382	504758	160359	120943
34855	3596	2796	900	17317	38762	2990	319597	65288	90988
378759	398	50760	1652	19975	128095	39805	674795	270540	203523
	803	1572	2422	84267	16031	1840	697178	414937	75094
134764	21183	1298	22455	11181	37267	3541	477663	150993	318858
52984	2937		50657	42733	48635	3071	510485	174495	175200
	25760	31708	16438	318476	281381	62664	4990305	3113790	660124
70875	2120	7581	5041	15524	26062	953	311323	161478	71082
2385	360	187032	8544	32310	57791	28	175493	46287	37850
21532	8947		5351	6978	151989	2676	300481	54946	195762
136758	21330	10399	2490	44131	220385	19982	1035666	265416	178127
74771	237	22801	192	11464	22942	499	246386	57820	57306
20014		30700	7253	8166	94956	12247	201400	65961	78965
		274	180	216	590		1524	1244	4
5128		20753	2989	31826	28051	1374	344171	238005	56482
18505	180	20827	994	230	39709	1670	71333	21673	15341
9060		4925	52	2935	4904	9	33300	11921	17319
24211	13813				7761	1315	22181	11505	37408
62347		10124	858	1755	26242	175	180716	71739	54360

3—60 分地区普通小学

地区	总计	国家财政性教育经费	预算内教育经费	教育事业费拨款	基本建设拨款	科研拨款	其他拨款	各级政府征收用于教育的税费	教育费附加
合计	**355070365**	**329789517**	**311238619**	**274783577**	**3147841**		**33307201**	**17243278**	**12910723**
北京	8869713	8047480	7435041	6208943	164888		1061210	606553	606553
天津	4154799	3839471	3633833	3537379			96454	193219	193219
河北	16048152	15598236	14617938	13365358	14355		1238225	959318	504034
山西	9999840	9411398	8666113	8127174	48192		490747	675428	517852
内蒙古	7539285	7389231	7076997	5708712	78243		1290042	277970	265118
辽宁	11698504	11423171	10796655	9196436	22881		1577338	612239	461345
吉林	7627137	7336386	7048689	5864816	4074		1179799	170839	170839
黑龙江	9333170	9104037	8502741	8207545	56022		239174	219079	137134
上海	8463034	7750396	6716873	6493192	25000		198681	1026852	942291
江苏	22467460	20097335	17967844	17012522	302631		652691	2124004	1491883
浙江	19805575	16917221	14579769	13981029	116350		482390	2336994	1084356
安徽	13836845	13318852	12908244	10540962	80712		2286570	384593	292391
福建	10909417	10083420	9403188	8096177	84524		1222487	680086	416188
江西	9124067	8657403	8402776	7325321	144794		932661	250571	212120
山东	20142874	19116486	17716025	17538661	16082		161282	1348049	968892
河南	19398167	18525616	18090421	16234481	100958		1754982	431201	430398
湖北	10125217	9277095	8754169	8432035	35379		286755	499173	343226
湖南	13741946	12963650	12446343	10303547	53939		2088857	465735	409814
广东	33417160	27163795	25687059	21225369	620806		3840884	1426487	1400727
广西	11451102	11027111	10820249	9750325	48178		1021746	194240	121245
海南	2737057	2433613	2214920	1993617	63287		158016	23117	20372
重庆	7353137	6692180	6428503	5003326	88065		1337112	258326	227847
四川	21577254	20097466	19552950	14726361	161002		4665587	531507	373447
贵州	9482165	9144067	8870518	8591462	59130		219926	250556	175548
云南	11885945	11502458	11200527	9201137	33611		1965779	263978	243964
西藏	1977097	1974763	1974309	1533843	319200		121266		
陕西	10064051	9603482	9145754	8740024	46030		359700	433986	428858
甘肃	7843246	7716633	7543302	6816238	28323		698741	150850	132165
青海	2303052	2244594	2193022	1790703	117330		284989	46595	37535
宁夏	2218589	2151239	2049424	1855212	26953		167259	101815	63791
新疆	9475308	9181232	8794423	7381670	186902		1225851	299918	237571

教育经费收入情况

单位：千元

地方教育附加	地方教育基金	企业办学中的企业拨款	校办产业和社会服务收入用于教育的经费	民办学校中举办者投入	社会捐赠经费	#农村	事业收入	#学杂费	其他收入
3658818	**673737**	**1140677**	**166943**	**1048565**	**2694793**	**381252**	**16873765**	**7676257**	**4663725**
			5886	1331	83649	3366	605583	147694	131670
		12138	281	3770	81663	70060	184988	62496	44907
453234	2050	19878	1102	9626	22631	8941	356124	200057	61535
	157576	69807	50	91718	22994	5435	448767	290841	24963
12565	287	32023	2241	4394	13843	2751	95485	37310	36332
145511	5383	14117	160	19199	1616	204	225224	92784	29294
		107485	9373	12329	15565	1195	237927	49075	24930
10060	71885	375737	6480	20704	2693		176096	100857	29640
84561		6671		1614	5165	138	465991	339492	239868
571645	60476	332	5155	37493	396520	28365	1402625	318033	533487
983076	269562		458	58849	621004	83694	1264010	561070	944491
90792	1410	24783	1232	35413	90370	4882	281185	111513	111025
260454	3444		146	102641	98514	17382	503910	160359	120932
34855	3596	3156	900	17317	38762	2990	319597	65288	90988
378759	398	50760	1652	19975	128095	39805	674795	270540	203523
	803	1572	2422	84267	16031	1840	697178	414937	75075
134764	21183	1298	22455	11181	38355	3541	479281	151077	319305
52984	2937	915	50657	42733	48635	3071	511728	174802	175200
	25760	33811	16438	318476	281386	62664	4993332	3113790	660171
70875	2120	7581	5041	15524	26062	953	311323	161478	71082
2385	360	187032	8544	32310	57791	28	175493	46287	37850
21532	8947		5351	6978	155310	2676	302297	55772	196372
136730	21330	10519	2490	44131	220427	19982	1037103	265954	178127
74771	237	22801	192	11464	22942	499	246386	57820	57306
20014		30700	7253	8166	94956	12247	201400	65961	78965
		274	180	216	590		1524	1244	4
5128		20753	2989	31826	28051	1374	344210	238044	56482
18505	180	21487	994	230	39709	1670	71333	21673	15341
9060		4925	52	2935	4904	9	33300	11921	17319
24211	13813				7761	1315	22181	11505	37408
62347		80122	6769	1755	28799	175	203389	76583	60133

3—61 分地区中央属普通小学

地区	总计	国家财政性教育经费	预算内教育经费	教育事业费拨款	基本建设拨款	科研拨款	其他拨款	各级政府征收用于教育的税费	教育费附加
合计	**1441060**	**1357325**	**1232142**	**985058**	**63769**		**183315**	**361**	**361**
北京	73399	45410	45410	45410					
天津	14747	14364	14314	11314			3000	50	50
河北	657	657							
山西	13821	13659	963	904			59		
内蒙古	584	584	571	344			227	13	13
辽宁									
吉林	39580	30732	22753	15253			7500		
黑龙江	100907	100671	76950	50729	4374		21847	298	298
上海									
江苏									
浙江	462	462	462	462					
安徽									
福建									
江西	401	401	41	41					
山东									
河南									
湖北	15272	12075	12075	11960			115		
湖南	71158	69915	69000	69000					
广东	5368	2289	186	186					
广西									
海南									
重庆	14314	8484	8484	8159			325		
四川	4523	2797	2677	2627			50		
贵州	684	684	684	684					
云南									
西藏									
陕西	1072	1033	1033	95			938		
甘肃	809	809	149	149					
青海									
宁夏									
新疆	1083302	1052299	976390	767741	59395		149254		

教育经费收入情况

单位：千元

地方教育附加	地方教育基金	企业办学中的企业拨款	校办产业和社会服务收入用于教育的经费	民办学校中举办者投入	社会捐赠经费	#农村	事业收入	#学杂费	其他收入
		116932	**7890**		**7759**		**43322**	**7912**	**32654**
							2820		25169
					97				286
		657							
		12696					162	132	
		6000	1979		649		8142	1142	57
		23423					16		220
		360							
					1088		1646	84	463
		915					1243	307	
		2103			5		3027		47
					3321		1870	826	639
		120			42		1684	538	
							39	39	
		660							
		69998	5911		2557		22673	4844	5773

3—62 分地区地方普通小学

地区	总计	国家财政性教育经费	预算内教育经费	教育事业费拨款	基本建设拨款	科研拨款	其他拨款	各级政府征收用于教育的税费	教育费附加
合计	**353629305**	**328432192**	**310006477**	**273798519**	**3084072**		**33123886**	**17242917**	**12910362**
北京	8796314	8002070	7389631	6163533	164888		1061210	606553	606553
天津	4140052	3825107	3619519	3526065			93454	193169	193169
河北	16047495	15597579	14617938	13365358	14355		1238225	959318	504034
山西	9986019	9397739	8665150	8126270	48192		490688	675428	517852
内蒙古	7538701	7388647	7076426	5708368	78243		1289815	277957	265105
辽宁	11698504	11423171	10796655	9196436	22881		1577338	612239	461345
吉林	7587557	7305654	7025936	5849563	4074		1172299	170839	170839
黑龙江	9232263	9003366	8425791	8156816	51648		217327	218781	136836
上海	8463034	7750396	6716873	6493192	25000		198681	1026852	942291
江苏	22467460	20097335	17967844	17012522	302631		652691	2124004	1491883
浙江	19805113	16916759	14579307	13980567	116350		482390	2336994	1084356
安徽	13836845	13318852	12908244	10540962	80712		2286570	384593	292391
福建	10909417	10083420	9403188	8096177	84524		1222487	680086	416188
江西	9123666	8657002	8402735	7325280	144794		932661	250571	212120
山东	20142874	19116486	17716025	17538661	16082		161282	1348049	968892
河南	19398167	18525616	18090421	16234481	100958		1754982	431201	430398
湖北	10109945	9265020	8742094	8420075	35379		286640	499173	343226
湖南	13670788	12893735	12377343	10234547	53939		2088857	465735	409814
广东	33411792	27161506	25686873	21225183	620806		3840884	1426487	1400727
广西	11451102	11027111	10820249	9750325	48178		1021746	194240	121245
海南	2737057	2433613	2214920	1993617	63287		158016	23117	20372
重庆	7338823	6683696	6420019	4995167	88065		1336787	258326	227847
四川	21572731	20094669	19550273	14723734	161002		4665537	531507	373447
贵州	9481481	9143383	8869834	8590778	59130		219926	250556	175548
云南	11885945	11502458	11200527	9201137	33611		1965779	263978	243964
西藏	1977097	1974763	1974309	1533843	319200		121266		
陕西	10062979	9602449	9144721	8739929	46030		358762	433986	428858
甘肃	7842437	7715824	7543153	6816089	28323		698741	150850	132165
青海	2303052	2244594	2193022	1790703	117330		284989	46595	37535
宁夏	2218589	2151239	2049424	1855212	26953		167259	101815	63791
新疆	8392006	8128933	7818033	6613929	127507		1076597	299918	237571

教育经费收入情况

单位：千元

地方教育附加	地方教育基金	企业办学中的企业拨款	校办产业和社会服务收入用于教育的经费	民办学校中举办者投入	社会捐赠经费	#农村	事业收入	#学杂费	其他收入
3658818	**673737**	**1023745**	**159053**	**1048565**	**2687034**	**381252**	**16830443**	**7668345**	**4631071**
			5886	1331	83649	3366	602763	147694	106501
		12138	281	3770	81566	70060	184988	62496	44621
453234	2050	19221	1102	9626	22631	8941	356124	200057	61535
	157576	57111	50	91718	22994	5435	448605	290709	24963
12565	287	32023	2241	4394	13843	2751	95485	37310	36332
145511	5383	14117	160	19199	1616	204	225224	92784	29294
		101485	7394	12329	14916	1195	229785	47933	24873
10060	71885	352314	6480	20704	2693		176080	100857	29420
84561		6671		1614	5165	138	465991	339492	239868
571645	60476	332	5155	37493	396520	28365	1402625	318033	533487
983076	269562		458	58849	621004	83694	1264010	561070	944491
90792	1410	24783	1232	35413	90370	4882	281185	111513	111025
260454	3444		146	102641	98514	17382	503910	160359	120932
34855	3596	2796	900	17317	38762	2990	319597	65288	90988
378759	398	50760	1652	19975	128095	39805	674795	270540	203523
	803	1572	2422	84267	16031	1840	697178	414937	75075
134764	21183	1298	22455	11181	37267	3541	477635	150993	318842
52984	2937		50657	42733	48635	3071	510485	174495	175200
	25760	31708	16438	318476	281381	62664	4990305	3113790	660124
70875	2120	7581	5041	15524	26062	953	311323	161478	71082
2385	360	187032	8544	32310	57791	28	175493	46287	37850
21532	8947		5351	6978	151989	2676	300427	54946	195733
136730	21330	10399	2490	44131	220385	19982	1035419	265416	178127
74771	237	22801	192	11464	22942	499	246386	57820	57306
20014		30700	7253	8166	94956	12247	201400	65961	78965
		274	180	216	590		1524	1244	4
5128		20753	2989	31826	28051	1374	344171	238005	56482
18505	180	20827	994	230	39709	1670	71333	21673	15341
9060		4925	52	2935	4904	9	33300	11921	17319
24211	13813				7761	1315	22181	11505	37408
62347		10124	858	1755	26242	175	180716	71739	54360

3—63 分地区农村小学

地区	总计	国家财政性教育经费	预算内教育经费	教育事业费拨款	基本建设拨款	科研拨款	其他拨款	各级政府征收用于教育的税费	教育费附加
合计	**229819148**	**222362410**	**213637353**	**189598306**	**1730103**		**22308944**	**8214631**	**5762198**
北京	3359011	3268333	2899715	2579307	62218		258190	368537	368537
天津	1940826	1803652	1697196	1660377			36819	105972	105972
河北	11678955	11531632	10884383	9970788	2711		910884	647249	309161
山西	6633015	6497768	6192124	5869735	35016		287373	280710	241946
内蒙古	4018416	3976204	3893450	3078285	31373		783792	78165	74804
辽宁	6817130	6767246	6432722	5617731	13781		801210	334374	295841
吉林	4794866	4749766	4680287	3975058	3944		701285	35295	35295
黑龙江	5001315	4970353	4858745	4749525	29127		80093	57857	50407
上海	2529330	2433401	2298937	2160626			138311	134464	58524
江苏	12777483	12091513	11038922	10508851	160415		369656	1050518	784419
浙江	12204043	11064225	9612424	9293358	82836		236230	1451567	586390
安徽	10384084	10198231	10018743	8217087	60628		1741028	171932	125465
福建	7440711	7147307	6817506	5867924	66736		882846	329772	170158
江西	6517681	6336069	6233964	5453636	112645		667683	99992	86744
山东	15117890	14653838	13914199	13815741	2725		95733	722209	444328
河南	14324594	14098289	13911856	12551775	83663		1276418	184720	184717
湖北	6188990	5996552	5865730	5716754	28480		120496	117320	100213
湖南	9485840	9197883	8974788	7384570	46014		1544204	185860	154462
广东	15309893	13827967	13430115	11228821	148788		2052506	384584	381084
广西	9009327	8897204	8787854	7963129	39962		784763	106424	64199
海南	1897778	1821906	1617102	1476293	16737		124072	19803	17274
重庆	4945646	4736055	4626011	3669575	23853		932583	108169	96773
四川	16623970	16083372	15728451	11825678	136702		3766071	349377	244509
贵州	7387635	7243078	7084975	6870523	56860		157592	151297	117166
云南	9658411	9500461	9322606	7734257	28299		1560050	171343	162585
西藏	1372931	1372371	1372371	1017083	269000		86288		
陕西	7387076	7255489	6970153	6663123	34433		272597	265821	262854
甘肃	6087985	6022331	5935307	5385353	22417		527537	86616	76232
青海	1391775	1381846	1357601	1155866	43955		157780	21859	15691
宁夏	1437257	1411212	1354583	1270549	9237		74797	56629	34245
新疆	6095284	6026856	5824533	4866928	77548		880057	136196	112203

教育经费收入情况

单位：千元

地方教育附加	地方教育基金	企业办学中的企业拨款	校办产业和社会服务收入用于教育的经费	民办学校中举办者投入	社会捐赠经费	#农村	事业收入	#学杂费	其他收入
2229458	**222975**	**409806**	**100620**	**210731**	**1233206**	**368877**	**4058619**	**1073321**	**1954182**
			81	180	17154	3366	55083	1244	18261
		484		387	76782	70060	53237	2371	6768
337788	300			2109	15498	8876	102496	37604	27220
	38764	24934		14969	18800	5076	89338	63428	12140
3184	177	3237	1352	1410	6169	2724	22187	4200	12446
38531	2		150		966	204	32003	750	16915
		27839	6345	56	11555	1195	21566	322	11923
7450		52260	1491	111	2212		16334	2271	12305
75940					2505	138	45121	5606	48303
249683	16416		2073	790	80050	26831	394145	60727	210985
733044	132133		234	10262	195899	82622	384571	94789	549086
45418	1049	6888	668	18867	35220	4678	77702	39136	54064
156790	2824		29	3595	76091	16456	138641	26312	75077
13183	65	1452	661	400	31542	2276	114061	25717	35609
277683	198	15990	1440	14968	80496	38753	274985	96805	93603
	3		1713	32741	8803	1797	164212	100435	20549
17107		290	13212	540	18422	3090	91143	13243	82333
29587	1811		37235	18716	29994	2981	149441	4834	89806
	3500	4072	9196	41751	131943	59935	1089222	415060	219010
40225	2000	1191	1735		11785	574	65315	10056	35023
2272	257	180492	4509	2537	25764	25	37145	8429	10426
6560	4836		1875	6545	35095	2442	106728	2550	61223
97562	7306	3942	1602	18074	165586	18818	272186	14250	84752
33916	215	6714	92	2537	18022	499	89834		34164
8758		650	5862	1830	67623	11225	47181	6038	41316
					560				
2967		17005	2510	13745	20486	1356	56136	36794	41220
10324	60	150	258		34025	1667	22226		9403
6168		2386		2935	3537	8	889		2568
11325	11059				5892	1040	3636	10	16517
23993		59830	6297	676	4730	165	41855	340	21167

3—64 分地区中央属农村小学

地区	总计	国家财政性教育经费	预算内教育经费	教育事业费拨款	基本建设拨款	科研拨款	其他拨款	各级政府征收用于教育的税费	教育费附加
合计	**880137**	**871165**	**813914**	**625395**	**52098**		**136421**		
北京									
天津									
河北									
山西									
内蒙古									
辽宁									
吉林									
黑龙江									
上海									
江苏									
浙江									
安徽									
福建									
江西									
山东									
河南									
湖北									
湖南									
广东									
广西									
海南									
重庆									
四川	378	79	79	79					
贵州	684	684	684	684					
云南									
西藏									
陕西									
甘肃	43	43	43	43					
青海									
宁夏									
新疆	879032	870359	813108	624589	52098		136421		

教育经费收入情况

单位:千元

地方教育附　加	地方教育基金	企业办学中的企业拨　款	校办产业和社会服务收入用于教育的经费	民办学校中举办者投　入	社　会捐　赠经　费	#农村	事　业收　入	#学杂费	其　他收　入
		51795	**5456**		**1064**		**6475**		**1433**
							299		
		51795	5456		1064		6176		1433

3—65　分地区地方农村小学

地　区	总　计	国家财政性教育经费	预算内教育经费					各级政府征收用于教育的税费	
				教育事业费拨款	基本建设拨款	科研拨款	其他拨款		教育费附加
合　计	**228939011**	**221491245**	**212823439**	**188972911**	**1678005**		**22172523**	**8214631**	**5762198**
北　京	3359011	3268333	2899715	2579307	62218		258190	368537	368537
天　津	1940826	1803652	1697196	1660377			36819	105972	105972
河　北	11678955	11531632	10884383	9970788	2711		910884	647249	309161
山　西	6633015	6497768	6192124	5869735	35016		287373	280710	241946
内蒙古	4018416	3976204	3893450	3078285	31373		783792	78165	74804
辽　宁	6817130	6767246	6432722	5617731	13781		801210	334374	295841
吉　林	4794866	4749766	4680287	3975058	3944		701285	35295	35295
黑龙江	5001315	4970353	4858745	4749525	29127		80093	57857	50407
上　海	2529330	2433401	2298937	2160626			138311	134464	58524
江　苏	12777483	12091513	11038922	10508851	160415		369656	1050518	784419
浙　江	12204043	11064225	9612424	9293358	82836		236230	1451567	586390
安　徽	10384084	10198231	10018743	8217087	60628		1741028	171932	125465
福　建	7440711	7147307	6817506	5867924	66736		882846	329772	170158
江　西	6517681	6336069	6233964	5453636	112645		667683	99992	86744
山　东	15117890	14653838	13914199	13815741	2725		95733	722209	444328
河　南	14324594	14098289	13911856	12551775	83663		1276418	184720	184717
湖　北	6188990	5996552	5865730	5716754	28480		120496	117320	100213
湖　南	9485840	9197883	8974788	7384570	46014		1544204	185860	154462
广　东	15309893	13827967	13430115	11228821	148788		2052506	384584	381084
广　西	9009327	8897204	8787854	7963129	39962		784763	106424	64199
海　南	1897778	1821906	1617102	1476293	16737		124072	19803	17274
重　庆	4945646	4736055	4626011	3669575	23853		932583	108169	96773
四　川	16623592	16083293	15728372	11825599	136702		3766071	349377	244509
贵　州	7386951	7242394	7084291	6869839	56860		157592	151297	117166
云　南	9658411	9500461	9322606	7734257	28299		1560050	171343	162585
西　藏	1372931	1372371	1372371	1017083	269000		86288		
陕　西	7387076	7255489	6970153	6663123	34433		272597	265821	262854
甘　肃	6087942	6022288	5935264	5385310	22417		527537	86616	76232
青　海	1391775	1381846	1357601	1155866	43955		157780	21859	15691
宁　夏	1437257	1411212	1354583	1270549	9237		74797	56629	34245
新　疆	5216252	5156497	5011425	4242339	25450		743636	136196	112203

教育经费收入情况

单位:千元

地方教育附加	地方教育基金	企业办学中的企业拨款	校办产业和社会服务收入用于教育的经费	民办学校中举办者投入	社会捐赠经费	#农村	事业收入	#学杂费	其他收入
2229458	**222975**	**358011**	**95164**	**210731**	**1232142**	**368877**	**4052144**	**1073321**	**1952749**
			81	180	17154	3366	55083	1244	18261
		484		387	76782	70060	53237	2371	6768
337788	300			2109	15498	8876	102496	37604	27220
	38764	24934		14969	18800	5076	89338	63428	12140
3184	177	3237	1352	1410	6169	2724	22187	4200	12446
38531	2		150		966	204	32003	750	16915
		27839	6345	56	11555	1195	21566	322	11923
7450		52260	1491	111	2212		16334	2271	12305
75940					2505	138	45121	5606	48303
249683	16416		2073	790	80050	26831	394145	60727	210985
733044	132133		234	10262	195899	82622	384571	94789	549086
45418	1049	6888	668	18867	35220	4678	77702	39136	54064
156790	2824		29	3595	76091	16456	138641	26312	75077
13183	65	1452	661	400	31542	2276	114061	25717	35609
277683	198	15990	1440	14968	80496	38753	274985	96805	93603
	3		1713	32741	8803	1797	164212	100435	20549
17107		290	13212	540	18422	3090	91143	13243	82333
29587	1811		37235	18716	29994	2981	149441	4834	89806
	3500	4072	9196	41751	131943	59935	1089222	415060	219010
40225	2000	1191	1735		11785	574	65315	10056	35023
2272	257	180492	4509	2537	25764	25	37145	8429	10426
6560	4836		1875	6545	35095	2442	106728	2550	61223
97562	7306	3942	1602	18074	165586	18818	271887	14250	84752
33916	215	6714	92	2537	18022	499	89834		34164
8758		650	5862	1830	67623	11225	47181	6038	41316
					560				
2967		17005	2510	13745	20486	1356	56136	36794	41220
10324	60	150	258		34025	1667	22226		9403
6168		2386		2935	3537	8	889		2568
11325	11059				5892	1040	3636	10	10517
23993		8035	841	676	3666	165	35679	340	19734

3—66 分地区成人小学

地区	总计	国家财政性教育经费	预算内教育经费	教育事业费拨款	基本建设拨款	科研拨款	其他拨款	各级政府征收用于教育的税费	教育费附加
合计	**52915**	**51663**	**51397**	**38878**			**12519**	**266**	**238**
北京									
天津									
河北	3036	3036	3036	3036					
山西	796	796	796	796					
内蒙古	1047	1047	1031	681			350	16	16
辽宁									
吉林									
黑龙江									
上海									
江苏									
浙江									
安徽									
福建	15314	14455	14448	14013			435	7	7
江西									
山东									
河南	16845	16826	16806	5429			11377	20	20
湖北	765	721	721	693			28		
湖南									
广东									
广西	100	100	100	100					
海南									
重庆	5472	5389	5289	5249			40	100	100
四川	1661	1414	1386	1259			127	28	
贵州									
云南	2735	2735	2640	2478			162	95	95
西藏									
陕西									
甘肃	107	107	107	107					
青海									
宁夏									
新疆	5037	5037	5037	5037					

教育经费收入情况

单位:千元

地方教育附加	地方教育基金	企业办学中的企业拨款	校办产业和社会服务收入用于教育的经费	民办学校中举办者投入	社会捐赠经费	#农村	事业收入	#学杂费	其他收入
28							**1177**		**75**
							848		11
									19
							28		16
							54		29
28							247		

3—67 分地区特殊教育

地区	总计	国家财政性教育经费	预算内教育经费	教育事业费拨款	基本建设拨款	科研拨款	其他拨款	各级政府征收用于教育的税费	教育费附加
合计	**4101251**	**3824920**	**3337613**	**2962857**	**110008**		**264748**	**486845**	**415929**
北京	315564	297140	275268	219357	25000		30911	21870	21870
天津	94753	92555	85911	84291			1620	6644	6644
河北	144066	139799	125876	114611	2800		8465	13868	9520
山西	97762	86278	76122	72423			3699	10156	10156
内蒙古	102355	100989	77806	64462	7500		5844	23183	12628
辽宁	205199	201674	195939	170185			25754	5735	4576
吉林	139767	134198	122798	95892	5600		21306	11316	11316
黑龙江	148352	145837	143373	138238			5135	2464	2123
上海	371871	348843	313762	296363	8000		9399	35081	35081
江苏	343233	308501	264391	248308	7000		9083	44110	34773
浙江	225370	206426	176998	148059	10000		18939	29428	25562
安徽	115506	110100	76992	61992	3892		11108	33108	22639
福建	129008	120909	102771	92483			10288	18114	12969
江西	115385	111294	50685	43303	2485		4897	60609	59419
山东	367444	347078	279627	277478			2149	67393	50627
河南	159303	153946	138537	123216			15321	15409	15409
湖北	106678	92848	82822	75669	3860		3293	10021	9348
湖南	98626	87219	78541	70067	2950		5524	8642	8168
广东	257403	242824	227452	184393	14710		28349	15372	14979
广西	66328	57480	40246	37690			2556	17230	16966
海南	19869	18766	18766	18681			85		
重庆	56284	48697	44699	38096	11		6592	3954	3891
四川	141067	108254	96966	77042	4800		15124	11145	7633
贵州	46762	44365	38179	37177			1002	6186	4229
云南	67741	62276	61536	49564	7600		4372	740	740
西藏	3173	3166	3166	3044			122		
陕西	47743	44085	31700	29358			2342	12378	12378
甘肃	42112	41546	40506	32890	800		6816	1040	1040
青海	11952	11606	11470	9411			2059	136	136
宁夏	17721	16675	16277	14800			1477	398	398
新疆	42854	39546	38431	34314	3000		1117	1115	711

教育经费收入情况

单位:千元

地方教育 附　　加	地方教 育基金	企业办学 中的企业 拨　　款	校办产业和社 会服务收入用 于教育的经费	民办学校 中举办者 投　　入	社　会 捐　赠 经　费	#农村	事　业 收　入	#学杂费	其　他 收　入
57065	**13851**		**462**	**1844**	**43022**	**5570**	**130681**	**1072**	**100784**
			2		1919		14116		2389
					70		959		1169
4348			55	60	213	135	1975	350	2019
				1406	490		4934		4654
10555					620		352		394
914	245				511		2497		517
			84		179		3496		1894
341					38		1402		1075
					995		4156		17877
7763	1574				9120	2646	12980		12632
3436	430				2118	14	5300	100	11526
469	10000				799	44	2978		1629
5145			24		2409	180	4491		1199
1190					1718	236	1631	128	742
16766			58	103	4993	1207	9240	108	6030
					1140	5	3481	135	736
673			5		4948	981	1619		7263
472	2		36	185	2270	80	4652		4300
	303				1547		10364		2668
264			4	90	2838	32	3685	243	2235
					23		100		980
46	17		44		2270		656		4661
2325	1187		143		1145	10	28129		3539
1954	3				145		1480		772
					4		697		4764
					7				
			7		160		3104	8	394
							338		228
					123		121		102
							144		902
404					210		1604		1494

3—68 分地区特殊教育学校

地区	总计	国家财政性教育经费	预算内教育经费	教育事业费拨款	基本建设拨款	科研拨款	其他拨款	各级政府征收用于教育的税费	教育费附加
合计	**3966010**	**3723046**	**3246675**	**2887502**	**108938**		**250235**	**475909**	**406224**
北京	300578	283576	264500	211357	25000		28143	19074	19074
天津	94753	92555	85911	84291			1620	6644	6644
河北	144066	139799	125876	114611	2800		8465	13868	9520
山西	97762	86278	76122	72423			3699	10156	10156
内蒙古	102355	100989	77806	64462	7500		5844	23183	12628
辽宁	176015	172636	167513	149351			18162	5123	4209
吉林	135831	130544	119144	93355	5600		20189	11316	11316
黑龙江	148352	145837	143373	138238			5135	2464	2123
上海	371871	348843	313762	296363	8000		9399	35081	35081
江苏	340633	305901	261791	245708	7000		9083	44110	34773
浙江	217798	199411	170818	142849	10000		17969	28593	24727
安徽	115506	110100	76992	61992	3892		11108	33108	22639
福建	122617	114711	98102	87999			10103	16585	12421
江西	115385	111294	50685	43303	2485		4897	60609	59419
山东	367444	347078	279627	277478			2149	67393	50627
河南	159303	153946	138537	123216			15321	15409	15409
湖北	104515	90847	81008	73855	3860		3293	9834	9166
湖南	98626	87219	78541	70067	2950		5524	8642	8168
广东	223984	213487	202423	160451	13640		28332	11064	10671
广西	65810	57111	39877	37348			2529	17230	16966
海南	19869	18766	18766	18681			85		
重庆	56284	48697	44699	38096	11		6592	3954	3891
四川	109360	102181	91524	73177	4800		13547	10514	7002
贵州	43997	42340	36192	35450			742	6148	4191
云南	67741	62276	61536	49564	7600		4372	740	740
西藏	3173	3166	3166	3044			122		
陕西	47743	44085	31700	29358			2342	12378	12378
甘肃	42112	41546	40506	32890	800		6816	1040	1040
青海	11952	11606	11470	9411			2059	136	136
宁夏	17721	16675	16277	14800			1477	398	398
新疆	42854	39546	38431	34314	3000		1117	1115	711

教育经费收入情况

单位：千元

地方教育附加	地方教育基金	企业办学中的企业拨款	校办产业和社会服务收入用于教育的经费	民办学校中举办者投入	社会捐赠经费	#农村	事业收入	#学杂费	其他收入
56079	**13606**		**462**	**1844**	**42720**	**5570**	**98971**	**1072**	**99429**
			2		1667		13663		1672
					70		959		1169
4348			55	60	213	135	1975	350	2019
				1406	490		4934		4654
10555					620		352		394
914					511		2353		515
			84		179		3216		1892
341					38		1402		1075
					995		4156		17877
7763	1574				9120	2646	12980		12632
3436	430				2118	14	5017	100	11252
469	10000				799	44	2978		1629
4164			24		2409	180	4332		1165
1190					1718	236	1631	128	742
16766			58	103	4993	1207	9240	108	6030
					1140	5	3481	135	736
668			5		4898	981	1605		7165
472	2		36	185	2270	80	4652		4300
	393				1547		6294		2656
264			4	90	2838	32	3676	243	2095
					23		100		980
46	17		44		2270		656		4661
2325	1187		143		1145	10	2571		3463
1954	3				145		740		772
					4		697		4764
					7				
			7		160		3104	8	394
							338		228
					123		121		102
							144		902
404					210		1604		1494

3—69 分地区工读学校

地区	总计	国家财政性教育经费	预算内教育经费	教育事业费拨款	基本建设拨款	科研拨款	其他拨款	各级政府征收用于教育的税费	教育费附加
合计	**135241**	**101874**	**90938**	**75355**	**1070**		**14513**	**10936**	**9705**
北京	14986	13564	10768	8000			2768	2796	2796
天津									
河北									
山西									
内蒙古									
辽宁	29184	29038	28426	20834			7592	612	367
吉林	3936	3654	3654	2537			1117		
黑龙江									
上海									
江苏	2600	2600	2600	2600					
浙江	7572	7015	6180	5210			970	835	835
安徽									
福建	6391	6198	4669	4484			185	1529	548
江西									
山东									
河南									
湖北	2163	2001	1814	1814				187	182
湖南									
广东	33419	29337	25029	23942	1070		17	4308	4308
广西	518	369	369	342			27		
海南									
重庆									
四川	31707	6073	5442	3865			1577	631	631
贵州	2765	2025	1987	1727			260	38	38
云南									
西藏									
陕西									
甘肃									
青海									
宁夏									
新疆									

教育经费收入情况

单位：千元

地方教育附加	地方教育基金	企业办学中的企业拨款	校办产业和社会服务收入用于教育的经费	民办学校中举办者投入	社会捐赠经费	#农村	事业收入	#学杂费	其他收入
986	**245**				**302**		**31710**		**1355**
					252		453		717
	245						144		2
							280		2
							283		274
981							159		34
5					50		14		98
							4070		12
							9		140
							25558		76
							740		

3—70 分地区幼儿园

地区	总计	国家财政性教育经费	预算内教育经费	教育事业费拨款	基本建设拨款	科研拨款	其他拨款	各级政府征收用于教育的税费	教育费附加
合计	**19884157**	**13294440**	**12278645**	**10903385**	**264360**		**1110900**	**1007305**	**756235**
北京	1002391	741056	702318	570488	38500		93330	38728	38679
天津	564685	362001	341076	327727			13349	20881	20881
河北	1000786	804180	776140	726834			49306	27725	23982
山西	489438	338204	322951	298488	10100		14363	15253	15171
内蒙古	510783	419404	399172	333702	7405		58065	19657	18815
辽宁	365000	278232	259709	222814			36895	18393	2669
吉林	252936	209195	200691	168658			32033	8504	8504
黑龙江	205005	167090	164772	159872			4900	2275	2235
上海	3362759	2594925	2259708	2169783	35186		54739	335217	279796
江苏	1953775	1098467	879844	759379	72236		48229	218601	153798
浙江	1600572	829522	690127	662446			27681	139335	62876
安徽	353600	230860	223982	188835			35147	6878	6108
福建	792061	514383	503503	459323	1461		42719	10820	6157
江西	219509	135292	130537	111823	4150		14564	4708	2146
山东	745488	292035	274353	273302			1051	17682	14835
河南	591130	370746	360939	312588	2946		45405	9507	9507
湖北	467277	273021	261392	246719	300		14373	9521	2948
湖南	274651	153078	142319	115641	5100		21578	10558	9209
广东	1225382	570001	559947	428493	4178		127276	8379	8349
广西	417531	226970	221824	200043			21781	4475	2868
海南	30690	20797	20038	18547	25		1466		
重庆	221115	138742	127597	95669	400		31528	10802	10231
四川	744685	489620	474667	359595	310		114762	14953	8837
贵州	227077	174189	170334	166103	600		3631	3855	1267
云南	561705	409995	403795	326517	690		76588	5734	5449
西藏	50529	46956	46956	35970	8000		2986		
陕西	330347	259466	250466	242375			8091	8999	8999
甘肃	297240	250307	241862	214173			27689	8445	8044
青海	84396	74200	71293	56707	3000		11586	2907	2382
宁夏	131425	92858	90191	77797			12394	2667	2667
新疆	810189	728648	706142	572974	69773		63395	21846	18826

教育经费收入情况

单位:千元

地方教育附加	地方教育基金	企业办学中的企业拨款	校办产业和社会服务收入用于教育的经费	民办学校中举办者投入	社会捐赠经费	#农村	事业收入	#学杂费	其他收入
211258	39812	465	8025		145051	5583	6029448	4892165	415218
	49		10		49447		205631	151072	6257
			44		24		200633	199222	2027
1273	2470		315		107		185327	165586	11172
	82				1966		145905	74806	3363
250	592		575		1124		86759	69832	3496
3063	12661		130		593		81372	62676	4803
					115		42287	27483	1339
40		43			9		36534	36336	1372
55421					2080		650592	600370	115162
58742	6061		22		4456	327	825412	508343	25440
62924	13535		60		17960	1123	677695	649334	75395
770					6673	101	105386	47306	10681
1883	2780		60		4439	232	265227	219481	8012
2562			47		498	2	81507	66759	2212
2847					3432	1306	432533	344349	17488
			300		49		214634	193209	5701
6173	400		2108		1698	32	179331	138780	13227
1315	34		201		390	5	116498	105566	4685
	30		1675		21552	33	578495	546429	55334
1159	448		671		1168	1	183557	125334	5836
			759				8787	8394	1106
111	460		343		14116		57394	45433	10863
5936	180				7631	90	233286	130541	14148
2558	30				1103		49555	42005	2230
285			466		2970	1830	145116	128698	3624
							3573	2107	
			1		165		69706	66995	1010
401					539	500	46246	37947	148
525					7		9517	7079	672
					37	1	36059	24204	2471
3020		422	238		703		74894	66489	5944

3—71 分地区中央属幼儿园

地区	总计	国家财政性教育经费	预算内教育经费	教育事业费拨款	基本建设拨款	科研拨款	其他拨款	各级政府征收用于教育的税费	教育费附加
合计	**11671**	**7917**	**7452**	**3478**			**3974**		
北京									
天津									
河北									
山西									
内蒙古									
辽宁									
吉林									
黑龙江	5004	4907	4864	2046			2818		
上海									
江苏									
浙江									
安徽									
福建									
江西									
山东									
河南									
湖北									
湖南									
广东									
广西									
海南									
重庆	65	6	6				6		
四川									
贵州									
云南									
西藏									
陕西									
甘肃									
青海									
宁夏									
新疆	6602	3004	2582	1432			1150		

教育经费收入情况

单位:千元

地方教育附加	地方教育基金	企业办学中的企业拨款	校办产业和社会服务收入用于教育的经费	民办学校中举办者投入	社会捐赠经费	#农村	事业收入	#学杂费	其他收入
		465			**15**		**3400**	**311**	**339**
		43					63	63	34
					15		44	44	
		422					3293	204	305

3—72 分地区地方幼儿园

地区	总计	国家财政性教育经费	预算内教育经费	教育事业费拨款	基本建设拨款	科研拨款	其他拨款	各级政府征收用于教育的税费	教育费附加
合计	**19872486**	**13286523**	**12271193**	**10899907**	**264360**		**1106926**	**1007305**	**756235**
北京	1002391	741056	702318	570488	38500		93330	38728	38679
天津	564685	362001	341076	327727			13349	20881	20881
河北	1000786	804180	776140	726834			49306	27725	23982
山西	489438	338204	322951	298488	10100		14363	15253	15171
内蒙古	510783	419404	399172	333702	7405		58065	19657	18815
辽宁	365000	278232	259709	222814			36895	18393	2669
吉林	252936	209195	200691	168658			32033	8504	8504
黑龙江	200001	162183	159908	157826			2082	2275	2235
上海	3362759	2594925	2259708	2169783	35186		54739	335217	279796
江苏	1953775	1098467	879844	759379	72236		48229	218601	153798
浙江	1600572	829522	690127	662446			27681	139335	62876
安徽	353600	230860	223982	188835			35147	6878	6108
福建	792061	514383	503503	459323	1461		42719	10820	6157
江西	219509	135292	130537	111823	4150		14564	4708	2146
山东	745488	292035	274353	273302			1051	17682	14835
河南	591130	370746	360939	312588	2946		45405	9507	9507
湖北	467277	273021	261392	246719	300		14373	9521	2948
湖南	274651	153078	142319	115641	5100		21578	10558	9209
广东	1225382	570001	559947	428493	4178		127276	8379	8349
广西	417531	226970	221824	200043			21781	4475	2868
海南	30690	20797	20038	18547	25		1466		
重庆	221050	138736	127591	95669	400		31522	10802	10231
四川	744685	489620	474667	359595	310		114762	14953	8837
贵州	227077	174189	170334	166103	600		3631	3855	1267
云南	561705	409995	403795	326517	690		76588	5734	5449
西藏	50529	46956	46956	35970	8000		2986		
陕西	330347	259466	250466	242375			8091	8999	8999
甘肃	297240	250307	241862	214173			27689	8445	8044
青海	84396	74200	71293	56707	3000		11586	2907	2382
宁夏	131425	92858	90191	77797			12394	2667	2667
新疆	803587	725644	703560	571542	69773		62245	21846	18826

教育经费收入情况

单位:千元

地方教育附加	地方教育基金	企业办学中的企业拨款	校办产业和社会服务收入用于教育的经费	民办学校中举办者投入	社会捐赠经费	#农村	事业收入	#学杂费	其他收入
211258	**39812**		**8025**		**145036**	**5583**	**6026048**	**4891854**	**414879**
	49		10		49447		205631	151072	6257
			44		24		200633	199222	2027
1273	2470		315		107		185327	165586	11172
	82				1966		145905	74806	3363
250	592		575		1124		86759	69832	3496
3063	12661		130		593		81372	62676	4803
					115		42287	27483	1339
40					9		36471	36273	1338
55421					2080		650592	600370	115162
58742	6061		22		4456	327	825412	508343	25440
62924	13535		60		17960	1123	677695	649334	75395
770					6673	101	105386	47306	10681
1883	2780		60		4439	232	265227	219481	8012
2562			47		498	2	81507	66759	2212
2847					3432	1306	432533	344349	17488
			300		49		214634	193209	5701
6173	400		2108		1698	32	179331	138780	13227
1315	34		201		390	5	116498	105566	4685
	30		1675		21552	33	578495	546429	55334
1159	448		671		1168	1	183557	125334	5836
			759				8787	8394	1106
111	460		343		14101		57350	45389	10863
5936	180				7631	90	233286	130541	14148
2558	30				1103		49555	42005	2230
285			466		2970	1830	145116	128698	3624
							3573	2107	
			1		165		69706	66995	1010
401					539	500	46246	37947	148
525					7		9517	7079	672
					37	1	36059	24204	2471
3020			238		703		71601	66285	5639

3—73 分地区教育行政单位

地区	总计	国家财政性教育经费	预算内教育经费	教育事业费拨款	基本建设拨款	科研拨款	其他拨款	各级政府征收用于教育的税费	教育费附加
合计	**26595067**	**23587250**	**19763169**	**16797265**	**542372**		**2423532**	**3817738**	**3196692**
北京	2165796	2127089	2096133	1956268	47000		92865	30956	30956
天津	176828	169673	169673	166791			2882		
河北	693005	603221	524316	461869	10000		52447	78905	77405
山西	371864	326358	291937	271231	2000		18706	34421	27200
内蒙古	719309	648733	528741	430881	8520		89340	119992	105473
辽宁	476944	449426	401335	308842			92493	48091	34809
吉林	182164	150893	146152	127386			18766	4741	4741
黑龙江	2232868	2175587	1966784	1947933	7630		11221	208556	198037
上海	170013	154554	154554	138613			15941		
江苏	2169175	1777953	1513826	1029320	145000		339506	263491	177954
浙江	779903	677376	616723	582906	160		33657	60653	46306
安徽	873877	725696	647478	578551	2250		66677	78218	60682
福建	293424	233033	232301	194895			37406	732	650
江西	465591	398155	309159	247439	10523		51197	88453	76526
山东	1460418	1235352	743022	727460			15562	492330	371363
河南	1314365	1144485	917712	791273	20931		105508	226766	226766
湖北	904536	761802	713546	698727			14819	45812	34452
湖南	1071290	836131	753937	631818			122119	81392	72001
广东	1879236	1610732	1361459	944685	82889		333885	248347	248147
广西	341050	268155	268155	237982			30173		
海南	398487	301793	171026	156463	6155		8408	130767	128837
重庆	320425	282971	257573	179439	15471		62663	25398	22635
四川	1451481	1245231	1039415	693753	616		345046	205816	149209
贵州	2465586	2364105	1639196	1323343	111097		204756	724909	570252
云南	1011710	878444	734242	625328	24290		84624	144198	133091
西藏	106172	106172	106172	102469			3703		
陕西	489183	470354	345683	330748			14935	124658	124608
甘肃	309909	271681	237093	208862			28231	34566	28936
青海	152929	145896	114985	96881	9633		8471	30908	30551
宁夏	106331	91174	80111	71545	250		8316	11063	9122
新疆	1041198	955025	680730	533564	37957		109209	273599	205983

教育经费收入情况

单位:千元

地方教育附加	地方教育基金	企业办学中的企业拨款	校办产业和社会服务收入用于教育的经费	民办学校中举办者投入	社会捐赠经费	#农村	事业收入	#学杂费	其他收入
589319	**31727**	**894**	**5449**		**229477**	**1895**	**1760709**		**1017631**
					17590		13737		7380
							1996		5159
500	1000				110		73700		15974
	7221				2809		38415		4282
14519					2768		50802		17006
13282							17729		9789
					538		20614		10119
10519		247			2337		40448		14496
							625		14834
82181	3356		636		14441		151008		225773
13985	362				2425	350	47307		52795
17536					12058	12	96251		39872
82					1564		45091		13736
8567	3360		543		2197		39240		25999
120077	890				6366		151646		67054
			7		86		125464		44330
11360			2444		3649		71746		67339
9383	8		802		1121		188490		45548
	200		926		2608		152729		113167
					3853		45813		23229
1800	130				5716	100	49028		41950
2663	100						18916		18538
44558	12049				94700		67368		44182
151695	2962				4346		76336		20799
11107			4		35544	1183	79550		18172
50			13		122		9647		9060
5612	18		22		9842		23556		4830
357			3		1800		2167		3066
1870	71				672	250	8979		5506
67616		647	49		215		52311		33647

3—74 分地区中央属教育行政单位

地区	总计	国家财政性教育经费	预算内教育经费	教育事业费拨款	基本建设拨款	科研拨款	其他拨款	各级政府征收用于教育的税费	教育费附加
合计	**108533**	**87271**	**86328**	**85046**			**1282**		
北京	74066	60623	60623	60623					
天津									
河北									
山西									
内蒙古									
辽宁									
吉林									
黑龙江	3738	3691	3444	2899			545		
上海									
江苏									
浙江									
安徽									
福建									
江西									
山东									
河南									
湖北									
湖南									
广东									
广西									
海南									
重庆									
四川									
贵州									
云南									
西藏									
陕西									
甘肃									
青海									
宁夏									
新疆	30729	22957	22261	21524			737		

教育经费收入情况

单位:千元

地方教育附加	地方教育基金	企业办学中的企业拨款	校办产业和社会服务收入用于教育的经费	民办学校中举办者投入	社会捐赠经费	#农村	事业收入	#学杂费	其他收入
		894	**49**				**15420**		**5842**
							13320		123
		247							47
		647	49				2100		5672

3—75 分地区地方教育行政单位

地区	总计	国家财政性教育经费	预算内教育经费	教育事业费拨款	基本建设拨款	科研拨款	其他拨款	各级政府征收用于教育的税费	教育费附加
合计	**26486534**	**23499979**	**19676841**	**16712219**	**542372**		**2422250**	**3817738**	**3196692**
北京	2091730	2066466	2035510	1895645	47000		92865	30956	30956
天津	176828	169673	169673	166791			2882		
河北	693005	603221	524316	461869	10000		52447	78905	77405
山西	371864	326358	291937	271231	2000		18706	34421	27200
内蒙古	719309	648733	528741	430881	8520		89340	119992	105473
辽宁	476944	449426	401335	308842			92493	48091	34809
吉林	182164	150893	146152	127386			18766	4741	4741
黑龙江	2229130	2171896	1963340	1945034	7630		10676	208556	198037
上海	170013	154554	154554	138613			15941		
江苏	2169175	1777953	1513826	1029320	145000		339506	263491	177954
浙江	779903	677376	616723	582906	160		33657	60653	46306
安徽	873877	725696	647478	578551	2250		66677	78218	60682
福建	293424	233033	232301	194895			37406	732	650
江西	465591	398155	309159	247439	10523		51197	88453	76526
山东	1460418	1235352	743022	727460			15562	492330	371363
河南	1314365	1144485	917712	791273	20931		105508	226766	226766
湖北	904536	761802	713546	698727			14819	45812	34452
湖南	1071290	836131	753937	631818			122119	81392	72001
广东	1879236	1610732	1361459	944685	82889		333885	248347	248147
广西	341050	268155	268155	237982			30173		
海南	398487	301793	171026	156463	6155		8408	130767	128837
重庆	320425	282971	257573	179439	15471		62663	25398	22635
四川	1451481	1245231	1039415	693753	616		345046	205816	149209
贵州	2465586	2364105	1639196	1323343	111097		204756	724909	570252
云南	1011710	878444	734242	625328	24290		84624	144198	133091
西藏	106172	106172	106172	102469			3703		
陕西	489183	470354	345683	330748			14935	124658	124608
甘肃	309909	271681	237093	208862			28231	34566	28936
青海	152929	145896	114985	96881	9633		8471	30908	30551
宁夏	106331	91174	80111	71545	250		8316	11063	9122
新疆	1010469	932068	658469	512040	37957		108472	273599	205983

教育经费收入情况

单位:千元

地方教育附加	地方教育基金	企业办学中的企业拨款	校办产业和社会服务收入用于教育的经费	民办学校中举办者投入	社会捐赠经费	#农村	事业收入	#学杂费	其他收入
589319	**31727**		**5400**		**229477**	**1895**	**1745289**		**1011789**
					17590		417		7257
							1996		5159
500	1000				110		73700		15974
	7221				2809		38415		4282
14519					2768		50802		17006
13282							17729		9789
					538		20614		10119
10519					2337		40448		14449
							625		14834
82181	3356		636		14441		151008		225773
13985	362				2425	350	47307		52795
17536					12058	12	96251		39872
82					1564		45091		13736
8567	3360		543		2197		39240		25999
120077	890				6366		151646		67054
			7		86		125464		44330
11360			2444		3649		71746		67339
9383	8		802		1121		188490		45548
	200		926		2608		152729		113167
					3853		45813		23229
1800	130				5716	100	49028		41950
2663	100						18916		18538
44558	12049				94700		67368		44182
151695	2962				4346		76336		20799
11107			4		35544	1183	79550		18172
50			13		122		9647		9060
5612	18		22		9842		23556		4830
357			3		1800		2167		3066
1870	71				672	250	8079		5506
67616					215		50211		27975

3—76 分地区教育事业单位

地区	总计	国家财政性教育经费	预算内教育经费	教育事业费拨款	基本建设拨款	科研拨款	其他拨款	各级政府征收用于教育的税费	教育费附加
合计	**56981556**	**46691397**	**38972871**	**32938956**	**1289467**		**4744448**	**7311715**	**5144384**
北京	12936493	10795756	9904758	7164455	384506		2355797	857806	857365
天津	1631769	1449988	1216913	1196485	3000		17428	226429	226429
河北	1210145	956392	775127	704591	2850		67686	181097	175710
山西	1092383	924440	695360	662054	3120		30186	228494	228147
内蒙古	1414960	1267386	1007053	674574	237854		94625	257153	246999
辽宁	3236796	2986528	2300749	1899705	24601		376443	681873	561451
吉林	1209815	1036608	954767	842426			112341	63401	63401
黑龙江	1363876	1197953	1179106	1135999	1950		41157	13272	12926
上海	2580135	1821586	1474669	1425854	22425		26390	302425	1425
江苏	4842187	3802090	3170962	2978267	129214		63481	439504	207054
浙江	3181254	2399836	1488360	1398932			89428	899641	413617
安徽	533884	422519	307541	224776	470		82295	112677	91840
福建	1298883	1035061	921421	659796	180774		80851	106016	93927
江西	1653470	1422111	1357844	1296475	17274		44095	63679	58083
山东	1479228	1143350	814553	807197	2220		5136	305609	241093
河南	2305601	1992240	1770870	1557106	12000		201764	220938	220938
湖北	1054739	531272	444618	429108			15510	80817	46935
湖南	708589	408969	364845	320866	2149		41830	40271	30220
广东	2800749	2159757	1665626	1389451	23234		252941	490020	490020
广西	1286910	1193695	677699	591270	37258		49171	515379	299192
海南	50064	38526	34546	32475			2071	3980	3980
重庆	567667	312742	259053	194974	11		64068	51078	46862
四川	1921768	1514457	826186	606539	800		218847	666776	105060
贵州	1834694	1752452	1673207	1638271	9852		25084	69245	40054
云南	984210	830410	737491	532836	105800		98855	92670	87598
西藏	585148	583749	560018	437923	13500		108595	23731	23731
陕西	647717	539903	493429	481078			12351	45827	43840
甘肃	1097621	973135	934747	897494			37253	37051	36615
青海	306376	270771	254271	190673	1410		62188	16500	11864
宁夏	189408	139511	130168	115784	3900		10484	9343	9277
新疆	975017	788204	576914	451522	69295		56097	209013	168731

教育经费收入情况

单位:千元

地方教育附加	地方教育基金	企业办学中的企业拨款	校办产业和社会服务收入用于教育的经费	民办学校中举办者投入	社会捐赠经费	#农村	事业收入	#学杂费	其他收入
1317957	**849374**	**179**	**406632**		**251083**	**2425**	**7202736**		**2836340**
	441		33192		58151		1366017		716569
			6646				138304		43477
5387			168		10		226600		27143
	347		586		86	20	160573		7284
7756	2398		3180		398		138464		8712
110160	10262		3906		150		228737		21381
			18440		314		150654		22239
346			5575				157467		8456
301000			44492		3163		149123		606263
190857	41593		191624		32187	598	792632		215278
243975	242049		11835		30338	78	380215		370865
20837			2301		3585		81000		26780
12089			7624		25768		205871		32183
5518	78		588		1343	10	198067		31949
64516			23188		2029	825	278985		54864
			432		180		275429		37752
27151	6731		5837		1841		381399		140227
9850	201		3853		2253		239383		57984
			4111		25650	210	497387		117955
216187			617		2802	361	74201		16212
					44		4945		6549
4030	186		2611		163		200592		54170
20346	541370		21495		44074		326917		36320
26981	2210		10000		2932		61732		17578
3672	1400		249		7123		97902		48775
							1357		42
1987			647		278	2	101186		6350
394	42		1337		784	84	104193		19509
4636							19930		15675
	66				614	3	43483		5800
40282		179	2098		4823	234	119991		61999

3—77 分地区中央属教育事业单位

地区	总计	国家财政性教育经费	预算内教育经费	教育事业费拨款	基本建设拨款	科研拨款	其他拨款	各级政府征收用于教育的税费	教育费附加
合计	**7636092**	**6143586**	**6125351**	**4748141**	**122600**		**1254610**		
北京	7615774	6126919	6108863	4732333	122600		1253930		
天津									
河北									
山西									
内蒙古									
辽宁									
吉林									
黑龙江									
上海									
江苏									
浙江									
安徽									
福建									
江西									
山东									
河南									
湖北									
湖南									
广东									
广西									
海南									
重庆									
四川									
贵州	360	331	331	331					
云南									
西藏									
陕西									
甘肃									
青海									
宁夏									
新疆	19958	16336	16157	15477			680		

教育经费收入情况

单位:千元

地方教育附加	地方教育基金	企业办学中的企业拨款	校办产业和社会服务收入用于教育的经费	民办学校中举办者投入	社会捐赠经费	#农村	事业收入	#学杂费	其他收入
		179	**18056**				**1045487**		**447019**
			18056				1042455		446400
									29
		179					3032		590

3—78 分地区地方教育事业单位

地区	总计	国家财政性教育经费							
			预算内教育经费					各级政府征收用于教育的税费	
				教育事业费拨款	基本建设拨款	科研拨款	其他拨款		教育费附加
合计	**49345464**	**40547811**	**32847520**	**28190815**	**1166867**		**3489838**	**7311715**	**5144384**
北京	5320719	4668837	3795895	2432122	261906		1101867	857806	857365
天津	1631769	1449988	1216913	1196485	3000		17428	226429	226429
河北	1210145	956392	775127	704591	2850		67686	181097	175710
山西	1092383	924440	695360	662054	3120		30186	228494	228147
内蒙古	1414960	1267386	1007053	674574	237854		94625	257153	246999
辽宁	3236796	2986528	2300749	1899705	24601		376443	681873	561451
吉林	1209815	1036608	954767	842426			112341	63401	63401
黑龙江	1363876	1197953	1179106	1135999	1950		41157	13272	12926
上海	2580135	1821586	1474669	1425854	22425		26390	302425	1425
江苏	4842187	3802090	3170962	2978267	129214		63481	439504	207054
浙江	3181254	2399836	1488360	1398932			89428	899641	413617
安徽	533884	422519	307541	224776	470		82295	112677	91840
福建	1298883	1035061	921421	659796	180774		80851	106016	93927
江西	1653470	1422111	1357844	1296475	17274		44095	63679	58083
山东	1479228	1143350	814553	807197	2220		5136	305609	241093
河南	2305601	1992240	1770870	1557106	12000		201764	220938	220938
湖北	1054739	531272	444618	429108			15510	80817	46935
湖南	708589	408969	364845	320866	2149		41830	40271	30220
广东	2800749	2159757	1665626	1389451	23234		252941	490020	490020
广西	1286910	1193695	677699	591270	37258		49171	515379	299192
海南	50064	38526	34546	32475			2071	3980	3980
重庆	567667	312742	259053	194974	11		64068	51078	46862
四川	1921768	1514457	826186	606539	800		218847	666776	105060
贵州	1834334	1752121	1672876	1637940	9852		25084	69245	40054
云南	984210	830410	737491	532836	105800		98855	92670	87598
西藏	585148	583749	560018	437923	13500		108595	23731	23731
陕西	647717	539903	493429	481078			12351	45827	43840
甘肃	1097621	973135	934747	897494			37253	37051	36615
青海	306376	270771	254271	190673	1410		62188	16500	11864
宁夏	189408	139511	130168	115784	3900		10484	9343	9277
新疆	955059	771868	560757	436045	69295		55417	209013	168731

教育经费收入情况

单位：千元

地方教育附加	地方教育基金	企业办学中的企业拨款	校办产业和社会服务收入用于教育的经费	民办学校中举办者投入	社会捐赠经费	＃农村	事业收入	＃学杂费	其他收入
1317957	**849374**		**388576**		**251083**	**2425**	**6157249**		**2389321**
	441		15136		58151		323562		270169
			6646				138304		43477
5387			168		10		226600		27143
	347		586		86	20	160573		7284
7756	2398		3180		398		138464		8712
110160	10262		3906		150		228737		21381
			18440		314		150654		22239
346			5575				157467		8456
301000			44492		3163		149123		606263
190857	41593		191624		32187	598	792632		215278
243975	242049		11835		30338	78	380215		370865
20837			2301		3585		81000		26780
12089			7624		25768		205871		32183
5518	78		588		1343	10	198067		31949
64516			23188		2029	825	278985		54864
			432		180		275429		37752
27151	6731		5837		1841		381399		140227
9850	201		3853		2253		239383		57984
			4111		25650	210	497387		117955
216187			617		2802	361	74201		16212
					44		4945		6549
4030	186		2611		163		200592		54170
20346	541370		21495		44074		326917		36320
26981	2210		10000		2932		61732		17549
3672	1400		249		7123		97902		48775
							1357		42
1987			647		278	2	101186		6350
394	42		1337		784	84	104193		19509
4636							19930		15675
	66				614	3	43483		5800
40282			2098		4823	234	116959		61409

3—79 分地区其他教育机构

地区	总计	国家财政性教育经费	预算内教育经费	教育事业费拨款	基本建设拨款	科研拨款	其他拨款	各级政府征收用于教育的税费	教育费附加
合计	**11849229**	**8765740**	**8621023**	**6983095**	**544028**		**1093900**	**60072**	**22754**
北京	1127745	768518	750336	610867	70305		69164		
天津	70763	61358	60167	59083			1084		
河北	407875	301453	300627	264173	3427		33027	800	800
山西	252985	206238	205629	192652	1900		11077	609	
内蒙古	299476	241090	239190	191749	16986		30455	1700	500
辽宁	436848	369604	368906	298967	4800		65139	598	198
吉林	315455	235944	235675	202120	94		33461	200	200
黑龙江	184644	148087	148037	94219			53818	50	50
上海	637811	444863	439509	358755	17878		62876		
江苏	720525	454594	450110	393519	31065		25526	564	380
浙江	692214	512473	471456	345538	550		125368	31750	314
安徽	404309	263424	260407	217783			42624	508	508
福建	513092	393875	391606	223914	123614		44078	2000	
江西	201838	121622	121586	103377	3047		15162		
山东	786963	595474	594774	551127	27000		16647	700	700
河南	280803	208339	202907	174863	360		27684	5432	5432
湖北	295050	227511	226557	201752	11145		13660	157	157
湖南	529206	384301	381464	319886	19940		41638	2182	1820
广东	758456	586675	570377	450410	65472		54495	10015	10015
广西	264715	226843	226303	195034	17239		14030	379	
海南	116822	67827	49327	39553	7084		2690		
重庆	269842	188410	182928	94822	53775		34331	80	80
四川	511398	371247	371115	291410	178		79527	102	
贵州	190369	156260	154685	134623	15070		4992	1575	1050
云南	362527	269035	268634	180433	18110		70091	101	100
西藏	70292	64883	64883	64049			834		
陕西	284463	205342	204892	182307	1050		21535	450	450
甘肃	290475	216000	215120	167899	21050		26171	120	
青海	105463	87861	85464	65319	3505		16640		
宁夏	82649	63256	63256	51642	1000		10614		
新疆	384156	323333	315096	261250	8384		45462		

教育经费收入情况

单位：千元

地方教育附加	地方教育基金	企业办学中的企业拨款	校办产业和社会服务收入用于教育的经费	民办学校中举办者投入	社会捐赠经费	#农村	事业收入	#学杂费	其他收入
1905	**35413**	**4215**	**80430**		**16019**	**1**	**2520859**	**803703**	**546611**
			18182				215396	62612	143831
			1191				8305	4027	1100
			26				92196	44658	14226
	609						45459	17820	1288
1200			200		7132		48940	23647	2314
400			100				66310	10094	934
			69				75472	7527	4039
							31791	3394	4766
			5354		766		124299	15030	67883
184			3920				239983	27339	25948
	31436		9267		30		114055	14304	65656
			2509		303		130162	86986	10420
	2000		269		42		101855	10714	17320
			36				70342	26889	9874
					1117		162393	58901	27979
							68881	29046	3583
			797				54335	3997	13204
	362		655		3895		131931	72969	9079
			6283		236		158959	59781	12586
	379		161		1564		29771	6902	6537
			18500				3463	1342	45532
			5402				75646	37131	5786
	102		30		810		125694	43615	13647
	525				3		31516	5619	2590
1			300		47		88053	42950	5392
							5409	4455	
					1	1	75313	46655	3807
120			760				70360	11298	4115
			2397		73		9675	7302	7854
							16221	9085	3172
		4215	4022				48674	7614	12149

3—80 分地区中央属其他教育机构

地区	总计	国家财政性教育经费	预算内教育经费	教育事业费拨款	基本建设拨款	科研拨款	其他拨款	各级政府征收用于教育的税费	教育费附加
合计	**1079167**	**596171**	**591803**	**565440**			**26363**		
北京	677458	420220	420067	402717			17350		
天津									
河北									
山西									
内蒙古									
辽宁									
吉林									
黑龙江	373	373	373	296			77		
上海	247511	97783	97783	96871			912		
江苏									
浙江									
安徽									
福建	91780	34018	34018	34018					
江西									
山东									
河南									
湖北									
湖南									
广东									
广西									
海南									
重庆									
四川									
贵州									
云南									
西藏									
陕西									
甘肃									
青海									
宁夏									
新疆	62045	43777	39562	31538			8024		

教育经费收入情况

单位：千元

地方教育附加	地方教育基金	企业办学中的企业拨款	校办产业和社会服务收入用于教育的经费	民办学校中举办者投入	社会捐赠经费	#农村	事业收入	#学杂费	其他收入
		4215	**153**		**766**		**286677**	**7614**	**195553**
			153				128231		129007
					766		94737		54225
							48162		9600
		4215					15547	7614	2721

3—81 分地区地方其他教育机构

地区	总计	国家财政性教育经费	预算内教育经费	教育事业费拨款	基本建设拨款	科研拨款	其他拨款	各级政府征收用于教育的税费	教育费附加
合计	**10770062**	**8169569**	**8029220**	**6417655**	**544028**		**1067537**	**60072**	**22754**
北京	450287	348298	330269	208150	70305		51814		
天津	70763	61358	60167	59083			1084		
河北	407875	301453	300627	264173	3427		33027	800	800
山西	252985	206238	205629	192652	1900		11077	609	
内蒙古	299476	241090	239190	191749	16986		30455	1700	500
辽宁	436848	369604	368906	298967	4800		65139	598	198
吉林	315455	235944	235675	202120	94		33461	200	200
黑龙江	184271	147714	147664	93923			53741	50	50
上海	390300	347080	341726	261884	17878		61964		
江苏	720525	454594	450110	393519	31065		25526	564	380
浙江	692214	512473	471456	345538	550		125368	31750	314
安徽	404309	263424	260407	217783			42624	508	508
福建	421312	359857	357588	189896	123614		44078	2000	
江西	201838	121622	121586	103377	3047		15162		
山东	786963	595474	594774	551127	27000		16647	700	700
河南	280803	208339	202907	174863	360		27684	5432	5432
湖北	295050	227511	226557	201752	11145		13660	157	157
湖南	529206	384301	381464	319886	19940		41638	2182	1820
广东	758456	586675	570377	450410	65472		54495	10015	10015
广西	264715	226843	226303	195034	17239		14030	379	
海南	116822	67827	49327	39553	7084		2690		
重庆	269842	188410	182928	94822	53775		34331	80	80
四川	511398	371247	371115	291410	178		79527	102	
贵州	190369	156260	154685	134623	15070		4992	1575	1050
云南	362527	269035	268634	180433	18110		70091	101	100
西藏	70292	64883	64883	64049			834		
陕西	284463	205342	204892	182307	1050		21535	450	450
甘肃	290475	216000	215120	167899	21050		26171	120	
青海	105463	87861	85464	65319	3505		16640		
宁夏	82649	63256	63256	51642	1000		10614		
新疆	322111	279556	275534	229712	8384		37438		

教育经费收入情况

单位:千元

地方教育附加	地方教育基金	企业办学中的企业拨款	校办产业和社会服务收入用于教育的经费	民办学校中举办者投入	社会捐赠经费	#农村	事业收入	#学杂费	其他收入
1905	**35413**		**80277**		**15253**	**1**	**2234182**	**796089**	**351058**
			18029				87165	62612	14824
			1191				8305	4027	1100
			26				92196	44658	14226
	609						45459	17820	1288
1200			200		7132		48940	23647	2314
400			100				66310	10094	934
			69				75472	7527	4039
							31791	3394	4766
			5354				29562	15030	13658
184			3920				239983	27339	25948
	31436		9267		30		114055	14304	65656
			2509		303		130162	86986	10420
	2000		269		42		53693	10714	7720
			36				70342	26889	9874
					1117		162393	58901	27979
							68881	29046	3583
			797				54335	3997	13204
	362		655		3895		131931	72969	9079
			6283		236		158959	59781	12586
	379		161		1564		29771	6902	6537
			18500				3463	1342	45532
			5402				75646	37131	5786
	102		30		810		125694	43615	13647
	525				3		31516	5619	2590
1			300		47		88053	42950	5392
							5409	4455	
					1	1	75313	46655	3807
120			760				70360	11298	4115
			2397		73		9675	7302	7854
							16221	9085	3172
			4022				33127		9428

第四部分

省、自治区、直辖市
各级各类教育机构
教育经费支出明细

4—1 分地区各级各类教育机构

地区	合计	事业性经费支出	个人部分	工资福利支出	对个人和家庭的补助支出	#助学金
合计	1398566206	1347023495	774810927	547958990	226851937	62491414
北京	85030298	81022146	32161450	19082814	13078636	2844715
天津	22832196	22471050	13310336	8235139	5075197	568205
河北	56482604	56174703	35789436	26877098	8912338	3076875
山西	32648542	31758479	19848967	15204160	4644807	1868346
内蒙古	25313701	24473332	15039694	10952615	4087079	1169939
辽宁	51311195	48840459	29229656	19120778	10108878	1471828
吉林	29098414	28731392	17689829	11797611	5892218	1196725
黑龙江	37808321	36813537	20645881	14276100	6369781	951028
上海	56452269	54385241	28860353	24213794	4646559	1677197
江苏	109117973	102897813	56514869	38438459	18076410	3330570
浙江	79411488	77310247	45101786	33960492	11141294	3152773
安徽	45024888	44472398	26754145	18609272	8144873	1824079
福建	41040988	38606934	23442482	16383293	7059189	1862894
江西	33353072	31959248	18780362	13170336	5610026	1834501
山东	80745354	79298880	48127950	36910345	11217605	3869819
河南	64753269	63416127	37662926	27164538	10498388	3300655
湖北	55032712	52773213	30031249	20744947	9286302	2227972
湖南	54868669	52987785	30666307	21859459	8806848	2375902
广东	119361131	111175456	63800715	46957861	16842854	4346893
广西	34197803	33757171	22234830	14259809	7975021	2981437
海南	8983778	7876685	4670521	3947028	723493	300983
重庆	29829618	27885027	15577880	10334759	5243121	1672464
四川	71024444	69133933	37097429	24377083	12720346	4558203
贵州	25522134	24987724	15082197	10534061	4548136	828210
云南	33927444	33231863	21817501	14238479	7579022	3301956
西藏	4958318	4202387	3051744	2274642	777102	411063
陕西	44933764	43082490	22983277	16344860	6638417	2508695
甘肃	24338801	23957938	14671069	10403027	4268042	1625661
青海	5910026	5538966	3989772	2848215	1141557	319573
宁夏	7479516	7213656	3680724	2676321	1004403	291729
新疆	27773476	26587215	16495590	11761595	4733995	740524

教育经费支出明细

单位:千元

公用部分	商品和服务支出	其他资本性支出			基本建设支出
			专项公用支出	专项项目支出	
572212568	**326535886**	**245676682**	**110332179**	**135344503**	**51542711**
48860696	28435244	20425452	11402732	9022720	4008152
9160714	5386771	3773943	2297364	1476579	361146
20385267	11977042	8408225	3202744	5205481	307901
11909512	7360881	4548631	2006383	2542248	890063
9433638	5680881	3752757	1796932	1955825	840369
19610803	11272669	8338134	4264447	4073687	2470736
11041563	6983126	4058437	2065621	1992816	367022
16167656	11735857	4431799	2174021	2257778	994784
25524888	16443962	9080926	6878026	2202900	2067028
46382944	22665739	23717205	9526872	14190333	6220160
32208461	16976612	15231849	5380319	9851530	2101241
17718253	8549125	9169128	2956123	6213005	552490
15164452	8159263	7005189	3329573	3675616	2434054
13178886	7610475	5568411	2804301	2764110	1393824
31170930	16903284	14267646	6269421	7998225	1446474
25753201	16482263	9270938	4196233	5074705	1337142
22741964	14063730	8678234	4382636	4295598	2259499
22321478	13647449	8674029	3605157	5068872	1880884
47374741	28552342	18822399	9418693	9403706	8185675
11522341	6060068	5462273	2139994	3322279	440632
3206164	1532853	1673311	588179	1085132	1107093
12307147	7546430	4760717	1944840	2815877	1944591
32036504	15058887	16977617	6429929	10547688	1890511
9905527	6372717	3532810	1856592	1676218	534410
11414362	5983898	5430464	1657536	3772928	695581
1150643	565412	585231	194201	391030	755931
20099213	11676924	8422289	3362559	5059730	1851274
9286869	4719231	4567638	1687411	2880227	380863
1549194	971180	578014	336091	241923	371060
3532932	1588800	1944132	596658	1347474	265860
10091625	5572771	4518854	1580591	2938263	1186261

4－2 分地区中央属各级各类教育机构

地 区	合 计	事业性经费支出	个人部分	工资福利支出	对个人和家庭的补助支出	#助学金
合 计	**140765423**	**129737330**	**49202257**	**28122446**	**21079811**	**6803660**
北 京	42959689	40590841	12794932	6585686	6209246	2304381
天 津	3071986	2795648	1369467	753370	616097	126306
河 北	1011780	969539	526076	379745	146331	62547
山 西	30033	29254	23177	20656	2521	940
内蒙古	5266	5266	3073	2202	871	656
辽 宁	4084341	3698091	1478622	799884	678738	185200
吉 林	3012649	2822275	1312593	711600	600993	181574
黑龙江	5076396	4506134	1699567	1156713	542854	191580
上 海	12756265	11990437	4718970	3499858	1219112	536253
江 苏	9836432	8258372	3622586	2037951	1584635	392131
浙 江	3455814	3449814	1225279	590915	634364	240342
安 徽	1892390	1824366	754231	424708	329523	111329
福 建	2180007	2004484	913221	465867	447354	149580
江 西	59044	59044	11093	9714	1379	318
山 东	4285867	3877888	1475321	781338	693983	178716
河 南	81583	81583	35147	23486	11661	3005
湖 北	11183357	10605878	4557438	2466627	2090811	521631
湖 南	4959097	4871193	1344134	668780	675354	208942
广 东	5782315	5501249	2075964	1272347	803617	219977
广 西						
海 南						
重 庆	4210865	3085653	1295573	771789	523784	165828
四 川	7363426	6806188	2628878	1596367	1032511	306012
贵 州	23188	23188	12522	11613	909	369
云 南	4115	4115	2096	752	1344	1344
西 藏						
陕 西	8065648	6834191	2496014	1284275	1211739	422422
甘 肃	1457743	1439601	564829	326350	238479	86187
青 海						
宁 夏	188257	188257	92639	64038	28601	18127
新 疆	3727870	3414781	2168815	1415815	753000	187963

教育经费支出明细

单位:千元

公用部分	商品和服务支出	其他资本性支出		基本建设支出
		专项公用支出	专项项目支出	

公用部分	商品和服务支出	其他资本性支出	专项公用支出	专项项目支出	基本建设支出
80535073	**52965788**	**27569285**	**15948279**	**11621006**	**11028093**
27795909	17822611	9973298	3630045	6343253	2368848
1426181	934603	491578	464049	27529	276338
443463	238945	204518	144966	59552	42241
6077	6007	70	65	5	779
2193	405	1788	1596	192	
2219469	1538303	681166	395881	285285	386250
1509682	1121226	388456	256899	131557	190374
2806567	2239951	566616	415343	151273	570262
7271467	5273874	1997593	1799712	197881	765828
4635786	3204298	1431488	1123326	308162	1578060
2224535	1857581	366954	343949	23005	6000
1070135	749694	320441	184421	136020	68024
1091263	711263	380000	297667	82333	175523
47951	2751	45200	4056	41144	
2402567	1870316	532251	482638	49613	407979
46436	35726	10710	8210	2500	
6048440	3771432	2277008	1447984	829024	577479
3527059	1249584	2277475	989482	1287993	87904
3425285	2099135	1326150	1124682	201468	281066
1790080	1505593	284487	282797	1690	1125212
4177310	2756697	1420613	1058451	362162	557238
10666	8485	2181	1485	696	
2019	1259	760	173	587	
4338177	2766594	1571583	914415	657168	1231457
874772	473222	401550	261183	140367	18142
95618	57921	37697	20097	17600	
1245966	668312	577654	294707	282947	313089

4—3 分地区地方各级各类教育机构

地区	合计	事业性经费支出	个人部分	工资福利支出	对个人和家庭的补助支出	#助学金
合计	**1257800783**	**1217286165**	**725608670**	**519836544**	**205772126**	**55687754**
北京	42070609	40431305	19366518	12497128	6869390	540334
天津	19760210	19675402	11940869	7481769	4459100	441899
河北	55470824	55205164	35263360	26497353	8766007	3014328
山西	32618509	31729225	19825790	15183504	4642286	1867406
内蒙古	25308435	24468066	15036621	10950413	4086208	1169283
辽宁	47226854	45142368	27751034	18320894	9430140	1286628
吉林	26085765	25909117	16377236	11086011	5291225	1015151
黑龙江	32731925	32307403	18946314	13119387	5826927	759448
上海	43696004	42394804	24141383	20713936	3427447	1140944
江苏	99281541	94639441	52892283	36400508	16491775	2938439
浙江	75955674	73860433	43876507	33369577	10506930	2912431
安徽	43132498	42648032	25999914	18184564	7815350	1712750
福建	38860981	36602450	22529261	15917426	6611835	1713314
江西	33294028	31900204	18769269	13160622	5608647	1834183
山东	76459487	75420992	46652629	36129007	10523622	3691103
河南	64671686	63334544	37627779	27141052	10486727	3297650
湖北	43849355	42167335	25473811	18278320	7195491	1706341
湖南	49909572	48116592	29322173	21190679	8131494	2166960
广东	113578816	105674207	61724751	45685514	16039237	4126916
广西	34197803	33757171	22234830	14259809	7975021	2981437
海南	8983778	7876685	4670521	3947028	723493	300983
重庆	25618753	24799374	14282307	9562970	4719337	1506636
四川	63661018	62327745	34468551	22780716	11687835	4252191
贵州	25498946	24964536	15069675	10522448	4547227	827841
云南	33923329	33227748	21815405	14237727	7577678	3300612
西藏	4958318	4202387	3051744	2274642	777102	411063
陕西	36868116	36248299	20487263	15060585	5426678	2086273
甘肃	22881058	22518337	14106240	10076677	4029563	1539474
青海	5910026	5538966	3989772	2848215	1141557	319573
宁夏	7291259	7025399	3588085	2612283	975802	273602
新疆	24045606	23172434	14326775	10345780	3980995	552561

教育经费支出明细

单位：千元

公用部分	商品和服务支出	其他资本性支出			基本建设支出
			专项公用支出	专项项目支出	
491677495	**273570098**	**218107397**	**94383900**	**123723497**	**40514618**
21064787	10612633	10452154	7772687	2679467	1639304
7734533	4452168	3282365	1833315	1449050	84808
19941804	11738097	8203707	3057778	5145929	265660
11903435	7354874	4548561	2006318	2542243	889284
9431445	5680476	3750969	1795336	1955633	840369
17391334	9734366	7656968	3868566	3788402	2084486
9531881	5861900	3669981	1808722	1861259	176648
13361089	9495906	3865183	1758678	2106505	424522
18253421	11170088	7083333	5078314	2005019	1301200
41747158	19461441	22285717	8403546	13882171	4642100
29983926	15119031	14864895	5036370	9828525	2095241
16648118	7799431	8848687	2771702	6076985	484466
14073189	7448000	6625189	3031906	3593283	2258531
13130935	7607724	5523211	2800245	2722966	1393824
28768363	15032968	13735395	5786783	7948612	1038495
25706765	16446537	9260228	4188023	5072205	1337142
16693524	10292298	6401226	2934652	3466574	1682020
18794419	12397865	6396554	2615675	3780879	1792980
43949456	26453207	17496249	8294011	9202238	7904609
11522341	6060068	5462273	2139994	3322279	440632
3206164	1532853	1673311	588179	1085132	1107093
10517067	6040837	4476230	1662043	2814187	819379
27859194	12302190	15557004	5371478	10185526	1333273
9894861	6364232	3530629	1855107	1675522	534410
11412343	5982639	5429704	1657363	3772341	695581
1150643	565412	585231	194201	391030	755931
15761036	8910330	6850706	2448144	4402562	619817
8412097	4246009	4166088	1426228	2739860	362721
1549194	971180	578014	336091	241923	371060
3437314	1530879	1906435	576561	1329874	265860
8845659	4904459	3941200	1285884	2655316	873172

4—4 分地区高等学校

地区	合计	事业性经费支出	个人部分	工资福利支出	对个人和家庭的补助支出	#助学金
合计	**423894698**	**394222012**	**167208401**	**103888053**	**63320348**	**24694988**
北京	46690452	43960807	15116556	8761687	6354869	1430410
天津	9381256	9085518	4226733	2471944	1754789	447128
河北	13581225	13523284	6405954	3912838	2493116	1164193
山西	5681949	5423741	3023176	1842465	1180711	619280
内蒙古	4665934	4493471	2238712	1344874	893838	487874
辽宁	18364182	16122707	7295647	4306932	2988715	896140
吉林	9596049	9339963	4298131	2476992	1821139	691228
黑龙江	13402097	12694569	4842625	2954640	1887985	693347
上海	23574643	22226449	9606197	7543299	2062898	902825
江苏	38233570	35296593	13753641	8518148	5235493	1638334
浙江	21256017	20000288	8738863	5826957	2911906	1173330
安徽	9820041	9666244	4431997	2593776	1838221	824670
福建	11921569	10440818	4571098	2764551	1806547	805058
江西	10604623	9846537	4079977	2555301	1524676	863768
山东	21723298	20655693	8938439	5314839	3623600	1460777
河南	13486358	12964120	5784552	3526098	2258454	1170099
湖北	23126146	21416664	9407626	5674822	3732804	1234724
湖南	17175575	15863848	6228601	3699461	2529140	1092034
广东	34567001	28866149	12293148	8532999	3760149	1287060
广西	6670512	6566107	3020803	1789898	1230905	633012
海南	1640177	1501529	696812	493438	203374	147927
重庆	10023759	8550966	3774733	2334794	1439939	718460
四川	18994993	17893035	7126984	4446870	2680114	1122022
贵州	3402591	3309074	1866341	1047430	818911	348412
云南	6040727	5957622	2865779	1650012	1215767	593464
西藏	691841	524391	349457	233566	115891	39455
陕西	18401295	17131338	6819179	3968555	2850624	1322105
甘肃	4938975	4818616	2376523	1429855	946668	447378
青海	755898	753939	515529	302191	213338	64821
宁夏	1389197	1330697	598456	376016	222440	99469
新疆	4092748	3997235	1916132	1192805	723327	276184

教育经费支出明细

单位:千元

公用部分	商品和服务支出	其他资本性支出			基本建设支出
			专项公用支出	专项项目支出	
227013611	**129938317**	**97075294**	**50161388**	**46913906**	**29672686**
28844251	16823064	12021187	5331110	6690077	2729645
4858785	2841198	2017587	1294377	723210	295738
7117330	3871512	3245818	1204554	2041264	57941
2400565	1488839	911726	693100	218626	258208
2254759	1361169	893590	612750	280840	172463
8827060	5445772	3381288	2180602	1200686	2241475
5041832	3200858	1840974	1128243	712731	256086
7851944	5621343	2230601	1164875	1065726	707528
12620252	9275800	3344452	2938512	405940	1348194
21542952	10001636	11541316	4315088	7226228	2936977
11261425	7183407	4078018	2117444	1960574	1255729
5234247	2532459	2701788	1057075	1644713	153797
5869720	2749119	3120601	1523782	1596819	1480751
5766560	2696134	3070426	1923788	1146638	758086
11717254	6271050	5446204	3145663	2300541	1067605
7179568	4045310	3134258	1707335	1426923	522238
12009038	7163332	4845706	2898600	1947106	1709482
9635247	5377728	4257519	1876722	2380797	1311727
16573001	8874823	7698178	3875869	3822309	5700852
3545304	1807771	1737533	697174	1040359	104405
804717	351619	453098	245603	207495	138648
4776233	2923977	1852256	1144790	707466	1472793
10766051	6222368	4543683	2580282	1963401	1101958
1442733	1021115	421618	356760	64858	93517
3091843	1516456	1575387	570661	1004726	83105
174934	110083	64851	36583	28268	167450
10312159	6181028	4131131	2039712	2091419	1269957
2442093	1337748	1104345	761426	342919	120359
238410	140745	97665	87572	10093	1959
732241	358046	374195	165839	208356	58500
2081103	1142808	938295	485497	452798	95513

4—5 分地区中央属高等学校

地区	合计	事业性经费支出	个人部分	工资福利支出	对个人和家庭的补助支出	#助学金
合计	**128961767**	**118486546**	**44592372**	**25730820**	**18861552**	**5447182**
北京	35516962	33331338	10722910	5979149	4743761	1119951
天津	3030339	2754001	1338170	729568	608602	125442
河北	963244	921003	502358	363446	138912	55433
山西						
内蒙古						
辽宁	4084341	3698091	1478622	799884	678738	185200
吉林	2895620	2705246	1240857	661921	578936	180161
黑龙江	4717794	4171986	1494126	986771	507355	184143
上海	12231442	11505646	4539222	3333913	1205309	533885
江苏	9836432	8258372	3622586	2037951	1584635	392131
浙江	3455314	3449314	1225279	590915	634364	240342
安徽	1834892	1766868	722713	402794	319919	102390
福建	2111748	1945298	903736	457494	446242	149580
江西	55082	55082	8152	7560	592	169
山东	4266390	3858411	1475321	781338	693983	178716
河南	75551	75551	30857	19196	11661	3005
湖北	11115276	10537932	4507410	2429337	2078073	521529
湖南	4870011	4782466	1319312	660996	658316	208937
广东	5767352	5486286	2066066	1263365	802701	219939
广西						
海南						
重庆	4154674	3029462	1257333	743146	514187	165240
四川	7259937	6702699	2561085	1550863	1010222	299056
贵州	10180	10180	6192	5971	221	
云南						
西藏						
陕西	8054668	6823211	2487630	1276721	1210909	422326
甘肃	1456934	1438792	564156	325690	238466	86174
青海						
宁夏	188257	188257	92639	64038	28601	18127
新疆	1009327	991054	425640	258793	166847	55306

教育经费支出明细

单位：千元

公用部分	商品和服务支出	其他资本性支出	专项公用支出	专项项目支出	基本建设支出
73894174	**47514594**	**26379580**	**15330856**	**11048724**	**10475221**
22608428	13318766	9289662	3267612	6022050	2185624
1415831	929806	486025	461156	24869	276338
418645	224995	193650	140937	52713	42241
2219469	1538303	681166	395881	285285	386250
1464389	1097217	367172	248340	118832	190374
2677860	2165508	512352	395620	116732	545808
6966424	5022031	1944393	1750707	193686	725796
4635786	3204298	1431488	1123326	308162	1578060
2224035	1857581	366454	343449	23005	6000
1044155	731723	312432	184077	128355	68024
1041562	664361	377201	294868	82333	166450
46930	2293	44637	4056	40581	
2383090	1870316	512774	481137	31637	407979
44694	34694	10000	8000	2000	
6030522	3755414	2275108	1446084	829024	577344
3463154	1220712	2242442	954625	1287817	87545
3420220	2095213	1325007	1124411	200596	281066
1772129	1490647	281482	279796	1686	1125212
4141614	2728952	1412662	1052852	359810	557238
3988	3022	966	966		
4335581	2765335	1570246	913870	656376	1231457
874636	473086	401550	261183	140367	18142
95618	57921	37697	20097	17600	
565414	262400	303014	177806	125208	18273

4—6 分地区地方高等学校

地区	合计	事业性经费支出	个人部分	工资福利支出	对个人和家庭的补助支出	#助学金
合计	**294932931**	**275735466**	**122616029**	**78157233**	**44458796**	**19247806**
北京	11173490	10629469	4393646	2782538	1611108	310459
天津	6350917	6331517	2888563	1742376	1146187	321686
河北	12617981	12602281	5903596	3549392	2354204	1108760
山西	5681949	5423741	3023176	1842465	1180711	619280
内蒙古	4665934	4493471	2238712	1344874	893838	487874
辽宁	14279841	12424616	5817025	3507048	2309977	710940
吉林	6700429	6634717	3057274	1815071	1242203	511067
黑龙江	8684303	8522583	3348499	1967869	1380630	509204
上海	11343201	10720803	5066975	4209386	857589	368940
江苏	28397138	27038221	10131055	6480197	3650858	1246203
浙江	17800703	16550974	7513584	5236042	2277542	932988
安徽	7985149	7899376	3709284	2190982	1518302	722280
福建	9809821	8495520	3667362	2307057	1360305	655478
江西	10549541	9791455	4071825	2547741	1524084	863599
山东	17456908	16797282	7463118	4533501	2929617	1282061
河南	13410807	12888569	5753695	3506902	2246793	1167094
湖北	12010870	10878732	4900216	3245485	1654731	713195
湖南	12305564	11081382	4909289	3038465	1870824	883097
广东	28799649	23379863	10227082	7269634	2957448	1067121
广西	6670512	6566107	3020803	1789898	1230905	633012
海南	1640177	1501529	696812	493438	203374	147927
重庆	5869085	5521504	2517400	1591648	925752	553220
四川	11735056	11190336	4565899	2896007	1669892	822966
贵州	3392411	3298894	1860149	1041459	818690	348412
云南	6040727	5957622	2865779	1650012	1215767	593464
西藏	691841	524391	349457	233566	115891	39455
陕西	10346627	10308127	4331549	2691834	1639715	899779
甘肃	3482041	3379824	1812367	1104165	708202	361204
青海	755898	753939	515529	302191	213338	64821
宁夏	1200940	1142440	505817	311978	193839	81342
新疆	3083421	3006181	1490492	934012	556480	220878

教育经费支出明细

单位:千元

公用部分	商品和服务支出	其他资本性支出	专项公用支出	专项项目支出	基本建设支出
153119437	**82423723**	**70695714**	**34830532**	**35865182**	**19197465**
6235823	3504298	2731525	2063498	668027	544021
3442954	1911392	1531562	833221	698341	19400
6698685	3646517	3052168	1063617	1988551	15700
2400565	1488839	911726	693100	218626	258208
2254759	1361169	893590	612750	280840	172463
6607591	3907469	2700122	1784721	915401	1855225
3577443	2103641	1473802	879903	593899	65712
5174084	3455835	1718249	769255	948994	161720
5653828	4253769	1400059	1187805	212254	622398
16907166	6797338	10109828	3191762	6918066	1358917
9037390	5325826	3711564	1773995	1937569	1249729
4190092	1800736	2389356	872998	1516358	85773
4828158	2084758	2743400	1228914	1514486	1314301
5719630	2693841	3025789	1919732	1106057	758086
9334164	4400734	4933430	2664526	2268904	659626
7134874	4010616	3124258	1699335	1424923	522238
5978516	3407918	2570598	1452516	1118082	1132138
6172093	4157016	2015077	922097	1092980	1224182
13152781	6779610	6373171	2751458	3621713	5419786
3545304	1807771	1737533	697174	1040359	104405
804717	351619	453098	245603	207495	138648
3004104	1433330	1570774	864994	705780	347581
6624437	3493416	3131021	1527430	1603591	544720
1438745	1018093	420652	355794	64858	93517
3091843	1516456	1575387	570661	1004726	83105
174934	110083	64851	36583	28268	167450
5976578	3415693	2560885	1125842	1435043	38500
1567457	864662	702795	500243	202552	102217
238410	140745	97665	87572	10093	1959
636623	300125	336498	145742	190756	58500
1515689	880408	635281	307691	327590	77240

4—7 分地区普通高等学校

地区	合计	事业性经费支出				
			个人部分			
				工资福利支出	对个人和家庭的补助支出	
						#助学金
合计	**411292693**	**381872255**	**161211026**	**99772701**	**61438325**	**24200667**
北京	45718821	43008576	14732793	8504664	6228129	1430410
天津	9155390	8859652	4088310	2381634	1706676	444985
河北	13179582	13121641	6172040	3752378	2419662	1134226
山西	5498146	5239938	2929054	1768871	1160183	613477
内蒙古	4547720	4375257	2173183	1298532	874651	486392
辽宁	17852140	15613055	7014044	4107548	2906496	892492
吉林	9251027	8995441	4073546	2338204	1735342	676258
黑龙江	12979988	12272460	4628199	2821288	1806911	686979
上海	22491758	21143564	9015112	7026474	1988638	900081
江苏	37395982	34480832	13301686	8258981	5042705	1560704
浙江	20180507	18936678	8307015	5507261	2799754	1144010
安徽	9641755	9487958	4327673	2521608	1806065	818764
福建	11559842	10079091	4380363	2634767	1745596	794819
江西	10296666	9538580	3964182	2476012	1488170	846608
山东	20742167	19777378	8548943	5060219	3488724	1408227
河南	12929280	12461776	5519546	3368214	2151332	1121753
湖北	22871785	21162423	9275134	5582098	3693036	1219046
湖南	16852913	15542686	6102400	3612777	2489623	1078978
广东	33502387	27820503	11834515	8225523	3608992	1258694
广西	6406761	6303514	2867954	1690487	1177467	619267
海南	1626944	1488296	688802	486738	202064	147318
重庆	9730197	8257404	3662207	2255435	1406772	704869
四川	18378533	17276575	6867581	4274900	2592681	1091009
贵州	3225724	3132810	1791638	1002788	788850	341029
云南	5923319	5840214	2819495	1628386	1191109	574086
西藏	691841	524391	349457	233566	115891	39455
陕西	18026102	16756145	6656523	3848797	2807726	1300851
甘肃	4764992	4655775	2294964	1376557	918407	434020
青海	732432	730473	504219	293306	210913	64818
宁夏	1389197	1330697	598456	376016	222440	99469
新疆	3748795	3658472	1721992	1058672	663320	267573

教育经费支出明细

单位:千元

公用部分	商品和服务支出	其他资本性支出	专项公用支出	专项项目支出	基本建设支出
220661229	**125675547**	**94985682**	**49045493**	**45940189**	**29420438**
28275783	16378778	11897005	5234457	6662548	2710245
4771342	2774042	1997300	1283836	713464	295738
6949601	3746893	3202708	1176622	2026086	57941
2310884	1428444	882440	686642	195798	258208
2202074	1322021	880053	604800	275253	172463
8599011	5254329	3344682	2154033	1190649	2239085
4921895	3102323	1819572	1110213	709359	255586
7644261	5446651	2197610	1145043	1052567	707528
12128452	8873555	3254897	2853861	401036	1348194
21179146	9791456	11387690	4260450	7127240	2915150
10629663	6835365	3794298	1993370	1800928	1243829
5160285	2468378	2691907	1050962	1640945	153797
5698728	2670806	3027922	1508439	1519483	1480751
5574398	2592072	2982326	1888157	1094169	758086
11228435	6004083	5224352	2976858	2247494	964789
6942230	3893803	3048427	1654496	1393931	467504
11887289	7063524	4823765	2884238	1939527	1709362
9440286	5226901	4213385	1862397	2350988	1310227
15985988	8401802	7584186	3785671	3798515	5681884
3435560	1735314	1700246	673802	1026444	103247
799494	347501	451993	244498	207495	138648
4595197	2843532	1751665	1131146	620519	1472793
10408994	6016977	4392017	2451969	1940048	1101958
1341172	959289	381883	346818	35065	92914
3020719	1490504	1530215	568939	961276	83105
174934	110083	64851	36583	28268	167450
10099622	6077188	4022434	2010698	2011736	1269957
2360811	1290907	1069904	745791	324113	109217
226254	134999	91255	86357	4898	1959
732241	358046	374195	165839	208356	58500
1936480	1035981	900499	468508	431991	90323

4—8 分地区中央属普通高等学校

地 区	合 计	事业性经费支出	个人部分	工资福利支出	对个人和家庭的补助支出	#助学金
合 计	**128442035**	**117966956**	**44428114**	**25606743**	**18821371**	**5446217**
北 京	35134242	32948618	10614229	5902624	4711605	1119951
天 津	3030339	2754001	1338170	729568	608602	125442
河 北	963244	921003	502358	363446	138912	55433
山 西						
内蒙古						
辽 宁	4075649	3689399	1474836	796098	678738	185200
吉 林	2895620	2705246	1240857	661921	578936	180161
黑龙江	4657727	4111919	1478755	973365	505390	183884
上 海	12226162	11500366	4539222	3333913	1205309	533885
江 苏	9836432	8258372	3622586	2037951	1584635	392131
浙 江	3455314	3449314	1225279	590915	634364	240342
安 徽	1834892	1766868	722713	402794	319919	102390
福 建	2111748	1945298	903736	457494	446242	149580
江 西	55082	55082	8152	7560	592	169
山 东	4266390	3858411	1475321	781338	693983	178716
河 南	75551	75551	30857	19196	11661	3005
湖 北	11101647	10524303	4499794	2422073	2077721	521204
湖 南	4868013	4780468	1317580	659730	657850	208723
广 东	5767352	5486286	2066066	1263365	802701	219939
广 西						
海 南						
重 庆	4154674	3029462	1257333	743146	514187	165240
四 川	7258544	6701306	2559814	1549626	1010188	299056
贵 州	10180	10180	6192	5971	221	
云 南						
西 藏						
陕 西	8054668	6823211	2487630	1276721	1210909	422326
甘 肃	1441579	1423579	556287	317821	238466	86174
青 海						
宁 夏	188257	188257	92639	64038	28601	18127
新 疆	978729	960456	407708	246069	161639	55139

教育经费支出明细

单位:千元

公用部分	商品和服务支出	其他资本性支出			基本建设支出
			专项公用支出	专项项目支出	
73538842	**47198397**	**26340445**	**15302936**	**11037509**	**10475079**
22334389	13055665	9278724	3256674	6022050	2185624
1415831	929806	486025	461156	24869	276338
418645	224995	193650	140937	52713	42241
2214563	1533712	680851	395566	285285	386250
1464389	1097217	367172	248340	118832	190374
2633164	2137330	495834	385427	110407	545808
6961144	5016752	1944392	1750706	193686	725796
4635786	3204298	1431488	1123326	308162	1578060
2224035	1857581	366454	343449	23005	6000
1044155	731723	312432	184077	128355	68024
1041562	664361	377201	294868	82333	166450
46930	2293	44637	4056	40581	
2383090	1870316	512774	481137	31637	407979
44694	34694	10000	8000	2000	
6024509	3750626	2273883	1445749	828134	577344
3462888	1220446	2242442	954625	1287817	87545
3420220	2095213	1325007	1124411	200596	281066
1772129	1490647	281482	279796	1686	1125212
4141492	2728830	1412662	1052852	359810	557238
3988	3022	966	966		
4335581	2765335	1570246	913870	656376	1231457
867292	471001	396291	259924	136367	18000
95618	57921	37697	20097	17600	
552748	254613	298135	172927	125208	18273

4—9 分地区地方普通高等学校

地 区	合 计	事业性经费支出	个人部分	工资福利支出	对个人和家庭的补助支出	#助学金
合 计	**282850658**	**263905299**	**116782912**	**74165958**	**42616954**	**18754450**
北 京	10584579	10059958	4118564	2602040	1516524	310459
天 津	6125051	6105651	2750140	1652066	1098074	319543
河 北	12216338	12200638	5669682	3388932	2280750	1078793
山 西	5498146	5239938	2929054	1768871	1160183	613477
内蒙古	4547720	4375257	2173183	1298532	874651	486392
辽 宁	13776491	11923656	5539208	3311450	2227758	707292
吉 林	6355407	6290195	2832689	1676283	1156406	496097
黑龙江	8322261	8160541	3149444	1847923	1301521	503095
上 海	10265596	9643198	4475890	3692561	783329	366196
江 苏	27559550	26222460	9679100	6221030	3458070	1168573
浙 江	16725193	15487364	7081736	4916346	2165390	903668
安 徽	7806863	7721090	3604960	2118814	1486146	716374
福 建	9448094	8133793	3476627	2177273	1299354	645239
江 西	10241584	9483498	3956030	2468452	1487578	846439
山 东	16475777	15918967	7073622	4278881	2794741	1229511
河 南	12853729	12386225	5488689	3349018	2139671	1118748
湖 北	11770138	10638120	4775340	3160025	1615315	697842
湖 南	11984900	10762218	4784820	2953047	1831773	870255
广 东	27735035	22334217	9768449	6962158	2806291	1038755
广 西	6406761	6303514	2867954	1690487	1177467	619267
海 南	1626944	1488296	688802	486738	202064	147318
重 庆	5575523	5227942	2404874	1512289	892585	539629
四 川	11119989	10575269	4307767	2725274	1582493	791953
贵 州	3215544	3122630	1785446	996817	788629	341029
云 南	5923319	5840214	2819495	1628386	1191109	574086
西 藏	691841	524391	349457	233566	115891	39455
陕 西	9971434	9932934	4168893	2572076	1596817	878525
甘 肃	3323413	3232196	1738677	1058736	679941	347846
青 海	732432	730473	504219	293306	210913	64818
宁 夏	1200940	1142440	505817	311978	193839	81342
新 疆	2770066	2698016	1314284	812603	501681	212434

教育经费支出明细

单位:千元

公用部分	商品和服务支出	其他资本性支出			基本建设支出
			专项公用支出	专项项目支出	
147122387	**78477150**	**68645237**	**33742557**	**34902680**	**18945359**
5941394	3323113	2618281	1977783	640498	524621
3355511	1844236	1511275	822680	688595	19400
6530956	3521898	3009058	1035685	1973373	15700
2310884	1428444	882440	686642	195798	258208
2202074	1322021	880053	604800	275253	172463
6384448	3720617	2663831	1758467	905364	1852835
3457506	2005106	1452400	861873	590527	65212
5011097	3309321	1701776	759616	942160	161720
5167308	3856803	1310505	1103155	207350	622398
16543360	6587158	9956202	3137124	6819078	1337090
8405628	4977784	3427844	1649921	1777923	1237829
4116130	1736655	2379475	866885	1512590	85773
4657166	2006445	2650721	1213571	1437150	1314301
5527468	2589779	2937689	1884101	1053588	758086
8845345	4133767	4711578	2495721	2215857	556810
6897536	3859109	3038427	1646496	1391931	467504
5862780	3312898	2549882	1438489	1111393	1132018
5977398	4006455	1970943	907772	1063171	1222682
12565768	6306589	6259179	2661260	3597919	5400818
3435560	1735314	1700246	673802	1026444	103247
799494	347501	451993	244498	207495	138648
2823068	1352885	1470183	851350	618833	347581
6267502	3288147	2979355	1399117	1580238	544720
1337184	956267	380917	345852	35065	92914
3020719	1490504	1530215	568939	961276	83105
174934	110083	64851	36583	28268	167450
5764041	3311853	2452188	1096828	1355360	38500
1493519	819906	673613	485867	187746	91217
226254	134999	91255	86357	4898	1959
636623	300125	336498	145742	190756	58500
1383732	781368	602364	295581	306783	72050

4—10 分地区普通高等本科学校

地区	合计	事业性经费支出	个人部分	工资福利支出	对个人和家庭的补助支出	#助学金
合计	**333160995**	**308317688**	**129986598**	**78891257**	**51095341**	**19077199**
北京	43400206	40771764	13841474	7834888	6006586	1367333
天津	7502671	7221333	3263498	1883391	1380107	358177
河北	9408007	9352266	4391077	2498445	1892632	857043
山西	3957516	3784309	2145978	1243418	902560	470918
内蒙古	2852284	2774637	1437213	835276	601937	315886
辽宁	15804073	13587448	6032379	3463941	2568438	803564
吉林	8267123	8020099	3601707	2053738	1547969	611833
黑龙江	11256221	10634556	3879798	2348967	1530831	588024
上海	20934372	19588887	8379626	6462584	1917042	866767
江苏	28327185	25858201	10601466	6474737	4126729	1152343
浙江	15594263	14561174	6411508	4133032	2278476	904779
安徽	7487545	7371221	3391530	1953032	1438498	635680
福建	8833013	7694268	3440275	2020044	1420231	608672
江西	7195831	7004936	2891118	1820145	1070973	563351
山东	15283087	14479678	6625452	3762251	2863201	1046982
河南	9253951	9133097	4017324	2404002	1613322	786079
湖北	19392655	18066638	7861619	4631950	3229669	1023168
湖南	12421806	11443305	4258598	2425535	1833063	731472
广东	26250981	21301040	9042243	6101967	2940276	960361
广西	4256560	4178851	1952783	1157286	795497	406887
海南	1269883	1191093	563111	394476	168635	121703
重庆	8446599	7093033	3164338	1939530	1224808	593285
四川	14401335	13466163	5457542	3357585	2099957	824895
贵州	2376039	2361357	1311684	717357	594327	264430
云南	4482918	4405144	2100064	1195308	904756	414048
西藏	549731	432291	289780	188167	101613	33860
陕西	15880906	14637449	5682196	3233567	2448629	1106280
甘肃	3768037	3695145	1833750	1092394	741356	336537
青海	573414	573414	405940	237148	168792	49227
宁夏	1001125	946625	456925	284525	172400	75425
新疆	2731658	2688266	1254602	742571	512031	198190

教育经费支出明细

单位：千元

公用部分	商品和服务支出	其他资本性支出			基本建设支出
			专项公用支出	专项项目支出	
178331090	**106211539**	**72119551**	**39359304**	**32760247**	**24843307**
26930290	15640910	11289380	4797819	6491561	2628442
3957835	2383887	1573948	1103527	470421	281338
4961189	2799133	2162056	730744	1431312	55741
1638331	1015087	623244	491479	131765	173207
1337424	957262	380162	285884	94278	77647
7555069	4622020	2933049	1870032	1063017	2216625
4418392	2784161	1634231	1002270	631961	247024
6754758	4931533	1823225	944956	878269	621665
11209261	8241367	2967894	2647169	320725	1345485
15256735	8055979	7200756	3180982	4019774	2468984
8149666	5694097	2455569	1487081	968488	1033089
3979691	2062508	1917183	826862	1090321	116324
4253993	2077743	2176250	1211089	965161	1138745
4113818	1872766	2241052	1585323	655729	190895
7854226	4668839	3185387	2046585	1138802	803409
5115773	2841049	2274724	1220512	1054212	120854
10205019	6337843	3867176	2445432	1421744	1326017
7184707	3943952	3240755	1504072	1736683	978501
12258797	6491946	5766851	2797500	2969351	4949941
2226068	1194080	1031988	444577	587411	77709
627982	278323	349659	202317	147342	78790
3928695	2568850	1359845	1013249	346596	1353566
8008621	5038270	2970351	1936078	1034273	935172
1049673	760538	289135	268666	20469	14682
2305080	1190951	1114129	392106	722023	77774
142511	94929	47582	28274	19308	117440
8955253	5470358	3484895	1729763	1755132	1243457
1861395	1070683	790712	580809	209903	72892
167474	107828	59646	59646		
489700	267596	222104	144854	77250	54500
1433664	747051	686613	379647	306966	43392

4—11 分地区中央属普通高等本科学校

地区	合计	事业性经费支出	个人部分	工资福利支出	对个人和家庭的补助支出	#助学金
合计	**126790853**	**116409915**	**43727641**	**25065657**	**18661984**	**5374911**
北京	35134242	32948618	10614229	5902624	4711605	1119951
天津	3030339	2754001	1338170	729568	608602	125442
河北	706427	664186	371862	240583	131279	49929
山西						
内蒙古						
辽宁	4075649	3689399	1474836	796098	678738	185200
吉林	2895620	2705246	1240857	661921	578936	180161
黑龙江	4380502	3842627	1378311	884416	493895	182769
上海	12226162	11500366	4539222	3333913	1205309	533885
江苏	9697050	8161805	3571474	2013010	1558464	384515
浙江	3455314	3449314	1225279	590915	634364	240342
安徽	1834892	1766868	722713	402794	319919	102390
福建	2111748	1945298	903736	457494	446242	149580
江西						
山东	4186842	3778863	1444061	753367	690694	175485
河南						
湖北	11036285	10458941	4461364	2385062	2076302	521081
湖南	4794590	4712720	1284890	636459	648431	199821
广东	5489310	5208244	1934587	1173811	760776	200399
广西						
海南						
重庆	4106796	2981584	1233715	727816	505899	160971
四川	7148489	6626969	2515463	1525119	990344	287389
贵州						
云南						
西藏						
陕西	8054668	6823211	2487630	1276721	1210909	422326
甘肃	1441579	1423579	556287	317821	238466	86174
青海						
宁夏	188257	188257	92639	64038	28601	18127
新疆	796092	779819	336316	192107	144209	48974

教育经费支出明细

单位:千元

公用部分	商品和服务支出	其他资本性支出	专项公用支出	专项项目支出	基本建设支出
72682274	**46734892**	**25947382**	**15142302**	**10805080**	**10380938**
22334389	13055665	9278724	3256674	6022050	2185624
1415831	929806	486025	461156	24869	276338
292324	167166	125158	109418	15740	42241
2214563	1533712	680851	395566	285285	386250
1464389	1097217	367172	248340	118832	190374
2464316	2002819	461497	376989	84508	537875
6961144	5016752	1944392	1750706	193686	725796
4590331	3170258	1420073	1115100	304973	1535245
2224035	1857581	366454	343449	23005	6000
1044155	731723	312432	184077	128355	68024
1041562	664361	377201	294868	82333	166450
2334802	1848931	485871	460871	25000	407979
5997577	3728536	2269041	1443211	825830	577344
3427830	1203256	2224574	936757	1287817	81870
3273657	2039436	1234221	1110460	123761	281066
1747869	1472532	275337	273651	1686	1125212
4111506	2704627	1406879	1047069	359810	521520
4335581	2765335	1570246	913870	656376	1231457
867292	471001	396291	259924	136367	18000
95618	57921	37697	20097	17600	
443503	216257	227246	140049	87197	16273

4—12 分地区地方普通高等本科学校

地区	合计	事业性经费支出	个人部分	工资福利支出	对个人和家庭的补助支出	#助学金
合计	**206370142**	**191907773**	**86258957**	**53825600**	**32433357**	**13702288**
北京	8265964	7823146	3227245	1932264	1294981	247382
天津	4472332	4467332	1925328	1153823	771505	232735
河北	8701580	8688080	4019215	2257862	1761353	807114
山西	3957516	3784309	2145978	1243418	902560	470918
内蒙古	2852284	2774637	1437213	835276	601937	315886
辽宁	11728424	9898049	4557543	2667843	1889700	618364
吉林	5371503	5314853	2360850	1391817	969033	431672
黑龙江	6875719	6791929	2501487	1464551	1036936	405255
上海	8708210	8088521	3840404	3128671	711733	332882
江苏	18630135	17696396	7029992	4461727	2568265	767828
浙江	12138949	11111860	5186229	3542117	1644112	664437
安徽	5652653	5604353	2668817	1550238	1118579	533290
福建	6721265	5748970	2536539	1562550	973989	459092
江西	7195831	7004936	2891118	1820145	1070973	563351
山东	11096245	10700815	5181391	3008884	2172507	871497
河南	9253951	9133097	4017324	2404002	1613322	786079
湖北	8356370	7607697	3400255	2246888	1153367	502087
湖南	7627216	6730585	2973708	1789076	1184632	531651
广东	20761671	16092796	7107656	4928156	2179500	759962
广西	4256560	4178851	1952783	1157286	795497	406887
海南	1269883	1191093	563111	394476	168635	121703
重庆	4339803	4111449	1930623	1211714	718909	432314
四川	7252846	6839194	2942079	1832466	1109613	537506
贵州	2376039	2361357	1311684	717357	594327	264430
云南	4482918	4405144	2100064	1195308	904756	414048
西藏	549731	432291	289780	188167	101613	33860
陕西	7826238	7814238	3194566	1956846	1237720	683954
甘肃	2326458	2271566	1277463	774573	502890	250363
青海	573414	573414	405940	237148	168792	49227
宁夏	812868	758368	364286	220487	143799	57298
新疆	1935566	1908447	918286	550464	367822	149216

教育经费支出明细

单位:千元

公用部分	商品和服务支出	其他资本性支出			基本建设支出
			专项公用支出	专项项目支出	
105648816	**59476647**	**46172169**	**24217002**	**21955167**	**14462369**
4595901	2585245	2010656	1541145	469511	442818
2542004	1454081	1087923	642371	445552	5000
4668865	2631967	2036898	621326	1415572	13500
1638331	1015087	623244	491479	131765	173207
1337424	957262	380162	285884	94278	77647
5340506	3088308	2252198	1474466	777732	1830375
2954003	1686944	1267059	753930	513129	56650
4290442	2928714	1361728	567967	793761	83790
4248117	3224615	1023502	896463	127039	619689
10666404	4885721	5780683	2065882	3714801	933739
5925631	3836516	2089115	1143632	945483	1027089
2935536	1330785	1604751	642785	961966	48300
3212431	1413382	1799049	916221	882828	972295
4113818	1872766	2241052	1585323	655729	190895
5519424	2819908	2699516	1585714	1113802	395430
5115773	2841049	2274724	1220512	1054212	120854
4207442	2609307	1598135	1002221	595914	748673
3756877	2740696	1016181	567315	448866	896631
8985140	4452510	4532630	1687040	2845590	4668875
2226068	1194080	1031988	444577	587411	77709
627982	278323	349659	202317	147342	78790
2180826	1096318	1084508	739598	344910	228354
3897115	2333643	1563472	889009	674463	413652
1049673	760538	289135	268666	20469	14682
2305080	1190951	1114129	392106	722023	77774
142511	94929	47582	28274	19308	117440
4619672	2705023	1914649	815893	1098756	12000
994103	599682	394421	320885	73536	54892
167474	107828	59646	59646		
394082	209675	184407	124757	59650	54500
990161	530794	459367	239598	219769	27119

4—13 分地区普通高等专科学校

地 区	合 计	事业性经费支出	个人部分	工资福利支出	对个人和家庭的补助支出	#助学金
合 计	**10432806**	**9718560**	**4770753**	**3045967**	**1724786**	**814828**
北 京	323828	283828	106775	76846	29929	11487
天 津	136403	136403	72653	53337	19316	872
河 北	659293	659093	315121	185980	129141	57105
山 西	248885	222785	123697	78873	44824	24518
内蒙古	128463	128463	77451	48900	28551	17744
辽 宁	472354	470075	261057	159862	101195	20210
吉 林	333903	325341	164602	97751	66851	27025
黑龙江	169752	169752	72985	43276	29709	17196
上 海	288863	288863	118993	93427	25566	10822
江 苏	588367	545552	255803	168895	86908	33780
浙 江	442811	415821	242282	150865	91417	26113
安 徽	193918	193918	94818	59545	35273	21110
福 建	112605	100102	53162	32506	20656	11440
江 西	201085	184085	85472	55189	30283	17006
山 东	377521	344208	150006	108320	41686	10050
河 南	1679753	1467631	665636	436728	228908	127492
湖 北	254420	230199	87931	69352	18579	9279
湖 南	755132	641155	317619	203458	114161	52432
广 东	270093	270093	137256	91876	45380	15146
广 西	455799	451799	239461	136672	102789	62324
海 南	53789	40450	16195	14355	1840	600
重 庆	71562	71562	38710	18372	20338	15432
四 川	662429	638609	255395	156373	99022	51768
贵 州	277460	215560	136992	79937	57055	29074
云 南	619760	614760	358612	219637	138975	81259
西 藏	32202	32202	26623	22058	4565	1193
陕 西	143968	143968	87650	47722	39928	19539
甘 肃	316296	283871	133887	86865	47022	29480
青 海						
宁 夏						
新 疆	162092	148412	73909	48990	24919	13332

教育经费支出明细

单位:千元

公用部分	商品和服务支出	其他资本性支出			基本建设支出
			专项公用支出	专项项目支出	
4947807	**2784981**	**2162826**	**1141797**	**1021029**	**714246**
177053	132621	44432	44432		40000
63750	32219	31531	11329	20202	
343972	150163	193809	62953	130856	200
99088	65593	33495	23786	9709	26100
51012	25695	25317	20317	5000	
209018	170920	38098	35149	2949	2279
160739	98225	62514	43045	19469	8562
96767	40230	56537	45440	11097	
169870	117867	52003	52003		
289749	111386	178363	39086	139277	42815
173539	91726	81813	29151	52662	26990
99100	33672	65428	33521	31907	
46940	23615	23325	11908	11417	12503
98613	49431	49182	25974	23208	17000
194202	94874	99328	38068	61260	33313
801995	463150	338845	175932	162913	212122
142268	46994	95274	10303	84971	24221
323536	232091	91445	37545	53900	113977
132837	102163	30674	10672	20002	
212338	107101	105237	53193	52044	4000
24255	20289	3966	3966		13339
32852	19502	13350	13350		
383214	187469	195745	148144	47601	23820
78568	56721	21847	18365	3482	61900
256148	132772	123376	78470	44906	5000
5579	5579				
56318	41488	14830	12830	2000	
149984	74307	75677	50220	25457	32425
74503	57118	17385	12645	4740	13680

4—14 分地区中央属普通高等专科学校

地区	合计	事业性经费支出	个人部分	工资福利支出	对个人和家庭的补助支出	#助学金
合计	**262063**	**219248**	**113878**	**71595**	**42283**	**12250**
北京						
天津						
河北						
山西						
内蒙古						
辽宁						
吉林						
黑龙江						
上海						
江苏	139382	96567	51112	24941	26171	7616
浙江						
安徽						
福建						
江西						
山东						
河南	75551	75551	30857	19196	11661	3005
湖北	24922	24922	18490	17700	790	
湖南						
广东						
广西						
海南						
重庆						
四川						
贵州						
云南						
西藏						
陕西						
甘肃						
青海						
宁夏						
新疆	22208	22208	13419	9758	3661	1629

教育经费支出明细

单位:千元

公用部分	商品和服务支出	其他资本性支出	专项公用支出	专项项目支出	基本建设支出
105370	**82046**	**23324**	**18135**	**5189**	**42815**
45455	34040	11415	8226	3189	42815
44694	34694	10000	8000	2000	
6432	5310	1122	1122		
8789	8002	787	787		

4—15 分地区地方普通高等专科学校

地区	合计	事业性经费支出	个人部分	工资福利支出	对个人和家庭的补助支出	#助学金
合计	**10170743**	**9499312**	**4656875**	**2974372**	**1682503**	**802578**
北京	323828	283828	106775	76846	29929	11487
天津	136403	136403	72653	53337	19316	872
河北	659293	659093	315121	185980	129141	57105
山西	248885	222785	123697	78873	44824	24518
内蒙古	128463	128463	77451	48900	28551	17744
辽宁	472354	470075	261057	159862	101195	20210
吉林	333903	325341	164602	97751	66851	27025
黑龙江	169752	169752	72985	43276	29709	17196
上海	288863	288863	118993	93427	25566	10822
江苏	448985	448985	204691	143954	60737	26164
浙江	442811	415821	242282	150865	91417	26113
安徽	193918	193918	94818	59545	35273	21110
福建	112605	100102	53162	32506	20656	11440
江西	201085	184085	85472	55189	30283	17006
山东	377521	344208	150006	108320	41686	10050
河南	1604202	1392080	634779	417532	217247	124487
湖北	229498	205277	69441	51652	17789	9279
湖南	755132	641155	317619	203458	114161	52432
广东	270093	270093	137256	91876	45380	15146
广西	455799	451799	239461	136672	102789	62324
海南	53789	40450	16195	14355	1840	600
重庆	71562	71562	38710	18372	20338	15432
四川	662429	638609	255395	156373	99022	51768
贵州	277460	215560	136992	79937	57055	29074
云南	619760	614760	358612	219637	138975	81259
西藏	32202	32202	26623	22058	4565	1193
陕西	143968	143968	87650	47722	39928	19539
甘肃	316296	283871	133887	86865	47022	29480
青海						
宁夏						
新疆	139884	126204	60490	39232	21258	11703

教育经费支出明细

单位：千元

公用部分	商品和服务支出	其他资本性支出			基本建设支出
			专项公用支出	专项项目支出	
4842437	**2702935**	**2139502**	**1123662**	**1015840**	**671431**
177053	132621	44432	44432		40000
63750	32219	31531	11329	20202	
343972	150163	193809	62953	130856	200
99088	65593	33495	23786	9709	26100
51012	25695	25317	20317	5000	
209018	170920	38098	35149	2949	2279
160739	98225	62514	43045	19469	8562
96767	40230	56537	45440	11097	
169870	117867	52003	52003		
244294	77346	166948	30860	136088	
173539	91726	81813	29151	52662	26990
99100	33672	65428	33521	31907	
46940	23615	23325	11908	11417	12503
98613	49431	49182	25974	23208	17000
194202	94874	99328	38068	61260	33313
757301	428456	328845	167932	160913	212122
135836	41684	94152	9181	84971	24221
323536	232091	91445	37545	53900	113977
132837	102163	30674	10672	20002	
212338	107101	105237	53193	52044	4000
24255	20289	3966	3966		13339
32852	19502	13350	13350		
383214	187469	195745	148144	47601	23820
78568	56721	21847	18365	3482	61900
256148	132772	123376	78470	44906	5000
5579	5579				
56318	41488	14830	12830	2000	
149984	74307	75677	50220	25457	32425
65714	49116	16598	11858	4740	13680

4—16 分地区普通高等职业学校

地区	合计	事业性经费支出	个人部分	工资福利支出	对个人和家庭的补助支出	#助学金
合计	**67698892**	**63836007**	**26453675**	**17835477**	**8618198**	**4308640**
北京	1994787	1952984	784544	592930	191614	51590
天津	1516316	1501916	752159	444906	307253	85936
河北	3112282	3110282	1465842	1067953	397889	220078
山西	1291745	1232844	659379	446580	212799	118041
内蒙古	1566973	1472157	658519	414356	244163	152762
辽宁	1575713	1555532	720608	483745	236863	68718
吉林	650001	650001	307237	186715	120522	37400
黑龙江	1554015	1468152	675416	429045	246371	81759
上海	1268523	1265814	516493	470463	46030	22492
江苏	8480430	8077079	2444417	1615349	829068	374581
浙江	4143433	3959683	1653225	1223364	429861	213118
安徽	1960292	1922819	841325	509031	332294	161974
福建	2614224	2284721	886926	582217	304709	174707
江西	2899750	2349559	987592	600678	386914	266251
山东	5081559	4953492	1773485	1189648	583837	351195
河南	1995576	1861048	836586	527484	309102	208182
湖北	3224710	2865586	1325584	880796	444788	186599
湖南	3675975	3458226	1526183	983784	542399	295074
广东	6981313	6249370	2655016	2031680	623336	283187
广西	1694402	1672864	675710	396529	279181	150056
海南	303272	256753	109496	77907	31589	25015
重庆	1212036	1092809	459159	297533	161626	96152
四川	3314769	3171803	1154644	760942	393702	214346
贵州	572225	555893	342962	205494	137468	47525
云南	820641	820310	360819	213441	147378	78779
西藏	109908	59898	33054	23341	9713	4402
陕西	2001228	1974728	886677	567508	319169	175032
甘肃	680659	676759	327327	197298	130029	68003
青海	159018	157059	98279	56158	42121	15591
宁夏	388072	384072	141531	91491	50040	24044
新疆	855045	821794	393481	267111	126370	56051

教育经费支出明细

单位：千元

公用部分	商品和服务支出	其他资本性支出	专项公用支出	专项项目支出	基本建设支出
37382332	**16679027**	**20703305**	**8544392**	**12158913**	**3862885**
1168440	605247	563193	392206	170987	41803
749757	357936	391821	168980	222841	14400
1644440	797597	846843	382925	463918	2000
573465	347764	225701	171377	54324	58901
813638	339064	474574	298599	175975	94816
834924	461389	373535	248852	124683	20181
342764	219937	122827	64898	57929	
792736	474888	317848	154647	163201	85863
749321	514321	235000	154689	80311	2709
5632662	1624091	4008571	1040382	2968189	403351
2306458	1049542	1256916	477138	779778	183750
1081494	372198	709296	190579	518717	37473
1397795	569448	828347	285442	542905	329503
1361967	669875	692092	276860	415232	550191
3180007	1240370	1939637	892205	1047432	128067
1024462	589604	434858	258052	176806	134528
1540002	678687	861315	428503	432812	359124
1932043	1050858	881185	320780	560405	217749
3594354	1807693	1786661	977499	809162	731943
997154	434133	563021	176032	386989	21538
147257	48889	98368	38215	60153	46519
633650	255180	378470	104547	273923	119227
2017159	791238	1225921	367747	858174	142966
212931	142030	70901	59787	11114	16332
459491	166781	292710	98363	194347	331
26844	9575	17269	8309	8960	50010
1088051	565342	522709	268105	254604	26500
349432	145917	203515	114762	88753	3900
58780	27171	31609	26711	4898	1959
242541	90450	152091	20985	131106	4000
428313	231812	196501	76216	120285	33251

4—17 分地区中央属普通高等职业学校

地 区	合 计	事业性经费支出	个人部分	工资福利支出	对个人和家庭的补助支出	#助学金
合 计	**1389119**	**1337793**	**586595**	**469491**	**117104**	**59056**
北 京						
天 津						
河 北	256817	256817	130496	122863	7633	5504
山 西						
内蒙古						
辽 宁						
吉 林						
黑龙江	277225	269292	100444	88949	11495	1115
上 海						
江 苏						
浙 江						
安 徽						
福 建						
江 西	55082	55082	8152	7560	592	169
山 东	79548	79548	31260	27971	3289	3231
河 南						
湖 北	40440	40440	19940	19311	629	123
湖 南	73423	67748	32690	23271	9419	8902
广 东	278042	278042	131479	89554	41925	19540
广 西						
海 南						
重 庆	47878	47878	23618	15330	8288	4269
四 川	110055	74337	44351	24507	19844	11667
贵 州	10180	10180	6192	5971	221	
云 南						
西 藏						
陕 西						
甘 肃						
青 海						
宁 夏						
新 疆	160429	158429	57973	44204	13769	4536

教育经费支出明细

单位：千元

公用部分	商品和服务支出	其他资本性支出		基本建设支出
		专项公用支出	专项项目支出	
751198	**381459**	**369739**	**142499**	**227240**	**51326**
126321	57829	68492	31519	36973	
168848	134511	34337	8438	25899	7933
46930	2293	44637	4056	40581	
48288	21385	26903	20266	6637	
20500	16780	3720	1416	2304	
35058	17190	17868	17868		5675
146563	55777	90786	13951	76835	
24260	18115	6145	6145		
29986	24203	5783	5783		35718
3988	3022	966	966		
100456	30354	70102	32091	38011	2000

4—18 分地区地方普通高等职业学校

地区	合计	事业性经费支出	个人部分	工资福利支出	对个人和家庭的补助支出	#助学金
合计	**66309773**	**62498214**	**25867080**	**17365986**	**8501094**	**4249584**
北京	1994787	1952984	784544	592930	191614	51590
天津	1516316	1501916	752159	444906	307253	85936
河北	2855465	2853465	1335346	945090	390256	214574
山西	1291745	1232844	659379	446580	212799	118041
内蒙古	1566973	1472157	658519	414356	244163	152762
辽宁	1575713	1555532	720608	483745	236863	68718
吉林	650001	650001	307237	186715	120522	37400
黑龙江	1276790	1198860	574972	340096	234876	80644
上海	1268523	1265814	516493	470463	46030	22492
江苏	8480430	8077079	2444417	1615349	829068	374581
浙江	4143433	3959683	1653225	1223364	429861	213118
安徽	1960292	1922819	841325	509031	332294	161974
福建	2614224	2284721	886926	582217	304709	174707
江西	2844668	2294477	979440	593118	386322	266082
山东	5002011	4873944	1742225	1161677	580548	347964
河南	1995576	1861048	836586	527484	309102	208182
湖北	3184270	2825146	1305644	861485	444159	186476
湖南	3602552	3390478	1493493	960513	532980	286172
广东	6703271	5971328	2523537	1942126	581411	263647
广西	1694402	1672864	675710	396529	279181	150056
海南	303272	256753	109496	77907	31589	25015
重庆	1164158	1044931	435541	282203	153338	91883
四川	3204714	3097466	1110293	736435	373858	202679
贵州	562045	545713	336770	199523	137247	47525
云南	820641	820310	360819	213441	147378	78779
西藏	109908	59898	33054	23341	9713	4402
陕西	2001228	1974728	886677	567508	319169	175032
甘肃	680659	676759	327327	197298	130029	68003
青海	159018	157059	98279	56158	42121	15591
宁夏	388072	384072	141531	91491	50040	24044
新疆	694616	663365	335508	222907	112601	51515

教育经费支出明细

单位：千元

公用部分	商品和服务支出	其他资本性支出	专项公用支出	专项项目支出	基本建设支出
36631134	**16297568**	**20333566**	**8401893**	**11931673**	**3811559**
1168440	605247	563193	392206	170987	41803
749757	357936	391821	168980	222841	14400
1518119	739768	778351	351406	426945	2000
573465	347764	225701	171377	54324	58901
813638	339064	474574	298599	175975	94816
834924	461389	373535	248852	124683	20181
342764	219937	122827	64898	57929	
623888	340377	283511	146209	137302	77930
749321	514321	235000	154689	80311	2709
5632662	1624091	4008571	1040382	2968189	403351
2306458	1049542	1256916	477138	779778	183750
1081494	372198	709296	190579	518717	37473
1397795	569448	828347	285442	542905	329503
1315037	667582	647455	272804	374651	550191
3131719	1218985	1912734	871939	1040795	128067
1024462	589604	434858	258052	176806	134528
1519502	661907	857595	427087	430508	359124
1896985	1033668	863317	302912	560405	212074
3447791	1751916	1695875	963548	732327	731943
997154	434133	563021	176032	386989	21538
147257	48889	98368	38215	60153	46519
609390	237065	372325	98402	273923	119227
1987173	767035	1220138	361964	858174	107248
208943	139008	69935	58821	11114	16332
459491	166781	292710	98363	194347	331
26844	9575	17269	8309	8960	50010
1088051	565342	522709	268105	254604	26500
349432	145917	203515	114762	88753	3900
58780	27171	31609	26711	4898	1959
242541	90450	152091	20985	131106	4000
327857	201458	126399	44125	82274	31251

4—19 分地区成人高等学校

地区	合计	事业性经费支出	个人部分	工资福利支出	对个人和家庭的补助支出	#助学金
合计	**12602005**	**12349757**	**5997375**	**4115352**	**1882023**	**494321**
北京	971631	952231	383763	257023	126740	
天津	225866	225866	138423	90310	48113	2143
河北	401643	401643	233914	160460	73454	29967
山西	183803	183803	94122	73594	20528	5803
内蒙古	118214	118214	65529	46342	19187	1482
辽宁	512042	509652	281603	199384	82219	3648
吉林	345022	344522	224585	138788	85797	14970
黑龙江	422109	422109	214426	133352	81074	6368
上海	1082885	1082885	591085	516825	74260	2744
江苏	837588	815761	451955	259167	192788	77630
浙江	1075510	1063610	431848	319696	112152	29320
安徽	178286	178286	104324	72168	32156	5906
福建	361727	361727	190735	129784	60951	10239
江西	307957	307957	115795	79289	36506	17160
山东	981131	878315	389496	254620	134876	52550
河南	557078	502344	265006	157884	107122	48346
湖北	254361	254241	132492	92724	39768	15678
湖南	322662	321162	126201	86684	39517	13056
广东	1064614	1045646	458633	307476	151157	28366
广西	263751	262593	152849	99411	53438	13745
海南	13233	13233	8010	6700	1310	609
重庆	293562	293562	112526	79359	33167	13591
四川	616460	616460	259403	171970	87433	31013
贵州	176867	176264	74703	44642	30061	7383
云南	117408	117408	46284	21626	24658	19378
西藏						
陕西	375193	375193	162656	119758	42898	21254
甘肃	173983	162841	81559	53298	28261	13358
青海	23466	23466	11310	8885	2425	3
宁夏						
新疆	343953	338763	194140	134133	60007	8611

教育经费支出明细

单位：千元

公用部分	商品和服务支出	其他资本性支出	专项公用支出	专项项目支出	基本建设支出
6352382	**4262770**	**2089612**	**1115895**	**973717**	**252248**
568468	444286	124182	96653	27529	19400
87443	67156	20287	10541	9746	
167729	124619	43110	27932	15178	
89681	60395	29286	6458	22828	
52685	39148	13537	7950	5587	
228049	191443	36606	26569	10037	2390
119937	98535	21402	18030	3372	500
207683	174692	32991	19832	13159	
491800	402245	89555	84651	4904	
363806	210180	153626	54638	98988	21827
631762	348042	283720	124074	159646	11900
73962	64081	9881	6113	3768	
170992	78313	92679	15343	77336	
192162	104062	88100	35631	52469	
488819	266967	221852	168805	53047	102816
237338	151507	85831	52839	32992	54734
121749	99808	21941	14362	7579	120
194961	150827	44134	14325	29809	1500
587013	473021	113992	90198	23794	18968
109744	72457	37287	23372	13915	1158
5223	4118	1105	1105		
181036	80445	100591	13644	86947	
357057	205391	151666	128313	23353	
101561	61826	39735	9942	29793	603
71124	25952	45172	1722	43450	
212537	103840	108697	29014	79683	
81282	46841	34441	15635	18806	11142
12156	5746	6410	1215	5195	
144623	106827	37796	16989	20807	5190

4—20 分地区中央属成人高等学校

地区	合计	事业性经费支出	个人部分	工资福利支出	对个人和家庭的补助支出	#助学金
合计	**519732**	**519590**	**164258**	**124077**	**40181**	**965**
北京	382720	382720	108681	76525	32156	
天津						
河北						
山西						
内蒙古						
辽宁	8692	8692	3786	3786		
吉林						
黑龙江	60067	60067	15371	13406	1965	259
上海	5280	5280				
江苏						
浙江						
安徽						
福建						
江西						
山东						
河南						
湖北	13629	13629	7616	7264	352	325
湖南	1998	1998	1732	1266	466	214
广东						
广西						
海南						
重庆						
四川	1393	1393	1271	1237	34	
贵州						
云南						
西藏						
陕西						
甘肃	15355	15213	7869	7869		
青海						
宁夏						
新疆	30598	30598	17932	12724	5208	167

教育经费支出明细

单位:千元

公用部分	商品和服务支出	其他资本性支出			基本建设支出
			专项公用支出	专项项目支出	
355332	**316197**	**39135**	**27920**	**11215**	**142**
274039	263101	10938	10938		
4906	4591	315	315		
44696	28178	16518	10193	6325	
5280	5279	1	1		
6013	4788	1225	335	890	
266	266				
122	122				
7344	2085	5259	1259	4000	142
12666	7787	4879	4879		

4—21 分地区地方成人高等学校

地 区	合 计	事业性经费支出	个人部分	工资福利支出	对个人和家庭的补助支出	#助学金
合 计	**12082273**	**11830167**	**5833117**	**3991275**	**1841842**	**493356**
北 京	588911	569511	275082	180498	94584	
天 津	225866	225866	138423	90310	48113	2143
河 北	401643	401643	233914	160460	73454	29967
山 西	183803	183803	94122	73594	20528	5803
内蒙古	118214	118214	65529	46342	19187	1482
辽 宁	503350	500960	277817	195598	82219	3648
吉 林	345022	344522	224585	138788	85797	14970
黑龙江	362042	362042	199055	119946	79109	6109
上 海	1077605	1077605	591085	516825	74260	2744
江 苏	837588	815761	451955	259167	192788	77630
浙 江	1075510	1063610	431848	319696	112152	29320
安 徽	178286	178286	104324	72168	32156	5906
福 建	361727	361727	190735	129784	60951	10239
江 西	307957	307957	115795	79289	36506	17160
山 东	981131	878315	389496	254620	134876	52550
河 南	557078	502344	265006	157884	107122	48346
湖 北	240732	240612	124876	85460	39416	15353
湖 南	320664	319164	124469	85418	39051	12842
广 东	1064614	1045646	458633	307476	151157	28366
广 西	263751	262593	152849	99411	53438	13745
海 南	13233	13233	8010	6700	1310	609
重 庆	293562	293562	112526	79359	33167	13591
四 川	615067	615067	258132	170733	87399	31013
贵 州	176867	176264	74703	44642	30061	7383
云 南	117408	117408	46284	21626	24658	19378
西 藏						
陕 西	375193	375193	162656	119758	42898	21254
甘 肃	158628	147628	73690	45429	28261	13358
青 海	23466	23466	11310	8885	2425	3
宁 夏						
新 疆	313355	308165	176208	121409	54799	8444

教育经费支出明细

单位:千元

公用部分	商品和服务支出	其他资本性支出	专项公用支出	专项项目支出	基本建设支出
5997050	**3946573**	**2050477**	**1087975**	**962502**	**252106**
294429	181185	113244	85715	27529	19400
87443	67156	20287	10541	9746	
167729	124619	43110	27932	15178	
89681	60395	29286	6458	22828	
52685	39148	13537	7950	5587	
223143	186852	36291	26254	10037	2390
119937	98535	21402	18030	3372	500
162987	146514	16473	9639	6834	
486520	396966	89554	84650	4904	
363806	210180	153626	54638	98988	21827
631762	348042	283720	124074	159646	11900
73962	64081	9881	6113	3768	
170992	78313	92679	15343	77336	
192162	104062	88100	35631	52469	
488819	266967	221852	168805	53047	102816
237338	151507	85831	52839	32992	54734
115736	95020	20716	14027	6689	120
194695	150561	44134	14325	29809	1500
587013	473021	113992	90198	23794	18968
109744	72457	37287	23372	13915	1158
5223	4118	1105	1105		
181036	80445	100591	13644	86947	
356935	205269	151666	128313	23353	
101561	61826	39735	9942	29793	603
71124	25952	45172	1722	43450	
212537	103840	108697	29014	79683	
73938	44756	29182	14376	14806	11000
12156	5746	6410	1215	5195	
131957	99040	32917	12110	20807	5190

4—22 分地区中等职业学校

地区	合计	事业性经费支出	个人部分	工资福利支出	对个人和家庭的补助支出	#助学金
合计	**104140548**	**100842482**	**57319145**	**35223410**	**22095735**	**12693089**
北京	3794593	3725066	1719446	1075712	643734	102873
天津	1558263	1522088	1081603	602870	478733	112024
河北	5558815	5524174	3362762	2145154	1217608	840754
山西	3150849	3101035	1788999	1094797	694202	492893
内蒙古	1845183	1809693	1155445	739720	415725	204784
辽宁	3786797	3718536	1987083	1194932	792151	284219
吉林	1876757	1845625	1121991	672021	449970	150379
黑龙江	1770350	1737668	1077237	698425	378812	87934
上海	4033468	4016912	2154501	1643592	510909	317228
江苏	9116364	8408735	4446300	2762992	1683308	846328
浙江	6687917	6576300	3744077	2561684	1182393	703771
安徽	3361052	3293220	1765603	1014783	750820	461959
福建	3328376	3217879	1894855	1092286	802569	480104
江西	1893523	1826351	1062384	579400	482984	331754
山东	8385953	8335660	4688832	3069983	1618849	1062369
河南	5498989	5393776	3323454	1866876	1456578	1012504
湖北	3108267	3024419	1823581	1068105	755476	447319
湖南	3734733	3666218	2283974	1275030	1008944	743772
广东	9130367	8705127	4616145	3192444	1423701	657247
广西	3163318	3107349	1669667	931647	738020	447232
海南	1036063	745465	344927	222669	122258	89189
重庆	2394808	2373513	1376160	658069	718091	508454
四川	5131029	5036436	2913642	1570874	1342768	934175
贵州	1248362	1210270	708602	426139	282463	129899
云南	2786475	2728034	1568008	866502	701506	412048
西藏	130548	74148	59033	43835	15198	7484
陕西	2563214	2251751	1242797	784037	458760	316403
甘肃	1725897	1693990	1055217	590253	464964	290988
青海	364202	343992	201200	114687	86513	43760
宁夏	459069	424069	218879	122046	96833	54008
新疆	1516947	1404983	862741	541846	320895	119234

教育经费支出明细

单位:千元

公用部分	商品和服务支出	其他资本性支出			基本建设支出
			专项公用支出	专项项目支出	
43523337	**22796157**	**20727180**	**9031577**	**11695603**	**3298066**
2005620	847075	1158545	917298	241247	69527
440485	257662	182823	92483	90340	36175
2161412	1208207	953205	402232	550973	34641
1312036	733265	578771	185507	393264	49814
654248	409687	244561	93297	151264	35490
1731453	934648	796805	277471	519334	68261
723634	397776	325858	134280	191578	31132
660431	442233	218198	94028	124170	32682
1862411	1030763	831648	656900	174748	16556
3962435	1530633	2431802	700292	1731510	707629
2832223	1249156	1583067	496829	1086238	111617
1527617	735914	791703	226836	564867	67832
1323024	717967	605057	316195	288862	110497
763967	390321	373646	137836	235810	67172
3646828	1852907	1793921	730489	1063432	50293
2070322	1310877	759445	316747	442698	105213
1200838	769508	431330	219663	211667	83848
1382244	872272	509972	265839	244133	68515
4088082	2306697	1782285	913452	868833	425240
1437682	632553	805129	415780	389349	55969
400538	159493	241045	64285	176760	290598
997353	583434	413919	145261	268658	21295
2122794	1023456	1099338	430645	668693	94593
501668	338379	163289	107989	55300	38092
1160026	549182	610844	190251	420593	58441
15115	13413	1702	1302	400	56400
1008954	573132	435822	192722	243100	311463
638773	401546	237227	118181	119046	31907
142792	78622	64170	54453	9717	20210
205190	83673	121517	55417	66100	35000
542242	361706	180536	77617	102919	111964

4—23 分地区中央属中等职业学校

地区	合计	事业性经费支出	个人部分	工资福利支出	对个人和家庭的补助支出	#助学金
合计	**942893**	**842073**	**428592**	**316623**	**111969**	**58191**
北京	83052	83002	39329	31907	7422	3031
天津	19555	19555	14391	13527	864	864
河北	47589	47589	22942	15523	7419	7114
山西	6469	5690	4163	2849	1314	940
内蒙古	4771	4771	2631	1975	656	656
辽宁						
吉林						
黑龙江	100379	92879	46919	33789	13130	4862
上海	141739	141739	61392	56353	5039	495
江苏						
浙江						
安徽	57498	57498	31518	21914	9604	8939
福建						
江西	538	538	396	253	143	143
山东	19477	19477				
河南	6032	6032	4290	4290		
湖北	135	135	121	121		
湖南	17928	17569	6145	6145		
广东						
广西						
海南						
重庆	1603	1603	1334	1334		
四川	69654	69654	41158	26873	14285	6871
贵州	7761	7761	4867	4706	161	
云南	4115	4115	2096	752	1344	1344
西藏						
陕西						
甘肃						
青海						
宁夏						
新疆	354598	262466	144900	94312	50588	22932

教育经费支出明细

单位:千元

公用部分	商品和服务支出	其他资本性支出			基本建设支出
			专项公用支出	专项项目支出	
413481	**249280**	**164201**	**68784**	**95417**	**100820**
43673	25470	18203	8063	10140	50
5164	4133	1031	1031		
24647	13850	10797	3958	6839	
1527	1527				779
2140	352	1788	1596	192	
45960	20730	25230	10120	15110	7500
80347	66278	14069	13921	148	
25980	17971	8009	344	7665	
142	142				
19477		19477	1501	17976	
1742	1032	710	210	500	
14	14				
11424	6398	5026	4850	176	359
269	249	20	20		
28496	22641	5855	3503	2352	
2894	2449	445	445		
2019	1259	760	173	587	
117566	64785	52781	19049	33732	92132

4—24 分地区地方中等职业学校

地区	合计	事业性经费支出	个人部分	工资福利支出	对个人和家庭的补助支出	#助学金
合计	**103197655**	**100000409**	**56890553**	**34906787**	**21983766**	**12634898**
北京	3711541	3642064	1680117	1043805	636312	99842
天津	1538708	1502533	1067212	589343	477869	111160
河北	5511226	5476585	3339820	2129631	1210189	833640
山西	3144380	3095345	1784836	1091948	692888	491953
内蒙古	1840412	1804922	1152814	737745	415069	204128
辽宁	3786797	3718536	1987083	1194932	792151	284219
吉林	1876757	1845625	1121991	672021	449970	150379
黑龙江	1669971	1644789	1030318	664636	365682	83072
上海	3891729	3875173	2093109	1587239	505870	316733
江苏	9116364	8408735	4446300	2762992	1683308	846328
浙江	6687917	6576300	3744077	2561684	1182393	703771
安徽	3303554	3235722	1734085	992869	741216	453020
福建	3328376	3217879	1894855	1092286	802569	480104
江西	1892985	1825813	1061988	579147	482841	331611
山东	8366476	8316183	4688832	3069983	1618849	1062369
河南	5492957	5387744	3319164	1862586	1456578	1012504
湖北	3108132	3024284	1823460	1067984	755476	447319
湖南	3716805	3648649	2277829	1268885	1008944	743772
广东	9130367	8705127	4616145	3192444	1423701	657247
广西	3163318	3107349	1669667	931647	738020	447232
海南	1036063	745465	344927	222669	122258	89189
重庆	2393205	2371910	1374826	656735	718091	508454
四川	5061375	4966782	2872484	1544001	1328483	927304
贵州	1240601	1202509	703735	421433	282302	129899
云南	2782360	2723919	1565912	865750	700162	410704
西藏	130548	74148	59033	43835	15198	7484
陕西	2563214	2251751	1242797	784037	458760	316403
甘肃	1725897	1693990	1055217	590253	464964	290988
青海	364202	343992	201200	114687	86513	43760
宁夏	459069	424069	218879	122046	96833	54008
新疆	1162349	1142517	717841	447534	270307	96302

教育经费支出明细

单位:千元

公用部分	商品和服务支出	其他资本性支出	专项公用支出	专项项目支出	基本建设支出
43109856	**22546877**	**20562979**	**8962793**	**11600186**	**3197246**
1961947	821605	1140342	909235	231107	69477
435321	253529	181792	91452	90340	36175
2136765	1194357	942408	398274	544134	34641
1310509	731738	578771	185507	393264	49035
652108	409335	242773	91701	151072	35490
1731453	934648	796805	277471	519334	68261
723634	397776	325858	134280	191578	31132
614471	421503	192968	83908	109060	25182
1782064	964485	817579	642979	174600	16556
3962435	1530633	2431802	700292	1731510	707629
2832223	1249156	1583067	496829	1086238	111617
1501637	717943	783694	226492	557202	67832
1323024	717967	605057	316195	288862	110497
763825	390179	373646	137836	235810	67172
3627351	1852907	1774444	728988	1045456	50293
2068580	1309845	758735	316537	442198	105213
1200824	769494	431330	219663	211667	83848
1370820	865874	504946	260989	243957	68156
4088982	2306697	1782285	913452	868833	425240
1437682	632553	805129	415780	389349	55969
400538	159493	241045	64285	176760	290598
997084	583185	413899	145241	268658	21295
2094298	1000815	1093483	427142	666341	94593
498774	335930	162844	107544	55300	38092
1158007	547923	610084	190078	420006	58441
15115	13413	1702	1302	400	56400
1008954	573132	435822	192722	243100	311463
638773	401546	237227	118181	119046	31907
142792	78622	64170	54453	9717	20210
205190	83673	121517	55417	66100	35000
424676	296921	127755	58568	69187	19832

4—25 分地区中等专业学校

地区	合计	事业性经费支出	个人部分	工资福利支出	对个人和家庭的补助支出	#助学金
合计	**43456048**	**42268781**	**23409579**	**14234561**	**9175018**	**5138619**
北京	1257703	1225209	553208	340938	212270	47777
天津	958073	954529	651489	348838	302651	81996
河北	2092522	2083522	1215503	759797	455706	313930
山西	1519555	1508252	786888	506955	279933	165002
内蒙古	717570	716070	437593	272746	164847	77579
辽宁	1910328	1885617	945528	557614	387914	129303
吉林	667367	664417	384346	226307	158039	53457
黑龙江	605642	602542	353396	234045	119351	25976
上海	2026080	2013516	1128706	933361	195345	91977
江苏	3343607	3013044	1434353	876975	557378	271799
浙江	832535	829633	466164	305323	160841	96407
安徽	1397086	1355056	713871	390868	323003	200212
福建	1826830	1756549	1013433	560883	452550	310190
江西	825026	808726	408120	233122	174998	117824
山东	3093335	3086097	1724446	1076246	648200	423257
河南	2497735	2433164	1493257	829516	663741	445841
湖北	1830191	1767451	1005244	590726	414518	264576
湖南	862610	825352	474001	298865	175136	83059
广东	4545352	4473609	2370722	1595514	775208	366905
广西	2129566	2097436	1122240	625055	497185	307553
海南	578041	558347	252334	160950	91384	64489
重庆	634022	632322	411778	140675	271103	229603
四川	1938530	1902489	1112294	637053	475241	325517
贵州	606516	572152	339643	204152	135491	49375
云南	1358553	1347528	726642	392038	334604	194339
西藏	125489	69089	54507	39984	14523	7417
陕西	861681	823592	470593	282271	188322	126438
甘肃	1003061	984790	592111	334640	257471	153361
青海	207742	188282	108243	59935	48308	20642
宁夏	219362	204862	110694	65052	45642	21794
新疆	984338	885537	548232	354117	194115	71024

教育经费支出明细

单位:千元

公用部分	商品和服务支出	其他资本性支出	专项公用支出	专项项目支出	基本建设支出
18859202	**10037753**	**8821449**	**3863559**	**4957890**	**1187267**
672001	273802	398199	303908	94291	32494
303040	159041	143999	59236	84763	3544
868019	493026	374993	170596	204397	9000
721364	376017	345347	112372	232975	11303
278477	144420	134057	36626	97431	1500
940089	557344	382745	159039	223706	24711
280071	158210	121861	38890	82971	2950
249146	169450	79696	22163	57533	3100
884810	555299	329511	256804	72707	12564
1578691	522544	1056147	240769	815378	330563
363469	160745	202724	57707	145017	2902
641185	312061	329124	86839	242285	42030
743116	381866	361250	193705	167545	70281
400606	170168	230438	80564	149874	16300
1361651	740504	621147	278384	342763	7238
939907	628054	311853	152603	159250	64571
762207	498257	263950	136534	127416	62740
351351	236099	115252	57006	58246	37258
2102887	1114531	988356	448105	540251	71743
975196	415140	560056	289028	271028	32130
306013	116999	189014	54196	134818	19694
220544	166385	54159	27908	26251	1700
790195	436455	353740	172279	181461	36041
232509	151591	80918	61516	19402	34364
620886	288878	332008	111217	220791	11025
14582	12880	1702	1302	400	56400
352999	231193	121806	73526	48280	38089
392679	248037	144642	81657	62985	18271
80039	42022	38017	34245	3772	19460
94168	47120	47048	15796	31252	14500
337305	229615	107690	49039	58651	98801

4—26 分地区中央属中等专业学校

地区	合计	事业性经费支出	个人部分	工资福利支出	对个人和家庭的补助支出	#助学金
合计	**668558**	**575647**	**286262**	**204945**	**81317**	**41102**
北京	54584	54584	22367	16126	6241	2761
天津						
河北						
山西	6469	5690	4163	2849	1314	940
内蒙古						
辽宁						
吉林						
黑龙江						
上海	141739	141739	61392	56353	5039	495
江苏						
浙江						
安徽	24742	24742	18338	9896	8442	7962
福建						
江西	538	538	396	253	143	143
山东	19477	19477				
河南						
湖北						
湖南	12007	12007	3482	3482		
广东						
广西						
海南						
重庆						
四川	48504	48504	27651	17893	9758	5869
贵州	7761	7761	4867	4706	161	
云南						
西藏						
陕西						
甘肃						
青海						
宁夏						
新疆	352737	260605	143606	93387	50219	22932

教育经费支出明细

单位：千元

公用部分	商品和服务支出	其他资本性支出	专项公用支出	专项项目支出	基本建设支出
289385	**176887**	**112498**	**49649**	**62849**	**92911**
32217	20439	11778	7637	4141	
1527	1527				779
80347	66278	14069	13921	148	
6404	1904	4500		4500	
142	142				
19477		19477	1501	17976	
8525	3717	4808	4808		
20853	16213	4640	2288	2352	
2894	2449	445	445		
116999	64218	52781	19049	33732	92132

4—27 分地区地方中等专业学校

地区	合计	事业性经费支出	个人部分	工资福利支出	对个人和家庭的补助支出	#助学金
合计	**42787490**	**41693134**	**23123317**	**14029616**	**9093701**	**5097517**
北京	1203119	1170625	530841	324812	206029	45016
天津	958073	954529	651489	348838	302651	81996
河北	2092522	2083522	1215503	759797	455706	313930
山西	1513086	1502562	782725	504106	278619	164062
内蒙古	717570	716070	437593	272746	164847	77579
辽宁	1910328	1885617	945528	557614	387914	129303
吉林	667367	664417	384346	226307	158039	53457
黑龙江	605642	602542	353396	234045	119351	25976
上海	1884341	1871777	1067314	877008	190306	91482
江苏	3343607	3013044	1434353	876975	557378	271799
浙江	832535	829633	466164	305323	160841	96407
安徽	1372344	1330314	695533	380972	314561	192250
福建	1826830	1756549	1013433	560883	452550	310190
江西	824488	808188	407724	232869	174855	117681
山东	3073858	3066620	1724446	1076246	648200	423257
河南	2497735	2433164	1493257	829516	663741	445841
湖北	1830191	1767451	1005244	590726	414518	264576
湖南	850603	813345	470519	295383	175136	83059
广东	4545352	4473609	2370722	1595514	775208	366905
广西	2129566	2097436	1122240	625055	497185	307553
海南	578041	558347	252334	160950	91384	64489
重庆	634022	632322	411778	140675	271103	229603
四川	1890026	1853985	1084643	619160	465483	319648
贵州	598755	564391	334776	199446	135330	49375
云南	1358553	1347528	726642	392038	334604	194339
西藏	125489	69089	54507	39984	14523	7417
陕西	861681	823592	470593	282271	188322	126438
甘肃	1003061	984790	592111	334640	257471	153361
青海	207742	188282	108243	59935	48308	20642
宁夏	219362	204862	110694	65052	45642	21794
新疆	631601	624932	404626	260730	143896	48092

教育经费支出明细

单位：千元

公用部分	商品和服务支出	其他资本性支出			基本建设支出
			专项公用支出	专项项目支出	
18569817	**9860866**	**8708951**	**3813910**	**4895041**	**1094356**
639784	253363	386421	296271	90150	32494
303040	159041	143999	59236	84763	3544
868019	493026	374993	170596	204397	9000
719837	374490	345347	112372	232975	10524
278477	144420	134057	36626	97431	1500
940089	557344	382745	159039	223706	24711
280071	158210	121861	38890	82971	2950
249146	169450	79696	22163	57533	3100
804463	489021	315442	242883	72559	12564
1578691	522544	1056147	240769	815378	330563
363469	160745	202724	57707	145017	2902
634781	310157	324624	86839	237785	42030
743116	381866	361250	193705	167545	70281
400464	170026	230438	80564	149874	16300
1342174	740504	601670	276883	324787	7238
939907	628054	311853	152603	159250	64571
762207	498257	263950	136534	127416	62740
342826	232382	110444	52198	58246	37258
2102887	1114531	988356	448105	540251	71743
975196	415140	560056	289028	271028	32130
306013	116999	189014	54196	134818	19694
220544	166385	54159	27908	26251	1700
769342	420242	349100	169991	179109	36041
229615	149142	80473	61071	19402	34364
620886	288878	332008	111217	220791	11025
14582	12880	1702	1302	400	56400
352999	231193	121806	73526	48280	38089
392679	248037	144642	81657	62985	18271
80039	42022	38017	34245	3772	19460
94168	47120	47048	15796	31252	14500
220306	165397	54909	29990	24919	6669

4—28 分地区职业高中

地区	合计	事业性经费支出	个人部分	工资福利支出	对个人和家庭的补助支出	#助学金
合计	**42944503**	**41571420**	**24337910**	**14713193**	**9624717**	**6074008**
北京	1557262	1536262	835741	488061	347680	38752
天津	182608	158637	123419	69023	54396	4357
河北	2412612	2391545	1468944	942581	526363	385300
山西	1224278	1186267	731606	417306	314300	269894
内蒙古	843874	817685	525593	332946	192647	113016
辽宁	1518942	1507392	848245	503989	344256	139943
吉林	826019	797837	462917	274968	187949	83562
黑龙江	785765	765879	502483	315972	186511	51445
上海	1595301	1591987	792259	502009	290250	223751
江苏	4273185	3990761	2252723	1397659	855064	440781
浙江	4836232	4750721	2752591	1896892	855699	552398
安徽	1588380	1562608	878828	520913	357915	222700
福建	898430	878892	511302	318593	192709	111239
江西	897288	846486	550445	281143	269302	204099
山东	3400184	3359009	2004711	1332419	672292	443391
河南	1799377	1771139	1122556	580738	541818	421334
湖北	969398	952710	615557	354744	260813	138966
湖南	2329857	2309087	1481692	771486	710206	593483
广东	2465973	2311955	1298209	918433	379776	161369
广西	425968	409678	205789	119560	86229	55750
海南	142911	122058	58045	36832	21213	18043
重庆	1114910	1096716	605333	313139	292194	197454
四川	2601092	2558300	1439879	716035	723844	546702
贵州	459357	455629	278734	146537	132197	79638
云南	1002475	966315	583757	326300	257457	180012
西藏						
陕西	1559231	1285857	687439	437826	249613	188912
甘肃	610055	596719	387504	213922	173582	121332
青海	156460	155710	92957	54752	38205	23118
宁夏	213301	192801	90124	46377	43747	28592
新疆	253778	244778	148528	82038	66490	34675

教育经费支出明细

单位:千元

公用部分	商品和服务支出	其他资本性支出	专项公用支出	专项项目支出	基本建设支出
17233510	**8125334**	**9108176**	**3559185**	**5548991**	**1373083**
700521	308304	392217	277104	115113	21000
35218	20352	14866	12190	2676	23971
922601	453685	468916	181223	287693	21067
454661	245625	209036	60407	148629	38011
292092	191719	100373	48745	51628	26189
659147	313974	345173	105812	239361	11550
334920	160939	173981	71467	102514	28182
263396	197181	66215	44490	21725	19886
799728	327707	472021	378832	93189	3314
1738038	666799	1071239	309229	762010	282424
1998130	804822	1193308	346337	846971	85511
683780	281022	402758	119149	283609	25772
367590	185518	182072	79926	102146	19538
296041	171936	124105	50434	73671	50802
1354298	595983	758315	244397	513918	41175
648583	327393	321190	115189	206001	28238
337153	204688	132465	65069	67396	16688
827395	496811	330584	167628	162956	20770
1013746	591491	422255	214184	208071	154018
203889	57100	146789	65995	80794	16290
64013	24002	40011	4566	35445	20853
491383	229336	262047	74546	187501	18194
1118421	452058	666363	224751	441612	42792
176895	96678	80217	44654	35563	3728
382558	159024	223534	55386	168148	36160
598418	313785	284633	95933	188700	273374
209215	124761	84454	31531	52923	13336
62753	36600	26153	20208	5945	750
102677	30257	72420	37572	34848	20500
96250	55784	40466	12231	28235	9000

4—29 分地区中央属职业高中

地区	合计	事业性经费支出	个人部分	工资福利支出	对个人和家庭的补助支出	#助学金
合计	**27306**	**27306**	**17039**	**10973**	**6066**	**1570**
北京						
天津						
河北						
山西						
内蒙古						
辽宁						
吉林						
黑龙江	14602	14602	7962	6327	1635	664
上海						
江苏						
浙江						
安徽						
福建						
江西						
山东						
河南						
湖北	135	135	121	121		
湖南						
广东						
广西						
海南						
重庆						
四川	12569	12569	8956	4525	4431	906
贵州						
云南						
西藏						
陕西						
甘肃						
青海						
宁夏						
新疆						

教育经费支出明细

单位：千元

公用部分	商品和服务支出	其他资本性支出	专项公用支出	专项项目支出	基本建设支出
10267	**5668**	**4599**	**4499**	**100**	
6640	2051	4589	4489	100	
14	14				
3613	3603	10	10		

4—30 分地区地方职业高中

地区	合计	事业性经费支出	个人部分	工资福利支出	对个人和家庭的补助支出	#助学金
合计	**42917197**	**41544114**	**24320871**	**14702220**	**9618651**	**6072438**
北京	1557262	1536262	835741	488061	347680	38752
天津	182608	158637	123419	69023	54396	4357
河北	2412612	2391545	1468944	942581	526363	385300
山西	1224278	1186267	731606	417306	314300	269894
内蒙古	843874	817685	525593	332946	192647	113016
辽宁	1518942	1507392	848245	503989	344256	139943
吉林	826019	797837	462917	274968	187949	83562
黑龙江	771163	751277	494521	309645	184876	50781
上海	1595301	1591987	792259	502009	290250	223751
江苏	4273185	3990761	2252723	1397659	855064	440781
浙江	4836232	4750721	2752591	1896892	855699	552398
安徽	1588380	1562608	878828	520913	357915	222700
福建	898430	878892	511302	318593	192709	111239
江西	897288	846486	550445	281143	269302	204099
山东	3400184	3359009	2004711	1332419	672292	443391
河南	1799377	1771139	1122556	580738	541818	421334
湖北	969263	952575	615436	354623	260813	138966
湖南	2329857	2309087	1481692	771486	710206	593483
广东	2465973	2311955	1298209	918433	379776	161369
广西	425968	409678	205789	119560	86229	55750
海南	142911	122058	58045	36832	21213	18043
重庆	1114910	1096716	605333	313139	292194	197454
四川	2588523	2545731	1430923	711510	719413	545796
贵州	459357	455629	278734	146537	132197	79638
云南	1002475	966315	583757	326300	257457	180012
西藏						
陕西	1559231	1285857	687439	437826	249613	188912
甘肃	610055	596719	387504	213922	173582	121332
青海	156460	155710	92957	54752	38205	23118
宁夏	213301	192801	90124	46377	43747	28592
新疆	253778	244778	148528	82038	66490	34675

教育经费支出明细

单位:千元

公用部分	商品和服务支出	其他资本性支出	专项公用支出	专项项目支出	基本建设支出
17223243	**8119666**	**9103577**	**3554686**	**5548891**	**1373083**
700521	308304	392217	277104	115113	21000
35218	20352	14866	12190	2676	23971
922601	453685	468916	181223	287693	21067
454661	245625	209036	60407	148629	38011
292092	191719	100373	48745	51628	26189
659147	313974	345173	105812	239361	11550
334920	160939	173981	71467	102514	28182
256756	195130	61626	40001	21625	19886
799728	327707	472021	378832	93189	3314
1738038	666799	1071239	309229	762010	282424
1998130	804822	1193308	346337	846971	85511
683780	281022	402758	119149	283609	25772
367590	185518	182072	79926	102146	19538
296041	171936	124105	50434	73671	50802
1354298	595983	758315	244397	513918	41175
648583	327393	321190	115189	206001	28238
337139	204674	132465	65069	67396	16688
827395	496811	330584	167628	162956	20770
1013746	591491	422255	214184	208071	154018
203889	57100	146789	65995	80794	16290
64013	24002	40011	4566	35445	20853
491383	229336	262047	74546	187501	18194
1114808	448455	666353	224741	441612	42792
176895	96678	80217	44654	35563	3728
382558	159024	223534	55386	168148	36160
598418	313785	284633	95933	188700	273374
209215	124761	84454	31531	52923	13336
62753	36600	26153	20208	5945	750
102677	30257	72420	37572	34848	20500
96250	55784	40466	12231	28235	9000

4—31 分地区农村职业高中

地　区	合　计	事业性经费支出	个人部分	工资福利支出	对个人和家庭的补助支出	#助学金
合　计	**5468909**	**5302439**	**3218774**	**2085448**	**1133326**	**762141**
北　京	254187	233187	100753	80121	20632	3135
天　津	6184	6184	3819	2872	947	1
河　北	224215	224215	151505	95424	56081	40017
山　西	115369	115369	62161	39719	22442	17308
内蒙古	37241	37241	21573	15928	5645	3874
辽　宁	53204	53204	16322	7141	9181	6480
吉　林	14214	14214	10384	4359	6025	4815
黑龙江	20809	20809	12682	8950	3732	666
上　海						
江　苏	539805	533988	367504	238446	129058	57340
浙　江	859836	853540	530456	374699	155757	109958
安　徽	421399	412588	240045	146463	93582	64383
福　建	101739	101670	63412	35806	27606	19144
江　西	52944	50599	31954	19986	11968	9224
山　东	252229	247370	164593	117280	47313	31443
河　南	346534	341395	225344	130115	95229	57126
湖　北	68601	68413	41086	22841	18245	14576
湖　南	301876	298976	188000	99886	88114	78427
广　东	615969	536863	303298	253881	49417	24871
广　西	38492	36292	18610	10807	7803	5458
海　南	15103	15103	12060	9037	3023	1680
重　庆	178590	175090	104381	64532	39849	29354
四　川	548150	531810	307195	156597	150598	117918
贵　州	24170	22670	16130	10411	5719	4247
云　南	46130	43130	23629	12556	11073	8702
西　藏						
陕　西	204448	204448	115742	74023	41719	29761
甘　肃	118616	115216	78635	50523	28112	21324
青　海						
宁　夏	5359	5359	4904	2497	2407	
新　疆	3496	3496	2597	548	2049	909

教育经费支出明细

单位：千元

公用部分	商品和服务支出	其他资本性支出	专项公用支出	专项项目支出	基本建设支出
2083665	**1043891**	**1039774**	**414031**	**625743**	**166470**
132434	61781	70653	48795	21858	21000
2365	733	1632	556	1076	
72710	43472	29238	18766	10472	
53208	28241	24967	1590	23377	
15668	8905	6763	4865	1898	
36882	3609	33273	12561	20712	
3830	2445	1385	15	1370	
8127	7257	870	870		
166484	112955	53529	30663	22866	5817
323084	147036	176048	52966	123082	6296
172543	77674	94869	42479	52390	8811
38258	23212	15046	12971	2075	69
18645	9051	9594	3234	6360	2345
82777	36800	45977	15040	30937	4859
116051	64340	51711	13775	37936	5139
27327	13059	14268	6009	8259	188
110976	66313	44663	18480	26183	2900
233565	133028	100537	56634	43903	79106
17682	3762	13920	3950	9970	2200
3043	1439	1604	233	1371	
70709	43479	27230	8431	18799	3500
224615	82217	142398	39379	103019	16340
6540	3887	2653	1723	930	1500
19501	7342	12159	4488	7671	3000
88706	41587	47119	14005	33114	
36581	18917	17664	1549	16115	3400
455	451	4	4		
899	899				

4—32 分地区技工学校

地 区	合 计	事业性经费支出	个人部分	工资福利支出	对个人和家庭的补助支出	#助学金
合 计	**11495405**	**10867105**	**5639695**	**3621362**	**2018333**	**1180854**
北 京	916554	900521	295769	219875	75894	16344
天 津	303094	294434	219137	134475	84662	25646
河 北	690045	685471	403472	230794	172678	136098
山 西	244478	243978	148664	77682	70982	57589
内蒙古	106768	105268	67738	48234	19504	11791
辽 宁	338772	306772	178656	124588	54068	14973
吉 林	88451	88451	51458	34285	17173	11138
黑龙江	192139	182443	89874	61693	28181	4529
上 海	130999	130321	61298	56450	4848	852
江 苏	1057332	1042529	527959	343118	184841	119379
浙 江	575732	553845	285954	181360	104594	42072
安 徽	215744	215744	83881	50638	33243	22500
福 建	347267	326589	196373	104355	92018	58262
江 西	47146	47146	26978	15730	11248	8123
山 东	1371916	1370036	685097	459657	225440	159724
河 南	775285	766451	446760	274031	172729	118749
湖 北	112634	108214	64297	41429	22868	13977
湖 南	274147	263758	153236	96044	57192	38007
广 东	1707476	1510497	706295	516970	189325	98425
广 西	446919	441159	233786	122332	111454	74044
海 南	293826	43775	21091	13115	7976	6657
重 庆	389098	389098	214103	119309	94794	56183
四 川	147324	143724	91859	52704	39155	25534
贵 州	170756	170756	83561	70316	13245	886
云 南	289328	278113	156579	79033	77546	37518
西 藏						
陕 西	30761	30761	14703	13466	1237	893
甘 肃	26550	26550	15609	5225	10384	8999
青 海						
宁 夏						
新 疆	204864	200701	115508	74454	41054	11962

教育经费支出明细

单位：千元

公用部分	商品和服务支出	其他资本性支出			基本建设支出
			专项公用支出	专项项目支出	
5227410	**3010439**	**2216971**	**1283486**	**933485**	**628300**
604752	247906	356846	327866	28980	16033
75297	55412	19885	17581	2304	8660
281999	187571	94428	42417	52011	4574
95314	78208	17106	9324	7782	500
37530	32413	5117	4272	845	1500
128116	59982	68134	11867	56267	32000
36993	24222	12771	11571	1200	
92569	37217	55352	19550	35802	9696
69023	52254	16769	9455	7314	678
514570	262894	251676	122850	128826	14803
267891	120525	147366	65471	81895	21887
131863	97740	34123	9976	24147	
130216	81834	48382	33882	14500	20678
20168	13405	6763	1243	5520	
684939	346029	338910	176991	161919	1880
319691	229393	90298	33551	56747	8834
43917	26925	16992	7029	9963	4420
110522	75522	35000	18883	16117	10389
804202	475177	329025	219025	110000	196979
207373	122580	84793	55202	29591	5760
22684	10889	11795	5298	6497	250051
174995	100904	74091	27520	46571	
51865	33575	18290	13965	4325	3600
87195	86653	542	357	185	
121534	74595	46939	18111	28828	11215
16058	9068	6990	6990		
10941	9149	1792	1752	40	
85193	58397	26796	11487	15309	4163

4—33 分地区中央属技工学校

地区	合计	事业性经费支出	个人部分	工资福利支出	对个人和家庭的补助支出	#助学金
合计	**192646**	**184737**	**98987**	**79986**	**19001**	**12992**
北京	28468	28418	16962	15781	1181	270
天津	19555	19555	14391	13527	864	864
河北	47589	47589	22942	15523	7419	7114
山西						
内蒙古	4771	4771	2631	1975	656	656
辽宁						
吉林						
黑龙江	33255	25755	13947	7668	6279	1671
上海						
江苏						
浙江						
安徽	32756	32756	13180	12018	1162	977
福建						
江西						
山东						
河南	6032	6032	4290	4290		
湖北						
湖南	5921	5562	2663	2663		
广东						
广西						
海南						
重庆	1603	1603	1334	1334		
四川	8581	8581	4551	4455	96	96
贵州						
云南	4115	4115	2096	752	1344	1344
西藏						
陕西						
甘肃						
青海						
宁夏						
新疆						

教育经费支出明细

单位:千元

公用部分	商品和服务支出	其他资本性支出	专项公用支出	专项项目支出	基本建设支出
85750	**51228**	**34522**	**10764**	**23758**	**7909**
11456	5031	6425	426	5999	50
5164	4133	1031	1031		
24647	13850	10797	3958	6839	
2140	352	1788	1596	192	
11808	3749	8059	1759	6300	7500
19576	16067	3509	344	3165	
1742	1032	710	210	500	
2899	2681	218	42	176	359
269	249	20	20		
4030	2825	1205	1205		
2019	1259	760	173	587	

4—34 分地区地方技工学校

地 区	合 计	事业性经费支出				
			个人部分			
				工资福利支出	对个人和家庭的补助支出	
						#助学金
合 计	**11302759**	**10682368**	**5540708**	**3541376**	**1999332**	**1167862**
北 京	888086	872103	278807	204094	74713	16074
天 津	283539	274879	204746	120948	83798	24782
河 北	642456	637882	380530	215271	165259	128984
山 西	244478	243978	148664	77682	70982	57589
内蒙古	101997	100497	65107	46259	18848	11135
辽 宁	338772	306772	178656	124588	54068	14973
吉 林	88451	88451	51458	34285	17173	11138
黑龙江	158884	156688	75927	54025	21902	2858
上 海	130999	130321	61298	56450	4848	852
江 苏	1057332	1042529	527959	343118	184841	119379
浙 江	575732	553845	285954	181360	104594	42072
安 徽	182988	182988	70701	38620	32081	21523
福 建	347267	326589	196373	104355	92018	58262
江 西	47146	47146	26978	15730	11248	8123
山 东	1371916	1370036	685097	459657	225440	159724
河 南	769253	760419	442470	269741	172729	118749
湖 北	112634	108214	64297	41429	22868	13977
湖 南	268226	258196	150573	93381	57192	38007
广 东	1707476	1510497	706295	516970	189325	98425
广 西	446919	441159	233786	122332	111454	74044
海 南	293826	43775	21091	13115	7976	6657
重 庆	387495	387495	212769	117975	94794	56183
四 川	138743	135143	87308	48249	39059	25438
贵 州	170756	170756	83561	70316	13245	886
云 南	285213	273998	154483	78281	76202	36174
西 藏						
陕 西	30761	30761	14703	13466	1237	893
甘 肃	26550	26550	15609	5225	10384	8999
青 海						
宁 夏						
新 疆	204864	200701	115508	74454	41054	11962

教育经费支出明细

单位:千元

公用部分	商品和服务支出	其他资本性支出			基本建设支出
			专项公用支出	专项项目支出	
5141660	**2959211**	**2182449**	**1272722**	**909727**	**620391**
593296	242875	350421	327440	22981	15983
70133	51279	18854	16550	2304	8660
257352	173721	83631	38459	45172	4574
95314	78208	17106	9324	7782	500
35390	32061	3329	2676	653	1500
128116	59982	68134	11867	56267	32000
36993	24222	12771	11571	1200	
80761	33468	47293	17791	29502	2196
69023	52254	16769	9455	7314	678
514570	262894	251676	122850	128826	14803
267891	120525	147366	65471	81895	21887
112287	81673	30614	9632	20982	
130216	81834	48382	33882	14500	20678
20168	13405	6763	1243	5520	
684939	346029	338910	176991	161919	1880
317949	228361	89588	33341	56247	8834
43917	26925	16992	7029	9963	4420
107623	72841	34782	18841	15941	10030
804202	475177	329025	219025	110000	196979
207373	122580	84793	55202	29591	5760
22684	10889	11795	5298	6497	250051
174726	100655	74071	27500	46571	
47835	30750	17085	12760	4325	3600
87195	86653	542	357	185	
119515	73336	46179	17938	28241	11215
16058	9068	6990	6990		
10941	9149	1792	1752	40	
85193	58397	26796	11487	15309	4163

4—35 分地区成人中等专业学校

地区	合计	事业性经费支出	个人部分	工资福利支出	对个人和家庭的补助支出	#助学金
合计	**6244592**	**6135176**	**3931961**	**2654294**	**1277667**	**299608**
北京	63074	63074	34728	26838	7890	
天津	114488	114488	87558	50534	37024	25
河北	363636	363636	274843	211982	62861	5426
山西	162538	162538	121841	92854	28987	408
内蒙古	176971	170670	124521	85794	38727	2398
辽宁	18755	18755	14654	8741	5913	
吉林	294920	294920	223270	136461	86809	2222
黑龙江	186804	186804	131484	86715	44769	5984
上海	281088	281088	172238	151772	20466	648
江苏	442240	362401	231265	145240	86025	14369
浙江	443418	442101	239368	178109	61259	12894
安徽	159842	159812	89023	52364	36659	16547
福建	255849	255849	173747	108455	65292	413
江西	124063	123993	76841	49405	27436	1708
山东	520518	520518	274578	201661	72917	35997
河南	426592	423022	260881	182591	78290	26580
湖北	196044	196044	138483	81206	57277	29800
湖南	268119	268021	175045	108635	66410	29223
广东	411566	409066	240919	161527	79392	30548
广西	160865	159076	107852	64700	43152	9885
海南	21285	21285	13457	11772	1685	
重庆	256778	255377	144946	84946	60000	25214
四川	444083	431923	269610	165082	104528	36422
贵州	11733	11733	6664	5134	1530	
云南	136119	136078	101030	69131	31899	179
西藏	5059	5059	4526	3851	675	67
陕西	111541	111541	70062	50474	19588	160
甘肃	86231	85931	59993	36466	23527	7296
青海						
宁夏	26406	26406	18061	10617	7444	3622
新疆	73967	73967	50473	31237	19236	1573

教育经费支出明细

单位:千元

公用部分	商品和服务支出	其他资本性支出	专项公用支出	专项项目支出	基本建设支出
2203215	**1622631**	**580584**	**325347**	**255237**	**109416**
28346	17063	11283	8420	2863	
26930	22857	4073	3476	597	
88793	73925	14868	7996	6872	
40697	33415	7282	3404	3878	
46149	41135	5014	3654	1360	6301
4101	3348	753	753		
71650	54405	17245	12352	4893	
55320	38385	16935	7825	9110	
108850	95503	13347	11809	1538	
131136	78396	52740	27444	25296	79839
202733	163064	39669	27314	12355	1317
70789	45091	25698	10872	14826	30
82102	68749	13353	8682	4671	
47152	34812	12340	5595	6745	70
245940	170391	75549	30717	44832	
162141	126037	36104	15404	20700	3570
57561	39638	17923	11031	6892	
92976	63840	29136	22322	6814	98
168147	125498	42649	32138	10511	2500
51224	37733	13491	5555	7936	1789
7828	7603	225	225		
110431	86809	23622	15287	8335	1401
162313	101368	60945	19650	41295	12160
5069	3457	1612	1462	150	
35048	26685	8363	5537	2826	41
533	533				
41479	19086	22393	16273	6120	
25938	19599	6339	3241	3098	300
8345	6296	2049	2049		
23494	17910	5584	4860	724	

4—36　分地区中央属成人中等专业学校

地区	合计	事业性经费支出	个人部分	工资福利支出	对个人和家庭的补助支出	#助学金
合计	**54383**	**54383**	**26304**	**20719**	**5585**	**2527**
北京						
天津						
河北						
山西						
内蒙古						
辽宁						
吉林						
黑龙江	52522	52522	25010	19794	5216	2527
上海						
江苏						
浙江						
安徽						
福建						
江西						
山东						
河南						
湖北						
湖南						
广东						
广西						
海南						
重庆						
四川						
贵州						
云南						
西藏						
陕西						
甘肃						
青海						
宁夏						
新疆	1861	1861	1294	925	369	

教育经费支出明细

单位:千元

公用部分	商品和服务支出	其他资本性支出			基本建设支出
			专项公用支出	专项项目支出	
28079	**15497**	**12582**	**3872**	**8710**	
27512	14930	12582	3872	8710	
567	567				

4—37 分地区地方成人中等专业学校

地 区	合 计	事业性经费支出	个人部分	工资福利支出	对个人和家庭的补助支出	#助学金
合 计	**6190209**	**6080793**	**3905657**	**2633575**	**1272082**	**297081**
北 京	63074	63074	34728	26838	7890	
天 津	114488	114488	87558	50534	37024	25
河 北	363636	363636	274843	211982	62861	5426
山 西	162538	162538	121841	92854	28987	408
内蒙古	176971	170670	124521	85794	38727	2398
辽 宁	18755	18755	14654	8741	5913	
吉 林	294920	294920	223270	136461	86809	2222
黑龙江	134282	134282	106474	66921	39553	3457
上 海	281088	281088	172238	151772	20466	648
江 苏	442240	362401	231265	145240	86025	14369
浙 江	443418	442101	239368	178109	61259	12894
安 徽	159842	159812	89023	52364	36659	16547
福 建	255849	255849	173747	108455	65292	413
江 西	124063	123993	76841	49405	27436	1708
山 东	520518	520518	274578	201661	72917	35997
河 南	426592	423022	260881	182591	78290	26580
湖 北	196044	196044	138483	81206	57277	29800
湖 南	268119	268021	175045	108635	66410	29223
广 东	411566	409066	240919	161527	79392	30548
广 西	160865	159076	107852	64700	43152	9885
海 南	21285	21285	13457	11772	1685	
重 庆	256778	255377	144946	84946	60000	25214
四 川	444083	431923	269610	165082	104528	36422
贵 州	11733	11733	6664	5134	1530	
云 南	136119	136078	101030	69131	31899	179
西 藏	5059	5059	4526	3851	675	67
陕 西	111541	111541	70062	50474	19588	160
甘 肃	86231	85931	59993	36466	23527	7296
青 海						
宁 夏	26406	26406	18061	10617	7444	3622
新 疆	72106	72106	49179	30312	18867	1573

教育经费支出明细

单位:千元

公用部分	商品和服务支出	其他资本性支出	专项公用支出	专项项目支出	基本建设支出
2175136	**1607134**	**568002**	**321475**	**246527**	**109416**
28346	17063	11283	8420	2863	
26930	22857	4073	3476	597	
88793	73925	14868	7996	6872	
40697	33415	7282	3404	3878	
46149	41135	5014	3654	1360	6301
4101	3348	753	753		
71650	54405	17245	12352	4893	
27808	23455	4353	3953	400	
108850	95503	13347	11809	1538	
131136	78396	52740	27444	25296	79839
202733	163064	39669	27314	12355	1317
70789	45091	25698	10872	14826	30
82102	68749	13353	8682	4671	
47152	34812	12340	5595	6745	70
245940	170391	75549	30717	44832	
162141	126037	36104	15404	20700	3570
57561	39638	17923	11031	6892	
92976	63840	29136	22322	6814	98
168147	125498	42649	32138	10511	2500
51224	37733	13491	5555	7936	1789
7828	7603	225	225		
110431	86809	23622	15287	8335	1401
162313	101368	60945	19650	41295	12160
5069	3457	1612	1462	150	
35048	26685	8363	5537	2826	41
533	533				
41479	19086	22393	16273	6120	
25938	19599	6339	3241	3098	300
8345	6296	2049	2049		
22927	17343	5584	4860	724	

4—38 分地区中学

地区	合计	事业性经费支出				
			个人部分			
				工资福利支出	对个人和家庭的补助支出	
						#助学金
合计	**407046752**	**396141157**	**251163028**	**193229225**	**57933803**	**13302292**
北京	11448406	11032041	6211982	4067108	2144874	72824
天津	5329768	5320868	3752623	2490699	1261924	8545
河北	17912196	17732202	11769813	9665222	2104591	576606
山西	11580888	11094329	6601938	5563714	1038224	415048
内蒙古	8395228	8143200	4998675	3975225	1023450	278019
辽宁	13178800	13079398	8927023	6401699	2525324	112698
吉林	7960740	7896104	5263845	3751171	1512674	195192
黑龙江	10300212	10126495	6643877	5028490	1615387	119879
上海	13531088	13015023	8087330	7110493	976837	236120
江苏	29697616	28331653	18699015	14268718	4430297	357106
浙江	25717837	25242778	16058944	13164009	2894935	670456
安徽	15867301	15632036	9462646	7356942	2105704	324143
福建	12127219	11875032	7806641	6085362	1721279	366510
江西	9056809	8681454	5907670	4544333	1363337	413778
山东	26095207	25912074	17232774	14201573	3031201	762121
河南	21936338	21457855	13198606	10137404	3061202	730955
湖北	15850910	15462407	10138434	7617424	2521010	413372
湖南	17579244	17181026	11071232	8608533	2462699	366173
广东	36037026	34956789	21135266	16476457	4658809	1172012
广西	10622740	10475007	7413285	4883016	2530269	1234743
海南	3057838	2470901	1510452	1319157	191295	44913
重庆	8665162	8416184	4834957	3551491	1283466	345288
四川	21674927	21180885	11726439	8713026	3013413	866369
贵州	7622510	7457694	4856650	3604161	1252489	289445
云南	10189711	9836157	6845837	4609090	2236747	1294537
西藏	1317160	1154041	855510	634624	220886	148284
陕西	11933857	11711250	6986488	5444297	1542191	578117
甘肃	7857792	7689807	4874703	3643689	1231014	533992
青海	1905702	1707543	1290919	989245	301674	71336
宁夏	2718891	2578634	1194788	925128	269660	88038
新疆	9877629	9290290	5804666	4397725	1406941	215673

教育经费支出明细

单位：千元

公用部分	商品和服务支出	其他资本性支出	专项公用支出	专项项目支出	基本建设支出
144978129	**80802392**	**64175737**	**23546513**	**40629224**	**10905595**
4820059	2679668	2140391	1378089	762302	416365
1568245	910473	657772	387398	270374	8900
5962389	3563015	2399374	822859	1576515	179994
4492391	2656286	1836105	594878	1241227	486559
3144525	1958389	1186136	431733	754403	252028
4152375	2297294	1855081	788777	1066304	99402
2632259	1507215	1125044	524763	600281	64636
3482618	2520888	961730	378581	583149	173717
4927693	2648240	2279453	1638917	640536	516065
9632638	5043051	4589587	1863489	2726098	1365963
9183834	4153944	5029890	1249152	3780738	475059
6169390	2902117	3267273	944286	2322987	235265
4068391	2335708	1732683	717450	1015233	252187
2773784	1657115	1116669	387409	729260	375355
8679300	4662997	4016303	1189000	2827303	183133
8259249	5319006	2940243	1042460	1897783	478483
5323973	3298886	2025087	770207	1254880	388503
6109794	3881279	2228515	848126	1380389	398218
13821523	8661807	5159716	2328793	2830923	1080237
3061722	1765393	1296329	447926	848403	147733
960449	468179	492270	119370	372900	586937
3581227	1999615	1581612	393430	1188182	248978
9454446	3845632	5608814	1644699	3964115	494042
2601044	1593900	1007144	488279	518865	164816
2990320	1554562	1435758	396607	1039151	353554
298531	120472	178059	12837	165222	163119
4724762	2732274	1992488	704683	1287805	222607
2815104	1342711	1472393	343786	1128607	167985
416624	281016	135608	72569	63039	198159
1383846	494301	889545	190729	698816	140257
3485624	1946959	1538665	445231	1093434	587339

4—39 分地区中央属中学

地区	合计	事业性经费支出	个人部分	工资福利支出	对个人和家庭的补助支出	#助学金
合计	**2039830**	**1893022**	**1265115**	**899405**	**365710**	**57728**
北京	380809	380809	202187	140172	62015	754
天津	8400	8400	7250	4050	3200	
河北	295	295	238	238		
山西	9854	9854	7522	7130	392	
内蒙古						
辽宁						
吉林	77427	77427	49992	34098	15894	1413
黑龙江	146290	133710	78481	66067	12414	2291
上海	113718	113718	70186	62621	7565	1873
江苏						
浙江						
安徽						
福建						
江西	3023	3023	2185	1546	639	1
山东						
河南						
湖北	53276	53141	38202	28917	9285	102
湖南						
广东	9604	9604	5947	5453	494	38
广西						
海南						
重庆	42421	42421	28725	21645	7080	588
四川	22149	22149	16632	12166	4466	75
贵州	1413	1413	663	414	249	249
云南						
西藏						
陕西	9908	9908	7372	6769	603	
甘肃						
青海						
宁夏						
新疆	1161243	1027150	749533	508119	241414	50344

教育经费支出明细

单位:千元

公用部分	商品和服务支出	其他资本性支出			基本建设支出
			专项公用支出	专项项目支出	
627907	**350935**	**276972**	**118969**	**158003**	**146808**
178622	67332	111290	39736	71554	
1150	130	1020	15	1005	
57	35	22	22		
2332	2325	7	7		
27435	16020	11415	7415	4000	
55229	30061	25168	8379	16789	12580
43532	37078	6454	6366	88	
838	275	563		563	
14939	14327	612	612		135
3657	2814	843	271	572	
13696	11755	1941	1937	4	
5517	4391	1126	1126		
750	238	512	43	469	
2536	1219	1317	525	792	
277617	162935	114682	52515	62167	134093

4—40 分地区地方中学

地 区	合 计	事业性经费支出				
			个人部分			
				工资福利支出	对个人和家庭的补助支出	
						#助学金
合 计	**405006922**	**394248135**	**249897913**	**192329820**	**57568093**	**13244564**
北 京	11067597	10651232	6009795	3926936	2082859	72070
天 津	5321368	5312468	3745373	2486649	1258724	8545
河 北	17911901	17731907	11769575	9664984	2104591	576606
山 西	11571034	11084475	6594416	5556584	1037832	415048
内蒙古	8395228	8143200	4998675	3975225	1023450	278019
辽 宁	13178800	13079398	8927023	6401699	2525324	112698
吉 林	7883313	7818677	5213853	3717073	1496780	193779
黑龙江	10153922	9992785	6565396	4962423	1602973	117588
上 海	13417370	12901305	8017144	7047872	969272	234247
江 苏	29697616	28331653	18699015	14268718	4430297	357106
浙 江	25717837	25242778	16058944	13164009	2894935	670456
安 徽	15867301	15632036	9462646	7356942	2105704	324143
福 建	12127219	11875032	7806641	6085362	1721279	366510
江 西	9053786	8678431	5905485	4542787	1362698	413777
山 东	26095207	25912074	17232774	14201573	3031201	762121
河 南	21936338	21457855	13198606	10137404	3061202	730955
湖 北	15797634	15409266	10100232	7588507	2511725	413270
湖 南	17579244	17181026	11071232	8608533	2462699	366173
广 东	36027422	34947185	21129319	16471004	4658315	1171974
广 西	10622740	10475007	7413285	4883016	2530269	1234743
海 南	3057838	2470901	1510452	1319157	191295	44913
重 庆	8622741	8373763	4806232	3529846	1276386	344700
四 川	21652778	21158736	11709807	8700860	3008947	866294
贵 州	7621097	7456281	4855987	3603747	1252240	289196
云 南	10189711	9836157	6845837	4609090	2236747	1294537
西 藏	1317160	1154041	855510	634624	220886	148284
陕 西	11923949	11701342	6979116	5437528	1541588	578117
甘 肃	7857792	7689807	4874703	3643689	1231014	533992
青 海	1905702	1707543	1290919	989245	301674	71336
宁 夏	2718891	2578634	1194788	925128	269660	88038
新 疆	8716386	8263140	5055133	3889606	1165527	165329

教育经费支出明细

单位:千元

公用部分	商品和服务支出	其他资本性支出			基本建设支出
			专项公用支出	专项项目支出	
144350222	**80451457**	**63898765**	**23427544**	**40471221**	**10758787**
4641437	2612336	2029101	1338353	690748	416365
1567095	910343	656752	387383	269369	8900
5962332	3562980	2399352	822837	1576515	179994
4490059	2653961	1836098	594871	1241227	486559
3144525	1958389	1186136	431733	754403	252028
4152375	2297294	1855081	788777	1066304	99402
2604824	1491195	1113629	517348	596281	64636
3427389	2490827	936562	370202	566360	161137
4884161	2611162	2272999	1632551	640448	516065
9632638	5043051	4589587	1863489	2726098	1365963
9183834	4153944	5029890	1249152	3780738	475059
6169390	2902117	3267273	944286	2322987	235265
4068391	2335708	1732683	717450	1015233	252187
2772946	1656840	1116106	387409	728697	375355
8679300	4662997	4016303	1189000	2827303	183133
8259249	5319006	2940243	1042460	1897783	478483
5309034	3284559	2024475	769595	1254880	388368
6109794	3881279	2228515	848126	1380389	398218
13817866	8658993	5158873	2328522	2830351	1080237
3061722	1765393	1296329	447926	848403	147733
960449	468179	492270	119370	372900	586937
3567531	1987860	1579671	391493	1188178	248978
9448929	3841241	5607688	1643573	3964115	494042
2600294	1593662	1006632	488236	518396	164816
2990320	1554562	1435758	396607	1039151	353554
298531	120472	178059	12837	165222	163119
4722226	2731055	1991171	704158	1287013	222607
2815104	1342711	1472393	343786	1128607	167985
416624	281016	135608	72569	63039	198159
1383846	494301	889545	190729	698816	140257
3208007	1784024	1423983	392716	1031267	453246

4—41 分地区普通中学

地 区	合 计	事业性经费支出	个人部分	工资福利支出	对个人和家庭的补助支出	#助学金
合 计	**406523222**	**395617627**	**250892584**	**193009703**	**57882881**	**13288232**
北 京	11448406	11032041	6211982	4067108	2144874	72824
天 津	5328059	5319159	3750990	2490206	1260784	8545
河 北	17909970	17729976	11768228	9663849	2104379	576606
山 西	11580888	11094329	6601938	5563714	1038224	415048
内蒙古	8395228	8143200	4998675	3975225	1023450	278019
辽 宁	13178800	13079398	8927023	6401699	2525324	112698
吉 林	7958093	7893457	5261425	3750144	1511281	195192
黑龙江	10300212	10126495	6643877	5028490	1615387	119879
上 海	13435296	12919231	8044276	7078176	966100	235982
江 苏	29599812	28233849	18643758	14216693	4427065	357106
浙 江	25478064	25003005	15939687	13061104	2878583	666415
安 徽	15867301	15632036	9462646	7356942	2105704	324143
福 建	12123347	11871160	7803206	6083211	1719995	366510
江 西	9056297	8680942	5907272	4544021	1363251	413692
山 东	26095207	25912074	17232774	14201573	3031201	762121
河 南	21906440	21427957	13175161	10125866	3049295	722215
湖 北	15847912	15459409	10137629	7616732	2520897	413372
湖 南	17578875	17180657	11071030	8608406	2462624	366098
广 东	36011611	34931374	21126131	16469080	4657051	1171382
广 西	10622740	10475007	7413285	4883016	2530269	1234743
海 南	3057838	2470901	1510452	1319157	191295	44913
重 庆	8664454	8415476	4834446	3551073	1283373	345288
四 川	21669418	21175376	11723903	8711230	3012673	866369
贵 州	7622510	7457694	4856650	3604161	1252489	289445
云 南	10189711	9836157	6845837	4609090	2236747	1294537
西 藏	1317160	1154041	855510	634624	220886	148284
陕 西	11922313	11699706	6981874	5440418	1541456	577767
甘 肃	7857089	7689104	4874361	3643389	1230972	533992
青 海	1905702	1707543	1290919	989245	301674	71336
宁 夏	2718891	2578634	1194788	925128	269660	88038
新 疆	9875578	9288239	5802851	4396933	1405918	215673

教育经费支出明细

单位:千元

公用部分	商品和服务支出	其他资本性支出	专项公用支出	专项项目支出	基本建设支出
144725043	**80594608**	**64130435**	**23526153**	**40604282**	**10905595**
4820059	2679668	2140391	1378089	762302	416365
1568169	910397	657772	387398	270374	8900
5961748	3562398	2399350	822835	1576515	179994
4492391	2656286	1836105	594878	1241227	486559
3144525	1958389	1186136	431733	754403	252028
4152375	2297294	1855081	788777	1066304	99402
2632032	1507010	1125022	524741	600281	64636
3482618	2520888	961730	378581	583149	173717
4874955	2597846	2277109	1636577	640532	516065
9590091	5004164	4585927	1861283	2724644	1365963
9063318	4058044	5005274	1239600	3765674	475059
6169390	2902117	3267273	944286	2322987	235265
4067954	2335271	1732683	717450	1015233	252187
2773670	1657001	1116669	387409	729260	375355
8679300	4662997	4016303	1189000	2827303	183133
8252796	5313166	2939630	1041847	1897783	478483
5321780	3298032	2023748	768868	1254880	388503
6109627	3881171	2228456	848067	1380389	398218
13805243	8653510	5151733	2324990	2826743	1080237
3061722	1765393	1296329	447926	848403	147733
960449	468179	492270	119370	372900	586937
3581030	1999558	1581472	393290	1188182	248978
9451473	3842914	5608559	1644444	3964115	494042
2601044	1593900	1007144	488279	518865	164816
2990320	1554562	1435758	396607	1039151	353554
298531	120472	178059	12837	165222	163119
4717832	2729584	1988248	704683	1283565	222607
2814743	1342357	1472386	343779	1128607	167985
416624	281016	135608	72569	63039	198159
1383846	494301	889545	190729	698816	140257
3485388	1946723	1538665	445231	1093434	587339

4—42 分地区中央属普通中学

地区	合计	事业性经费支出	个人部分	工资福利支出	对个人和家庭的补助支出	#助学金
合计	**2039830**	**1893022**	**1265115**	**899405**	**365710**	**57728**
北京	380809	380809	202187	140172	62015	754
天津	8400	8400	7250	4050	3200	
河北	295	295	238	238		
山西	9854	9854	7522	7130	392	
内蒙古						
辽宁						
吉林	77427	77427	49992	34098	15894	1413
黑龙江	146290	133710	78481	66067	12414	2291
上海	113718	113718	70186	62621	7565	1873
江苏						
浙江						
安徽						
福建						
江西	3023	3023	2185	1546	639	1
山东						
河南						
湖北	53276	53141	38202	28917	9285	102
湖南						
广东	9604	9604	5947	5453	494	38
广西						
海南						
重庆	42421	42421	28725	21645	7080	588
四川	22149	22149	16632	12166	4466	75
贵州	1413	1413	663	414	249	249
云南						
西藏						
陕西	9908	9908	7372	6769	603	
甘肃						
青海						
宁夏						
新疆	1161243	1027150	749533	508119	241414	50344

教育经费支出明细

单位：千元

公用部分	商品和服务支出	其他资本性支出	专项公用支出	专项项目支出	基本建设支出
627907	**350935**	**276972**	**118969**	**158003**	**146808**
178622	67332	111290	39736	71554	
1150	130	1020	15	1005	
57	35	22	22		
2332	2325	7	7		
27435	16020	11415	7415	4000	
55229	30061	25168	8379	16789	12580
43532	37078	6454	6366	88	
838	275	563		563	
14939	14327	612	612		135
3657	2814	843	271	572	
13696	11755	1941	1937	4	
5517	4391	1126	1126		
750	238	512	43	469	
2536	1219	1317	525	792	
277617	162935	114682	52515	62167	134093

4—43 分地区地方普通中学

地区	合计	事业性经费支出	个人部分	工资福利支出	对个人和家庭的补助支出	#助学金
合计	**404483392**	**393724605**	**249627469**	**192110298**	**57517171**	**13230504**
北京	11067597	10651232	6009795	3926936	2082859	72070
天津	5319659	5310759	3743740	2486156	1257584	8545
河北	17909675	17729681	11767990	9663611	2104379	576606
山西	11571034	11084475	6594416	5556584	1037832	415048
内蒙古	8395228	8143200	4998675	3975225	1023450	278019
辽宁	13178800	13079398	8927023	6401699	2525324	112698
吉林	7880666	7816030	5211433	3716046	1495387	193779
黑龙江	10153922	9992785	6565396	4962423	1602973	117588
上海	13321578	12805513	7974090	7015555	958535	234109
江苏	29599812	28233849	18643758	14216693	4427065	357106
浙江	25478064	25003005	15939687	13061104	2878583	666415
安徽	15867301	15632036	9462646	7356942	2105704	324143
福建	12123347	11871160	7803206	6083211	1719995	366510
江西	9053274	8677919	5905087	4542475	1362612	413691
山东	26095207	25912074	17232774	14201573	3031201	762121
河南	21906440	21427957	13175161	10125866	3049295	722215
湖北	15794636	15406268	10099427	7587815	2511612	413270
湖南	17578875	17180657	11071030	8608406	2462624	366098
广东	36002007	34921770	21120184	16463627	4656557	1171344
广西	10622740	10475007	7413285	4883016	2530269	1234743
海南	3057838	2470901	1510452	1319157	191295	44913
重庆	8622033	8373055	4805721	3529428	1276293	344700
四川	21647269	21153227	11707271	8699064	3008207	866294
贵州	7621097	7456281	4855987	3603747	1252240	289196
云南	10189711	9836157	6845837	4609090	2236747	1294537
西藏	1317160	1154041	855510	634624	220886	148284
陕西	11912405	11689798	6974502	5433649	1540853	577767
甘肃	7857089	7689104	4874361	3643389	1230972	533992
青海	1905702	1707543	1290919	989245	301674	71336
宁夏	2718891	2578634	1194788	925128	269660	88038
新疆	8714335	8261089	5053318	3888814	1164504	165329

教育经费支出明细

单位：千元

公用部分	商品和服务支出	其他资本性支出			基本建设支出
			专项公用支出	专项项目支出	
144097136	**80243673**	**63853463**	**23407184**	**40446279**	**10758787**
4641437	2612336	2029101	1338353	690748	416365
1567019	910267	656752	387383	269369	8900
5961691	3562363	2399328	822813	1576515	179994
4490059	2653961	1836098	594871	1241227	486559
3144525	1958389	1186136	431733	754403	252028
4152375	2297294	1855081	788777	1066304	99402
2604597	1490990	1113607	517326	596281	64636
3427389	2490827	936562	370202	566360	161137
4831423	2560768	2270655	1630211	640444	516065
9590091	5004164	4585927	1861283	2724644	1365963
9063318	4058044	5005274	1239600	3765674	475059
6169390	2902117	3267273	944286	2322987	235265
4067954	2335271	1732683	717450	1015233	252187
2772832	1656726	1116106	387409	728697	375355
8679300	4662997	4016303	1189000	2827303	183133
8252796	5313166	2939630	1041847	1897783	478483
5306841	3283705	2023136	768256	1254880	388368
6109627	3881171	2228456	848067	1380389	398218
13801586	8650696	5150890	2324719	2826171	1080237
3061722	1765393	1296329	447926	848403	147733
960449	468179	492270	119370	372900	586937
3567334	1987803	1579531	391353	1188178	248978
9445956	3838523	5607433	1643318	3964115	494042
2600294	1593662	1006632	488236	518396	164816
2990320	1554562	1435758	396607	1039151	353554
298531	120472	178059	12837	165222	163119
4715296	2728365	1986931	704158	1282773	222607
2814743	1342357	1472386	343779	1128607	167985
416624	281016	135608	72569	63039	198159
1383846	494301	889545	190729	698816	140257
3207771	1783788	1423983	392716	1031267	453246

4—44 分地区普通高中

地 区	合 计	事业性经费支出	个人部分	工资福利支出	对个人和家庭的补助支出	#助学金
合 计	**152791137**	**148464060**	**85523118**	**68142220**	**17380898**	**1896919**
北 京	4947964	4790707	2669939	1738344	931595	20097
天 津	2440410	2437445	1558338	1028089	530249	4676
河 北	6536213	6522613	3760620	3219963	540657	38902
山 西	4501765	4281071	2245351	1961583	283768	29119
内蒙古	3228766	3170245	1679251	1381463	297788	58696
辽 宁	4522434	4477706	2617603	1956407	661196	19707
吉 林	3013813	3008813	1649470	1205196	444274	16868
黑龙江	3276594	3243014	1840439	1428009	412430	46596
上 海	5837377	5558235	3056317	2735661	320656	46943
江 苏	12456307	11563068	7266108	5583855	1682253	193460
浙 江	10254724	10027900	5981940	5065793	916147	102712
安 徽	5971533	5938571	3311081	2628027	683054	50887
福 建	5023145	4906121	3009357	2359755	649602	39882
江 西	3450093	3375221	2096527	1617451	479076	125504
山 东	10134076	9982128	5703939	4752527	951412	171263
河 南	7594059	7399497	3677061	3037070	639991	89989
湖 北	5905152	5817518	3615639	2895015	720624	57324
湖 南	6936302	6789921	4035730	3275184	760546	97815
广 东	14353163	13884095	7635615	6108057	1527558	94219
广 西	3295370	3259957	2006633	1505962	500671	71904
海 南	997434	806556	502474	445454	57020	11579
重 庆	3232836	3149025	1689030	1292009	397021	65221
四 川	7131713	6947509	3913725	3077869	835856	139090
贵 州	2380336	2350199	1455576	1073248	382328	31521
云 南	3150380	3068027	1852023	1430016	422007	80834
西 藏	377961	244586	200949	153655	47294	24655
陕 西	4131997	4088195	2207120	1824763	382357	74711
甘 肃	2821850	2780369	1601362	1293178	308184	27695
青 海	669219	623881	483401	371234	112167	11734
宁 夏	1134027	1092426	437809	348110	89699	16862
新 疆	3084124	2879441	1762691	1349273	413418	36454

教育经费支出明细

单位：千元

公用部分	商品和服务支出	其他资本性支出			基本建设支出
			专项公用支出	专项项目支出	
62940942	**34256034**	**28684908**	**11274133**	**17410775**	**4327077**
2120768	1133679	987089	619271	367818	157257
879107	439152	439955	295850	144105	2965
2761993	1531899	1230094	381976	848118	13600
2035720	1174658	861062	265553	595509	220694
1490994	960558	530436	222654	307782	58521
1860103	1092195	767908	377967	389941	44728
1359343	680014	679329	330773	348556	5000
1402575	963148	439427	200744	238683	33580
2501918	1074702	1427216	1195654	231562	279142
4296960	2240233	2056727	839619	1217108	893239
4045960	1853840	2192120	562785	1629335	226824
2627490	1247157	1380333	398807	981526	32962
1896764	1022936	873828	343812	530016	117024
1278694	720403	558291	190820	367471	74872
4278189	2342226	1935963	546457	1389506	151948
3722436	2158318	1564118	573012	991106	194562
2201879	1369482	832397	308979	523418	87634
2754191	1731361	1022830	466764	556066	146381
6248480	3820849	2427631	1044309	1383322	469068
1253324	642090	611234	223393	387841	35413
304082	168886	135196	51139	84057	190878
1459995	688036	771959	198296	573663	83811
3033784	1377300	1656484	577315	1079169	184204
894623	564209	330414	165699	164715	30137
1216004	524515	691489	180653	510836	82353
43637	36019	7618	7588	30	133375
1881075	1179917	701158	274513	426645	43802
1179007	601294	577713	168720	408993	41481
140480	108777	31703	21948	9755	45338
654617	192901	461716	81347	380369	41601
1116750	615280	501470	157716	343754	204683

4—45 分地区中央属普通高中

地区	合计	事业性经费支出	个人部分	工资福利支出	对个人和家庭的补助支出	#助学金
合计	**1029933**	**970228**	**599421**	**450068**	**149353**	**15283**
北京	270689	270689	141087	99107	41980	407
天津	5616	5616	4843	2706	2137	
河北						
山西	4011	4011	2923	2923		
内蒙古						
辽宁						
吉林	63586	63586	38276	26637	11639	1361
黑龙江	74247	70267	34981	28874	6107	873
上海	113718	113718	70186	62621	7565	1873
江苏						
浙江						
安徽						
福建						
江西						
山东						
河南						
湖北	37986	37853	27707	22284	5423	92
湖南						
广东	9439	9439	5819	5325	494	38
广西						
海南						
重庆	28691	28691	19427	14564	4863	404
四川	13051	13051	9114	7529	1585	75
贵州						
云南						
西藏						
陕西	9908	9908	7372	6769	603	
甘肃						
青海						
宁夏						
新疆	398991	343399	237686	170729	66957	10160

教育经费支出明细

单位:千元

公用部分	商品和服务支出	其他资本性支出			基本建设支出
			专项公用支出	专项项目支出	
370807	**202285**	**168522**	**76164**	**92358**	**59705**
129602	43464	86138	30759	55379	
773	90	683	11	672	
1088	1088				
25310	14768	10542	6542	4000	
35286	16817	18469	5940	12529	3980
43532	37078	6454	6366	88	
10146	9769	377	377		133
3620	2777	843	271	572	
9264	7945	1319	1319		
3937	3241	696	696		
2536	1219	1317	525	792	
105713	64029	41684	23358	18326	55592

4—46 分地区地方普通高中

地区	合计	事业性经费支出	个人部分	工资福利支出	对个人和家庭的补助支出	#助学金
合计	**151761204**	**147493832**	**84923697**	**67692152**	**17231545**	**1881636**
北京	4677275	4520018	2528852	1639237	889615	19690
天津	2434794	2431829	1553495	1025383	528112	4676
河北	6536213	6522613	3760620	3219963	540657	38902
山西	4497754	4277060	2242428	1958660	283768	29119
内蒙古	3228766	3170245	1679251	1381463	297788	58696
辽宁	4522434	4477706	2617603	1956407	661196	19707
吉林	2950227	2945227	1611194	1178559	432635	15507
黑龙江	3202347	3172747	1805458	1399135	406323	45723
上海	5723659	5444517	2986131	2673040	313091	45070
江苏	12456307	11563068	7266108	5583855	1682253	193460
浙江	10254724	10027900	5981940	5065793	916147	102712
安徽	5971533	5938571	3311081	2628027	683054	50887
福建	5023145	4906121	3009357	2359755	649602	39882
江西	3450093	3375221	2096527	1617451	479076	125504
山东	10134076	9982128	5703939	4752527	951412	171263
河南	7594059	7399497	3677061	3037070	639991	89989
湖北	5867166	5779665	3587932	2872731	715201	57232
湖南	6936302	6789921	4035730	3275184	760546	97815
广东	14343724	13874656	7629796	6102732	1527064	94181
广西	3295370	3259957	2006633	1505962	500671	71904
海南	997434	806556	502474	445454	57020	11579
重庆	3204145	3120334	1669603	1277445	392158	64817
四川	7118662	6934458	3904611	3070340	834271	139015
贵州	2380336	2350199	1455576	1073248	382328	31521
云南	3150380	3068027	1852023	1430016	422007	80834
西藏	377961	244586	200949	153655	47294	24655
陕西	4122089	4078287	2199748	1817994	381754	74711
甘肃	2821850	2780369	1601362	1293178	308184	27695
青海	669219	623881	483401	371234	112167	11734
宁夏	1134027	1092426	437809	348110	89699	16862
新疆	2685133	2536042	1525005	1178544	346461	26294

教育经费支出明细

单位：千元

公用部分	商品和服务支出	其他资本性支出			基本建设支出
			专项公用支出	专项项目支出	
62570135	**34053749**	**28516386**	**11197969**	**17318417**	**4267372**
1991166	1090215	900951	588512	312439	157257
878334	439062	439272	295839	143433	2965
2761993	1531899	1230094	381976	848118	13600
2034632	1173570	861062	265553	595509	220694
1490994	960558	530436	222654	307782	58521
1860103	1092195	767908	377967	389941	44728
1334033	665246	668787	324231	344556	5000
1367289	946331	420958	194804	226154	29600
2458386	1037624	1420762	1189288	231474	279142
4296960	2240233	2056727	839619	1217108	893239
4045960	1853840	2192120	562785	1629335	226824
2627490	1247157	1380333	398807	981526	32962
1896764	1022936	873828	343812	530016	117024
1278694	720403	558291	190820	367471	74872
4278189	2342226	1935963	546457	1389506	151948
3722436	2158318	1564118	573012	991106	194562
2191733	1359713	832020	308602	523418	87501
2754191	1731361	1022830	466764	556066	146381
6244860	3818072	2426788	1044038	1382750	469068
1253324	642090	611234	223393	387841	35413
304082	168886	135196	51139	84057	190878
1450731	680091	770640	196977	573663	83811
3029847	1374059	1655788	576619	1079169	184204
894623	564209	330414	165699	164715	30137
1216004	524515	691489	180653	510836	82353
43637	36019	7618	7588	30	133375
1878539	1178698	699841	273988	425853	43802
1179007	601294	577713	168720	408993	41481
140480	108777	31703	21948	9755	45338
654617	192901	461716	81347	380369	41601
1011037	551251	459786	134358	325428	149091

4—47 分地区农村高中

地区	合计	事业性经费支出	个人部分	工资福利支出	对个人和家庭的补助支出	#助学金
合计	**20555667**	**20200821**	**12367882**	**10204352**	**2163530**	**360020**
北京	663252	570672	249910	183601	66309	2932
天津	335436	335436	232221	187210	45011	911
河北	702352	702352	461930	419034	42896	4899
山西	316187	291404	153564	134884	18680	2975
内蒙古	128695	128080	85821	72124	13697	1866
辽宁	202437	202437	127300	110277	17023	283
吉林	120971	120971	77214	60545	16669	519
黑龙江	47433	47433	28334	22645	5689	565
上海	153259	153259	106051	94941	11110	2481
江苏	2210195	2147216	1420016	1136091	283925	52125
浙江	2287531	2253829	1426244	1226180	200064	28148
安徽	1300015	1293726	660915	545212	115703	12415
福建	1543637	1541896	996880	815648	181232	15969
江西	257950	252929	169780	138451	31329	11163
山东	948386	948170	615786	528773	87013	19452
河南	691847	668381	366153	296817	69336	14604
湖北	632432	623737	394645	330978	63667	7402
湖南	1501324	1499458	914617	784097	130520	14606
广东	1749472	1725591	948007	799057	148950	13874
广西	284271	283856	205793	140663	65130	29337
海南	86729	81226	55697	48785	6912	647
重庆	738864	737024	443908	334358	109550	28491
四川	1476005	1472534	897908	719135	178773	37131
贵州	269998	258286	155543	121810	33733	4777
云南	300941	298717	201930	157738	44192	16827
西藏						
陕西	801191	798173	474571	402342	72229	12381
甘肃	492324	489495	300571	251387	49184	11898
青海	37840	35916	27272	21559	5713	1239
宁夏	52791	51161	33118	23397	9721	1922
新疆	221902	187456	136183	96613	39570	8181

教育经费支出明细

单位：千元

公用部分	商品和服务支出	其他资本性支出	专项公用支出	专项项目支出	基本建设支出
7832939	**4516771**	**3316168**	**1225614**	**2090554**	**354846**
320762	184564	136198	50536	85662	92580
103215	51630	51585	9668	41917	
240422	149203	91219	21641	69578	
137840	72894	64946	10127	54819	24783
42259	31246	11013	2073	8940	615
75137	39075	36062	9245	26817	
43757	32651	11106	3108	7998	
19099	8858	10241	2301	7940	
47208	42582	4626	4503	123	
727200	396879	330321	164616	165705	62979
827585	399792	427793	144871	282922	33702
632811	271600	361211	124846	236365	6289
545016	311110	233906	92195	141711	1741
83149	59914	23235	9137	14098	5021
332384	215823	116561	39319	77242	216
302228	181770	120458	42956	77502	23466
229092	147142	81950	42240	39710	8695
584841	402653	182188	80043	102145	1866
777584	504009	273575	135547	138028	23881
78063	48956	29107	10645	18462	415
25529	16741	8788	2636	6152	5503
293116	150583	142533	39501	103032	1840
574626	285621	289005	83176	205829	3471
102743	65442	37301	19422	17879	11712
96787	47555	49232	19047	30185	2224
323602	234681	88921	33840	55081	3018
188924	112698	76226	16478	59748	2829
8644	5501	3143	830	2313	1924
18043	13725	4318	1976	2342	1630
51273	31873	19400	9091	10309	34446

4—48 分地区中央属农村高中

地区	合计	事业性经费支出	个人部分	工资福利支出	对个人和家庭的补助支出	#助学金
合计	**150457**	**121122**	**89422**	**58239**	**31183**	**7163**
北京						
天津						
河北						
山西						
内蒙古						
辽宁						
吉林						
黑龙江						
上海						
江苏						
浙江						
安徽						
福建						
江西						
山东						
河南						
湖北						
湖南						
广东						
广西						
海南						
重庆						
四川						
贵州						
云南						
西藏						
陕西						
甘肃						
青海						
宁夏						
新疆	150457	121122	89422	58239	31183	7163

教育经费支出明细

单位：千元

公用部分	商品和服务支出	其他资本性支出	专项公用支出	专项项目支出	基本建设支出
31700	**19315**	**12385**	**6353**	**6032**	**29335**
31700	19315	12385	6353	6032	29335

4—49 分地区地方农村高中

地 区	合 计	事业性经费支出	个人部分	工资福利支出	对个人和家庭的补助支出	#助学金
合 计	**20405210**	**20079699**	**12278460**	**10146113**	**2132347**	**352857**
北 京	663252	570672	249910	183601	66309	2932
天 津	335436	335436	232221	187210	45011	911
河 北	702352	702352	461930	419034	42896	4899
山 西	316187	291404	153564	134884	18680	2975
内蒙古	128695	128080	85821	72124	13697	1866
辽 宁	202437	202437	127300	110277	17023	283
吉 林	120971	120971	77214	60545	16669	519
黑龙江	47433	47433	28334	22645	5689	565
上 海	153259	153259	106051	94941	11110	2481
江 苏	2210195	2147216	1420016	1136091	283925	52125
浙 江	2287531	2253829	1426244	1226180	200064	28148
安 徽	1300015	1293726	660915	545212	115703	12415
福 建	1543637	1541896	996880	815648	181232	15969
江 西	257950	252929	169780	138451	31329	11163
山 东	948386	948170	615786	528773	87013	19452
河 南	691847	668381	366153	296817	69336	14604
湖 北	632432	623737	394645	330978	63667	7402
湖 南	1501324	1499458	914617	784097	130520	14606
广 东	1749472	1725591	948007	799057	148950	13874
广 西	284271	283856	205793	140663	65130	29337
海 南	86729	81226	55697	48785	6912	647
重 庆	738864	737024	443908	334358	109550	28491
四 川	1476005	1472534	897908	719135	178773	37131
贵 州	269998	258286	155543	121810	33733	4777
云 南	300941	298717	201930	157738	44192	16827
西 藏						
陕 西	801191	798173	474571	402342	72229	12381
甘 肃	492324	489495	300571	251387	49184	11898
青 海	37840	35916	27272	21559	5713	1239
宁 夏	52791	51161	33118	23397	9721	1922
新 疆	71445	66334	46761	38374	8387	1018

教育经费支出明细

单位：千元

公用部分	商品和服务支出	其他资本性支出			基本建设支出
			专项公用支出	专项项目支出	
7801239	**4497456**	**3303783**	**1219261**	**2084522**	**325511**
320762	184564	136198	50536	85662	92580
103215	51630	51585	9668	41917	
240422	149203	91219	21641	69578	
137840	72894	64946	10127	54819	24783
42259	31246	11013	2073	8940	615
75137	39075	36062	9245	26817	
43757	32651	11106	3108	7998	
19099	8858	10241	2301	7940	
47208	42582	4626	4503	123	
727200	396879	330321	164616	165705	62979
827585	399792	427793	144871	282922	33702
632811	271600	361211	124846	236365	6289
545016	311110	233906	92195	141711	1741
83149	59914	23235	9137	14098	5021
332384	215823	116561	39319	77242	216
302228	181770	120458	42956	77502	23466
229092	147142	81950	42240	39710	8695
584841	402653	182188	80043	102145	1866
777584	504009	273575	135547	138028	23881
78063	48956	29107	10645	18462	415
25529	16741	8788	2636	6152	5503
293116	150583	142533	39501	103032	1840
574626	285621	289005	83176	205829	3471
102743	65442	37301	19422	17879	11712
96787	47555	49232	19047	30185	2224
323602	234681	88921	33840	55081	3018
188924	112698	76226	16478	59748	2829
8644	5501	3143	830	2313	1924
18043	13725	4318	1976	2342	1630
19573	12558	7015	2738	4277	5111

4—50 分地区普通初中

地区	合计	事业性经费支出	个人部分	工资福利支出	对个人和家庭的补助支出	#助学金
合计	**253732085**	**247153567**	**165369466**	**124867483**	**40501983**	**11391313**
北京	6500442	6241334	3542043	2328764	1213279	52727
天津	2887649	2881714	2192652	1462117	730535	3869
河北	11373757	11207363	8007608	6443886	1563722	537704
山西	7079123	6813258	4356587	3602131	754456	385929
内蒙古	5166462	4972955	3319424	2593762	725662	219323
辽宁	8656366	8601692	6309420	4445292	1864128	92991
吉林	4944280	4884644	3611955	2544948	1067007	178324
黑龙江	7023618	6883481	4803438	3600481	1202957	73283
上海	7597919	7360996	4987959	4342515	645444	189039
江苏	17143505	16670781	11377650	8632838	2744812	163646
浙江	15223340	14975105	9957747	7995311	1962436	563703
安徽	9895768	9693465	6151565	4728915	1422650	273256
福建	7100202	6965039	4793849	3723456	1070393	326628
江西	5606204	5305721	3810745	2926570	884175	288188
山东	15961131	15929946	11528835	9449046	2079789	590858
河南	14312381	14028460	9498100	7088796	2409304	632226
湖北	9942760	9641891	6521990	4721717	1800273	356048
湖南	10642573	10390736	7035300	5333222	1702078	268283
广东	21658448	21047279	13490516	10361023	3129493	1077163
广西	7327370	7215050	5406652	3377054	2029598	1162839
海南	2060404	1664345	1007978	873703	134275	33334
重庆	5431618	5266451	3145416	2259064	886352	280067
四川	14537705	14227867	7810178	5633361	2176817	727279
贵州	5242174	5107495	3401074	2530913	870161	257924
云南	7039331	6768130	4993814	3179074	1814740	1213703
西藏	939199	909455	654561	480969	173592	123629
陕西	7790316	7611511	4774754	3615655	1159099	503056
甘肃	5035239	4908735	3272999	2350211	922788	506297
青海	1236483	1083662	807518	618011	189507	59602
宁夏	1584864	1486208	756979	577018	179961	71176
新疆	6791454	6408798	4040160	3047660	992500	179219

教育经费支出明细

单位:千元

公用部分	商品和服务支出	其他资本性支出			基本建设支出
			专项公用支出	专项项目支出	
81784101	**46338574**	**35445527**	**12252020**	**23193507**	**6578518**
2699291	1545989	1153302	758818	394484	259108
689062	471245	217817	91548	126269	5935
3199755	2030499	1169256	440859	728397	166394
2456671	1481628	975043	329325	645718	265865
1653531	997831	655700	209079	446621	193507
2292272	1205099	1087173	410810	676363	54674
1272689	826996	445693	193968	251725	59636
2080043	1557740	522303	177837	344466	140137
2373037	1523144	849893	440923	408970	236923
5293131	2763931	2529200	1021664	1507536	472724
5017358	2204204	2813154	676815	2136339	248235
3541900	1654960	1886940	545479	1341461	202303
2171190	1312335	858855	373638	485217	135163
1494976	936598	558378	196589	361789	300483
4401111	2320771	2080340	642543	1437797	31185
4530360	3154848	1375512	468835	906677	283921
3119901	1928550	1191351	459889	731462	300869
3355436	2149810	1205626	381303	824323	251837
7556763	4832661	2724102	1280681	1443421	611169
1808398	1123303	685095	224533	460562	112320
656367	299293	357074	68231	288843	396059
2121035	1311522	809513	194994	614519	165167
6417689	2465614	3952075	1067129	2884946	309838
1706421	1029691	676730	322580	354150	134679
1774316	1030047	744269	215954	528315	271201
254894	84453	170441	5249	165192	29744
2836757	1549667	1287090	430170	856920	178805
1635736	741063	894673	175059	719614	126504
276144	172239	103905	50621	53284	152821
729229	301400	427829	109382	318447	98656
2368638	1331443	1037195	287515	749680	382656

4—51 分地区中央属普通初中

地区	合计	事业性经费支出	个人部分	工资福利支出	对个人和家庭的补助支出	＃助学金
合计	**1009897**	**922794**	**665694**	**449337**	**216357**	**42445**
北京	110120	110120	61100	41065	20035	347
天津	2784	2784	2407	1344	1063	
河北	295	295	238	238		
山西	5843	5843	4599	4207	392	
内蒙古						
辽宁						
吉林	13841	13841	11716	7461	4255	52
黑龙江	72043	63443	43500	37193	6307	1418
上海						
江苏						
浙江						
安徽						
福建						
江西	3023	3023	2185	1546	639	1
山东						
河南						
湖北	15290	15288	10495	6633	3862	10
湖南						
广东	165	165	128	128		
广西						
海南						
重庆	13730	13730	9298	7081	2217	184
四川	9098	9098	7518	4637	2881	
贵州	1413	1413	663	414	249	249
云南						
西藏						
陕西						
甘肃						
青海						
宁夏						
新疆	762252	683751	511847	337390	174457	40184

教育经费支出明细

单位:千元

公用部分	商品和服务支出	其他资本性支出	专项公用支出	专项项目支出	基本建设支出
257100	**148650**	**108450**	**42805**	**65645**	**87103**
49020	23868	25152	8977	16175	
377	40	337	4	333	
57	35	22	22		
1244	1237	7	7		
2125	1252	873	873		
19943	13244	6699	2439	4260	8600
838	275	563		563	
4793	4558	235	235		2
37	37				
4432	3810	622	618	4	
1580	1150	430	430		
750	238	512	43	469	
171904	98906	72998	29157	43841	78501

4—52 分地区地方普通初中

地区	合计	事业性经费支出	个人部分	工资福利支出	对个人和家庭的补助支出	#助学金
合计	**252722188**	**246230773**	**164703772**	**124418146**	**40285626**	**11348868**
北京	6390322	6131214	3480943	2287699	1193244	52380
天津	2884865	2878930	2190245	1460773	729472	3869
河北	11373462	11207068	8007370	6443648	1563722	537704
山西	7073280	6807415	4351988	3597924	754064	385929
内蒙古	5166462	4972955	3319424	2593762	725662	219323
辽宁	8656366	8601692	6309420	4445292	1864128	92991
吉林	4930439	4870803	3600239	2537487	1062752	178272
黑龙江	6951575	6820038	4759938	3563288	1196650	71865
上海	7597919	7360996	4987959	4342515	645444	189039
江苏	17143505	16670781	11377650	8632838	2744812	163646
浙江	15223340	14975105	9957747	7995311	1962436	563703
安徽	9895768	9693465	6151565	4728915	1422650	273256
福建	7100202	6965039	4793849	3723456	1070393	326628
江西	5603181	5302698	3808560	2925024	883536	288187
山东	15961131	15929946	11528835	9449046	2079789	590858
河南	14312381	14028460	9498100	7088796	2409304	632226
湖北	9927470	9626603	6511495	4715084	1796411	356038
湖南	10642573	10390736	7035300	5333222	1702078	268283
广东	21658283	21047114	13490388	10360895	3129493	1077163
广西	7327370	7215050	5406652	3377054	2029598	1162839
海南	2060404	1664345	1007978	873703	134275	33334
重庆	5417888	5252721	3136118	2251983	884135	279883
四川	14528607	14218769	7802660	5628724	2173936	727279
贵州	5240761	5106082	3400411	2530499	869912	257675
云南	7039331	6768130	4993814	3179074	1814740	1213703
西藏	939199	909455	654561	480969	173592	123629
陕西	7790316	7611511	4774754	3615655	1159099	503056
甘肃	5035239	4908735	3272999	2350211	922788	506297
青海	1236483	1083662	807518	618011	189507	59602
宁夏	1584864	1486208	756979	577018	179961	71176
新疆	6029202	5725047	3528313	2710270	818043	139035

教育经费支出明细

单位：千元

公用部分	商品和服务支出	其他资本性支出		基本建设支出

公用部分	商品和服务支出	其他资本性支出	专项公用支出	专项项目支出	基本建设支出
81527001	**46189924**	**35337077**	**12209215**	**23127862**	**6491415**
2650271	1522121	1128150	749841	378309	259108
688685	471205	217480	91544	125936	5935
3199698	2030464	1169234	440837	728397	166394
2455427	1480391	975036	329318	645718	265865
1653531	997831	655700	209079	446621	193507
2292272	1205099	1087173	410810	676363	54674
1270564	825744	444820	193095	251725	59636
2060100	1544496	515604	175398	340206	131537
2373037	1523144	849893	440923	408970	236923
5293131	2763931	2529200	1021664	1507536	472724
5017358	2204204	2813154	676815	2136339	248235
3541900	1654960	1886940	545479	1341461	202303
2171190	1312335	858855	373638	485217	135163
1494138	936323	557815	196589	361226	300483
4401111	2320771	2080340	642543	1437797	31185
4530360	3154848	1375512	468835	906677	283921
3115108	1923992	1191116	459654	731462	300867
3355436	2149810	1205626	381303	824323	251837
7556726	4832624	2724102	1280681	1443421	611169
1808398	1123303	685095	224533	460562	112320
656367	299293	357074	68231	288843	396059
2116603	1307712	808891	194376	614515	165167
6416109	2464464	3951645	1066699	2884946	309838
1705671	1029453	676218	322537	353681	134679
1774316	1030047	744269	215954	528315	271201
254894	84453	170441	5249	165192	29744
2836757	1549667	1287090	430170	856920	178805
1635736	741063	894673	175059	719614	126504
276144	172239	103905	50621	53284	152821
729229	301400	427829	109382	318447	98656
2196734	1232537	964197	258358	705839	304155

4—53 分地区农村初中

地区	合计	事业性经费支出	个人部分	工资福利支出	对个人和家庭的补助支出	#助学金
合计	**142232444**	**138641538**	**95077238**	**70975616**	**24101622**	**8849737**
北京	1931997	1796726	925147	654843	270304	28911
天津	1076856	1075856	850253	674996	175257	233
河北	6858869	6730885	4981321	3945351	1035970	501623
山西	3558347	3455639	2384164	1888398	495766	350686
内蒙古	1611082	1569716	1090591	852936	237655	64807
辽宁	4090944	4037765	2920609	2128516	792093	84338
吉林	2494655	2448699	1876856	1327450	549406	162943
黑龙江	2565527	2500564	1793460	1336518	456942	51635
上海	1928992	1928992	1325636	1170978	154658	45424
江苏	8646843	8425941	5968176	4525337	1442839	93442
浙江	8592174	8517518	5757903	4554504	1203399	366993
安徽	6739922	6571596	4236113	3198413	1037700	236805
福建	4522920	4467768	3205716	2462174	743542	306948
江西	3482723	3270592	2440727	1872802	567925	213009
山东	11383356	11359365	8473136	6980147	1492989	555637
河南	9321741	9162902	6283317	4560356	1722961	528460
湖北	6202688	5981760	4092165	2924123	1168042	330601
湖南	7299380	7089576	4979599	3704947	1274652	218644
广东	9058678	8820736	5866388	4244362	1622026	837685
广西	4639942	4558603	3443930	2191419	1252511	708155
海南	1082023	880849	533058	448909	84149	22624
重庆	3267022	3181211	2023411	1431080	592331	243397
四川	9441203	9216583	5045452	3592601	1452851	555130
贵州	3681063	3556381	2381483	1791079	590404	228520
云南	4922523	4707258	3593033	2161288	1431745	1054630
西藏						
陕西	5150926	5046033	3266753	2434793	831960	396678
甘肃	3481233	3391767	2322409	1624459	697950	461573
青海	508137	442410	328394	259541	68853	26974
宁夏	827372	772827	387804	290267	97537	49754
新疆	3863306	3675020	2300234	1743029	557205	123478

教育经费支出明细

单位：千元

公用部分	商品和服务支出	其他资本性支出			基本建设支出
			专项公用支出	专项项目支出	
43564300	**24803240**	**18761060**	**6048012**	**12713048**	**3590906**
871579	534444	337135	241743	95392	135271
225603	169444	56159	28022	28137	1000
1749564	1155459	594105	234942	359163	127984
1071475	719698	351777	168210	183567	102708
479125	281955	197170	37775	159395	41366
1117156	521294	595862	216132	379730	53179
571843	388168	183675	42173	141502	45956
707104	466965	240139	52879	187260	64963
603356	363379	239977	114045	125932	
2457765	1318469	1139296	493758	645538	220902
2759615	1094602	1665013	361460	1303553	74656
2335483	1111748	1223735	354024	869711	168326
1262052	821488	440564	173216	267348	55152
829865	558003	271862	106304	165558	212131
2886229	1532178	1354051	430460	923591	23991
2879585	2082931	796654	259890	536764	158839
1889595	1218449	671146	296227	374919	220928
2109977	1429516	680461	219683	460778	209804
2954348	1944153	1010195	417077	593118	237942
1114673	718903	395770	122160	273610	81339
347791	162519	185272	32734	152538	201174
1157800	804286	353514	90770	262744	85811
4171131	1458948	2712183	673906	2038277	224620
1174898	741728	433170	196414	236756	124682
1114225	697446	416779	146098	270681	215265
1779280	952048	827232	248350	578882	104893
1069358	496038	573320	102029	471291	89466
114016	60477	53539	13244	40295	65727
385023	147061	237962	31793	206169	54545
1374786	851443	523343	142494	380849	188286

4—54 分地区中央属农村初中

地区	合计	事业性经费支出	个人部分	工资福利支出	对个人和家庭的补助支出	#助学金
合计	**629515**	**557541**	**426598**	**275296**	**151302**	**37313**
北京						
天津						
河北						
山西						
内蒙古						
辽宁						
吉林						
黑龙江						
上海						
江苏						
浙江						
安徽						
福建						
江西	3023	3023	2185	1546	639	1
山东						
河南						
湖北						
湖南						
广东						
广西						
海南						
重庆						
四川	2834	2834	2325	1349	976	
贵州	1413	1413	663	414	249	249
云南						
西藏						
陕西						
甘肃						
青海						
宁夏						
新疆	622245	550271	421425	271987	149438	37063

教育经费支出明细

单位:千元

公用部分	商品和服务支出	其他资本性支出			基本建设支出
			专项公用支出	专项项目支出	
130943	**78635**	**52308**	**20949**	**31359**	**71974**
838	275	563		563	
509	309	200	200		
750	238	512	43	469	
128846	77813	51033	20706	30327	71974

4—55 分地区地方农村初中

地区	合计	事业性经费支出	个人部分	工资福利支出	对个人和家庭的补助支出	#助学金
合计	**141602929**	**138083997**	**94650640**	**70700320**	**23950320**	**8812424**
北京	1931997	1796726	925147	654843	270304	28911
天津	1076856	1075856	850253	674996	175257	233
河北	6858869	6730885	4981321	3945351	1035970	501623
山西	3558347	3455639	2384164	1888398	495766	350686
内蒙古	1611082	1569716	1090591	852936	237655	64807
辽宁	4090944	4037765	2920609	2128516	792093	84338
吉林	2494655	2448699	1876856	1327450	549406	162943
黑龙江	2565527	2500564	1793460	1336518	456942	51635
上海	1928992	1928992	1325636	1170978	154658	45424
江苏	8646843	8425941	5968176	4525337	1442839	93442
浙江	8592174	8517518	5757903	4554504	1203399	366993
安徽	6739922	6571596	4236113	3198413	1037700	236805
福建	4522920	4467768	3205716	2462174	743542	306948
江西	3479700	3267569	2438542	1871256	567286	213008
山东	11383356	11359365	8473136	6980147	1492989	555637
河南	9321741	9162902	6283317	4560356	1722961	528460
湖北	6202688	5981760	4092165	2924123	1168042	330601
湖南	7299380	7089576	4979599	3704947	1274652	218644
广东	9058678	8820736	5866388	4244362	1622026	837685
广西	4639942	4558603	3443930	2191419	1252511	708155
海南	1082023	880849	533058	448909	84149	22624
重庆	3267022	3181211	2023411	1431080	592331	243397
四川	9438369	9213749	5043127	3591252	1451875	555130
贵州	3679650	3554968	2380820	1790665	590155	228271
云南	4922523	4707258	3593033	2161288	1431745	1054630
西藏						
陕西	5150926	5046033	3266753	2434793	831960	396678
甘肃	3481233	3391767	2322409	1624459	697950	461573
青海	508137	442410	328394	259541	68853	26974
宁夏	827372	772827	387804	290267	97537	49754
新疆	3241061	3124749	1878809	1471042	407767	86415

教育经费支出明细

单位:千元

公用部分	商品和服务支出	其他资本性支出	专项公用支出	专项项目支出	基本建设支出
43433357	**24724605**	**18708752**	**6027063**	**12681689**	**3518932**
871579	534444	337135	241743	95392	135271
225603	169444	56159	28022	28137	1000
1749564	1155459	594105	234942	359163	127984
1071475	719698	351777	168210	183567	102708
479125	281955	197170	37775	159395	41366
1117156	521294	595862	216132	379730	53179
571843	388168	183675	42173	141502	45956
707104	466965	240139	52879	187260	64963
603356	363379	239977	114045	125932	
2457765	1318469	1139296	493758	645538	220902
2759615	1094602	1665013	361460	1303553	74656
2335483	1111748	1223735	354024	869711	168326
1262052	821488	440564	173216	267348	55152
829027	557728	271299	106304	164995	212131
2886229	1532178	1354051	430460	923591	23991
2879585	2082931	796654	259890	536764	158839
1889595	1218449	671146	296227	374919	220928
2109977	1429516	680461	219683	460778	209804
2954348	1944153	1010195	417077	593118	237942
1114673	718903	395770	122160	273610	81339
347791	162519	185272	32734	152538	201174
1157800	804286	353514	90770	262744	85811
4170622	1458639	2711983	673706	2038277	224620
1174148	741490	432658	196371	236287	124682
1114225	697446	416779	146098	270681	215265
1779280	952048	827232	248350	578882	104893
1069358	496038	573320	102029	471291	89466
114016	60477	53539	13244	40295	65727
385023	147061	237962	31793	206169	54545
1245940	773630	472310	121788	350522	116312

4—56 分地区成人中学

地区	合计	事业性经费支出	个人部分	工资福利支出	对个人和家庭的补助支出	#助学金
合计	**523530**	**523530**	**270444**	**219522**	**50922**	**14060**
北京						
天津	1709	1709	1633	493	1140	
河北	2226	2226	1585	1373	212	
山西						
内蒙古						
辽宁						
吉林	2647	2647	2420	1027	1393	
黑龙江						
上海	95792	95792	43054	32317	10737	138
江苏	97804	97804	55257	52025	3232	
浙江	239773	239773	119257	102905	16352	4041
安徽						
福建	3872	3872	3435	2151	1284	
江西	512	512	398	312	86	86
山东						
河南	29898	29898	23445	11538	11907	8740
湖北	2998	2998	805	692	113	
湖南	369	369	202	127	75	75
广东	25415	25415	9135	7377	1758	630
广西						
海南						
重庆	708	708	511	418	93	
四川	5509	5509	2536	1796	740	
贵州						
云南						
西藏						
陕西	11544	11544	4614	3879	735	350
甘肃	703	703	342	300	42	
青海						
宁夏						
新疆	2051	2051	1815	792	1023	

教育经费支出明细

单位:千元

公用部分	商品和服务支出	其他资本性支出			基本建设支出
			专项公用支出	专项项目支出	
253086	**207784**	**45302**	**20360**	**24942**	
76	76				
641	617	24	24		
227	205	22	22		
52738	50394	2344	2340	4	
42547	38887	3660	2206	1454	
120516	95900	24616	9552	15064	
437	437				
114	114				
6453	5840	613	613		
2193	854	1339	1339		
167	108	59	59		
16280	8297	7983	3803	4180	
197	57	140	140		
2973	2718	255	255		
6930	2690	4240		4240	
361	354	7	7		
236	236				

4—57 分地区小学

地 区	合 计	事业性经费支出	个人部分	工资福利支出	对个人和家庭的补助支出	#助学金
合 计	**353309210**	**349062478**	**255612555**	**185912484**	**69700071**	**10047212**
北 京	8854442	8687712	5100390	3283714	1816676	54239
天 津	4121143	4103810	3231210	2045693	1185517	413
河 北	15989137	15974782	12333749	9628483	2705266	489772
山 西	9989628	9914580	7303398	5833466	1469932	335151
内蒙古	7505425	7426274	5629862	4166280	1463582	194966
辽 宁	11468097	11444536	9094082	6091527	3002555	152594
吉 林	7616864	7611890	6100188	4307980	1792208	158543
黑龙江	9350950	9279673	7083626	4960432	2123194	47600
上 海	8444018	8381719	5496134	4701993	794141	192650
江 苏	22258884	21671259	16396140	10814961	5581179	71877
浙 江	19680551	19482520	13939136	10506857	3432279	600140
安 徽	13819710	13731726	10061991	7004398	3057593	210244
福 建	10738219	10487036	7986846	5569045	2417801	200018
江 西	9159283	9003769	6963922	5027136	1936786	221909
山 东	20088284	20010548	15098340	12563371	2534969	574174
河 南	19340995	19189072	13708867	10528478	3180389	381163
湖 北	10114240	10052726	7312299	5456266	1856033	128597
湖 南	13753586	13695489	9887922	7419107	2468815	172049
广 东	32993236	32237580	22672526	16806502	5866024	1224626
广 西	11499545	11446052	9267165	6074296	3192869	664536
海 南	2799419	2724280	1973624	1796015	177609	16531
重 庆	7300061	7168725	5005456	3417258	1588198	96764
四 川	21140389	20977184	13596642	8506209	5090433	1628628
贵 州	9365595	9265554	6921260	5040275	1880985	59659
云 南	11886474	11843486	9413732	6390509	3023223	997685
西 藏	2000567	1657605	1426578	1062445	364133	215181
陕 西	10258625	10212428	7104305	5503443	1600862	290943
甘 肃	7824171	7785409	5729742	4270800	1458942	351586
青 海	2273381	2145277	1677563	1239536	438027	138744
宁 夏	2370175	2343222	1393057	1071172	321885	49846
新 疆	9304116	9106555	6702803	4824837	1877966	126384

教育经费支出明细

单位:千元

公用部分	商品和服务支出	其他资本性支出			基本建设支出
			专项公用支出	专项项目支出	
93449923	**55298901**	**38151022**	**14197630**	**23953392**	**4246732**
3587322	1914357	1672965	1086775	586190	166730
872600	498629	373971	118525	255446	17333
3641033	2388419	1252614	501165	751449	14355
2611182	1815862	795320	328110	467210	75048
1796412	1187881	608531	204771	403760	79151
2350454	1464182	886272	376560	509712	23561
1511702	1040127	471575	178335	293240	4974
2196047	1670856	525191	236087	289104	71277
2885585	1538496	1347089	1002123	344966	62299
5275119	2716991	2558128	1131305	1426823	587625
5543384	2557686	2985698	926671	2059027	198031
3669735	1846458	1823277	479214	1344063	87984
2500190	1501158	999032	409499	589533	251183
2039847	1341917	697930	213020	484910	155514
4912208	2786397	2125811	758464	1367347	77736
5480205	4157752	1322453	544512	777941	151923
2740427	1759355	981072	328105	652967	61514
3807567	2486170	1321397	424416	896981	58097
9565054	6411696	3153358	1646211	1507147	755656
2178887	1378282	800605	230724	569881	53493
750656	396763	353893	75924	277969	75139
2163269	1495071	668198	159352	508846	131336
7380542	2922584	4457958	1189188	3268770	163205
2344294	1592265	752029	339792	412237	100041
2429754	1463811	965943	238336	727607	42988
231027	161061	69966	16231	53735	342962
3108123	1651247	1456876	345132	1111744	46197
2055667	1068941	986726	201410	785316	38762
467714	313570	154144	82598	71546	128104
950165	471966	478199	134180	344019	26953
2403752	1298951	1104801	290895	813906	197561

4—58 分地区中央属小学

地区	合计	事业性经费支出	个人部分	工资福利支出	对个人和家庭的补助支出	#助学金
合计	**1452294**	**1381159**	**998077**	**672677**	**325400**	**57863**
北京	79400	79400	51823	40040	11783	
天津	13692	13692	9656	6225	3431	
河北	652	652	538	538		
山西	13710	13710	11492	10677	815	
内蒙古	495	495	442	227	215	
辽宁						
吉林	39602	39602	21744	15581	6163	
黑龙江	102934	98560	74684	64863	9821	274
上海						
江苏						
浙江	500	500				
安徽						
福建						
江西	401	401	360	355	5	5
山东						
河南						
湖北	14670	14670	11705	8252	3453	
湖南	71158	71158	18677	1639	17038	5
广东	5359	5359	3951	3529	422	
广西						
海南						
重庆	12109	12109	8153	5636	2517	
四川	11686	11686	10003	6465	3538	10
贵州	677	677	320	200	120	120
云南						
西藏						
陕西	1072	1072	1012	785	227	96
甘肃	809	809	673	660	13	13
青海						
宁夏						
新疆	1083368	1016607	772844	507005	265839	57340

教育经费支出明细

单位:千元

公用部分	商品和服务支出	其他资本性支出			基本建设支出
			专项公用支出	专项项目支出	
383082	**219372**	**163710**	**82664**	**81046**	**71135**
27577	15790	11787	5690	6097	
4036	534	3502	1847	1655	
114	65	49	49		
2218	2155	63	58	5	
53	53				
17858	7989	9869	1144	8725	
23876	20010	3866	1224	2642	4374
500		500	500		
41	41				
2965	1677	1288	1288		
52481	22474	30007	30007		
1408	1108	300		300	
3956	2921	1035	1035		
1683	713	970	970		
357	110	247	20	227	
60	40	20	20		
136	136				
243763	143556	100207	38812	61395	66761

4—59 分地区地方小学

地区	合计	事业性经费支出	个人部分	工资福利支出	对个人和家庭的补助支出	#助学金
合计	**351856916**	**347681319**	**254614478**	**185239807**	**69374671**	**9989349**
北京	8775042	8608312	5048567	3243674	1804893	54239
天津	4107451	4090118	3221554	2039468	1182086	413
河北	15988485	15974130	12333211	9627945	2705266	489772
山西	9975918	9900870	7291906	5822789	1469117	335151
内蒙古	7504930	7425779	5629420	4166053	1463367	194966
辽宁	11468097	11444536	9094082	6091527	3002555	152594
吉林	7577262	7572288	6078444	4292399	1786045	158543
黑龙江	9248016	9181113	7008942	4895569	2113373	47326
上海	8444018	8381719	5496134	4701993	794141	192650
江苏	22258884	21671259	16396140	10814961	5581179	71877
浙江	19680051	19482020	13939136	10506857	3432279	600140
安徽	13819710	13731726	10061991	7004398	3057593	210244
福建	10738219	10487036	7986846	5569045	2417801	200018
江西	9158882	9003368	6963562	5026781	1936781	221904
山东	20088284	20010548	15098340	12563371	2534969	574174
河南	19340995	19189072	13708867	10528478	3180389	381163
湖北	10099570	10038056	7300594	5448014	1852580	128597
湖南	13682428	13624331	9869245	7417468	2451777	172044
广东	32987877	32232221	22668575	16802973	5865602	1224626
广西	11499545	11446052	9267165	6074296	3192869	664536
海南	2799419	2724280	1973624	1796015	177609	16531
重庆	7287952	7156616	4997303	3411622	1585681	96764
四川	21128703	20965498	13586639	8499744	5086895	1628618
贵州	9364918	9264877	6920940	5040075	1880865	59539
云南	11886474	11843486	9413732	6390509	3023223	997685
西藏	2000567	1657605	1426578	1062445	364133	215181
陕西	10257553	10211356	7103293	5502658	1600635	290847
甘肃	7823362	7784600	5729069	4270140	1458929	351573
青海	2273381	2145277	1677563	1239536	438027	138744
宁夏	2370175	2343222	1393057	1071172	321885	49846
新疆	8220748	8089948	5929959	4317832	1612127	69044

教育经费支出明细

单位：千元

公用部分	商品和服务支出	其他资本性支出	专项公用支出	专项项目支出	基本建设支出
93066841	**55079529**	**37987312**	**14114966**	**23872346**	**4175597**
3559745	1898567	1661178	1081085	580093	166730
868564	498095	370469	116678	253791	17333
3640919	2388354	1252565	501116	751449	14355
2608964	1813707	795257	328052	467205	75048
1796359	1187828	608531	204771	403760	79151
2350454	1464182	886272	376560	509712	23561
1493844	1032138	461706	177191	284515	4974
2172171	1650846	521325	234863	286462	66903
2885585	1538496	1347089	1002123	344966	62299
5275119	2716991	2558128	1131305	1426823	587625
5542884	2557686	2985198	926171	2059027	198031
3669735	1846458	1823277	479214	1344063	87984
2500190	1501158	999032	409499	589533	251183
2039806	1341876	697930	213020	484910	155514
4912208	2786397	2125811	758464	1367347	77736
5480205	4157752	1322453	544512	777941	151923
2737462	1757678	979784	326817	652967	61514
3755086	2463696	1291390	394409	896981	58097
9563646	6410588	3153058	1646211	1506847	755656
2178887	1378282	800605	230724	569881	53493
750656	396763	353893	75924	277969	75139
2159313	1492150	667163	158317	508846	131336
7378859	2921871	4456988	1188218	3268770	163205
2343937	1592155	751782	339772	412010	100041
2429754	1463811	965943	238336	727607	42988
231027	161061	69966	16231	53735	342962
3108063	1651207	1456856	345112	1111744	46197
2055531	1068805	986726	201410	785316	38762
467714	313570	154144	82598	71546	128104
950165	471966	478199	134180	344019	26953
2159989	1155395	1004594	252083	752511	130800

4—60 分地区普通小学

地区	合计	事业性经费支出	个人部分	工资福利支出	对个人和家庭的补助支出	#助学金
合计	**353256325**	**349009593**	**255570319**	**185883606**	**69686713**	**10047212**
北京	8854442	8687712	5100390	3283714	1816676	54239
天津	4121143	4103810	3231210	2045693	1185517	413
河北	15986104	15971749	12330835	9625631	2705204	489772
山西	9988832	9913784	7302945	5833013	1469932	335151
内蒙古	7504378	7425227	5628912	4165652	1463260	194966
辽宁	11468097	11444536	9094082	6091527	3002555	152594
吉林	7616864	7611890	6100188	4307980	1792208	158543
黑龙江	9350950	9279673	7083626	4960432	2123194	47600
上海	8444018	8381719	5496134	4701993	794141	192650
江苏	22258884	21671259	16396140	10814961	5581179	71877
浙江	19680551	19482520	13939136	10506857	3432279	600140
安徽	13819710	13731726	10061991	7004398	3057593	210244
福建	10723057	10471874	7973491	5557170	2416321	200018
江西	9159283	9003769	6963922	5027136	1936786	221909
山东	20088284	20010548	15098340	12563371	2534969	574174
河南	19324150	19172227	13693166	10524009	3169157	381163
湖北	10113475	10051961	7311618	5455589	1856029	128597
湖南	13753586	13695489	9887922	7419107	2468815	172049
广东	32993236	32237580	22672526	16806502	5866024	1224626
广西	11499445	11445952	9267165	6074296	3192869	664536
海南	2799419	2724280	1973624	1796015	177609	16531
重庆	7294579	7163243	5000901	3412743	1588158	96764
四川	21138747	20975542	13595337	8505062	5090275	1628628
贵州	9365595	9265554	6921260	5040275	1880985	59659
云南	11883685	11840697	9411769	6388606	3023163	997685
西藏	2000567	1657605	1426578	1062445	364133	215181
陕西	10258625	10212428	7104305	5503443	1600862	290943
甘肃	7823964	7785202	5729635	4270693	1458942	351586
青海	2273381	2145277	1677563	1239536	438027	138744
宁夏	2370175	2343222	1393057	1071172	321885	49846
新疆	9299099	9101538	6702551	4824585	1877966	126384

教育经费支出明细

单位:千元

公用部分	商品和服务支出	其他资本性支出	专项公用支出	专项项目支出	基本建设支出
93439274	**55290965**	**38148309**	**14195097**	**23953212**	**4246732**
3587322	1914357	1672965	1086775	586190	166730
872600	498629	373971	118525	255446	17333
3640914	2388300	1252614	501165	751449	14355
2610839	1815519	795320	328110	467210	75048
1796315	1187784	608531	204771	403760	79151
2350454	1464182	886272	376560	509712	23561
1511702	1040127	471575	178335	293240	4974
2196047	1670856	525191	236087	289104	71277
2885585	1538496	1347089	1002123	344966	62299
5275119	2716991	2558128	1131305	1426823	587625
5543384	2557686	2985698	926671	2059027	198031
3669735	1846458	1823277	479214	1344063	87984
2498383	1499433	998950	409417	589533	251183
2039847	1341917	697930	213020	484910	155514
4912208	2786397	2125811	758464	1367347	77736
5479061	4156644	1322417	544476	777941	151923
2740343	1759276	981067	328100	652967	61514
3807567	2486170	1321397	424416	896981	58097
9565054	6411696	3153358	1646211	1507147	755656
2178787	1378182	800605	230724	569881	53493
750656	396763	353893	75924	277969	75139
2162342	1494244	668098	159352	508746	131336
7380205	2922257	4457948	1189178	3268770	163205
2344294	1592265	752029	339792	412237	100041
2428928	1463115	965813	238286	727527	42988
231027	161061	69966	16231	53735	342962
3108123	1651247	1456876	345132	1111744	46197
2055567	1068941	986626	201310	785316	38762
467714	313570	154144	82598	71546	128104
950165	471966	478199	134180	344019	26953
2398987	1296436	1102551	288645	813906	197561

4—61 分地区中央属普通小学

地 区	合 计	事业性经费支出				
			个人部分			
				工资福利支出	对个人和家庭的补助支出	
						#助学金
合 计	**1452294**	**1381159**	**998077**	**672677**	**325400**	**57863**
北 京	79400	79400	51823	40040	11783	
天 津	13692	13692	9656	6225	3431	
河 北	652	652	538	538		
山 西	13710	13710	11492	10677	815	
内蒙古	495	495	442	227	215	
辽 宁						
吉 林	39602	39602	21744	15581	6163	
黑龙江	102934	98560	74684	64863	9821	274
上 海						
江 苏						
浙 江	500	500				
安 徽						
福 建						
江 西	401	401	360	355	5	5
山 东						
河 南						
湖 北	14670	14670	11705	8252	3453	
湖 南	71158	71158	18677	1639	17038	5
广 东	5359	5359	3951	3529	422	
广 西						
海 南						
重 庆	12109	12109	8153	5636	2517	
四 川	11686	11686	10003	6465	3538	10
贵 州	677	677	320	200	120	120
云 南						
西 藏						
陕 西	1072	1072	1012	785	227	96
甘 肃	809	809	673	660	13	13
青 海						
宁 夏						
新 疆	1083368	1016607	772844	507005	265839	57340

教育经费支出明细

单位：千元

公用部分	商品和服务支出	其他资本性支出	专项公用支出	专项项目支出	基本建设支出
383082	**219372**	**163710**	**82664**	**81046**	**71135**
27577	15790	11787	5690	6097	
4036	534	3502	1847	1655	
114	65	49	49		
2218	2155	63	58	5	
53	53				
17858	7989	9869	1144	8725	
23876	20010	3866	1224	2642	4374
500		500	500		
41	41				
2965	1677	1288	1288		
52481	22474	30007	30007		
1408	1108	300		300	
3956	2921	1035	1035		
1683	713	970	970		
357	110	247	20	227	
60	40	20	20		
136	136				
243763	143556	100207	38812	61395	66761

4—62 分地区地方普通小学

地区	合计	事业性经费支出				
			个人部分			
				工资福利支出	对个人和家庭的补助支出	
						#助学金
合计	**351804031**	**347628434**	**254572242**	**185210929**	**69361313**	**9989349**
北京	8775042	8608312	5048567	3243674	1804893	54239
天津	4107451	4090118	3221554	2039468	1182086	413
河北	15985452	15971097	12330297	9625093	2705204	489772
山西	9975122	9900074	7291453	5822336	1469117	335151
内蒙古	7503883	7424732	5628470	4165425	1463045	194966
辽宁	11468097	11444536	9094082	6091527	3002555	152594
吉林	7577262	7572288	6078444	4292399	1786045	158543
黑龙江	9248016	9181113	7008942	4895569	2113373	47326
上海	8444018	8381719	5496134	4701993	794141	192650
江苏	22258884	21671259	16396140	10814961	5581179	71877
浙江	19680051	19482020	13939136	10506857	3432279	600140
安徽	13819710	13731726	10061991	7004398	3057593	210244
福建	10723057	10471874	7973491	5557170	2416321	200018
江西	9158882	9003368	6963562	5026781	1936781	221904
山东	20088284	20010548	15098340	12563371	2534969	574174
河南	19324150	19172227	13693166	10524009	3169157	381163
湖北	10098805	10037291	7299913	5447337	1852576	128597
湖南	13682428	13624331	9869245	7417468	2451777	172044
广东	32987877	32232221	22668575	16802973	5865602	1224626
广西	11499445	11445952	9267165	6074296	3192869	664536
海南	2799419	2724280	1973624	1796015	177609	16531
重庆	7282470	7151134	4992748	3407107	1585641	96764
四川	21127061	20963856	13585334	8498597	5086737	1628618
贵州	9364918	9264877	6920940	5040075	1880865	59539
云南	11883685	11840697	9411769	6388606	3023163	997685
西藏	2000567	1657605	1426578	1062445	364133	215181
陕西	10257553	10211356	7103293	5502658	1600635	290847
甘肃	7823155	7784393	5728962	4270033	1458929	351573
青海	2273381	2145277	1677563	1239536	438027	138744
宁夏	2370175	2343222	1393057	1071172	321885	49846
新疆	8215731	8084931	5929707	4317580	1612127	69044

教育经费支出明细

单位：千元

公用部分	商品和服务支出	其他资本性支出	专项公用支出	专项项目支出	基本建设支出
93056192	**55071593**	**37984599**	**14112433**	**23872166**	**4175597**
3559745	1898567	1661178	1081085	580093	166730
868564	498095	370469	116678	253791	17333
3640800	2388235	1252565	501116	751449	14355
2608621	1813364	795257	328052	467205	75048
1796262	1187731	608531	204771	403760	79151
2350454	1464182	886272	376560	509712	23561
1493844	1032138	461706	177191	284515	4974
2172171	1650846	521325	234863	286462	66903
2885585	1538496	1347089	1002123	344966	62299
5275119	2716991	2558128	1131305	1426823	587625
5542884	2557686	2985198	926171	2059027	198031
3669735	1846458	1823277	479214	1344063	87984
2498383	1499433	998950	409417	589533	251183
2039806	1341876	697930	213020	484910	155514
4912208	2786397	2125811	758464	1367347	77736
5479061	4156644	1322417	544476	777941	151923
2737378	1757599	979779	326812	652967	61514
3755086	2463696	1291390	394409	896981	58097
9563646	6410588	3153058	1646211	1506847	755656
2178787	1378182	800605	230724	569881	53493
750656	396763	353893	75924	277969	75139
2158386	1491323	667063	158317	508746	131336
7378522	2921544	4456978	1188208	3268770	163205
2343937	1592155	751782	339772	412010	100041
2428928	1463115	965813	238286	727527	42988
231027	161061	69966	16231	53735	342962
3108063	1651207	1456856	345112	1111744	46197
2055431	1068805	986626	201310	785316	38762
467714	313570	154144	82598	71546	128104
950165	471966	478199	134180	344019	26953
2155224	1152880	1002344	249833	752511	130800

4—63 分地区农村小学

地区	合计	事业性经费支出	个人部分	工资福利支出	对个人和家庭的补助支出	#助学金
合计	**228838713**	**226718073**	**170651957**	**123790291**	**46861666**	**8655589**
北京	3351954	3288971	1806997	1240784	566213	32621
天津	1918791	1916028	1457649	1035029	422620	155
河北	11653733	11651022	9162451	7084923	2077528	483207
山西	6648617	6612570	5099421	3994743	1104678	321831
内蒙古	4021777	3990233	3163200	2298896	864304	94530
辽宁	6643218	6628837	5225559	3517207	1708352	143895
吉林	4791338	4786494	3953929	2848492	1105437	152955
黑龙江	5028657	4992020	4041007	2839739	1201268	27991
上海	2483436	2483436	1821612	1568362	253250	57479
江苏	12687540	12424355	9709043	6364821	3344222	46166
浙江	12163306	12051976	8790441	6530868	2259573	391084
安徽	10383333	10316864	7596264	5276867	2319397	183053
福建	7272841	7193640	5688540	3976194	1712346	188626
江西	6538967	6417165	5093335	3693094	1400241	156797
山东	15098596	15072017	11739571	9876129	1863442	555115
河南	14304704	14211877	10283941	7853322	2430619	309907
湖北	6188785	6147558	4557086	3527294	1029792	117826
湖南	9476637	9430092	7037937	5385670	1652267	149917
广东	15249843	15018224	11108329	7704834	3403495	994920
广西	9039954	8996482	7394588	4851187	2543401	554955
海南	1918232	1894165	1447529	1306158	141371	13382
重庆	4930745	4903138	3523890	2448662	1075228	87639
四川	16272996	16135016	10580296	6421898	4158398	1578137
贵州	7302938	7206595	5375100	4046687	1328413	55853
云南	9658648	9624088	7760516	5203592	2556924	949616
西藏	1378484	1103722	944713	696305	248408	170965
陕西	7416816	7382333	5318040	4084168	1233872	246950
甘肃	6066858	6034076	4460916	3363054	1097862	336962
青海	1369245	1322825	1050359	783322	267037	105000
宁夏	1520053	1510816	926424	722568	203856	42087
新疆	6057671	5971438	4533274	3245422	1287852	105968

教育经费支出明细

单位:千元

公用部分	商品和服务支出	其他资本性支出			基本建设支出
			专项公用支出	专项项目支出	
56066116	**33507723**	**22558393**	**7345019**	**15213374**	**2120640**
1481974	801724	680250	436287	243963	62983
458379	230352	228027	41504	186523	2763
2488571	1665472	823099	316729	506370	2711
1513149	1100064	413085	198186	214899	36047
827033	590428	236605	63430	173175	31544
1403278	745787	657491	265330	392161	14381
832565	576331	256234	68033	188201	4844
951013	706540	244473	64926	179547	36637
661824	456670	205154	69683	135471	
2715312	1403743	1311569	581635	729934	263185
3261535	1465860	1795675	548566	1247109	111330
2720600	1376713	1343887	328656	1015231	66469
1505100	978528	526572	191910	334662	79201
1323830	913621	410209	135638	274571	121802
3332446	1978467	1353979	501630	852349	26579
3927936	3054739	873197	368470	504727	92827
1590472	1064680	525792	175262	350530	41227
2392155	1675805	716350	236663	479687	46545
3909895	2677016	1232879	549094	683785	231619
1601894	1041185	560709	139022	421687	43472
446636	266762	179874	43871	136003	24067
1379248	975359	403889	77961	325928	27607
5554720	2031007	3523713	905249	2618464	137980
1831495	1266049	565446	232134	333312	96343
1863572	1166644	696928	180816	516112	34560
159009	103177	55832	11386	44446	274762
2064293	1129172	935121	201375	733746	34483
1573160	812362	760798	147083	613715	32782
272466	174093	98373	38720	59653	46420
584392	313419	270973	66358	204615	9237
1438164	765954	672210	159412	512798	86233

4—64 分地区中央属农村小学

地 区	合 计	事业性经费支出	个人部分	工资福利支出	对个人和家庭的补助支出	#助学金
合 计	**881939**	**824421**	**642999**	**413965**	**229034**	**53238**
北 京						
天 津						
河 北						
山 西						
内蒙古						
辽 宁						
吉 林						
黑龙江						
上 海						
江 苏						
浙 江						
安 徽						
福 建						
江 西						
山 东						
河 南						
湖 北						
湖 南						
广 东						
广 西						
海 南						
重 庆						
四 川	1786	1786	1621	901	720	
贵 州	677	677	320	200	120	120
云 南						
西 藏						
陕 西						
甘 肃	43	43				
青 海						
宁 夏						
新 疆	879433	821915	641058	412864	228194	53118

教育经费支出明细

单位:千元

公用部分	商品和服务支出	其他资本性支出			基本建设支出
			专项公用支出	专项项目支出	
181422	**114360**	**67062**	**25392**	**41670**	**57518**
165	165				
357	110	247	20	227	
43	43				
180857	114042	66815	25372	41443	57518

4—65 分地区地方农村小学

地区	合计	事业性经费支出	个人部分	工资福利支出	对个人和家庭的补助支出	#助学金
合计	**227956774**	**225893652**	**170008958**	**123376326**	**46632632**	**8602351**
北京	3351954	3288971	1806997	1240784	566213	32621
天津	1918791	1916028	1457649	1035029	422620	155
河北	11653733	11651022	9162451	7084923	2077528	483207
山西	6648617	6612570	5099421	3994743	1104678	321831
内蒙古	4021777	3990233	3163200	2298896	864304	94530
辽宁	6643218	6628837	5225559	3517207	1708352	143895
吉林	4791338	4786494	3953929	2848492	1105437	152955
黑龙江	5028657	4992020	4041007	2839739	1201268	27991
上海	2483436	2483436	1821612	1568362	253250	57479
江苏	12687540	12424355	9709043	6364821	3344222	46166
浙江	12163306	12051976	8790441	6530868	2259573	391084
安徽	10383333	10316864	7596264	5276867	2319397	183053
福建	7272841	7193640	5688540	3976194	1712346	188626
江西	6538967	6417165	5093335	3693094	1400241	156797
山东	15098596	15072017	11739571	9876129	1863442	555115
河南	14304704	14211877	10283941	7853322	2430619	309907
湖北	6188785	6147558	4557086	3527294	1029792	117826
湖南	9476637	9430092	7037937	5385670	1652267	149917
广东	15249843	15018224	11108329	7704834	3403495	994920
广西	9039954	8996482	7394588	4851187	2543401	554955
海南	1918232	1894165	1447529	1306158	141371	13382
重庆	4930745	4903138	3523890	2448662	1075228	87639
四川	16271210	16133230	10578675	6420997	4157678	1578137
贵州	7302261	7205918	5374780	4046487	1328293	55733
云南	9658648	9624088	7760516	5203592	2556924	949616
西藏	1378484	1103722	944713	696305	248408	170965
陕西	7416816	7382333	5318040	4084168	1233872	246950
甘肃	6066815	6034033	4460916	3363054	1097862	336962
青海	1369245	1322825	1050359	783322	267037	105000
宁夏	1520053	1510816	926424	722568	203856	42087
新疆	5178238	5149523	3892216	2832558	1059658	52850

教育经费支出明细

单位:千元

公用部分	商品和服务支出	其他资本性支出			基本建设支出
			专项公用支出	专项项目支出	
55884694	**33393363**	**22491331**	**7319627**	**15171704**	**2063122**
1481974	801724	680250	436287	243963	62983
458379	230352	228027	41504	186523	2763
2488571	1665472	823099	316729	506370	2711
1513149	1100064	413085	198186	214899	36047
827033	590428	236605	63430	173175	31544
1403278	745787	657491	265330	392161	14381
832565	576331	256234	68033	188201	4844
951013	706540	244473	64926	179547	36637
661824	456670	205154	69683	135471	
2715312	1403743	1311569	581635	729934	263185
3261535	1465860	1795675	548566	1247109	111330
2720600	1376713	1343887	328656	1015231	66469
1505100	978528	526572	191910	334662	79201
1323830	913621	410209	135638	274571	121802
3332446	1978467	1353979	501630	852349	26579
3927936	3054739	873197	368470	504727	92827
1590472	1064680	525792	175262	350530	41227
2392155	1675805	716350	236663	479687	46545
3909895	2677016	1232879	549094	683785	231619
1601894	1041185	560709	139022	421687	43472
446636	266762	179874	43871	136003	24067
1379248	975359	403889	77961	325928	27607
5554555	2030842	3523713	905249	2618464	137980
1831138	1265939	565199	232114	333085	96343
1863572	1166644	696928	180816	516112	34560
159009	103177	55832	11386	44446	274762
2064293	1129172	935121	201375	733746	34483
1573117	812319	760798	147083	613715	32782
272466	174093	98373	38720	59653	46420
584392	313419	270973	66358	204615	9237
1257307	651912	605395	134040	471355	28715

4—66 分地区成人小学

地区	合计	事业性经费支出	个人部分	工资福利支出	对个人和家庭的补助支出	#助学金
合计	**52885**	**52885**	**42236**	**28878**	**13358**	
北京						
天津						
河北	3033	3033	2914	2852	62	
山西	796	796	453	453		
内蒙古	1047	1047	950	628	322	
辽宁						
吉林						
黑龙江						
上海						
江苏						
浙江						
安徽						
福建	15162	15162	13355	11875	1480	
江西						
山东						
河南	16845	16845	15701	4469	11232	
湖北	765	765	681	677	4	
湖南						
广东						
广西	100	100				
海南						
重庆	5482	5482	4555	4515	40	
四川	1642	1642	1305	1147	158	
贵州						
云南	2789	2789	1963	1903	60	
西藏						
陕西						
甘肃	207	207	107	107		
青海						
宁夏						
新疆	5017	5017	252	252		

教育经费支出明细

单位:千元

公用部分	商品和服务支出	其他资本性支出			基本建设支出
			专项公用支出	专项项目支出	
10649	**7936**	**2713**	**2533**	**180**	
119	119				
343	343				
97	97				
1807	1725	82	82		
1144	1108	36	36		
84	79	5	5		
100	100				
927	827	100		100	
337	327	10	10		
826	696	130	50	80	
100		100	100		
4765	2515	2250	2250		

4—67 分地区特殊教育

地区	合计	事业性经费支出	个人部分	工资福利支出	对个人和家庭的补助支出	#助学金
合计	**4040704**	**3921457**	**2475455**	**1862399**	**613056**	**74656**
北京	306184	281184	139468	85537	53931	3715
天津	96501	96501	63193	37782	25411	95
河北	139336	136536	94713	81653	13060	1363
山西	95025	94322	63864	52254	11610	1932
内蒙古	99845	92345	40849	32655	8194	1296
辽宁	204042	204042	164106	114724	49382	980
吉林	139755	134155	94645	61935	32710	1277
黑龙江	147507	147507	114104	71410	42694	1688
上海	353149	345149	249298	223237	26061	4220
江苏	352876	345876	220297	156512	63785	3416
浙江	224451	212151	136455	106041	30414	3743
安徽	118143	114081	58550	41396	17154	3063
福建	128552	123551	82066	61280	20786	2944
江西	114197	111712	28894	22120	6774	1378
山东	364452	364452	235467	188279	47188	10127
河南	151388	151388	101587	81233	20354	3367
湖北	107269	103409	70544	49526	21018	3960
湖南	100385	96370	58735	46552	12183	1534
广东	258488	243778	160770	132163	28607	1264
广西	66986	66986	35789	27249	8540	1914
海南	18408	18408	6376	5481	895	359
重庆	56811	56800	35911	25081	10830	3274
四川	135561	130761	67010	47613	19397	7009
贵州	44483	44483	32409	22813	9596	795
云南	63519	55919	34674	25189	9485	4222
西藏	3173	3173	2834	1945	889	659
陕西	38777	38777	21355	17378	3977	1112
甘肃	41940	41140	22265	15522	6743	1674
青海	11662	11662	9090	6050	3040	900
宁夏	18491	18491	9635	7038	2597	368
新疆	39348	36348	20502	14751	5751	1008

教育经费支出明细

单位:千元

公用部分	商品和服务支出	其他资本性支出			基本建设支出
			专项公用支出	专项项目支出	
1446002	**712386**	**733616**	**284497**	**449119**	**119247**
141716	47894	93822	55135	38687	25000
33308	16656	16652	3658	12994	
41823	21361	20462	5627	14835	2800
30458	19302	11156	4832	6324	703
51496	9320	42176	517	41659	7500
39936	33011	6925	3412	3513	
39510	23188	16322	3552	12770	5600
33403	23322	10081	2606	7475	
95851	63484	32367	20559	11808	8000
125579	55971	69608	26122	43486	7000
75696	32306	43390	11335	32055	12300
55531	13273	42258	4893	37365	4062
41485	22978	18507	9456	9051	5001
82818	63435	19383	9984	9399	2485
128985	51877	77108	33654	43454	
49801	32448	17353	5276	12077	
32865	18396	14469	6091	8378	3860
37635	23109	14526	4629	9897	4015
83008	55361	27647	17209	10438	14710
31197	6285	24912	20324	4588	
12032	2828	9204	660	8544	
20889	11071	9818	2277	7541	11
63751	22037	41714	8533	33181	4800
12074	7536	4538	3708	830	
21245	11547	9698	7582	2116	7600
339	339				
17422	8958	8464	1416	7048	
18875	4861	14014	860	13154	800
2572	2027	545	135	410	
8856	3615	5241	2075	3166	
15846	4590	11256	8380	2876	3000

4—68 分地区特殊教育学校

地 区	合 计	事业性经费支出	个人部分	工资福利支出	对个人和家庭的补助支出	#助学金
合 计	**3909723**	**3791546**	**2409845**	**1815952**	**593893**	**73770**
北 京	291077	266077	129852	79285	50567	3499
天 津	96501	96501	63193	37782	25411	95
河 北	139336	136536	94713	81653	13060	1363
山 西	95025	94322	63864	52254	11610	1932
内蒙古	99845	92345	40849	32655	8194	1296
辽 宁	174936	174936	140584	100704	39880	873
吉 林	136009	130409	91327	59887	31440	1277
黑龙江	147507	147507	114104	71410	42694	1688
上 海	353149	345149	249298	223237	26061	4220
江 苏	350276	343276	220297	156512	63785	3416
浙 江	216879	204579	131572	102665	28907	3735
安 徽	118143	114081	58550	41396	17154	3063
福 建	122149	117148	78298	58034	20264	2888
江 西	114197	111712	28894	22120	6774	1378
山 东	364452	364452	235467	188279	47188	10127
河 南	151388	151388	101587	81233	20354	3367
湖 北	105057	101197	68624	48416	20208	3953
湖 南	100385	96370	58735	46552	12183	1534
广 东	227403	213763	148725	120360	28365	1039
广 西	66522	66522	35386	26955	8431	1914
海 南	18408	18408	6376	5481	895	359
重 庆	56811	56800	35911	25081	10830	3274
四 川	105590	100790	63105	45027	18078	6742
贵 州	41768	41768	30179	21101	9078	795
云 南	63519	55919	34674	25189	9485	4222
西 藏	3173	3173	2834	1945	889	659
陕 西	38777	38777	21355	17378	3977	1112
甘 肃	41940	41140	22265	15522	6743	1674
青 海	11662	11662	9090	6050	3040	900
宁 夏	18491	18491	9635	7038	2597	368
新 疆	39348	36348	20502	14751	5751	1008

教育经费支出明细

单位:千元

公用部分	商品和服务支出	其他资本性支出	专项公用支出	专项项目支出	基本建设支出
1381701	**684740**	**696961**	**275867**	**421094**	**118177**
136225	46629	89596	53829	35767	25000
33308	16656	16652	3658	12994	
41823	21361	20462	5627	14835	2800
30458	19302	11156	4832	6324	703
51496	9320	42176	517	41659	7500
34352	27783	6569	3056	3513	
39082	22777	16305	3535	12770	5600
33403	23322	10081	2606	7475	
95851	63484	32367	20559	11808	8000
122979	53371	69608	26122	43486	7000
73007	30738	42269	10769	31500	12300
55531	13273	42258	4893	37365	4062
38850	21705	17145	8094	9051	5001
82818	63435	19383	9984	9399	2485
128985	51877	77108	33654	43454	
49801	32448	17353	5276	12077	
32573	18104	14469	6091	8378	3860
37635	23109	14526	4629	9897	4015
65038	41793	23245	12807	10438	13640
31136	6224	24912	20324	4588	
12032	2828	9204	660	8544	
20889	11071	9818	2277	7541	11
37685	21142	16543	7912	8631	4800
11589	7051	4538	3708	830	
21245	11547	9698	7582	2116	7600
339	339				
17422	8958	8464	1416	7048	
18875	4861	14014	860	13154	800
2572	2027	545	135	410	
8856	3615	5241	2075	3166	
15846	4590	11256	8380	2876	3000

4—69 分地区工读学校

地区	合计	事业性经费支出	个人部分	工资福利支出	对个人和家庭的补助支出	#助学金
合计	**130981**	**129911**	**65610**	**46447**	**19163**	**886**
北京	15107	15107	9616	6252	3364	216
天津						
河北						
山西						
内蒙古						
辽宁	29106	29106	23522	14020	9502	107
吉林	3746	3746	3318	2048	1270	
黑龙江						
上海						
江苏	2600	2600				
浙江	7572	7572	4883	3376	1507	8
安徽						
福建	6403	6403	3768	3246	522	56
江西						
山东						
河南						
湖北	2212	2212	1920	1110	810	7
湖南						
广东	31085	30015	12045	11803	242	225
广西	464	464	403	294	109	
海南						
重庆						
四川	29971	29971	3905	2586	1319	267
贵州	2715	2715	2230	1712	518	
云南						
西藏						
陕西						
甘肃						
青海						
宁夏						
新疆						

教育经费支出明细

单位:千元

公用部分	商品和服务支出	其他资本性支出	专项公用支出	专项项目支出	基本建设支出
64301	**27646**	**36655**	**8630**	**28025**	**1070**
5491	1265	4226	1306	2920	
5584	5228	356	356		
428	411	17	17		
2600	2600				
2689	1568	1121	566	555	
2635	1273	1362	1362		
292	292				
17970	13568	4402	4402		1070
61	61				
26066	895	25171	621	24550	
485	485				

4—70 分地区幼儿园

地区	合计	事业性经费支出	个人部分	工资福利支出	对个人和家庭的补助支出	#助学金
合计	19516487	19144110	12917509	10699440	2218069	
北京	979890	941390	601306	444602	156704	
天津	551908	551908	400791	263894	136897	
河北	995785	995785	748517	675734	72783	
山西	488865	478125	325617	295739	29878	
内蒙古	504548	497143	342937	273763	69174	
辽宁	356197	356197	244237	189327	54910	
吉林	252643	252643	182110	129269	52841	
黑龙江	203411	203411	154428	112330	42098	
上海	3290616	3255430	2191367	2039756	151611	
江苏	1865716	1694265	1055038	896963	158075	
浙江	1562634	1561975	964583	835196	129387	
安徽	347550	346720	251225	195895	55330	
福建	775224	773719	525223	446908	78315	
江西	218686	214536	149590	116770	32820	
山东	727511	727134	416493	371687	44806	
河南	571501	568555	364008	306748	57260	
湖北	465931	465611	340860	264740	76120	
湖南	273031	267931	168473	138018	30455	
广东	1274303	1268914	901660	729273	172387	
广西	400702	400702	265418	200753	64665	
海南	30431	30406	21582	20623	959	
重庆	219595	218674	144352	110263	34089	
四川	726771	726461	501120	377923	123197	
贵州	228324	227724	175033	128703	46330	
云南	559736	559046	402380	319277	83103	
西藏	53909	41409	34284	29611	4673	
陕西	327478	327478	233508	202068	31440	
甘肃	297496	297496	218134	174699	43435	
青海	83188	80188	60492	45904	14588	
宁夏	129921	129921	89615	69466	20149	
新疆	752986	683213	443128	293538	149590	

教育经费支出明细

单位：千元

公用部分	商品和服务支出	其他资本性支出			基本建设支出
			专项公用支出	专项项目支出	
6226601	**4225603**	**2000998**	**921256**	**1079742**	**372377**
340084	197070	143014	69219	73795	38500
151117	99424	51693	25214	26479	
247268	190039	57229	30092	27137	
152508	121180	31328	15694	15634	10740
154206	105083	49123	24505	24618	7405
111960	65821	46139	15774	30365	
70533	53626	16907	9448	7459	
48983	44422	4561	3388	1173	
1064063	790933	273130	179985	93145	35186
639227	306153	333074	108783	224291	171451
597392	291548	305844	124476	181368	659
95495	78401	17094	10311	6783	830
248496	184592	63904	43110	20794	1505
64946	47703	17243	8292	8951	4150
310641	249091	61550	36764	24786	377
204547	163809	40738	27836	12902	2946
124751	100771	23980	16961	7019	320
99458	70230	29228	14532	14696	5100
367254	278059	89195	47493	41702	5389
135284	115287	19997	11678	8319	
8824	6865	1959	1250	709	25
74322	54985	19337	10234	9103	921
225341	158207	67134	19154	47980	310
52691	42345	10346	5048	5298	600
156666	125516	31150	19285	11865	690
7125	5445	1680	825	855	12500
93970	73907	20063	6620	13443	
79362	54717	24645	5963	18682	
19696	11502	8194	2796	5398	3000
40306	34197	6109	3592	2517	
240085	104675	135410	22934	112476	69773

4—71 分地区中央属幼儿园

地区	合计	事业性经费支出	个人部分	工资福利支出	对个人和家庭的补助支出	#助学金
合计	**11582**	**11582**	**8484**	**7218**	**1266**	
北京						
天津						
河北						
山西						
内蒙古						
辽宁						
吉林						
黑龙江	4922	4922	3285	3187	98	
上海						
江苏						
浙江						
安徽						
福建						
江西						
山东						
河南						
湖北						
湖南						
广东						
广西						
海南						
重庆	58	58	28	28		
四川						
贵州						
云南						
西藏						
陕西						
甘肃						
青海						
宁夏						
新疆	6602	6602	5171	4003	1168	

教育经费支出明细

单位：千元

公用部分	商品和服务支出	其他资本性支出	专项公用支出	专项项目支出	基本建设支出
3098	**3002**	**96**	**96**		
1637	1637				
30	21	9	9		
1431	1344	87	87		

4—72 分地区地方幼儿园

地区	合计	事业性经费支出	个人部分	工资福利支出	对个人和家庭的补助支出	#助学金
合计	**19504905**	**19132528**	**12909025**	**10692222**	**2216803**	
北京	979890	941390	601306	444602	156704	
天津	551908	551908	400791	263894	136897	
河北	995785	995785	748517	675734	72783	
山西	488865	478125	325617	295739	29878	
内蒙古	504548	497143	342937	273763	69174	
辽宁	356197	356197	244237	189327	54910	
吉林	252643	252643	182110	129269	52841	
黑龙江	198489	198489	151143	109143	42000	
上海	3290616	3255430	2191367	2039756	151611	
江苏	1865716	1694265	1055038	896963	158075	
浙江	1562634	1561975	964583	835196	129387	
安徽	347550	346720	251225	195895	55330	
福建	775224	773719	525223	446908	78315	
江西	218686	214536	149590	116770	32820	
山东	727511	727134	416493	371687	44806	
河南	571501	568555	364008	306748	57260	
湖北	465931	465611	340860	264740	76120	
湖南	273031	267931	168473	138018	30455	
广东	1274303	1268914	901660	729273	172387	
广西	400702	400702	265418	200753	64665	
海南	30431	30406	21582	20623	959	
重庆	219537	218616	144324	110235	34089	
四川	726771	726461	501120	377923	123197	
贵州	228324	227724	175033	128703	46330	
云南	559736	559046	402380	319277	83103	
西藏	53909	41409	34284	29611	4673	
陕西	327478	327478	233508	202068	31440	
甘肃	297496	297496	218134	174699	43435	
青海	83188	80188	60492	45904	14588	
宁夏	129921	129921	89615	69466	20149	
新疆	746384	676611	437957	289535	148422	

教育经费支出明细

单位:千元

公用部分	商品和服务支出	其他资本性支出			基本建设支出
			专项公用支出	专项项目支出	
6223503	**4222601**	**2000902**	**921160**	**1079742**	**372377**
340084	197070	143014	69219	73795	38500
151117	99424	51693	25214	26479	
247268	190039	57229	30092	27137	
152508	121180	31328	15694	15634	10740
154206	105083	49123	24505	24618	7405
111960	65821	46139	15774	30365	
70533	53626	16907	9448	7459	
47346	42785	4561	3388	1173	
1064063	790933	273130	179985	93145	35186
639227	306153	333074	108783	224291	171451
597392	291548	305844	124476	181368	659
95495	78401	17094	10311	6783	830
248496	184592	63904	43110	20794	1505
64946	47703	17243	8292	8951	4150
310641	249091	61550	36764	24786	377
204547	163809	40738	27836	12902	2946
124751	100771	23980	16961	7019	320
99458	70230	29228	14532	14696	5100
367254	278059	89195	47493	41702	5389
135284	115287	19997	11678	8319	
8824	6865	1959	1250	709	25
74292	54964	19328	10225	9103	921
225341	158207	67134	19154	47980	310
52691	42345	10346	5048	5298	600
156666	125516	31150	19285	11865	690
7125	5445	1680	825	855	12500
93970	73907	20063	6620	13443	
79362	54717	24645	5963	18682	
19696	11502	8194	2796	5398	3000
40306	34197	6109	3592	2517	
238654	103331	135323	22847	112476	69773

4—73 分地区教育行政单位

地区	合计	事业性经费支出	个人部分	工资福利支出	对个人和家庭的补助支出	#助学金
合计	**23641721**	**23035449**	**7596247**	**4812686**	**2783561**	**26706**
北京	2182711	2135711	304825	185934	118891	
天津	182306	182306	133340	78772	54568	
河北	689840	679840	319862	231602	88260	
山西	355698	353698	167290	118509	48781	
内蒙古	603627	595107	194287	111347	82940	3000
辽宁	469574	469574	272293	147848	124445	
吉林	171250	171250	90719	59834	30885	
黑龙江	1088255	1080625	213050	125176	87874	10
上海	170441	170441	128109	106405	21704	
江苏	2159818	1975155	495759	314771	180988	19074
浙江	725797	725637	374652	247072	127580	3
安徽	825853	823603	302165	152536	149629	
福建	296437	296437	150381	97472	52909	37
江西	460937	450414	194142	106117	88025	
山东	1236773	1234087	474455	391330	83125	
河南	1270815	1239343	363619	222178	141441	2270
湖北	898767	898767	328448	198006	130442	
湖南	1065489	1061362	487579	335687	151892	250
广东	1708614	1625725	598185	361356	236829	
广西	312397	312397	131877	79350	52527	
海南	279107	270445	70362	50663	19699	2062
重庆	321776	306305	149978	81993	67985	
四川	1278986	1278370	444232	237087	207145	
贵州	1891776	1779606	249765	125896	123869	
云南	1005549	981259	262590	154885	107705	
西藏	105996	105996	76724	60529	16195	
陕西	485632	485632	143131	100782	42349	
甘肃	294622	294622	85133	57809	27324	
青海	150777	139564	37097	27142	9955	
宁夏	104228	103978	43464	28205	15259	
新疆	847873	808193	308734	216393	92341	

教育经费支出明细

单位:千元

公用部分	商品和服务支出	其他资本性支出	专项公用支出	专项项目支出	基本建设支出
15439202	**7639227**	**7799975**	**4204453**	**3595522**	**606272**
1830886	250212	1580674	1580674		47000
48966	23946	25020	2812	22208	
359978	237619	122359	46228	76131	10000
186408	158957	27451	11986	15465	2000
400820	275265	125555	68699	56856	8520
197281	151145	46136	32411	13725	
80531	74443	6088	4648	1440	
867575	602813	264762	141519	123243	7630
42332	34775	7557	2194	5363	
1479396	535448	943948	508723	435225	184663
350985	301063	49922	33230	16692	160
521438	204915	316523	147157	169366	2250
146056	102558	43498	30428	13070	
256272	134044	122228	35086	87142	10523
759632	447093	312539	146697	165842	2686
875724	440740	434984	114940	320044	31472
570319	460633	109686	55747	53939	
573783	448232	125551	96113	29438	4127
1027540	686229	341311	137753	203558	82889
180520	95514	85006	39939	45067	
200083	111501	88582	74031	14551	8662
156327	115393	40934	16175	24759	15471
834138	287769	546369	157525	388844	616
1529841	556379	973462	452645	520817	112170
718669	296502	422167	100601	321566	24290
29272	19435	9837	5528	4309	
342501	116709	225792	16801	208991	
209489	122609	86880	36354	50526	
102467	38918	63549	3621	59928	11213
60514	53417	7097	5601	1496	250
499459	254951	244508	98587	145921	39680

4—74 分地区中央属教育行政单位

地区	合计	事业性经费支出	个人部分	工资福利支出	对个人和家庭的补助支出	#助学金
合计	**125947**	**125947**	**70562**	**63777**	**6785**	**10**
北京	91518	91518	52054	51955	99	
天津						
河北						
山西						
内蒙古						
辽宁						
吉林						
黑龙江	3700	3700	1761	1725	36	10
上海						
江苏						
浙江						
安徽						
福建						
江西						
山东						
河南						
湖北						
湖南						
广东						
广西						
海南						
重庆						
四川						
贵州						
云南						
西藏						
陕西						
甘肃						
青海						
宁夏						
新疆	30729	30729	16747	10097	6650	

教育经费支出明细

单位:千元

公用部分	商品和服务支出	其他资本性支出	专项公用支出	专项项目支出	基本建设支出
55385	**53979**	**1406**	**1406**		
39464	39464				
1939	1939				
13982	12576	1406	1406		

4—75 分地区地方教育行政单位

地 区	合 计	事业性经费支出	个人部分	工资福利支出	对个人和家庭的补助支出	#助学金
合 计	**23515774**	**22909502**	**7525685**	**4748909**	**2776776**	**26696**
北 京	2091193	2044193	252771	133979	118792	
天 津	182306	182306	133340	78772	54568	
河 北	689840	679840	319862	231602	88260	
山 西	355698	353698	167290	118509	48781	
内蒙古	603627	595107	194287	111347	82940	3000
辽 宁	469574	469574	272293	147848	124445	
吉 林	171250	171250	90719	59834	30885	
黑龙江	1084555	1076925	211289	123451	87838	
上 海	170441	170441	128109	106405	21704	
江 苏	2159818	1975155	495759	314771	180988	19074
浙 江	725797	725637	374652	247072	127580	3
安 徽	825853	823603	302165	152536	149629	
福 建	296437	296437	150381	97472	52909	37
江 西	460937	450414	194142	106117	88025	
山 东	1236773	1234087	474455	391330	83125	
河 南	1270815	1239343	363619	222178	141441	2270
湖 北	898767	898767	328448	198006	130442	
湖 南	1065489	1061362	487579	335687	151892	250
广 东	1708614	1625725	598185	361356	236829	
广 西	312397	312397	131877	79350	52527	
海 南	279107	270445	70362	50663	19699	2062
重 庆	321776	306305	149978	81993	67985	
四 川	1278986	1278370	444232	237087	207145	
贵 州	1891776	1779606	249765	125896	123869	
云 南	1005549	981259	262590	154885	107705	
西 藏	105996	105996	76724	60529	16195	
陕 西	485632	485632	143131	100782	42349	
甘 肃	294622	294622	85133	57809	27324	
青 海	150777	139564	37097	27142	9955	
宁 夏	104228	103978	43464	28205	15259	
新 疆	817144	777464	291987	206296	85691	

教育经费支出明细

单位：千元

公用部分	商品和服务支出	其他资本性支出			基本建设支出
			专项公用支出	专项项目支出	
15383817	**7585248**	**7798569**	**4203047**	**3595522**	**606272**
1791422	210748	1580674	1580674		47000
48966	23946	25020	2812	22208	
359978	237619	122359	46228	76131	10000
186408	158957	27451	11986	15465	2000
400820	275265	125555	68699	56856	8520
197281	151145	46136	32411	13725	
80531	74443	6088	4648	1440	
865636	600874	264762	141519	123243	7630
42332	34775	7557	2194	5363	
1479396	535448	943948	508723	435225	184663
350985	301063	49922	33230	16692	160
521438	204915	316523	147157	169366	2250
146056	102558	43498	30428	13070	
256272	134044	122228	35086	87142	10523
759632	447093	312539	146697	165842	2686
875724	440740	434984	114940	320044	31472
570319	460633	109686	55747	53939	
573783	448232	125551	96113	29438	4127
1027540	686229	341311	137753	203558	82889
180520	95514	85006	39939	45067	
200083	111501	88582	74031	14551	8662
156327	115393	40934	16175	24759	15471
834138	287769	546369	157525	388844	616
1529841	556379	973462	452645	520817	112170
718669	296502	422167	100601	321566	24290
29272	19435	9837	5528	4309	
342501	116709	225792	16801	208991	
209489	122609	86880	36354	50526	
102467	38918	63549	3621	59928	11213
60514	53417	7097	5601	1496	250
485477	242375	243102	97181	145921	39680

4—76 分地区教育事业单位

地 区	合 计	事业性经费支出				
			个人部分			
				工资福利支出	对个人和家庭的补助支出	
						#助学金
合 计	**51596957**	**49935114**	**14871594**	**8459139**	**6412455**	**1623267**
北 京	9813840	9368760	2595254	944058	1651196	1166489
天 津	1541557	1538557	370601	211496	159105	
河 北	1204395	1201545	476421	334854	141567	
山 西	1054825	1050134	425776	289755	136021	3975
内蒙古	1420550	1159724	303047	210047	93000	
辽 宁	3062423	3029186	1010232	536495	473737	25194
吉 林	1170557	1170557	365544	228048	137496	
黑龙江	1360594	1358644	393533	249693	143840	
上 海	2395529	2373104	718356	641143	77213	23695
江 苏	4732427	4508440	1100628	467850	632778	393800
浙 江	2885931	2838795	852877	500900	351977	1326
安 徽	478902	478432	178483	101395	77088	
福 建	1247152	1055178	255280	149606	105674	8223
江 西	1651024	1633532	277831	149223	128608	2
山 东	1329752	1293025	691520	529841	161679	
河 南	2226475	2182063	675137	397441	277696	240
湖 北	1063429	1062602	421517	296167	125350	
湖 南	711348	708099	247668	174742	72926	87
广 东	2663780	2608927	1087600	497186	590414	
广 西	1212716	1152268	286972	178894	108078	
海 南	60049	60049	20147	17817	2330	
重 庆	584959	584948	162260	98925	63335	224
四 川	1443396	1442587	442589	301499	141090	
贵 州	1531960	1521856	168066	71899	96167	
云 南	1026563	920763	243129	103374	139755	
西 藏	584934	571434	199657	173213	26444	
陕 西	644343	644343	281473	216072	65401	
甘 肃	1073128	1073128	162001	114533	47468	
青 海	262964	261554	135151	78830	56321	12
宁 夏	199751	195851	89715	48377	41338	
新 疆	957704	887029	233129	145766	87363	

教育经费支出明细

单位：千元

公用部分	商品和服务支出	其他资本性支出			基本建设支出
			专项公用支出	专项项目支出	
35063520	**21591931**	**13471589**	**7337535**	**6134054**	**1661843**
6773506	5357337	1416169	908503	507666	445080
1167956	722967	444989	370061	74928	3000
725124	381615	343509	178719	164790	2850
624358	284722	339636	165379	174257	4691
856677	290819	565858	338533	227325	260826
2018954	747085	1271869	566029	705840	33237
805013	581791	223222	73192	150030	
965111	754315	210796	150520	60276	1950
1654748	747894	906854	385824	521030	22425
3407812	2286590	1121222	838120	283102	223987
1985918	952741	1033177	361592	671585	47136
299949	141678	158271	69983	88288	470
799898	419477	380421	263366	117055	191974
1355701	1226393	129308	79944	49364	17492
601505	364540	236965	198580	38385	36727
1506926	929480	577446	397806	179640	44412
641085	411963	229122	75390	153732	827
460431	327850	132581	50511	82070	3249
1521327	1022337	498990	403185	95805	54853
865296	200793	664503	259975	404528	60448
39902	20887	19015	2972	16043	
422688	276864	145824	62484	83340	11
999998	443128	556870	376289	180581	809
1353790	1166451	187339	90285	97054	10104
677634	336801	340833	120573	220260	105800
371777	119751	252026	118355	133671	13500
362870	247096	115774	47381	68393	
911127	307660	603467	212515	390952	
126403	81757	44646	30702	13944	1410
106136	64612	41524	36102	5422	3900
653900	374537	279363	104665	174698	70675

4—77 分地区中央属教育事业单位

地区	合计	事业性经费支出	个人部分	工资福利支出	对个人和家庭的补助支出	#助学金
合计	**6328048**	**6144874**	**1546678**	**254469**	**1292209**	**1166489**
北京	6304933	6121759	1534862	245303	1289559	1166489
天津						
河北						
山西						
内蒙古						
辽宁						
吉林						
黑龙江						
上海						
江苏						
浙江						
安徽						
福建						
江西						
山东						
河南						
湖北						
湖南						
广东						
广西						
海南						
重庆						
四川						
贵州	3157	3157	480	322	158	
云南						
西藏						
陕西						
甘肃						
青海						
宁夏						
新疆	19958	19958	11336	8844	2492	

教育经费支出明细

单位:千元

公用部分	商品和服务支出	其他资本性支出			基本建设支出
			专项公用支出	专项项目支出	
4598196	**4147808**	**450388**	**284531**	**165857**	**183174**
4586897	4137321	449576	283719	165857	183174
2677	2666	11	11		
8622	7821	801	801		

4—78 分地区地方教育事业单位

地区	合计	事业性经费支出	个人部分	工资福利支出	对个人和家庭的补助支出	#助学金
合计	**45268909**	**43790240**	**13324916**	**8204670**	**5120246**	**456778**
北京	3508907	3247001	1060392	698755	361637	
天津	1541557	1538557	370601	211496	159105	
河北	1204395	1201545	476421	334854	141567	
山西	1054825	1050134	425776	289755	136021	3975
内蒙古	1420550	1159724	303047	210047	93000	
辽宁	3062423	3029186	1010232	536495	473737	25194
吉林	1170557	1170557	365544	228048	137496	
黑龙江	1360594	1358644	393533	249693	143840	
上海	2395529	2373104	718356	641143	77213	23695
江苏	4732427	4508440	1100628	467850	632778	393800
浙江	2885931	2838795	852877	500900	351977	1326
安徽	478902	478432	178483	101395	77088	
福建	1247152	1055178	255280	149606	105674	8223
江西	1651024	1633532	277831	149223	128608	2
山东	1329752	1293025	691520	529841	161679	
河南	2226475	2182063	675137	397441	277696	240
湖北	1063429	1062602	421517	296167	125350	
湖南	711348	708099	247668	174742	72926	87
广东	2663780	2608927	1087600	497186	590414	
广西	1212716	1152268	286972	178894	108078	
海南	60049	60049	20147	17817	2330	
重庆	584959	584948	162260	98925	63335	224
四川	1443396	1442587	442589	301499	141090	
贵州	1528803	1518699	167586	71577	96009	
云南	1026563	920763	243129	103374	139755	
西藏	584934	571434	199657	173213	26444	
陕西	644343	644343	281473	216072	65401	
甘肃	1073128	1073128	162001	114533	47468	
青海	262964	261554	135151	78830	56321	12
宁夏	199751	195851	89715	48377	41338	
新疆	937746	867071	221793	136922	84871	

教育经费支出明细

单位：千元

公用部分	商品和服务支出	其他资本性支出	其他资本性支出：专项公用支出	其他资本性支出：专项项目支出	基本建设支出
30465324	**17444123**	**13021201**	**7053004**	**5968197**	**1478669**
2186609	1220016	966593	624784	341809	261906
1167956	722967	444989	370061	74928	3000
725124	381615	343509	178719	164790	2850
624358	284722	339636	165379	174257	4691
856677	290819	565858	338533	227325	260826
2018954	747085	1271869	566029	705840	33237
805013	581791	223222	73192	150030	
965111	754315	210796	150520	60276	1950
1654748	747894	906854	385824	521030	22425
3407812	2286590	1121222	838120	283102	223987
1985918	952741	1033177	361592	671585	47136
299949	141678	158271	69983	88288	470
799898	419477	380421	263366	117055	191974
1355701	1226393	129308	79944	49364	17492
601505	364540	236965	198580	38385	36727
1506926	929480	577446	397806	179640	44412
641085	411963	229122	75390	153732	827
460431	327850	132581	50511	82070	3249
1521327	1022337	498990	403185	95805	54853
865296	200793	664503	259975	404528	60448
39902	20887	19015	2972	16043	
422688	276864	145824	62484	83340	11
999998	443128	556870	376289	180581	809
1351113	1163785	187328	90274	97054	10104
677634	336801	340833	120573	220260	105800
371777	119751	252026	118355	133671	13500
362870	247096	115774	47381	68393	
911127	307660	603467	212515	390952	
126403	81757	44646	30702	13944	1410
106136	64612	41524	36102	5422	3900
645278	366716	278562	103864	174698	70675

4—79 分地区其他教育机构

地区	合计	事业性经费支出	个人部分	工资福利支出	对个人和家庭的补助支出	#助学金
合计	**11379129**	**10719236**	**5646993**	**3872154**	**1774839**	**29204**
北京	959780	889475	372223	234462	137761	14165
天津	69494	69494	50242	31989	18253	
河北	411875	406555	277645	201558	76087	4187
山西	250815	248515	148909	113461	35448	67
内蒙古	273361	256375	135880	98704	37176	
辽宁	421083	416283	234953	137294	97659	3
吉林	313799	309205	172656	110361	62295	106
黑龙江	184945	184945	123401	75504	47897	570
上海	659317	601014	229061	203876	25185	459
江苏	700702	665837	348051	237544	110507	635
浙江	670353	669803	292199	211776	80423	4
安徽	386336	386336	241485	148151	93334	
福建	478240	337284	170092	116783	53309	
江西	193990	190943	115952	69936	46016	1912
山东	794124	766207	351630	279442	72188	251
河南	270410	269955	143096	98082	45014	57
湖北	297753	286608	187940	119891	68049	
湖南	475278	447442	232123	162329	69794	3
广东	728316	662467	335415	229481	105934	4684
广西	248887	230303	143854	94706	49148	
海南	62286	55202	26239	21165	5074	2
重庆	262687	208912	94073	56885	37188	
四川	498392	468214	278771	175982	102789	
贵州	186533	171463	104071	66745	37326	
云南	368690	349577	181372	119641	61731	
西藏	70190	70190	47667	34874	12793	
陕西	280543	279493	151041	108228	42813	15
甘肃	284780	263730	147351	105867	41484	43
青海	102252	95247	62731	44630	18101	
宁夏	89793	88793	43115	28873	14242	
新疆	384125	373369	203755	133934	69821	2041

教育经费支出明细

单位:千元

公用部分	商品和服务支出	其他资本性支出			基本建设支出
			专项公用支出	专项项目支出	
5072243	**3530972**	**1541271**	**647330**	**893941**	**659893**
517252	318567	198685	75929	122756	70305
19252	15816	3436	2836	600	
128910	115255	13655	11268	2387	5320
99606	82468	17138	6897	10241	2300
120495	83268	37227	22127	15100	16986
181330	133711	47619	23411	24208	4800
136549	104102	32447	9160	23287	4594
61544	55665	5879	2417	3462	
371953	313577	58376	53012	5364	58303
317786	189266	128520	34950	93570	34865
377604	254761	122843	59590	63253	550
144851	93910	50941	16368	34573	
167192	125706	41486	16287	25199	140956
74991	53413	21578	8942	12636	3047
414577	217332	197245	30110	167135	27917
126859	82841	44018	39321	4697	455
98668	80886	17782	11872	5910	11145
215319	160579	54740	24269	30471	27836
327052	255333	71719	48728	22991	65849
86449	58190	28259	16474	11785	18584
28963	14718	14245	4084	10161	7084
114839	86020	28819	10837	17982	53775
189443	133706	55737	23614	32123	30178
67392	54347	13045	12086	959	15070
168205	129521	38684	13640	25044	19113
22523	15413	7110	2540	4570	
128452	92573	35879	8092	27787	1050
116379	78438	37941	6916	31025	21050
32516	23023	9493	1645	7848	7005
45678	24973	20705	3123	17582	1000
169614	83594	86020	46785	39235	10756

4—80 分地区中央属其他教育机构

地区	合计	事业性经费支出	个人部分	工资福利支出	对个人和家庭的补助支出	#助学金
合计	**903062**	**852127**	**292377**	**177457**	**114920**	**16197**
北京	503015	503015	191767	97160	94607	14156
天津						
河北						
山西						
内蒙古						
辽宁						
吉林						
黑龙江	377	377	311	311		
上海	269366	229334	48170	46971	1199	
江苏						
浙江						
安徽						
福建	68259	59186	9485	8373	1112	
江西						
山东						
河南						
湖北						
湖南						
广东						
广西						
海南						
重庆						
四川						
贵州						
云南						
西藏						
陕西						
甘肃						
青海						
宁夏						
新疆	62045	60215	42644	24642	18002	2041

教育经费支出明细

单位：千元

公用部分	商品和服务支出	其他资本性支出	专项公用支出	专项项目支出	基本建设支出
559750	**426818**	**132932**	**60973**	**71959**	**50935**
311248	218468	92780	25225	67555	
66	66				
181164	148487	32677	28718	3959	40032
49701	46902	2799	2799		9073
17571	12895	4676	4231	445	1830

4—81 分地区地方其他教育机构

地区	合计	事业性经费支出	个人部分	工资福利支出	对个人和家庭的补助支出	#助学金
合计	10476067	9867109	5354616	3694697	1659919	13007
北京	456765	386460	180456	137302	43154	9
天津	69494	69494	50242	31989	18253	
河北	411875	406555	277645	201558	76087	4187
山西	250815	248515	148909	113461	35448	67
内蒙古	273361	256375	135880	98704	37176	
辽宁	421083	416283	234953	137294	97659	3
吉林	313799	309205	172656	110361	62295	106
黑龙江	184568	184568	123090	75193	47897	570
上海	389951	371680	180891	156905	23986	459
江苏	700702	665837	348051	237544	110507	635
浙江	670353	669803	292199	211776	80423	4
安徽	386336	386336	241485	148151	93334	
福建	409981	278098	160607	108410	52197	
江西	193990	190943	115952	69936	46016	1912
山东	794124	766207	351630	279442	72188	251
河南	270410	269955	143096	98082	45014	57
湖北	297753	286608	187940	119891	68049	
湖南	475278	447442	232123	162329	69794	3
广东	728316	662467	335415	229481	105934	4684
广西	248887	230303	143854	94706	49148	
海南	62286	55202	26239	21165	5074	2
重庆	262687	208912	94073	56885	37188	
四川	498392	468214	278771	175982	102789	
贵州	186533	171463	104071	66745	37326	
云南	368690	349577	181372	119641	61731	
西藏	70190	70190	47667	34874	12793	
陕西	280543	279493	151041	108228	42813	15
甘肃	284780	263730	147351	105867	41484	43
青海	102252	95247	62731	44630	18101	
宁夏	89793	88793	43115	28873	14242	
新疆	322080	313154	161111	109292	51819	

教育经费支出明细

单位:千元

公用部分	商品和服务支出	其他资本性支出			基本建设支出
			专项公用支出	专项项目支出	
4512493	**3104154**	**1408339**	**586357**	**821982**	**608958**
206004	100099	105905	50704	55201	70305
19252	15816	3436	2836	600	
128910	115255	13655	11268	2387	5320
99606	82468	17138	6897	10241	2300
120495	83268	37227	22127	15100	16986
181330	133711	47619	23411	24208	4800
136549	104102	32447	9160	23287	4594
61478	55599	5879	2417	3462	
190789	165090	25699	24294	1405	18271
317786	189266	128520	34950	93570	34865
377604	254761	122843	59590	63253	550
144851	93910	50941	16368	34573	
117491	78804	38687	13488	25199	131883
74991	53413	21578	8942	12636	3047
414577	217332	197245	30110	167135	27917
126859	82841	44018	39321	4697	455
98668	80886	17782	11872	5910	11145
215319	160579	54740	24269	30471	27836
327052	255333	71719	48728	22991	65849
86449	58190	28259	16474	11785	18584
28963	14718	14245	4084	10161	7084
114839	86020	28819	10837	17982	53775
189443	133706	55737	23614	32123	30178
67392	54347	13045	12086	959	15070
168205	129521	38684	13640	25044	19113
22523	15413	7110	2540	4570	
128452	92573	35879	8092	27787	1050
116379	78438	37941	6916	31025	21050
32516	23023	9493	1645	7848	7005
45678	24973	20705	3123	17582	1000
152043	70699	81344	42554	38790	8926

第五部分

省、自治区、直辖市各级各类教育机构预算内教育事业费和基本建设支出明细

5—1 分地区各级各类教育机构预算内

地区	合计	事业费支出	个人部分	工资福利支出	对个人和家庭的补助支出	#助学金
合计	**830345571**	**801704487**	**566585933**	**431692213**	**134893720**	**49106283**
北京	42867321	39884483	18899577	12106764	6792813	1893173
天津	14567437	14488937	10272204	6273708	3998496	378276
河北	35842755	35579652	28525800	22699246	5826554	2658585
山西	21624267	20950035	16002722	12817205	3185517	1540288
内蒙古	17285457	16592177	11496625	10069685	1426940	991011
辽宁	29249355	27680247	19774726	15525913	4248813	980217
吉林	18108465	17871111	12626210	10190488	2435722	992363
黑龙江	25015933	24252609	17397641	12000627	5397014	672632
上海	31844247	30795208	20033558	17191027	2842531	750861
江苏	58588068	55807467	40602355	26856005	13746350	2363331
浙江	40752496	40023341	30380876	22970533	7410343	2131940
安徽	26941372	26565346	19332440	15040103	4292337	1323700
福建	22865462	22077670	16503245	12599279	3903966	1279157
江西	19490390	18845566	13706496	10404136	3302360	1459024
山东	51531627	51203170	41185404	32156199	9029205	3221590
河南	42189384	41548636	28661841	23350294	5311547	2750505
湖北	29797941	28973226	20459476	14195066	6264410	1462248
湖南	29467793	28467657	21005396	17016615	3988781	1830881
广东	67892093	62422526	43344089	36038177	7305912	3501216
广西	24096028	23773744	18556505	11990739	6565766	2718534
海南	5554987	5022419	3474555	2981601	492954	232069
重庆	15416063	14960150	9078740	7050202	2028538	1314246
四川	37839885	36726607	23966385	17541670	6424715	3906461
贵州	20039619	19623829	13535297	9621884	3913413	671199
云南	22753186	22170360	15913825	12245387	3668438	2963459
西藏	4520488	3795118	2816279	2091371	724908	405914
陕西	27044212	26269149	17790379	13541593	4248786	2076128
甘肃	17868091	17641164	12308085	9642209	2665876	1481097
青海	4495282	4160968	3121274	2691276	429998	313513
宁夏	5571187	5305327	3133435	2415111	718324	263437
新疆	19224680	18226588	12680493	10378100	2302393	579228

教育事业费和基本建设支出明细

单位：千元

公用部分	商品和服务支出	其他资本性支出			基本建设支出
			专项公用支出	专项项目支出	
235118554	**143539567**	**91578987**	**42172465**	**49406522**	**28641084**
20984906	12037061	8947845	6041887	2905958	2982838
4216733	2631087	1585646	1231631	354015	78500
7053852	4657325	2396527	1116211	1280316	263103
4947313	3537868	1409445	766721	642724	674232
5095552	3430607	1664945	722177	942768	693280
7905521	4616870	3288651	1787666	1500985	1569108
5244901	3504217	1740684	888937	851747	237354
6854968	5075022	1779946	964368	815578	763324
10761650	8152890	2608760	1641323	967437	1049039
15205112	7821392	7383720	3213124	4170596	2780601
9642465	5709391	3933074	1590205	2342869	729155
7232906	3810196	3422710	1108223	2314487	376026
5574425	3299973	2274452	1029946	1244506	787792
5139070	3804235	1334835	557331	777504	644824
10017766	5730665	4287101	1838585	2448516	328457
12886795	9018422	3868373	1843706	2024667	640748
8513750	6092545	2421205	1244720	1176485	824715
7462261	5054632	2407629	965030	1442599	1000136
19078437	11642691	7435746	3774052	3661694	5469567
5217239	2800177	2417062	938456	1478606	322284
1547864	756305	791559	215051	576508	532568
5881410	3967430	1913980	748690	1165290	455913
12760222	6396460	6363762	2334235	4029527	1113278
6088532	4014773	2073759	1045558	1028201	415790
6256535	3277058	2979477	856632	2122845	582826
978839	478047	500792	134392	366400	725370
8478770	4887611	3591159	1392879	2198280	775063
5333079	2825236	2507843	744237	1763606	226927
1039694	633038	406656	236466	170190	334314
2171892	999639	1172253	339439	832814	265860
5546095	2876704	2669391	860587	1808804	998092

5—2 分地区中央属各级各类教育机构预算内

地 区	合 计	事业费支出	个人部分	工资福利支出	对个人和家庭的补助支出	#助学金
合 计	**55013780**	**50411527**	**25718353**	**15275743**	**10442610**	**4060040**
北 京	15907412	14482718	6273403	2894728	3378675	1555185
天 津	1189808	1145008	589184	354144	235040	61788
河 北	397837	390837	306044	231971	74073	40805
山 西	2395	2395	1969	796	1173	940
内蒙古	912	912	871	215	656	656
辽 宁	1784642	1426392	697763	422150	275613	82761
吉 林	1514105	1391805	905257	615103	290154	109286
黑龙江	1994675	1498988	932294	596293	336001	141131
上 海	3941383	3761879	2175258	1692661	482597	204310
江 苏	3857776	3505566	2048797	1239414	809383	211069
浙 江	1128332	1122332	398474	192169	206305	78192
安 徽	802336	783543	618329	357701	260628	87803
福 建	891610	863060	386715	165108	221607	73668
江 西	4169	4169	3932	2976	956	318
山 东	1650396	1591806	771257	503544	267713	82087
河 南	40401	40401	19611	17500	2111	2111
湖 北	4972154	4661866	1898447	1012823	885624	227142
湖 南	1535173	1453303	992403	523613	468790	149030
广 东	2591560	2499218	1225221	827364	397857	114326
广 西						
海 南						
重 庆	1330051	1289221	564090	358343	205747	66038
四 川	2799233	2424403	1522318	937000	585318	198127
贵 州	6704	6704	4414	3824	590	369
云 南	628	628	628		628	628
西 藏						
陕 西	3488470	3124828	1406549	872722	533827	319620
甘 肃	698562	680562	298012	209764	88248	69967
青 海						
宁 夏	111547	111547	72820	44322	28498	18127
新 疆	2371509	2147436	1604293	1199495	404798	164556

教育事业费和基本建设支出明细

单位:千元

公用部分	商品和服务支出	其他资本性支出	专项公用支出	专项项目支出	基本建设支出
24693174	**16439285**	**8253889**	**5686598**	**2567291**	**4602253**
8209315	5122744	3086571	1641138	1445433	1424694
555824	326432	229392	208125	21267	44800
84793	75030	9763	7086	2677	7000
426	410	16	16		
41	41				
728629	517454	211175	150913	60262	358250
486548	465136	21412	17412	4000	122300
566694	306284	260410	182621	77789	495687
1586621	1452381	134240	115330	18910	179504
1456769	817570	639199	505942	133257	352210
723858	604106	119752	112235	7517	6000
165214	78319	86895	81495	5400	18793
476345	314262	162083	132033	30050	28550
237	237				
820549	515785	304764	279764	25000	58590
20790	10790	10000	8000	2000	
2763419	2155502	607917	485970	121947	310288
460900	280900	180000	100000	80000	81870
1273997	568430	705567	625556	80011	92342
725131	582155	142976	142230	746	40830
902085	587761	314324	259455	54869	374830
2290	1531	759	63	696	
1718279	1072510	645769	387467	258302	363642
382550	262521	120029	96761	23268	18000
38727	38727				
543143	282267	260876	146986	113890	224073

5—3　分地区地方各级各类教育机构预算内

地　区	合　计	事业费支　出	个人部分	工资福利支出	对个人和家庭的补助支出	#助学金
合　计	**775331791**	**751292960**	**540867580**	**416416470**	**124451110**	**45046243**
北　京	26959909	25401765	12626174	9212036	3414138	337988
天　津	13377629	13343929	9683020	5919564	3763456	316488
河　北	35444918	35188815	28219756	22467275	5752481	2617780
山　西	21621872	20947640	16000753	12816409	3184344	1539348
内蒙古	17284545	16591265	11495754	10069470	1426284	990355
辽　宁	27464713	26253855	19076963	15103763	3973200	897456
吉　林	16594360	16479306	11720953	9575385	2145568	883077
黑龙江	23021258	22753621	16465347	11404334	5061013	531501
上　海	27902864	27033329	17858300	15498366	2359934	546551
江　苏	54730292	52301901	38553558	25616591	12936967	2152262
浙　江	39624164	38901009	29982402	22778364	7204038	2053748
安　徽	26139036	25781803	18714111	14682402	4031709	1235897
福　建	21973852	21214610	16116530	12434171	3682359	1205489
江　西	19486221	18841397	13702564	10401160	3301404	1458706
山　东	49881231	49611364	40414147	31652655	8761492	3139503
河　南	42148983	41508235	28642230	23332794	5309436	2748394
湖　北	24825787	24311360	18561029	13182243	5378786	1235106
湖　南	27932620	27014354	20012993	16493002	3519991	1681851
广　东	65300533	59923308	42118868	35210813	6908055	3386890
广　西	24096028	23773744	18556505	11990739	6565766	2718534
海　南	5554987	5022419	3474555	2981601	492954	232069
重　庆	14086012	13670929	8514650	6691859	1822791	1248208
四　川	35040652	34302204	22444067	16604670	5839397	3708334
贵　州	20032915	19617125	13530883	9618060	3912823	670830
云　南	22752558	22169732	15913197	12245387	3667810	2962831
西　藏	4520488	3795118	2816279	2091371	724908	405914
陕　西	23555742	23144321	16383830	12668871	3714959	1756508
甘　肃	17169529	16960602	12010073	9432445	2577628	1411130
青　海	4495282	4160968	3121274	2691276	429998	313513
宁　夏	5459640	5193780	3060615	2370789	689826	245310
新　疆	16853171	16079152	11076200	9178605	1897595	414672

教育事业费和基本建设支出明细

单位：千元

公用部分	商品和服务支出	其他资本性支出	专项公用支出	专项项目支出	基本建设支出
210425380	**127100282**	**83325098**	**36485867**	**46839231**	**24038831**
12775591	6914317	5861274	4400749	1460525	1558144
3660909	2304655	1356254	1023506	332748	33700
6969059	4582295	2386764	1109125	1277639	256103
4946887	3537458	1409429	766705	642724	674232
5095511	3430566	1664945	722177	942768	693280
7176892	4099416	3077476	1636753	1440723	1210858
4758353	3039081	1719272	871525	847747	115054
6288274	4768738	1519536	781747	737789	267637
9175029	6700509	2474520	1525993	948527	869535
13748343	7003822	6744521	2707182	4037339	2428391
8918607	5105285	3813322	1477970	2335352	723155
7067692	3731877	3335815	1026728	2309087	357233
5098080	2985711	2112369	897913	1214456	759242
5138833	3803998	1334835	557331	777504	644824
9197217	5214880	3982337	1558821	2423516	269867
12866005	9007632	3858373	1835706	2022667	640748
5750331	3937043	1813288	758750	1054538	514427
7001361	4773732	2227629	865030	1362599	918266
17804440	11074261	6730179	3148496	3581683	5377225
5217239	2800177	2417062	938456	1478606	322284
1547864	756305	791559	215051	576508	532568
5156279	3385275	1771004	606460	1164544	415083
11858137	5808699	6049438	2074780	3974658	738448
6086242	4013242	2073000	1045495	1027505	415790
6256535	3277058	2979477	856632	2122845	582826
978839	478047	500792	134392	366400	725370
6760491	3815101	2945390	1005412	1939978	411421
4950529	2562715	2387814	647476	1740338	208927
1039694	633038	406656	236466	170190	334314
2133165	960912	1172253	339439	832814	265860
5002952	2594437	2408515	713601	1694914	774019

5—4 分地区高等学校预算内

地区	合计	事业费支出	个人部分	工资福利支出	对个人和家庭的补助支出	#助学金
合计	**162446061**	**149818444**	**86786736**	**55089835**	**31696901**	**15191971**
北京	18691638	16902414	7323026	4179869	3143157	729641
天津	4389754	4325554	2381152	1341132	1040020	273294
河北	4377547	4354847	3419182	1905981	1513201	871755
山西	2531127	2354831	1699011	1213285	485726	355003
内蒙古	2465764	2391648	1491456	1071437	420019	344491
辽宁	6358336	4949936	2885228	2071795	813433	493737
吉林	4343623	4186023	2380013	1562437	817576	506426
黑龙江	5422487	4905776	3285049	1980383	1304666	447743
上海	9682325	9175071	4405481	3576158	829323	341302
江苏	13966854	13118080	6957272	4091785	2865487	932928
浙江	7066511	6782219	4195315	2815027	1380288	539260
安徽	3560581	3511788	2578262	1499821	1078441	435860
福建	3735334	3506993	1871502	1105384	766118	403579
江西	3070228	2986276	2009807	1098776	911031	568938
山东	8570285	8306703	5881759	3534484	2347275	1045686
河南	4737206	4604679	3078337	2104921	973416	776636
湖北	7900508	7425100	3901829	2232549	1669280	581916
湖南	5803840	5171270	3881696	2446216	1435480	707496
广东	15792600	12234838	6283715	4869010	1414705	716818
广西	2761760	2708240	1867129	929635	937494	511300
海南	712595	665855	439570	310338	129232	100253
重庆	3223780	3182850	1569253	896217	673036	498653
四川	5985690	5547560	3097105	1878819	1218286	704858
贵州	1763440	1675258	1288458	747807	540651	235824
云南	2469103	2464103	1145518	686989	458529	405515
西藏	554187	386737	304208	206250	97958	34452
陕西	6926786	6545544	3644750	2404205	1240545	958725
甘肃	2325811	2294911	1445618	1009534	436084	356930
青海	401466	399507	332023	252129	79894	60913
宁夏	838386	779886	479165	297253	181912	86671
新疆	2016509	1973947	1264847	770209	494638	165368

教育事业费和基本建设支出明细

单位:千元

公用部分	商品和服务支出	其他资本性支出	专项公用支出	专项项目支出	基本建设支出
63031708	**36743209**	**26288499**	**16761143**	**9527356**	**12627617**
9579388	4965581	4613807	3174228	1439579	1789224
1944402	1128483	815919	691401	124518	64200
935665	542039	393626	301759	91867	22700
655820	399240	256580	234292	22288	176296
900192	742934	157258	84166	73092	74116
2064708	1035474	1029234	780603	248631	1408400
1806010	1236897	569113	451108	118005	157600
1620727	1132553	488174	326613	161561	516711
4769590	3908453	861137	760186	100951	507254
6160808	2259360	3901448	1660745	2240703	848774
2586904	1756872	830032	637066	192966	284292
933526	519243	414283	246648	167635	48793
1635491	725540	909951	395798	514153	228341
976469	678635	297834	170847	126987	83952
2424944	1056124	1368820	893562	475258	263582
1526342	894496	631846	484630	147216	132527
3523271	2710047	813224	638892	174332	475408
1289574	875842	413732	265846	147886	632570
5951123	3206907	2744216	1650925	1093291	3557762
841111	456242	384869	256352	128517	53520
226285	106327	119958	82495	37463	46740
1613597	1163280	450317	399687	50630	40930
2450455	1565582	884873	662224	222649	438130
386800	295204	91596	61064	30532	88182
1318585	440781	877804	216995	660809	5000
82529	61978	20551	10385	10166	167450
2900794	1659791	1241003	712876	528127	381242
849293	604983	244310	194032	50278	30900
67484	22368	45116	45100	16	1959
300721	187543	113178	67678	45500	58500
709100	404410	304690	202940	101750	42562

5—5 分地区中央属高等学校预算内

地区	合计	事业费支出	个人部分	工资福利支出	对个人和家庭的补助支出	#助学金
合计	**48209288**	**43959889**	**22712346**	**13806981**	**8905365**	**2917508**
北京	11568090	10265996	4832058	2651620	2180438	561098
天津	1169199	1124399	573500	344805	228695	60924
河北	397837	390837	306044	231971	74073	40805
山西						
内蒙古						
辽宁	1784642	1426392	697763	422150	275613	82761
吉林	1470077	1347777	869955	590194	279761	109286
黑龙江	1837144	1365911	838173	516206	321967	137893
上海	3777082	3597578	2115397	1635477	479920	204153
江苏	3857776	3505566	2048797	1239414	809383	211069
浙江	1127832	1121832	398474	192169	206305	78192
安徽	783776	764983	602175	350494	251681	78886
福建	862529	833979	382513	161506	221007	73668
江西	1800	1800	1599	1430	169	169
山东	1650396	1591806	771257	503544	267713	82087
河南	40401	40401	19611	17500	2111	2111
湖北	4937322	4627034	1876915	998500	878415	227130
湖南	1466173	1384303	975303	523513	451790	149030
广东	2587520	2495178	1221401	823544	397857	114326
广西						
海南						
重庆	1303634	1262804	548219	348878	199341	66038
四川	2767789	2392959	1499834	922083	577751	191863
贵州	4300	4300	3117	2896	221	
云南						
西藏						
陕西	3488168	3124526	1406247	872515	533732	319525
甘肃	698413	680413	297999	209764	88235	69954
青海						
宁夏	111547	111547	72820	44322	28498	18127
新疆	515841	497568	353175	202486	150689	38413

教育事业费和基本建设支出明细

单位:千元

公用部分	商品和服务支出	其他资本性支出	专项公用支出	专项项目支出	基本建设支出
21247543	**13685922**	**7561621**	**5313352**	**2248269**	**4249399**
5433938	2806313	2627625	1390121	1237504	1302094
550899	325822	225077	206266	18811	44800
84793	75030	9763	7086	2677	7000
728629	517454	211175	150913	60262	358250
477822	460410	17412	17412		122300
527738	272047	255691	177902	77789	471233
1482181	1363596	118585	103634	14951	179504
1456769	817570	639199	505942	133257	352210
723358	604106	119252	111735	7517	6000
162808	77813	84995	81495	3500	18793
451466	289383	162083	132033	30050	28550
201	201				
820549	515785	304764	279764	25000	58590
20790	10790	10000	8000	2000	
2750119	2143813	606306	484359	121947	310288
409000	259000	150000	70000	80000	81870
1273777	568210	705567	625556	80011	92342
714585	574385	140200	139454	746	40830
893125	582518	310607	256588	54019	374830
1183	1183				
1718279	1072510	645769	387467	258302	363642
382414	262385	120029	96761	23268	18000
38727	38727				
144393	46871	97522	80864	16658	18273

5—6 分地区地方高等学校预算内

地区	合计	事业费支出	个人部分	工资福利支出	对个人和家庭的补助支出	#助学金
合计	**114236773**	**105858555**	**64074390**	**41282854**	**22791536**	**12274463**
北京	7123548	6636418	2490968	1528249	962719	168543
天津	3220555	3201155	1807652	996327	811325	212370
河北	3979710	3964010	3113138	1674010	1439128	830950
山西	2531127	2354831	1699011	1213285	485726	355003
内蒙古	2465764	2391648	1491456	1071437	420019	344491
辽宁	4573694	3523544	2187465	1649645	537820	410976
吉林	2873546	2838246	1510058	972243	537815	397140
黑龙江	3585343	3539865	2446876	1464177	982699	309850
上海	5905243	5577493	2290084	1940681	349403	137149
江苏	10109078	9612514	4908475	2852371	2056104	721859
浙江	5938679	5660387	3796841	2622858	1173983	461068
安徽	2776805	2746805	1976087	1149327	826760	356974
福建	2872805	2673014	1488989	943878	545111	329911
江西	3068428	2984476	2008208	1097346	910862	568769
山东	6919889	6714897	5110502	3030940	2079562	963599
河南	4696805	4564278	3058726	2087421	971305	774525
湖北	2963186	2798066	2024914	1234049	790865	354786
湖南	4337667	3786967	2906393	1922703	983690	558466
广东	13205080	9739660	5062314	4045466	1016848	602492
广西	2761760	2708240	1867129	929635	937494	511300
海南	712595	665855	439570	310338	129232	100253
重庆	1920146	1920046	1021034	547339	473695	432615
四川	3217901	3154601	1597271	956736	640535	512995
贵州	1759140	1670958	1285341	744911	540430	235824
云南	2469103	2464103	1145518	686989	458529	405515
西藏	554187	386737	304208	206250	97958	34452
陕西	3438618	3421018	2238503	1531690	706813	639200
甘肃	1627398	1614498	1147619	799770	347849	286976
青海	401466	399507	332023	252129	79894	60913
宁夏	726839	668339	406345	252931	153414	68544
新疆	1500668	1476379	911672	567723	343949	126955

教育事业费和基本建设支出明细

单位:千元

公用部分	商品和服务支出	其他资本性支出			基本建设支出
			专项公用支出	专项项目支出	
41784165	**23057287**	**18726878**	**11447791**	**7279087**	**8378218**
4145450	2159268	1986182	1784107	202075	487130
1393503	802661	590842	485135	105707	19400
850872	467009	383863	294673	89190	15700
655820	399240	256580	234292	22288	176296
900192	742934	157258	84166	73092	74116
1336079	518020	818059	629690	188369	1050150
1328188	776487	551701	433696	118005	35300
1092989	860506	232483	148711	83772	45478
3287409	2544857	742552	656552	86000	327750
4704039	1441790	3262249	1154803	2107446	496564
1863546	1152766	710780	525331	185449	278292
770718	441430	329288	165153	164135	30000
1184025	436157	747868	263765	484103	199791
976268	678434	297834	170847	126987	83952
1604395	540339	1064056	613798	450258	204992
1505552	883706	621846	476630	145216	132527
773152	566234	206918	154533	52385	165120
880574	616842	263732	195846	67886	550700
4677346	2638697	2038649	1025369	1013280	3465420
841111	456242	384869	256352	128517	53520
226285	106327	119958	82495	37463	46740
899012	588895	310117	260233	49884	100
1557330	983064	574266	405636	168630	63300
385617	294021	91596	61064	30532	88182
1318585	440781	877804	216995	660809	5000
82529	61978	20551	10385	10166	167450
1182515	587281	595234	325409	269825	17600
466879	342598	124281	97271	27010	12900
67484	22368	45116	45100	16	1959
261994	148816	113178	67678	45500	58500
564707	357539	207168	122076	85092	24289

5—7 分地区普通高等学校预算内

地区	合计	事业费支出	个人部分	工资福利支出	对个人和家庭的补助支出	#助学金
合计	**157804507**	**145255010**	**83583025**	**52851203**	**30731822**	**14853388**
北京	18372280	16602456	7153998	4063361	3090637	729641
天津	4289584	4225384	2294104	1290040	1004064	271547
河北	4206868	4184168	3262139	1792957	1469182	848985
山西	2444921	2268625	1628554	1157815	470739	351477
内蒙古	2417370	2343254	1450454	1034105	416349	343334
辽宁	6223728	4817718	2790565	1988529	802036	493284
吉林	4171836	4014236	2252176	1467028	785148	492671
黑龙江	5215395	4698684	3122522	1884008	1238514	442581
上海	9120011	8612757	4030624	3251145	779479	340962
江苏	13641804	12793030	6675995	3955993	2720002	870086
浙江	6736555	6462963	3981069	2649328	1331741	525886
安徽	3499363	3450570	2530504	1467890	1062614	434332
福建	3557873	3329532	1798853	1042765	756088	396381
江西	2983196	2899244	1945119	1052350	892769	557173
山东	8206320	7957518	5639192	3383384	2255808	1002463
河南	4545258	4417731	2919675	2003171	916504	738494
湖北	7834516	7359228	3850503	2201463	1649040	571290
湖南	5728420	5097350	3810056	2394307	1415749	701888
广东	15421556	11882234	6070887	4700146	1370741	709105
广西	2640844	2587324	1782823	883543	899280	503016
海南	705058	658318	433981	305100	128881	100208
重庆	3162747	3121817	1538007	877191	660816	486948
四川	5859703	5421573	3018491	1829565	1188926	678936
贵州	1674901	1587319	1236543	720715	515828	228487
云南	2390565	2385565	1133390	679287	454103	401089
西藏	554187	386737	304208	206250	97958	34452
陕西	6843996	6462754	3584357	2362097	1222260	944116
甘肃	2271797	2240897	1404678	982824	421854	349660
青海	394185	392226	325025	246369	78656	60912
宁夏	838386	779886	479165	297253	181912	86671
新疆	1851284	1813912	1135368	681224	454144	157313

教育事业费和基本建设支出明细

单位：千元

公用部分	商品和服务支出	其他资本性支出	专项公用支出	专项项目支出	基本建设支出
61671985	**35932315**	**25739670**	**16471218**	**9268452**	**12549497**
9448458	4895317	4553141	3124962	1428179	1769824
1931280	1117196	814084	689566	124518	64200
922029	529293	392736	300869	91867	22700
640071	386632	253439	231151	22288	176296
892800	737775	155025	81933	73092	74116
2027153	1005390	1021763	774082	247681	1406010
1762060	1202225	559835	444085	115750	157600
1576162	1091954	484208	323465	160743	516711
4582133	3769307	812826	712764	100062	507254
6117035	2228279	3888756	1653142	2235614	848774
2481894	1721475	760419	623490	136929	273592
920066	509882	410184	244712	165472	48793
1530679	704883	825796	388748	437048	228341
954125	656291	297834	170847	126987	83952
2318326	1012119	1306207	845506	460701	248802
1498056	873959	624097	479381	144716	127527
3508725	2698877	809848	636736	173112	475288
1287294	874148	413146	265760	147386	631070
5811347	3106828	2704519	1617298	1087221	3539322
804501	438190	366311	242754	123557	53520
224337	104633	119704	82241	37463	46740
1583810	1142011	441799	391169	50630	40930
2403082	1535480	867602	645248	222354	438130
350776	283376	67400	61018	6382	87582
1252175	417821	834354	216995	617359	5000
82529	61978	20551	10385	10166	167450
2878397	1646138	1232259	706966	525293	381242
836219	595389	240830	190752	50078	30900
67201	22085	45116	45100	16	1959
300721	187543	113178	67678	45500	58500
678544	375841	302703	202415	100288	37372

5—8 分地区中央属普通高等学校预算内

地区	合计	事业费支出				
			个人部分			
				工资福利支出	对个人和家庭的补助支出	
						#助学金
合计	**48151730**	**43902331**	**22679387**	**13781823**	**8897564**	**2917127**
北京	11525929	10223835	4812099	2637967	2174132	561098
天津	1169199	1124399	573500	344805	228695	60924
河北	397837	390837	306044	231971	74073	40805
山西						
内蒙古						
辽宁	1784642	1426392	697763	422150	275613	82761
吉林	1470077	1347777	869955	590194	279761	109286
黑龙江	1837144	1365911	838173	516206	321967	137893
上海	3777082	3597578	2115397	1635477	479920	204153
江苏	3857776	3505566	2048797	1239414	809383	211069
浙江	1127832	1121832	398474	192169	206305	78192
安徽	783776	764983	602175	350494	251681	78886
福建	862529	833979	382513	161506	221007	73668
江西	1800	1800	1599	1430	169	169
山东	1650396	1591806	771257	503544	267713	82087
河南	40401	40401	19611	17500	2111	2111
湖北	4937322	4627034	1876915	998500	878415	227130
湖南	1465959	1384089	975089	523513	451576	148816
广东	2587520	2495178	1221401	823544	397857	114326
广西						
海南						
重庆	1303634	1262804	548219	348878	199341	66038
四川	2767789	2392959	1499834	922083	577751	191863
贵州	4300	4300	3117	2896	221	
云南						
西藏						
陕西	3488168	3124526	1406247	872515	533732	319525
甘肃	698413	680413	297999	209764	88235	69954
青海						
宁夏	111547	111547	72820	44322	28498	18127
新疆	500658	482385	340389	190981	149408	38246

教育事业费和基本建设支出明细

单位：千元

公用部分	商品和服务支出	其他资本性支出			基本建设支出
			专项公用支出	专项项目支出	
21222944	**13665967**	**7556977**	**5308708**	**2248269**	**4249399**
5411736	2788755	2622981	1385477	1237504	1302094
550899	325822	225077	206266	18811	44800
84793	75030	9763	7086	2677	7000
728629	517454	211175	150913	60262	358250
477822	460410	17412	17412		122300
527738	272047	255691	177902	77789	471233
1482181	1363596	118585	103634	14951	179504
1456769	817570	639199	505942	133257	352210
723358	604106	119252	111735	7517	6000
162808	77813	84995	81495	3500	18793
451466	289383	162083	132033	30050	28550
201	201				
820549	515785	304764	279764	25000	58590
20790	10790	10000	8000	2000	
2750119	2143813	606306	484359	121947	310288
409000	259000	150000	70000	80000	81870
1273777	568210	705567	625556	80011	92342
714585	574385	140200	139454	746	40830
893125	582518	310607	256588	54019	374830
1183	1183				
1718279	1072510	645769	387467	258302	363642
382414	262385	120029	96761	23268	18000
38727	38727				
141996	44474	97522	80864	16658	18273

5—9 分地区地方普通高等学校预算内

地 区	合 计	事业费支出	个人部分	工资福利支出	对个人和家庭的补助支出	#助学金
合 计	**109652777**	**101352679**	**60903638**	**39069380**	**21834258**	**11936261**
北 京	6846351	6378621	2341899	1425394	916505	168543
天 津	3120385	3100985	1720604	945235	775369	210623
河 北	3809031	3793331	2956095	1560986	1395109	808180
山 西	2444921	2268625	1628554	1157815	470739	351477
内蒙古	2417370	2343254	1450454	1034105	416349	343334
辽 宁	4439086	3391326	2092802	1566379	526423	410523
吉 林	2701759	2666459	1382221	876834	505387	383385
黑龙江	3378251	3332773	2284349	1367802	916547	304688
上 海	5342929	5015179	1915227	1615668	299559	136809
江 苏	9784028	9287464	4627198	2716579	1910619	659017
浙 江	5608723	5341131	3582595	2457159	1125436	447694
安 徽	2715587	2685587	1928329	1117396	810933	355446
福 建	2695344	2495553	1416340	881259	535081	322713
江 西	2981396	2897444	1943520	1050920	892600	557004
山 东	6555924	6365712	4867935	2879840	1988095	920376
河 南	4504857	4377330	2900064	1985671	914393	736383
湖 北	2897194	2732194	1973588	1202963	770625	344160
湖 南	4262461	3713261	2834967	1870794	964173	553072
广 东	12834036	9387056	4849486	3876602	972884	594779
广 西	2640844	2587324	1782823	883543	899280	503016
海 南	705058	658318	433981	305100	128881	100208
重 庆	1859113	1859013	989788	528313	461475	420910
四 川	3091914	3028614	1518657	907482	611175	487073
贵 州	1670601	1583019	1233426	717819	515607	228487
云 南	2390565	2385565	1133390	679287	454103	401089
西 藏	554187	386737	304208	206250	97958	34452
陕 西	3355828	3338228	2178110	1489582	688528	624591
甘 肃	1573384	1560484	1106679	773060	333619	279706
青 海	394185	392226	325025	246369	78656	60912
宁 夏	726839	668339	406345	252931	153414	68544
新 疆	1350626	1331527	794979	490243	304736	119067

教育事业费和基本建设支出明细

单位：千元

公用部分	商品和服务支出	其他资本性支出	专项公用支出	专项项目支出	基本建设支出
40449041	**22266348**	**18182693**	**11162510**	**7020183**	**8300098**
4036722	2106562	1930160	1739485	190675	467730
1380381	791374	589007	483300	105707	19400
837236	454263	382973	293783	89190	15700
640071	386632	253439	231151	22288	176296
892800	737775	155025	81933	73092	74116
1298524	487936	810588	623169	187419	1047760
1284238	741815	542423	426673	115750	35300
1048424	819907	228517	145563	82954	45478
3099952	2405711	694241	609130	85111	327750
4660266	1410709	3249557	1147200	2102357	496564
1758536	1117369	641167	511755	129412	267592
757258	432069	325189	163217	161972	30000
1079213	415500	663713	256715	406998	199791
953924	656090	297834	170847	126987	83952
1497777	496334	1001443	565742	435701	190212
1477266	863169	614097	471381	142716	127527
758606	555064	203542	152377	51165	165000
878294	615148	263146	195760	67386	549200
4537570	2538618	1998952	991742	1007210	3446980
804501	438190	366311	242754	123557	53520
224337	104633	119704	82241	37463	46740
869225	567626	301599	251715	49884	100
1509957	952962	556995	388660	168335	63300
349593	282193	67400	61018	6382	87582
1252175	417821	834354	216995	617359	5000
82529	61978	20551	10385	10166	167450
1160118	573628	586490	319499	266991	17600
453805	333004	120801	93991	26810	12900
67201	22085	45116	45100	16	1959
261994	148816	113178	67678	45500	58500
536548	331367	205181	121551	83630	19099

5—10 分地区普通高等本科学校预算内

地区	合计	事业费支出	个人部分	工资福利支出	对个人和家庭的补助支出	#助学金
合计	**130789291**	**119969492**	**67419717**	**42317889**	**25101828**	**11455277**
北京	17271021	15580077	6819502	3836444	2983058	701293
天津	3480911	3431111	1755079	979380	775699	211830
河北	3149372	3128872	2415976	1225184	1190792	663416
山西	1691103	1586177	1156460	816851	339609	252028
内蒙古	1500319	1497319	943835	687535	256300	204535
辽宁	5528989	4143160	2366907	1650813	716094	439110
吉林	3742503	3584903	1972953	1276542	696411	448574
黑龙江	4507763	4015745	2608478	1605218	1003260	358366
上海	8782081	8274827	3921156	3157727	763429	337140
江苏	10673062	9932738	5362937	3197410	2165527	608867
浙江	4801236	4709773	2847499	1825032	1022467	384538
安徽	2829490	2785697	2052136	1173068	879068	342989
福建	2944486	2743142	1402663	787502	615161	301553
江西	2165065	2147376	1388878	760253	628625	365372
山东	6695396	6483274	4501052	2656985	1844067	717583
河南	3066146	3062619	2076001	1412513	663488	538556
湖北	6994930	6548842	3226362	1850018	1376344	439974
湖南	4244952	3827894	2822360	1704029	1118331	525704
广东	12724765	9619197	4748577	3633511	1115066	531741
广西	1941758	1889338	1274136	652627	621509	331100
海南	560709	525993	365985	260734	105251	81213
重庆	2880224	2839394	1377020	800715	576305	415775
四川	4818097	4424767	2425867	1498098	927769	470729
贵州	1156940	1142258	875415	520045	355370	166048
云南	1893918	1893918	795701	467203	328498	294780
西藏	428283	310843	251366	164342	87024	28857
陕西	6028742	5653100	3012770	1969530	1043240	794151
甘肃	1832973	1805973	1115937	783202	332735	273986
青海	307060	307060	263877	200342	63535	46365
宁夏	667988	613488	374959	233350	141609	64747
新疆	1479009	1460617	897873	531686	366187	114357

教育事业费和基本建设支出明细

单位：千元

公用部分	商品和服务支出	其他资本性支出	专项公用支出	专项项目支出	基本建设支出
52549775	**31164318**	**21385457**	**13903851**	**7481606**	**10819799**
8760575	4579110	4181465	2791832	1389633	1690944
1676032	992728	683304	641331	41973	49800
712896	419139	293757	225526	68231	20500
429717	272459	157258	148595	8663	104926
553484	521613	31871	11969	19902	3000
1776253	937316	838937	639903	199034	1385829
1611950	1093882	518068	415405	102663	157600
1407267	986214	421053	308018	113035	492018
4353671	3573407	780264	680202	100062	507254
4569801	1638244	2931557	1322123	1609434	740324
1862274	1381528	480746	405904	74842	91463
733561	432380	301181	221271	79910	43793
1340479	611270	729209	321348	407861	201344
758498	536305	222193	143097	79096	17689
1982222	847028	1135194	765263	369931	212122
986618	582856	403762	348129	55633	3527
3322480	2563954	758526	602301	156225	446088
1005534	656697	348837	227202	121635	417058
4870620	2568293	2302327	1302419	999908	3105568
615202	353275	261927	177683	84244	52420
160008	90327	69681	68364	1317	34716
1462374	1074177	388197	351076	37121	40830
1998900	1296567	702333	529634	172699	393330
266843	219783	47060	40778	6282	14682
1098217	327584	770633	175601	595032	
59477	52978	6499	4999	1500	117440
2640330	1563948	1076382	612817	463565	375642
690036	507229	182807	159539	23268	27000
43183	16449	26734	26734		
238529	171463	67066	56566	10500	54500
562744	296115	266629	178222	88407	18392

5—11 分地区中央属普通高等本科学校预算内

地 区	合 计	事业费支出				
			个人部分			
				工资福利支出	对个人和家庭的补助支出	
						#助学金
合 计	**47836367**	**43615401**	**22500384**	**13667903**	**8832481**	**2874598**
北 京	11525929	10223835	4812099	2637967	2174132	561098
天 津	1169199	1124399	573500	344805	228695	60924
河 北	396817	389817	305024	231971	73053	39785
山 西						
内蒙古						
辽 宁	1784642	1426392	697763	422150	275613	82761
吉 林	1470077	1347777	869955	590194	279761	109286
黑龙江	1790805	1327505	818216	503482	314734	137893
上 海	3777082	3597578	2115397	1635477	479920	204153
江 苏	3768819	3433609	2007139	1214805	792334	204870
浙 江	1127832	1121832	398474	192169	206305	78192
安 徽	783776	764983	602175	350494	251681	78886
福 建	862529	833979	382513	161506	221007	73668
江 西						
山 东	1649435	1590845	770296	503544	266752	81126
河 南						
湖 北	4937322	4627034	1876915	998500	878415	227130
湖 南	1435449	1353579	944579	500242	444337	141577
广 东	2563995	2471653	1205342	815215	390127	110846
广 西						
海 南						
重 庆	1298705	1257875	543950	348878	195072	61769
四 川	2707757	2334427	1465302	899083	566219	180331
贵 州						
云 南						
西 藏						
陕 西	3488168	3124526	1406247	872515	533732	319525
甘 肃	698413	680413	297999	209764	88235	69954
青 海						
宁 夏	111547	111547	72820	44322	28498	18127
新 疆	488069	471796	334679	190820	143859	32697

教育事业费和基本建设支出明细

单位:千元

公用部分	商品和服务支出	其他资本性支出			基本建设支出
			专项公用支出	专项项目支出	
21115017	**13596659**	**7518358**	**5281612**	**2236746**	**4220966**
5411736	2788755	2622981	1385477	1237504	1302094
550899	325822	225077	206266	18811	44800
84793	75030	9763	7086	2677	7000
728629	517454	211175	150913	60262	358250
477822	460410	17412	17412		122300
509289	261187	248102	174821	73281	463300
1482181	1363596	118585	103634	14951	179504
1426470	794686	631784	500942	130842	335210
723358	604106	119252	111735	7517	6000
162808	77813	84995	81495	3500	18793
451466	289383	162083	132033	30050	28550
820549	515785	304764	279764	25000	58590
2750119	2143813	606306	484359	121947	310288
409000	250000	150000	70000	80000	81870
1266311	566480	699831	622420	77411	92342
713925	573725	140200	139454	746	40830
869125	561518	307607	253588	54019	373330
1718279	1072510	645769	387467	258302	363642
382414	262385	120029	96761	23268	18000
38727	38727				
137117	44474	92643	75985	16658	16273

5—12 分地区地方普通高等本科学校预算内

地区	合计	事业费支出	个人部分	工资福利支出	对个人和家庭的补助支出	#助学金
合计	**82952924**	**76354091**	**44919333**	**28649986**	**16269347**	**8580679**
北京	5745092	5356242	2007403	1198477	808926	140195
天津	2311712	2306712	1181579	634575	547004	150906
河北	2752555	2739055	2110952	993213	1117739	623631
山西	1691103	1586177	1156460	816851	339609	252028
内蒙古	1500319	1497319	943835	687535	256300	204535
辽宁	3744347	2716768	1669144	1228663	440481	356349
吉林	2272426	2237126	1102998	686348	416650	339288
黑龙江	2716958	2688240	1790262	1101736	688526	220473
上海	5004999	4677249	1805759	1522250	283509	132987
江苏	6904243	6499129	3355798	1982605	1373193	403997
浙江	3673404	3587941	2449025	1632863	816162	306346
安徽	2045714	2020714	1449961	822574	627387	264103
福建	2081957	1909163	1020150	625996	394154	227885
江西	2165065	2147376	1388878	760253	628625	365372
山东	5045961	4892429	3730756	2153441	1577315	636457
河南	3066146	3062619	2076001	1412513	663488	538556
湖北	2057608	1921808	1349447	851518	497929	212844
湖南	2809503	2474315	1877781	1203787	673994	384127
广东	10160770	7147544	3543235	2818296	724939	420895
广西	1941758	1889338	1274136	652627	621509	331100
海南	560709	525993	365985	260734	105251	81213
重庆	1581519	1581519	833070	451837	381233	354006
四川	2110340	2090340	960565	599015	361550	290398
贵州	1156940	1142258	875415	520045	355370	166048
云南	1893918	1893918	795701	467203	328498	294780
西藏	428283	310843	251366	164342	87024	28857
陕西	2540574	2528574	1606523	1097015	509508	474626
甘肃	1134560	1125560	817938	573438	244500	204032
青海	307060	307060	263877	200342	63535	46365
宁夏	556441	501941	302139	189028	113111	46620
新疆	990940	988821	563194	340866	222328	81660

教育事业费和基本建设支出明细

单位:千元

公用部分	商品和服务支出	其他资本性支出			基本建设支出
			专项公用支出	专项项目支出	
31434758	**17567659**	**13867099**	**8622239**	**5244860**	**6598833**
3348839	1790355	1558484	1406355	152129	388850
1125133	666906	458227	435065	23162	5000
628103	344109	283994	218440	65554	13500
429717	272459	157258	148595	8663	104926
553484	521613	31871	11969	19902	3000
1047624	419862	627762	488990	138772	1027579
1134128	633472	500656	397993	102663	35300
897978	725027	172951	133197	39754	28718
2871490	2209811	661679	576568	85111	327750
3143331	843558	2299773	821181	1478592	405114
1138916	777422	361494	294169	67325	85463
570753	354567	216186	139776	76410	25000
889013	321887	567126	189315	377811	172794
758498	536305	222193	143097	79096	17689
1161673	331243	830430	485499	344931	153532
986618	582856	403762	348129	55633	3527
572361	420141	152220	117942	34278	135800
596534	397697	198837	157202	41635	335188
3604309	2001813	1602496	679999	922497	3013226
615202	353275	261927	177683	84244	52420
160008	90327	69681	68364	1317	34716
748449	500452	247997	211622	36375	
1129775	735049	394726	276046	118680	20000
266843	219783	47060	40778	6282	14682
1098217	327584	770633	175601	595032	
59477	52978	6499	4999	1500	117440
922051	491438	430613	225350	205263	12000
307622	244844	62778	62778		9000
43183	16449	26734	26734		
199802	132736	67066	56566	10500	54500
425627	251641	173986	102237	71749	2119

5—13 分地区普通高等专科学校预算内

地区	合计	事业费支出	个人部分	工资福利支出	对个人和家庭的补助支出	#助学金
合计	**4792762**	**4409625**	**2725247**	**1832551**	**892696**	**531247**
北京	248235	208235	51989	46793	5196	2073
天津	26524	26524	23572	11807	11765	
河北	234943	234743	188184	119854	68330	45721
山西	112922	92422	75682	54670	21012	16051
内蒙古	87630	87630	56582	39908	16674	14881
辽宁	160026	160026	132505	106018	26487	10341
吉林	121968	121968	79930	54085	25845	12925
黑龙江	77174	77174	61794	33565	28229	16915
上海	184572	184572	59086	46861	12225	3458
江苏	225389	208389	138286	97896	40390	13102
浙江	264667	264667	187289	108882	78407	20284
安徽	71014	71014	51185	31220	19965	8585
福建	48987	48787	28195	17005	11190	8207
江西	96771	91771	49112	34431	14681	10203
山东	157664	148484	104392	75372	29020	6983
河南	798919	702919	368983	274095	94888	77270
湖北	24042	24042	22380	14400	7980	4927
湖南	441754	327777	221674	147620	74054	39093
广东	145069	145069	66598	59252	7346	6988
广西	238053	238053	150518	67171	83347	55528
海南						
重庆	18186	18186	16986	3169	13817	13817
四川	226059	224059	96972	63235	33737	24114
贵州	169095	108695	98196	52320	45876	21494
云南	286797	281797	188276	122661	65615	53450
西藏	28885	28885	23986	21675	2311	1193
陕西	74386	74386	60862	43682	17180	17180
甘肃	125454	125454	76931	57188	19743	16802
青海						
宁夏						
新疆	97577	83897	45102	27716	17386	9662

教育事业费和基本建设支出明细

单位:千元

公用部分	商品和服务支出	其他资本性支出			基本建设支出
			专项公用支出	专项项目支出	
1684378	**1092565**	**591813**	**397156**	**194657**	**383137**
156246	111814	44432	44432		40000
2952	2952				
46559	22962	23597	19824	3773	200
16740	10269	6471	6471		20500
31048	16187	14861	14861		
27521	6728	20793	20626	167	
42038	30213	11825	6398	5427	
15380	13975	1405	1405		
125486	97217	28269	28269		
70103	32474	37629	12873	24756	17000
77378	52775	24603	7945	16658	
19829	9770	10059	7059	3000	
20592	12124	8468	3100	5368	200
42659	22601	20058	8858	11200	5000
44092	30176	13916	13690	226	9180
333936	182044	151892	93674	58218	96000
1662	862	800	800		
106103	94892	11211	8591	2620	113977
78471	70300	8171	3396	4775	
87535	35925	51610	26609	25001	
1200	800	400	400		
127087	88257	38830	24900	13930	2000
10499	7967	2532	2532		60400
93521	50986	42535	27975	14560	5000
4899	4899				
13524	13524				
48523	37815	10708	7063	3645	
38795	32057	6738	5405	1333	13680

5—14 分地区中央属普通高等专科学校预算内

地区	合计	事业费支出	个人部分	工资福利支出	对个人和家庭的补助支出	#助学金
合计	**130961**	**113961**	**62872**	**42109**	**20763**	**9913**
北京						
天津						
河北						
山西						
内蒙古						
辽宁						
吉林						
黑龙江						
上海						
江苏	88957	71957	41658	24609	17049	6199
浙江						
安徽						
福建						
江西						
山东						
河南	40401	40401	19611	17500	2111	2111
湖北						
湖南						
广东						
广西						
海南						
重庆						
四川						
贵州						
云南						
西藏						
陕西						
甘肃						
青海						
宁夏						
新疆	1603	1603	1603		1603	1603

教育事业费和基本建设支出明细

单位：千元

公用部分	商品和服务支出	其他资本性支出			基本建设支出
			专项公用支出	专项项目支出	
51089	**33674**	**17415**	**13000**	**4415**	**17000**
30299	22884	7415	5000	2415	17000
20790	10790	10000	8000	2000	

5—15 分地区地方普通高等专科学校预算内

地 区	合 计	事业费支出	个人部分	工资福利支出	对个人和家庭的补助支出	#助学金
合 计	**4661801**	**4295664**	**2662375**	**1790442**	**871933**	**521334**
北 京	248235	208235	51989	46793	5196	2073
天 津	26524	26524	23572	11807	11765	
河 北	234943	234743	188184	119854	68330	45721
山 西	112922	92422	75682	54670	21012	16051
内蒙古	87630	87630	56582	39908	16674	14881
辽 宁	160026	160026	132505	106018	26487	10341
吉 林	121968	121968	79930	54085	25845	12925
黑龙江	77174	77174	61794	33565	28229	16915
上 海	184572	184572	59086	46861	12225	3458
江 苏	136432	136432	96628	73287	23341	6903
浙 江	264667	264667	187289	108882	78407	20284
安 徽	71014	71014	51185	31220	19965	8585
福 建	48987	48787	28195	17005	11190	8207
江 西	96771	91771	49112	34431	14681	10203
山 东	157664	148484	104392	75372	29020	6983
河 南	758518	662518	349372	256595	92777	75159
湖 北	24042	24042	22380	14400	7980	4927
湖 南	441754	327777	221674	147620	74054	39093
广 东	145069	145069	66598	59252	7346	6988
广 西	238053	238053	150518	67171	83347	55528
海 南						
重 庆	18186	18186	16986	3169	13817	13817
四 川	226059	224059	96972	63235	33737	24114
贵 州	169095	108695	98196	52320	45876	21494
云 南	286797	281797	188276	122661	65615	53450
西 藏	28885	28885	23986	21675	2311	1193
陕 西	74386	74386	60862	43682	17180	17180
甘 肃	125454	125454	76931	57188	19743	16802
青 海						
宁 夏						
新 疆	95974	82294	43499	27716	15783	8059

教育事业费和基本建设支出明细

单位:千元

公用部分	商品和服务支出	其他资本性支出			基本建设支出
			专项公用支出	专项项目支出	
1633289	**1058891**	**574398**	**384156**	**190242**	**366137**
156246	111814	44432	44432		40000
2952	2952				
46559	22962	23597	19824	3773	200
16740	10269	6471	6471		20500
31048	16187	14861	14861		
27521	6728	20793	20626	167	
42038	30213	11825	6398	5427	
15380	13975	1405	1405		
125486	97217	28269	28269		
39804	9590	30214	7873	22341	
77378	52775	24603	7945	16658	
19829	9770	10059	7059	3000	
20592	12124	8468	3100	5368	200
42659	22601	20058	8858	11200	5000
44092	30176	13916	13690	226	9180
313146	171254	141892	85674	56218	96000
1662	862	800	800		
106103	94892	11211	8591	2620	113977
78471	70300	8171	3396	4775	
87535	35925	51610	26609	25001	
1200	800	400	400		
127087	88257	38830	24900	13930	2000
10499	7967	2532	2532		60400
93521	50986	42535	27975	14560	5000
4899	4899				
13524	13524				
48523	37815	10708	7063	3645	
38795	32057	6738	5405	1333	13680

5—16 分地区普通高等职业学校预算内

地 区	合 计	事业费支 出				
			个人部分			
				工资福利支出	对个人和家庭的补助支出	
						#助学金
合 计	**22222454**	**20875893**	**13438061**	**8700763**	**4737298**	**2866864**
北 京	853024	814144	282507	180124	102383	26275
天 津	782149	767749	515453	298853	216600	59717
河 北	822553	820553	657979	447919	210060	139848
山 西	640896	590026	396412	286294	110118	83398
内蒙古	829421	758305	450037	306662	143375	123918
辽 宁	534713	514532	291153	231698	59455	43833
吉 林	307365	307365	199293	136401	62892	31172
黑龙江	630458	605765	452250	245225	207025	67300
上 海	153358	153358	50382	46557	3825	364
江 苏	2743353	2651903	1174772	660687	514085	248117
浙 江	1670652	1488523	946281	715414	230867	121064
安 徽	598859	593859	427183	263602	163581	82758
福 建	564400	537603	367995	238258	129737	86621
江 西	721360	660097	507129	257666	249463	181598
山 东	1353260	1325760	1033748	651027	382721	277897
河 南	680193	652193	474691	316563	158128	122668
湖 北	815544	786344	601761	337045	264716	126389
湖 南	1041714	941679	766022	542658	223364	137091
广 东	2551722	2117968	1255712	1007383	248329	170376
广 西	461033	459933	358169	163745	194424	116388
海 南	144349	132325	67996	44366	23630	18995
重 庆	264337	264237	144001	73307	70694	57356
四 川	815547	772747	495652	268232	227420	184093
贵 州	348866	336366	262932	148350	114582	40945
云 南	209850	209850	149413	89423	59990	52859
西 藏	97019	47009	28856	20233	8623	4402
陕 西	740868	735268	510725	348885	161840	132785
甘 肃	313370	309470	211810	142434	69376	58872
青 海	87125	85166	61148	46027	15121	14547
宁 夏	170398	166398	104206	63903	40303	21924
新 疆	274698	269398	192393	121822	70571	33294

教育事业费和基本建设支出明细

单位:千元

公用部分	商品和服务支出	其他资本性支出	专项公用支出	专项项目支出	基本建设支出
7437832	**3675432**	**3762400**	**2170211**	**1592189**	**1346561**
531637	204393	327244	288698	38546	38880
252296	121516	130780	48235	82545	14400
162574	87192	75382	55519	19863	2000
193614	103904	89710	76085	13625	50870
308268	199975	108293	55103	53190	71116
223379	61346	162033	113553	48480	20181
108072	78130	29942	22282	7660	
153515	91765	61750	14042	47708	24693
102976	98683	4293	4293		
1477131	557561	919570	318146	601424	91450
542242	287172	255070	209641	45429	182129
166676	67732	98944	16382	82562	5000
169608	81489	88119	64300	23819	26797
152968	97385	55583	18892	36691	61263
292012	134915	157097	66553	90544	27500
177502	109059	68443	37578	30865	28000
184583	134061	50522	33635	16887	29200
175657	122559	53098	29967	23131	100035
862256	468235	394021	311483	82538	433754
101764	48990	52774	38462	14312	1100
64329	14306	50023	13877	36146	12024
120236	67034	53202	39693	13509	100
277095	150656	126439	90714	35725	42800
73434	55626	17808	17708	100	12500
60437	39251	21186	13419	7767	
18153	4101	14052	5386	8666	50010
224543	68666	155877	94149	61728	5600
97660	50345	47315	24150	23165	3900
24018	5636	18382	18366	16	1959
62192	16080	46112	11112	35000	4000
77005	47669	29336	18788	10548	5300

5—17 分地区中央属普通高等职业学校预算内

地区	合计	事业费支出	个人部分	工资福利支出	对个人和家庭的补助支出	#助学金
合计	**184402**	**172969**	**116131**	**71811**	**44320**	**32616**
北京						
天津						
河北	1020	1020	1020		1020	1020
山西						
内蒙古						
辽宁						
吉林						
黑龙江	46339	38406	19957	12724	7233	
上海						
江苏						
浙江						
安徽						
福建						
江西	1800	1800	1599	1430	169	169
山东	961	961	961		961	961
河南						
湖北						
湖南	30510	30510	30510	23271	7239	7239
广东	23525	23525	16059	8329	7730	3480
广西						
海南						
重庆	4929	4929	4269		4269	4269
四川	60032	58532	34532	23000	11532	11532
贵州	4300	4300	3117	2896	221	
云南						
西藏						
陕西						
甘肃						
青海						
宁夏						
新疆	10986	8986	4107	161	3946	3946

教育事业费和基本建设支出明细

单位:千元

公用部分	商品和服务支出	其他资本性支出			基本建设支出
			专项公用支出	专项项目支出	
56838	**35634**	**21204**	**14096**	**7108**	**11433**
18449	10860	7589	3081	4508	7933
201	201				
7466	1730	5736	3136	2600	
660	660				
24000	21000	3000	3000		1500
1183	1183				
4879		4879	4879		2000

5—18 分地区地方普通高等职业学校预算内

地区	合计	事业费支出	个人部分	工资福利支出	对个人和家庭的补助支出	#助学金
合计	**22038052**	**20702924**	**13321930**	**8628952**	**4692978**	**2834248**
北京	853024	814144	282507	180124	102383	26275
天津	782149	767749	515453	298853	216600	59717
河北	821533	819533	656959	447919	209040	138828
山西	640896	590026	396412	286294	110118	83398
内蒙古	829421	758305	450037	306662	143375	123918
辽宁	534713	514532	291153	231698	59455	43833
吉林	307365	307365	199293	136401	62892	31172
黑龙江	584119	567359	432293	232501	199792	67300
上海	153358	153358	50382	46557	3825	364
江苏	2743353	2651903	1174772	660687	514085	248117
浙江	1670652	1488523	946281	715414	230867	121064
安徽	598859	593859	427183	263602	163581	82758
福建	564400	537603	367995	238258	129737	86621
江西	719560	658297	505530	256236	249294	181429
山东	1352299	1324799	1032787	651027	381760	276936
河南	680193	652193	474691	316563	158128	122668
湖北	815544	786344	601761	337045	264716	126389
湖南	1011204	911169	735512	519387	216125	129852
广东	2528197	2094443	1239653	999054	240599	166896
广西	461033	459933	358169	163745	194424	116388
海南	144349	132325	67996	44366	23630	18995
重庆	259408	259308	139732	73307	66425	53087
四川	755515	714215	461120	245232	215888	172561
贵州	344566	332066	259815	145454	114361	40945
云南	209850	209850	149413	89423	59990	52859
西藏	97019	47009	28856	20233	8623	4402
陕西	740868	735268	510725	348885	161840	132785
甘肃	313370	309470	211810	142434	69376	58872
青海	87125	85166	61148	46027	15121	14547
宁夏	170398	166398	104206	63903	40303	21924
新疆	263712	260412	188286	121661	66625	29348

教育事业费和基本建设支出明细

单位：千元

公用部分	商品和服务支出	其他资本性支出			基本建设支出
			专项公用支出	专项项目支出	
7380994	**3639798**	**3741196**	**2156115**	**1585081**	**1335128**
531637	204393	327244	288698	38546	38880
252296	121516	130780	48235	82545	14400
162574	87192	75382	55519	19863	2000
193614	103904	89710	76085	13625	50870
308268	199975	108293	55103	53190	71116
223379	61346	162033	113553	48480	20181
108072	78130	29942	22282	7660	
135066	80905	54161	10961	43200	16760
102976	98683	4293	4293		
1477131	557561	919570	318146	601424	91450
542242	287172	255070	209641	45429	182129
166676	67732	98944	16382	82562	5000
169608	81489	88119	64300	23819	26797
152767	97184	55583	18892	36691	61263
292012	134915	157097	66553	90544	27500
177502	109059	68443	37578	30865	28000
184583	134061	50522	33635	16887	29200
175657	122559	53098	29967	23131	100035
854790	466505	388285	308347	79938	433754
101764	48990	52774	38462	14312	1100
64329	14306	50023	13877	36146	12024
119576	66374	53202	39693	13509	100
253095	129656	123439	87714	35725	41300
72251	54443	17808	17708	100	12500
60437	39251	21186	13419	7767	
18153	4101	14052	5386	8666	50010
224543	68666	155877	94149	61728	5600
97660	50345	47315	24150	23165	3900
24018	5636	18382	18366	16	1959
62192	16080	46112	11112	35000	4000
72126	47669	24457	13909	10548	3300

5—19 分地区成人高等学校预算内

地 区	合 计	事业费支 出	个人部分	工资福利支出	对个人和家庭的补助支出	#助学金
合 计	**4641554**	**4563434**	**3203711**	**2238632**	**965079**	**338583**
北 京	319358	299958	169028	116508	52520	
天 津	100170	100170	87048	51092	35956	1747
河 北	170679	170679	157043	113024	44019	22770
山 西	86206	86206	70457	55470	14987	3526
内蒙古	48394	48394	41002	37332	3670	1157
辽 宁	134608	132218	94663	83266	11397	453
吉 林	171787	171787	127837	95409	32428	13755
黑龙江	207092	207092	162527	96375	66152	5162
上 海	562314	562314	374857	325013	49844	340
江 苏	325050	325050	281277	135792	145485	62842
浙 江	329956	319256	214246	165699	48547	13374
安 徽	61218	61218	47758	31931	15827	1528
福 建	177461	177461	72649	62619	10030	7198
江 西	87032	87032	64688	46426	18262	11765
山 东	363965	349185	242567	151100	91467	43223
河 南	191948	186948	158662	101750	56912	38142
湖 北	65992	65872	51326	31086	20240	10626
湖 南	75420	73920	71640	51909	19731	5608
广 东	371044	352604	212828	168864	43964	7713
广 西	120916	120916	84306	46092	38214	8284
海 南	7537	7537	5589	5238	351	45
重 庆	61033	61033	31246	19026	12220	11705
四 川	125987	125987	78614	49254	29360	25922
贵 州	88539	87939	51915	27092	24823	7337
云 南	78538	78538	12128	7702	4426	4426
西 藏						
陕 西	82790	82790	60393	42108	18285	14609
甘 肃	54014	54014	40940	26710	14230	7270
青 海	7281	7281	6998	5760	1238	1
宁 夏						
新 疆	165225	160035	129479	88985	40494	8055

教育事业费和基本建设支出明细

单位:千元

公用部分	商品和服务支出	其他资本性支出			基本建设支出
			专项公用支出	专项项目支出	
1359723	**810894**	**548829**	**289925**	**258904**	**78120**
130930	70264	60666	49266	11400	19400
13122	11287	1835	1835		
13636	12746	890	890		
15749	12608	3141	3141		
7392	5159	2233	2233		
37555	30084	7471	6521	950	2390
43950	34672	9278	7023	2255	
44565	40599	3966	3148	818	
187457	139146	48311	47422	889	
43773	31081	12692	7603	5089	
105010	35397	69613	13576	56037	10700
13460	9361	4099	1936	2163	
104812	20657	84155	7050	77105	
22344	22344				
106618	44005	62613	48056	14557	14780
28286	20537	7749	5249	2500	5000
14546	11170	3376	2156	1220	120
2280	1694	586	86	500	1500
139776	100079	39697	33627	6070	18440
36610	18052	18558	13598	4960	
1948	1694	254	254		
29787	21269	8518	8518		
47373	30102	17271	16976	295	
36024	11828	24196	46	24150	600
66410	22960	43450		43450	
22397	13653	8744	5910	2834	
13074	9594	3480	3280	200	
283	283				
30556	28569	1987	525	1462	5190

5—20 分地区中央属成人高等学校预算内

地 区	合 计	事业费支出	个人部分	工资福利支出	对个人和家庭的补助支出	#助学金
合 计	**57558**	**57558**	**32959**	**25158**	**7801**	**381**
北 京	42161	42161	19959	13653	6306	
天 津						
河 北						
山 西						
内蒙古						
辽 宁						
吉 林						
黑龙江						
上 海						
江 苏						
浙 江						
安 徽						
福 建						
江 西						
山 东						
河 南						
湖 北						
湖 南	214	214	214		214	214
广 东						
广 西						
海 南						
重 庆						
四 川						
贵 州						
云 南						
西 藏						
陕 西						
甘 肃						
青 海						
宁 夏						
新 疆	15183	15183	12786	11505	1281	167

教育事业费和基本建设支出明细

单位:千元

公用部分	商品和服务支出	其他资本性支出			基本建设支出
			专项公用支出	专项项目支出	
24599	**19955**	**4644**	**4644**		
22202	17558	4644	4644		
2397	2397				

5—21 分地区地方成人高等学校预算内

地区	合计	事业费支出	个人部分	工资福利支出	对个人和家庭的补助支出	#助学金
合计	**4583996**	**4505876**	**3170752**	**2213474**	**957278**	**338202**
北京	277197	257797	149069	102855	46214	
天津	100170	100170	87048	51092	35956	1747
河北	170679	170679	157043	113024	44019	22770
山西	86206	86206	70457	55470	14987	3526
内蒙古	48394	48394	41002	37332	3670	1157
辽宁	134608	132218	94663	83266	11397	453
吉林	171787	171787	127837	95409	32428	13755
黑龙江	207092	207092	162527	96375	66152	5162
上海	562314	562314	374857	325013	49844	340
江苏	325050	325050	281277	135792	145485	62842
浙江	329956	319256	214246	165699	48547	13374
安徽	61218	61218	47758	31931	15827	1528
福建	177461	177461	72649	62619	10030	7198
江西	87032	87032	64688	46426	18262	11765
山东	363965	349185	242567	151100	91467	43223
河南	191948	186948	158662	101750	56912	38142
湖北	65992	65872	51326	31086	20240	10626
湖南	75206	73706	71426	51909	19517	5394
广东	371044	352604	212828	168864	43964	7713
广西	120916	120916	84306	46092	38214	8284
海南	7537	7537	5589	5238	351	45
重庆	61033	61033	31246	19026	12220	11705
四川	125987	125987	78614	49254	29360	25922
贵州	88539	87939	51915	27092	24823	7337
云南	78538	78538	12128	7702	4426	4426
西藏						
陕西	82790	82790	60393	42108	18285	14609
甘肃	54014	54014	40940	26710	14230	7270
青海	7281	7281	6998	5760	1238	1
宁夏						
新疆	150042	144852	116693	77480	39213	7888

教育事业费和基本建设支出明细

单位:千元

公用部分	商品和服务支出	其他资本性支出			基本建设支出
			专项公用支出	专项项目支出	
1335124	**790939**	**544185**	**285281**	**258904**	**78120**
108728	52706	56022	44622	11400	19400
13122	11287	1835	1835		
13636	12746	890	890		
15749	12608	3141	3141		
7392	5159	2233	2233		
37555	30084	7471	6521	950	2390
43950	34672	9278	7023	2255	
44565	40599	3966	3148	818	
187457	139146	48311	47422	889	
43773	31081	12692	7603	5089	
105010	35397	69613	13576	56037	10700
13460	9361	4099	1936	2163	
104812	20657	84155	7050	77105	
22344	22344				
106618	44005	62613	48056	14557	14780
28286	20537	7749	5249	2500	5000
14546	11170	3376	2156	1220	120
2280	1694	586	86	500	1500
139776	100079	39697	33627	6070	18440
36610	18052	18558	13598	4960	
1948	1694	254	254		
29787	21269	8518	8518		
47373	30102	17271	16976	295	
36024	11828	24196	46	24150	600
66410	22960	43450		43450	
22397	13653	8744	5910	2834	
13074	9594	3480	3280	200	
283	283				
28159	26172	1987	525	1462	5190

5—22 分地区中等职业学校预算内

地区	合计	事业费支出	个人部分	工资福利支出	对个人和家庭的补助支出	#助学金
合计	**52519677**	**50835755**	**38905333**	**23620882**	**15284451**	**10730725**
北京	2339002	2287347	1130075	821782	308293	48713
天津	977450	968950	835860	431585	404275	98730
河北	2888909	2855842	2481165	1544937	936228	751633
山西	1882013	1840473	1455013	852752	602261	456853
内蒙古	1191196	1159716	870151	655117	215034	190834
辽宁	1943601	1893796	1264289	901391	362898	207236
吉林	1067428	1062078	835332	569964	265368	143262
黑龙江	1138182	1107885	891510	569455	322055	78813
上海	1889778	1886464	1269904	1106568	163336	37268
江苏	3753295	3540947	2950188	1658290	1291898	697990
浙江	3148789	3083739	2178368	1448635	729733	503240
安徽	1347474	1311284	1122832	621055	501777	400221
福建	1668534	1627285	1322681	761657	561024	429743
江西	956248	903892	713558	354673	358885	298280
山东	4154950	4142770	3576658	2277334	1299324	910036
河南	3034890	2988759	2415873	1326846	1089027	904447
湖北	1316883	1274753	1134488	546226	588262	390705
湖南	1640302	1604502	1440705	684485	756220	665776
广东	4349011	4038361	2719353	1981640	737713	542370
广西	1714377	1668288	1166094	551814	614280	401252
海南	534077	501871	263862	167153	96709	80457
重庆	1081546	1063746	761293	317013	444280	413462
四川	2294942	2237945	1798533	799466	999067	874571
贵州	787713	754182	583829	358764	225065	109349
云南	1542264	1497416	1037593	650448	387145	348520
西藏	123499	67099	56074	42039	14035	7471
陕西	1334868	1181194	895676	530886	364790	291362
甘肃	1126571	1100171	869522	508945	360577	264366
青海	248621	228692	146848	97249	49599	43054
宁夏	294267	259267	165624	98454	67170	43728
新疆	748997	697041	552382	384259	168123	96983

教育事业费和基本建设支出明细

单位：千元

公用部分	商品和服务支出	其他资本性支出			基本建设支出
			专项公用支出	专项项目支出	
11930422	**5892873**	**6037549**	**2807951**	**3229598**	**1683922**
1157272	442247	715025	578095	136930	51655
133090	76723	56367	39153	17214	8500
374677	210273	164404	103941	60463	33067
385460	202373	183087	48507	134580	41540
289565	192045	97520	35811	61709	31480
629507	378064	251443	55569	195874	49805
226746	128080	98666	37548	61118	5350
216375	167286	49089	30452	18637	30297
616560	417406	199154	162434	36720	3314
590759	228836	361923	139019	222904	212348
905371	410212	495159	156717	338442	65050
188452	85545	102907	32457	70450	36190
304604	216225	88379	57976	30403	41249
190334	71586	118748	29811	88937	52356
566112	269743	296369	126818	169551	12180
572886	352397	220489	79946	140543	46131
140265	69713	70552	25474	45078	42130
163797	97648	66149	28771	37378	35800
1319008	602463	716545	341780	374765	310650
502194	120416	381778	204441	177337	46089
238009	59219	178790	23229	155561	32206
302453	160801	141652	43551	98101	17800
439412	176627	262785	121133	141652	56997
170353	110889	59464	37181	22283	33531
459823	202469	257354	78806	178548	44848
11025	9371	1654	1254	400	56400
285518	144478	141040	66391	74649	153674
230649	127981	102668	42722	59946	26400
81844	35461	46383	41223	5160	19929
93643	34826	58817	17322	41495	35000
144659	91470	53189	20419	32770	51956

5—23 分地区中央属中等职业学校预算内

地区	合计	事业费支出	个人部分	工资福利支出	对个人和家庭的补助支出	#助学金
合计	**260741**	**214081**	**138197**	**82950**	**55247**	**45971**
北京	37757	37757	16615	10615	6000	2761
天津	864	864	864		864	864
河北						
山西	940	940	940		940	940
内蒙古	656	656	656		656	656
辽宁						
吉林						
黑龙江	29526	22026	14918	13066	1852	1956
上海	31147	31147	16295	14522	1773	157
江苏						
浙江						
安徽	18560	18560	16154	7207	8947	8917
福建						
江西	143	143	143		143	143
山东						
河南						
湖北						
湖南						
广东						
广西						
海南						
重庆						
四川	23310	23310	17949	10467	7482	6179
贵州						
云南	628	628	628		628	628
西藏						
陕西						
甘肃						
青海						
宁夏						
新疆	117210	78050	53035	27073	25962	22770

教育事业费和基本建设支出明细

单位:千元

公用部分	商品和服务支出	其他资本性支出	专项公用支出	专项项目支出	基本建设支出
75884	**38081**	**37803**	**21612**	**16191**	**46660**
21142	9621	11521	7380	4141	
7108	3097	4011	4011		7500
14852	14292	560	560		
2406	506	1900		1900	
5361	3144	2217	1367	850	
25015	7421	17594	8294	9300	39160

5—24 分地区地方中等职业学校预算内

地区	合计	事业费支出	个人部分	工资福利支出	对个人和家庭的补助支出	#助学金
合计	**52258936**	**50621674**	**38767136**	**23537932**	**15229204**	**10684754**
北京	2301245	2249590	1113460	811167	302293	45952
天津	976586	968086	834996	431585	403411	97866
河北	2888909	2855842	2481165	1544937	936228	751633
山西	1881073	1839533	1454073	852752	601321	455913
内蒙古	1190540	1159060	869495	655117	214378	190178
辽宁	1943601	1893796	1264289	901391	362898	207236
吉林	1067428	1062078	835332	569964	265368	143262
黑龙江	1108656	1085859	876592	556389	320203	76857
上海	1858631	1855317	1253609	1092046	161563	37111
江苏	3753295	3540947	2950188	1658290	1291898	697990
浙江	3148789	3083739	2178368	1448635	729733	503240
安徽	1328914	1292724	1106678	613848	492830	391304
福建	1668534	1627285	1322681	761657	561024	429743
江西	956105	903749	713415	354673	358742	298137
山东	4154950	4142770	3576658	2277334	1299324	910036
河南	3034890	2988759	2415873	1326846	1089027	904447
湖北	1316883	1274753	1134488	546226	588262	390705
湖南	1640302	1604502	1440705	684485	756220	665776
广东	4349011	4038361	2719353	1981640	737713	542370
广西	1714377	1668288	1166094	551814	614280	401252
海南	534077	501871	263862	167153	96709	80457
重庆	1081546	1063746	761293	317013	444280	413462
四川	2271632	2214635	1780584	788999	991585	868392
贵州	787713	754182	583829	358764	225065	109349
云南	1541636	1496788	1036965	650448	386517	347892
西藏	123499	67099	56074	42039	14035	7471
陕西	1334868	1181194	895676	530886	364790	291362
甘肃	1126571	1100171	869522	508945	360577	264366
青海	248621	228692	146848	97249	49599	43054
宁夏	294267	259267	165624	98454	67170	43728
新疆	631787	618991	499347	357186	142161	74213

教育事业费和基本建设支出明细

单位：千元

公用部分	商品和服务支出	其他资本性支出	专项公用支出	专项项目支出	基本建设支出
11854538	**5854792**	**5999746**	**2786339**	**3213407**	**1637262**
1136130	432626	703504	570715	132789	51655
133090	76723	56367	39153	17214	8500
374677	210273	164404	103941	60463	33067
385460	202373	183087	48507	134580	41540
289565	192045	97520	35811	61709	31480
629507	378064	251443	55569	195874	49805
226746	128080	98666	37548	61118	5350
209267	164189	45078	26441	18637	22797
601708	403114	198594	161874	36720	3314
590759	228836	361923	139019	222904	212348
905371	410212	495159	156717	338442	65050
186046	85039	101007	32457	68550	36190
304604	216225	88379	57976	30403	41249
190334	71586	118748	29811	88937	52356
566112	269743	296369	126818	169551	12180
572886	352397	220489	79946	140543	46131
140265	69713	70552	25474	45078	42130
163797	97648	66149	28771	37378	35800
1319008	602463	716545	341780	374765	310650
502194	120416	381778	204441	177337	46089
238009	59219	178790	23229	155561	32206
302453	160801	141652	43551	98101	17800
434051	173483	260568	119766	140802	56997
170353	110889	59464	37181	22283	33531
459823	202469	257354	78806	178548	44848
11025	9371	1654	1254	400	56400
285518	144478	141040	66391	74649	153674
230649	127981	102668	42722	59946	26400
81844	35461	46383	41223	5160	19929
93643	34826	58817	17322	41495	35000
119644	84049	35595	12125	23470	12796

5—25 分地区中等专业学校预算内

地区	合计	事业费支出	个人部分	工资福利支出	对个人和家庭的补助支出	#助学金
合计	**21278880**	**20741932**	**15304486**	**9098468**	**6206018**	**4311142**
北京	962180	931525	394085	266510	127575	32617
天津	601269	601269	515640	253909	261731	78562
河北	929608	920608	789338	451090	338248	276035
山西	848905	844205	603649	377666	225983	144706
内蒙古	411306	409806	309228	228941	80287	72368
辽宁	1027906	1010751	575146	418395	156751	93750
吉林	380934	377984	304945	202610	102335	50909
黑龙江	354645	351545	279008	180378	98630	24532
上海	1071795	1071795	663977	585607	78370	28660
江苏	1294227	1243554	972374	523946	448428	238626
浙江	290881	288207	228139	148368	79771	61166
安徽	510462	494642	421915	214095	207820	162471
福建	871135	844555	664184	337779	326405	275426
江西	343831	331375	241096	119507	121589	94183
山东	1506196	1502196	1315363	819601	495762	357798
河南	1320769	1308445	1068832	574978	493854	389269
湖北	701291	672691	599657	290439	309218	226583
湖南	352557	343557	296800	198001	98799	61216
广东	1917768	1872420	1279991	886850	393141	298999
广西	1156307	1125737	763830	346341	417489	276945
海南	372532	360079	185025	116490	68535	56407
重庆	286856	285656	239040	62393	176647	174008
四川	762306	741919	587326	253788	333538	293061
贵州	401616	371013	266381	163575	102806	35795
云南	733782	728545	438809	263610	175199	157945
西藏	118440	62040	51548	38188	13360	7404
陕西	419436	404336	302071	167692	134379	116063
甘肃	627167	614367	470203	278648	191555	136357
青海	128506	109327	69470	47947	21523	19936
宁夏	134287	119787	80465	52014	28451	13289
新疆	439980	397996	326951	229112	97839	56056

教育事业费和基本建设支出明细

单位:千元

公用部分	商品和服务支出	其他资本性支出			基本建设支出
			专项公用支出	专项项目支出	
5437446	**2642350**	**2795096**	**1305326**	**1489770**	**536948**
537440	156355	381085	286794	94291	30655
85629	43424	42205	24991	17214	
131270	65772	65498	35796	29702	9000
240556	99739	140817	21918	118899	4700
100578	64071	36507	14245	22262	1500
435605	233778	201827	31785	170042	17155
73039	50733	22306	13187	9119	2950
72537	62167	10370	3929	6441	3100
407818	243348	164470	132608	31862	
271180	103903	167277	54573	112704	50673
60068	36469	23599	16102	7497	2674
72727	30868	41859	13840	28019	15820
180371	125549	54822	35344	19478	26580
90279	39269	51010	11985	39025	12456
186833	112823	74010	41032	32978	4000
239613	176238	63375	37721	25654	12324
73034	44363	28671	11436	17235	28600
46757	37697	9060	3696	5364	9000
592429	253778	338651	116878	221773	45348
361907	84935	276972	147204	129768	30570
175054	38353	136701	17434	119267	12453
46616	32239	14377	4794	9583	1200
154593	74757	79836	49551	30285	20387
104632	77521	27111	21970	5141	30603
289736	114986	174750	46033	128717	5237
10492	8838	1654	1254	400	56400
102265	62427	39838	35248	4590	15100
144164	84728	59436	32148	27288	12800
39857	14260	25597	23697	1900	19179
39322	20504	18818	5057	13761	14500
71045	48458	22587	13076	9511	41984

5—26 分地区中央属中等专业学校预算内

地区	合计	事业费支出	个人部分	工资福利支出	对个人和家庭的补助支出	＃助学金
合 计	**221905**	**182745**	**114255**	**65275**	**48980**	**39910**
北 京	37757	37757	16615	10615	6000	2761
天 津						
河 北						
山 西	940	940	940		940	940
内蒙古						
辽 宁						
吉 林						
黑龙江						
上 海	31147	31147	16295	14522	1773	157
江 苏						
浙 江						
安 徽	17605	17605	15199	7207	7992	7962
福 建						
江 西	143	143	143		143	143
山 东						
河 南						
湖 北						
湖 南						
广 东						
广 西						
海 南						
重 庆						
四 川	17997	17997	12922	6442	6480	5177
贵 州						
云 南						
西 藏						
陕 西						
甘 肃						
青 海						
宁 夏						
新 疆	116316	77156	52141	26489	25652	22770

教育事业费和基本建设支出明细

单位:千元

公用部分	商品和服务支出	其他资本性支出	专项公用支出	专项项目支出	基本建设支出
68490	**34698**	**33792**	**17601**	**16191**	**39160**
21142	9621	11521	7380	4141	
14852	14292	560	560		
2406	506	1900		1900	
5075	2858	2217	1367	850	
25015	7421	17594	8294	9300	39160

5－27 分地区地方中等专业学校预算内

地区	合计	事业费支出	个人部分	工资福利支出	对个人和家庭的补助支出	#助学金
合计	**21056975**	**20559187**	**15190231**	**9033193**	**6157038**	**4271232**
北京	924423	893768	377470	255895	121575	29856
天津	601269	601269	515640	253909	261731	78562
河北	929608	920608	789338	451090	338248	276035
山西	847965	843265	602709	377666	225043	143766
内蒙古	411306	409806	309228	228941	80287	72368
辽宁	1027906	1010751	575146	418395	156751	93750
吉林	380934	377984	304945	202610	102335	50909
黑龙江	354645	351545	279008	180378	98630	24532
上海	1040648	1040648	647682	571085	76597	28503
江苏	1294227	1243554	972374	523946	448428	238626
浙江	290881	288207	228139	148368	79771	61166
安徽	492857	477037	406716	206888	199828	154509
福建	871135	844555	664184	337779	326405	275426
江西	343688	331232	240953	119507	121446	94040
山东	1506196	1502196	1315363	819601	495762	357798
河南	1320769	1308445	1068832	574978	493854	389269
湖北	701291	672691	599657	290439	309218	226583
湖南	352557	343557	296800	198001	98799	61216
广东	1917768	1872420	1279991	886850	393141	298999
广西	1156307	1125737	763830	346341	417489	276945
海南	372532	360079	185025	116490	68535	56407
重庆	286856	285656	239040	62393	176647	174008
四川	744309	723922	574404	247346	327058	287884
贵州	401616	371013	266381	163575	102806	35795
云南	733782	728545	438809	263610	175199	157945
西藏	118440	62040	51548	38188	13360	7404
陕西	419436	404336	302071	167692	134379	116063
甘肃	627167	614367	470203	278648	191555	136357
青海	128506	109327	69470	47947	21523	19936
宁夏	134287	119787	80465	52014	28451	13289
新疆	323664	320840	274810	202623	72187	33286

教育事业费和基本建设支出明细

单位：千元

公用部分	商品和服务支出	其他资本性支出			基本建设支出
			专项公用支出	专项项目支出	
5368956	**2607652**	**2761304**	**1287725**	**1473579**	**497788**
516298	146734	369564	279414	90150	30655
85629	43424	42205	24991	17214	
131270	65772	65498	35796	29702	9000
240556	99739	140817	21918	118899	4700
100578	64071	36507	14245	22262	1500
435605	233778	201827	31785	170042	17155
73039	50733	22306	13187	9119	2950
72537	62167	10370	3929	6441	3100
392966	229056	163910	132048	31862	
271180	103903	167277	54573	112704	50673
60068	36469	23599	16102	7497	2674
70321	30362	39959	13840	26119	15820
180371	125549	54822	35344	19478	26580
90279	39269	51010	11985	39025	12456
186833	112823	74010	41032	32978	4000
239613	176238	63375	37721	25654	12324
73034	44363	28671	11436	17235	28600
46757	37697	9060	3696	5364	9000
592429	253778	338651	116878	221773	45348
361907	84935	276972	147204	129768	30570
175054	38353	136701	17434	119267	12453
46616	32239	14377	4794	9583	1200
149518	71899	77619	48184	29435	20387
104632	77521	27111	21970	5141	30603
289736	114986	174750	46033	128717	5237
10492	8838	1654	1254	400	56400
102265	62427	39838	35248	4590	15100
144164	84728	59436	32148	27288	12800
39857	14260	25597	23697	1900	19179
39322	20504	18818	5057	13761	14500
46030	41037	4993	4782	211	2824

5－28 分地区职业高中预算内

地 区	合 计	事业费支出	个人部分	工资福利支出	对个人和家庭的补助支出	#助学金
合 计	**22869563**	**22095423**	**17638445**	**10596952**	**7041493**	**5192769**
北 京	760050	739050	511902	384722	127180	3854
天 津	107964	107964	96231	48549	47682	4180
河 北	1471430	1450363	1250934	813218	437716	355281
山 西	756089	719749	622137	331251	290886	257720
内蒙古	599202	577023	423232	306567	116665	104487
辽 宁	740227	739577	567524	392256	175268	101630
吉 林	462320	459920	346842	224974	121868	78993
黑龙江	601409	581712	458577	286907	171670	47467
上 海	580834	577520	448293	380682	67611	8090
江 苏	1874560	1800385	1558496	919591	638905	340707
浙 江	2348415	2308540	1625037	1070987	554050	399985
安 徽	752103	731733	626397	371169	255228	205416
福 建	466767	455654	392305	258505	133800	100412
江 西	529441	489611	399609	181437	218172	194904
山 东	1874079	1867779	1633343	1059284	574059	392742
河 南	1109855	1086488	892456	442140	450316	404906
湖 北	496596	483066	420753	204277	216476	124428
湖 南	1068636	1050836	960939	363382	597557	557331
广 东	1400885	1297497	957615	750380	207235	136007
广 西	260728	251058	176031	99336	76695	52126
海 南	124221	104468	49928	30137	19791	17442
重 庆	578496	561896	375680	189232	186448	167245
四 川	1263493	1232793	1008250	424515	583735	525774
贵 州	307356	304428	241254	121411	119843	72668
云 南	610776	574806	454585	276149	178436	165349
西 藏						
陕 西	835658	697084	524689	309394	215295	174246
甘 肃	440877	427577	345044	195901	149143	117556
青 海	120115	119365	77378	49302	28076	23118
宁 夏	144172	123672	74109	40391	33718	26892
新 疆	182809	173809	118875	70906	47969	31813

教育事业费和基本建设支出明细

单位:千元

公用部分	商品和服务支出	其他资本性支出			基本建设支出
			专项公用支出	专项项目支出	
4456978	**2108850**	**2348128**	**874950**	**1473178**	**774140**
227148	167606	59542	36041	23501	21000
11733	6486	5247	5247		
199429	109454	89975	62120	27855	21067
97612	62634	34978	20867	14111	36340
153791	96042	57749	19635	38114	22179
172053	126251	45802	21549	24253	650
113078	47235	65843	17513	48330	2400
123135	88286	34849	23053	11796	19697
129227	104834	24393	19571	4822	3314
241889	95542	146347	60404	85943	74175
683503	274498	409005	110156	298849	39875
105336	47551	57785	17397	40388	20370
63349	43406	19943	10157	9786	11113
90002	25582	64420	15459	48961	39830
234436	67804	166632	44796	121836	6300
194032	91254	102778	29350	73428	23367
62313	21059	41254	13811	27443	13530
89897	41408	48489	20897	27592	17800
339882	154129	185753	85866	99887	103388
75027	11706	63321	29547	33774	9670
54540	17386	37154	2809	34345	19753
186216	77865	108351	31472	76879	16600
224543	67217	157326	66224	91102	30700
63174	32231	30943	13951	16992	2928
120221	54649	65572	22065	43507	35970
172395	75603	96792	30997	65795	138574
82533	40006	42527	10438	32089	13300
41987	21201	20780	17526	3260	750
49563	9564	39999	12265	27734	20500
54934	30361	24573	3767	20806	9000

5—29 分地区中央属职业高中预算内

地区	合计	事业费支出	个人部分	工资福利支出	对个人和家庭的补助支出	#助学金
合计	**15774**	**15774**	**9589**	**7763**	**1826**	**1224**
北京						
天津						
河北						
山西						
内蒙古						
辽宁						
吉林						
黑龙江	10557	10557	4658	3738	920	318
上海						
江苏						
浙江						
安徽						
福建						
江西						
山东						
河南						
湖北						
湖南						
广东						
广西						
海南						
重庆						
四川	5217	5217	4931	4025	906	906
贵州						
云南						
西藏						
陕西						
甘肃						
青海						
宁夏						
新疆						

教育事业费和基本建设支出明细

单位:千元

公用部分	商品和服务支出	其他资本性支出			基本建设支出
			专项公用支出	专项项目支出	
6185	**2224**	**3961**	**3961**		
5899	1938	3961	3961		
286	286				

5—30 分地区地方职业高中预算内

地区	合计	事业费支出	个人部分	工资福利支出	对个人和家庭的补助支出	#助学金
合计	**22853789**	**22079649**	**17628856**	**10589189**	**7039667**	**5191545**
北京	760050	739050	511902	384722	127180	3854
天津	107964	107964	96231	48549	47682	4180
河北	1471430	1450363	1250934	813218	437716	355281
山西	756089	719749	622137	331251	290886	257720
内蒙古	599202	577023	423232	306567	116665	104487
辽宁	740227	739577	567524	392256	175268	101630
吉林	462320	459920	346842	224974	121868	78993
黑龙江	590852	571155	453919	283169	170750	47149
上海	580834	577520	448293	380682	67611	8090
江苏	1874560	1800385	1558496	919591	638905	340707
浙江	2348415	2308540	1625037	1070987	554050	399985
安徽	752103	731733	626397	371169	255228	205416
福建	466767	455654	392305	258505	133800	100412
江西	529441	489611	399609	181437	218172	194904
山东	1874079	1867779	1633343	1059284	574059	392742
河南	1109855	1086488	892456	442140	450316	404906
湖北	496596	483066	420753	204277	216476	124428
湖南	1068636	1050836	960939	363382	597557	557331
广东	1400885	1297497	957615	750380	207235	136007
广西	260728	251058	176031	99336	76695	52126
海南	124221	104468	49928	30137	19791	17442
重庆	578496	561896	375680	189232	186448	167245
四川	1258276	1227576	1003319	420490	582829	524868
贵州	307356	304428	241254	121411	119843	72668
云南	610776	574806	454585	276149	178436	165349
西藏						
陕西	835658	697084	524689	309394	215295	174246
甘肃	440877	427577	345044	195901	149143	117556
青海	120115	119365	77378	49302	28076	23118
宁夏	144172	123672	74109	40391	33718	26892
新疆	182809	173809	118875	70906	47969	31813

教育事业费和基本建设支出明细

单位:千元

公用部分	商品和服务支出	其他资本性支出			基本建设支出
			专项公用支出	专项项目支出	
4450793	**2106626**	**2344167**	**870989**	**1473178**	**774140**
227148	167606	59542	36041	23501	21000
11733	6486	5247	5247		
199429	109454	89975	62120	27855	21067
97612	62634	34978	20867	14111	36340
153791	96042	57749	19635	38114	22179
172053	126251	45802	21549	24253	650
113078	47235	65843	17513	48330	2400
117236	86348	30888	19092	11796	19697
129227	104834	24393	19571	4822	3314
241889	95542	146347	60404	85943	74175
683503	274498	409005	110156	298849	39875
105336	47551	57785	17397	40388	20370
63349	43406	19943	10157	9786	11113
90002	25582	64420	15459	48961	39830
234436	67804	166632	44796	121836	6300
194032	91254	102778	29350	73428	23367
62313	21059	41254	13811	27443	13530
89897	41408	48489	20897	27592	17800
339882	154129	185753	85866	99887	103388
75027	11706	63321	29547	33774	9670
54540	17386	37154	2809	34345	19753
186216	77865	108351	31472	76879	16600
224257	66931	157326	66224	91102	30700
63174	32231	30943	13951	16992	2928
120221	54649	65572	22065	43507	35970
172395	75603	96792	30997	65795	138574
82533	40006	42527	10438	32089	13300
41987	21201	20786	17526	3260	750
49563	9564	39999	12265	27734	20500
54934	30361	24573	3767	20806	9000

5—31 分地区农村职业高中预算内

地区	合计	事业费支出	个人部分	工资福利支出	对个人和家庭的补助支出	#助学金
合计	**3056270**	**2943431**	**2367293**	**1522154**	**845139**	**677114**
北京	129483	108483	66655	58865	7790	1142
天津	3304	3304	3240	2306	934	
河北	160770	160770	136043	91111	44932	38596
山西	61605	61605	55935	36516	19419	15794
内蒙古	28967	28967	18383	14801	3582	3534
辽宁	18022	18022	12997	7045	5952	5950
吉林	12224	12224	9194	4359	4835	4815
黑龙江	13259	13259	11420	7771	3649	666
上海						
江苏	285712	284432	249106	169044	80062	48215
浙江	377863	375068	303963	204166	99797	75225
安徽	233529	226979	188859	116722	72137	61987
福建	62471	62402	53457	31934	21523	17568
江西	29124	26779	23171	12390	10781	8642
山东	141740	141740	135544	90672	44872	29430
河南	238918	235918	187875	119385	68490	53451
湖北	31186	31186	27680	12712	14968	9597
湖南	134919	132019	117466	44576	72890	71302
广东	387790	335790	223359	193750	29609	19810
广西	25338	23138	16527	9630	6897	5458
海南	13092	13092	10229	7431	2798	1455
重庆	94360	90860	68726	40095	28631	27131
四川	293698	286398	230507	109200	121307	113779
贵州	20933	19433	15716	10037	5679	4231
云南	26312	23312	19686	10748	8938	8610
西藏						
陕西	122773	122773	100355	65932	34423	28802
甘肃	101108	97708	74245	48177	26068	21015
青海						
宁夏	4377	4377	4358	2231	2127	
新疆	3393	3393	2597	548	2049	909

教育事业费和基本建设支出明细

单位:千元

公用部分	商品和服务支出	其他资本性支出			基本建设支出
			专项公用支出	专项项目支出	
576138	**304096**	**272042**	**104001**	**168041**	**112839**
41828	31018	10810	4450	6360	21000
64	64				
24727	14210	10517	6662	3855	
5670	5337	333	13	320	
10584	6791	3793	1895	1898	
5025	2744	2281	2281		
3030	1645	1385	15	1370	
1839	1476	363	363		
35326	22275	13051	10078	2973	1280
71105	39399	31706	10525	21181	2795
38120	16670	21450	8524	12926	6550
8945	7091	1854	1151	703	69
3608	1970	1638	804	834	2345
6196	3527	2669	283	2386	
48043	27992	20051	4707	15344	3000
3506	2087	1419	839	580	
14553	5955	8598	2616	5982	2900
112431	59344	53087	21568	31519	52000
6611	1110	5501	3769	1732	2200
2863	1285	1578	207	1371	
22134	15416	6718	1738	4980	3500
55891	15326	40565	12961	27604	7300
3717	2189	1528	1528		1500
3626	746	2880	580	2300	3000
22418	7223	15195	5283	9912	
23463	10391	13072	1161	11911	3400
19	19				
796	796				

5—32 分地区技工学校预算内

地区	合计	事业费支出	个人部分	工资福利支出	对个人和家庭的补助支出	#助学金
合计	**4912057**	**4634848**	**3212823**	**1891138**	**1321685**	**981673**
北京	591310	591310	203569	154880	48689	12242
天津	193084	184584	157254	92568	64686	15963
河北	232323	229323	211340	85774	125566	115734
山西	154788	154288	118866	53573	65293	54030
内蒙古	64169	62669	50545	37086	13459	11581
辽宁	163222	131222	111820	83052	28768	11856
吉林	25181	25181	21210	9887	11323	11138
黑龙江	62205	54705	44885	33485	11400	3365
上海	17930	17930	17878	17798	80	62
江苏	316762	306762	258357	124783	133574	104922
浙江	291490	270303	171323	115632	55691	33714
安徽	30030	30030	29092	9961	19131	18242
福建	184207	180651	140821	68939	71882	53506
江西	19254	19254	17267	9513	7754	7659
山东	514321	512441	405767	234656	171111	132924
河南	375450	368510	270410	163101	107309	87928
湖北	33040	33040	32368	19916	12452	10016
湖南	100194	91194	86096	47540	38556	31533
广东	844242	684828	331938	234450	97488	77972
广西	199081	195021	143099	56717	86382	63087
海南	25916	25916	18326	10956	7370	6608
重庆	111232	111232	78761	23265	55496	50973
四川	57097	53497	46681	17178	29503	22903
贵州	69886	69886	69886	69000	886	886
云南	122763	119163	78825	48438	30387	25062
西藏						
陕西	8690	8690	7946	6709	1237	893
甘肃	12723	12723	11374	2375	8999	8999
青海						
宁夏						
新疆	91467	90495	77119	59906	17213	7875

教育事业费和基本建设支出明细

单位：千元

公用部分	商品和服务支出	其他资本性支出			基本建设支出
			专项公用支出	专项项目支出	
1422025	**677520**	**744505**	**542909**	**201596**	**277209**
387741	114904	272837	253827	19010	
27330	19608	7722	7722		8500
17983	10834	7149	4882	2267	3000
35422	29723	5699	5299	400	500
12124	11052	1072	419	653	1500
19402	16286	3116	1537	1579	32000
3971	2871	1100		1100	
9820	7324	2496	2496		7500
52	52				
48405	20350	28055	18535	9520	10000
98980	51235	47745	16430	31315	21187
938	492	446	446		
39830	28772	11058	10957	101	3556
1987	1814	173	173		
106674	55896	50778	37316	13462	1880
98100	52172	45928	9531	36397	6940
672	182	490	90	400	
5098	1807	3291	291	3000	9000
352890	173467	179423	130041	49382	159414
51922	15919	36003	24697	11306	4060
7590	2668	4922	2973	1949	
32471	18130	14341	3845	10496	
6816	3895	2921	1275	1646	3600
40338	25690	14648	8976	5672	3600
744	744				
1349	1349				
13376	10284	3092	1151	1941	972

5—33 分地区中央属技工学校预算内

地区	合计	事业费支出				
			个人部分			
				工资福利支出	对个人和家庭的补助支出	
						#助学金
合计	**16344**	**8844**	**8844**	**5645**	**3199**	**4837**
北京						
天津	864	864	864		864	864
河北						
山西						
内蒙古	656	656	656		656	656
辽宁						
吉林						
黑龙江	13145	5645	5645	5645		1638
上海						
江苏						
浙江						
安徽	955	955	955		955	955
福建						
江西						
山东						
河南						
湖北						
湖南						
广东						
广西						
海南						
重庆						
四川	96	96	96		96	96
贵州						
云南	628	628	628		628	628
西藏						
陕西						
甘肃						
青海						
宁夏						
新疆						

教育事业费和基本建设支出明细

单位:千元

公用部分	商品和服务支出	其他资本性支出	专项公用支出	专项项目支出	基本建设支出
					7500
					7500

5—34　分地区地方技工学校预算内

地　区	合　计	事业费支　出	个人部分	工资福利支出	对个人和家庭的补助支出	#助学金
合　计	**4895713**	**4626004**	**3203979**	**1885493**	**1318486**	**976836**
北　京	591310	591310	203569	154880	48689	12242
天　津	192220	183720	156390	92568	63822	15099
河　北	232323	229323	211340	85774	125566	115734
山　西	154788	154288	118866	53573	65293	54030
内蒙古	63513	62013	49889	37086	12803	10925
辽　宁	163222	131222	111820	83052	28768	11856
吉　林	25181	25181	21210	9887	11323	11138
黑龙江	49060	49060	39240	27840	11400	1727
上　海	17930	17930	17878	17798	80	62
江　苏	316762	306762	258357	124783	133574	104922
浙　江	291490	270303	171323	115632	55691	33714
安　徽	29075	29075	28137	9961	18176	17287
福　建	184207	180651	140821	68939	71882	53506
江　西	19254	19254	17267	9513	7754	7659
山　东	514321	512441	405767	234656	171111	132924
河　南	375450	368510	270410	163101	107309	87928
湖　北	33040	33040	32368	19916	12452	10016
湖　南	100194	91194	86096	47540	38556	31533
广　东	844242	684828	331938	234450	97488	77972
广　西	199081	195021	143099	56717	86382	63087
海　南	25916	25916	18326	10956	7370	6608
重　庆	111232	111232	78761	23265	55496	50973
四　川	57001	53401	46585	17178	29407	22807
贵　州	69886	69886	69886	69000	886	886
云　南	122135	118535	78197	48438	29759	24434
西　藏						
陕　西	8690	8690	7946	6709	1237	893
甘　肃	12723	12723	11374	2375	8999	8999
青　海						
宁　夏						
新　疆	91467	90495	77119	59906	17213	7875

教育事业费和基本建设支出明细

单位：千元

公用部分	商品和服务支出	其他资本性支出			基本建设支出
			专项公用支出	专项项目支出	
1422025	**677520**	**744505**	**542909**	**201596**	**269709**
387741	114904	272837	253827	19010	
27330	19608	7722	7722		8500
17983	10834	7149	4882	2267	3000
35422	29723	5699	5299	400	500
12124	11052	1072	419	653	1500
19402	16286	3116	1537	1579	32000
3971	2871	1100		1100	
9820	7324	2496	2496		
52	52				
48405	20350	28055	18535	9520	10000
98980	51235	47745	16430	31315	21187
938	492	446	446		
39830	28772	11058	10957	101	3556
1987	1814	173	173		
106674	55896	50778	37316	13462	1880
98100	52172	45928	9531	36397	6940
672	182	490	90	400	
5098	1807	3291	291	3000	9000
352890	173467	179423	130041	49382	150414
51922	15919	36003	24697	11306	4060
7590	2668	4922	2973	1949	
32471	18130	14341	3845	10496	
6816	3895	2921	1275	1646	3600
40338	25690	14648	8976	5672	3600
744	744				
1349	1349				
13376	10284	3092	1151	1941	972

5—35 分地区成人中等专业学校预算内

地 区	合 计	事业费支出	个人部分	工资福利支出	对个人和家庭的补助支出	#助学金
合 计	**3459177**	**3363552**	**2749579**	**2034324**	**715255**	**245141**
北 京	25462	25462	20519	15670	4849	
天 津	75133	75133	66735	36559	30176	25
河 北	255548	255548	229553	194855	34698	4583
山 西	122231	122231	110361	90262	20099	397
内蒙古	116519	110218	87146	82523	4623	2398
辽 宁	12246	12246	9799	7688	2111	
吉 林	198993	198993	162335	132493	29842	2222
黑龙江	119923	119923	109040	68685	40355	3449
上 海	219219	219219	139756	122481	17275	456
江 苏	267746	190246	160961	89970	70991	13735
浙 江	218003	216689	153869	113648	40221	8375
安 徽	54879	54879	45428	25830	19598	14092
福 建	146425	146425	125371	96434	28937	399
江 西	63722	63652	55586	44216	11370	1534
山 东	260354	260354	222185	163793	58392	26572
河 南	228816	225316	184175	146627	37548	22344
湖 北	85956	85956	81710	31594	50116	29678
湖 南	118915	118915	96870	75562	21308	15696
广 东	186116	183616	149809	109960	39849	29392
广 西	98261	96472	83134	49420	33714	9094
海 南	11408	11408	10583	9570	1013	
重 庆	104962	104962	67812	42123	25689	21236
四 川	212046	209736	156276	103985	52291	32833
贵 州	8855	8855	6308	4778	1530	
云 南	74943	74902	65374	62251	3123	164
西 藏	5059	5059	4526	3851	675	67
陕 西	71084	71084	60970	47091	13879	160
甘 肃	45804	45504	42901	32021	10880	1454
青 海						
宁 夏	15808	15808	11050	6049	5001	3547
新 疆	34741	34741	29437	24335	5102	1239

教育事业费和基本建设支出明细

单位：千元

公用部分	商品和服务支出	其他资本性支出	专项公用支出	专项项目支出	基本建设支出
613973	**464153**	**149820**	**84766**	**65054**	**95625**
4943	3382	1561	1433	128	
8398	7205	1193	1193		
25995	24213	1782	1143	639	
11870	10277	1593	423	1170	
23072	20880	2192	1512	680	6301
2447	1749	698	698		
36658	27241	9417	6848	2569	
10883	9509	1374	974	400	
79463	69172	10291	10255	36	
29285	9041	20244	5507	14737	77500
62820	48010	14810	14029	781	1314
9451	6634	2817	774	2043	
21054	18498	2556	1518	1038	
8066	4921	3145	2194	951	70
38169	33220	4949	3674	1275	
41141	32733	8408	3344	5064	3500
4246	4109	137	137		
22045	16736	5309	3887	1422	
33807	21089	12718	8995	3723	2500
13338	7856	5482	2993	2489	1789
825	812	13	13		
37150	32567	4583	3440	1143	
53460	30758	22702	4083	18619	2310
2547	1137	1410	1260	150	
9528	7144	2384	1732	652	41
533	533				
10114	5704	4410	146	4264	
2603	1898	705	136	569	300
4758	4758				
5304	2367	2937	2425	512	

5—36 分地区中央属成人中等专业学校预算内

地区	合计	事业费支出	个人部分	工资福利支出	对个人和家庭的补助支出	#助学金
合计	**6718**	**6718**	**5509**	**4267**	**1242**	
北京						
天津						
河北						
山西						
内蒙古						
辽宁						
吉林						
黑龙江	5824	5824	4615	3683	932	
上海						
江苏						
浙江						
安徽						
福建						
江西						
山东						
河南						
湖北						
湖南						
广东						
广西						
海南						
重庆						
四川						
贵州						
云南						
西藏						
陕西						
甘肃						
青海						
宁夏						
新疆	894	894	894	584	310	

教育事业费和基本建设支出明细

单位：千元

公用部分	商品和服务支出	其他资本性支出			基本建设支出
			专项公用支出	专项项目支出	
1209	**1159**	**50**	**50**		
1209	1159	50	50		

5—37 分地区地方成人中等专业学校预算内

地 区	合 计	事业费支出	个人部分	工资福利支出	对个人和家庭的补助支出	#助学金
合 计	**3452459**	**3356834**	**2744070**	**2030057**	**714013**	**245141**
北 京	25462	25462	20519	15670	4849	
天 津	75133	75133	66735	36559	30176	25
河 北	255548	255548	229553	194855	34698	4583
山 西	122231	122231	110361	90262	20099	397
内蒙古	116519	110218	87146	82523	4623	2398
辽 宁	12246	12246	9799	7688	2111	
吉 林	198993	198993	162335	132493	29842	2222
黑龙江	114099	114099	104425	65002	39423	3449
上 海	219219	219219	139756	122481	17275	456
江 苏	267746	190246	160961	89970	70991	13735
浙 江	218003	216689	153869	113648	40221	8375
安 徽	54879	54879	45428	25830	19598	14092
福 建	146425	146425	125371	96434	28937	399
江 西	63722	63652	55586	44216	11370	1534
山 东	260354	260354	222185	163793	58392	26572
河 南	228816	225316	184175	146627	37548	22344
湖 北	85956	85956	81710	31594	50116	29678
湖 南	118915	118915	96870	75562	21308	15696
广 东	186116	183616	149809	109960	39849	29392
广 西	98261	96472	83134	49420	33714	9094
海 南	11408	11408	10583	9570	1013	
重 庆	104962	104962	67812	42123	25689	21236
四 川	212046	209736	156276	103985	52291	32833
贵 州	8855	8855	6308	4778	1530	
云 南	74943	74902	65374	62251	3123	164
西 藏	5059	5059	4526	3851	675	67
陕 西	71084	71084	60970	47091	13879	160
甘 肃	45804	45504	42901	32021	10880	1454
青 海						
宁 夏	15808	15808	11050	6049	5001	3547
新 疆	33847	33847	28543	23751	4792	1239

教育事业费和基本建设支出明细

单位:千元

公用部分	商品和服务支出	其他资本性支出	专项公用支出	专项项目支出	基本建设支出
612764	**462994**	**149770**	**84716**	**65054**	**95625**
4943	3382	1561	1433	128	
8398	7205	1193	1193		
25995	24213	1782	1143	639	
11870	10277	1593	423	1170	
23072	20880	2192	1512	680	6301
2447	1749	698	698		
36658	27241	9417	6848	2569	
9674	8350	1324	924	400	
79463	69172	10291	10255	36	
29285	9041	20244	5507	14737	77500
62820	48010	14810	14029	781	1314
9451	6634	2817	774	2043	
21054	18498	2556	1518	1038	
8066	4921	3145	2194	951	70
38169	33220	4949	3674	1275	
41141	32733	8408	3344	5064	3500
4246	4109	137	137		
22045	16736	5309	3887	1422	
33807	21089	12718	8995	3723	2500
13338	7856	5482	2993	2489	1789
825	812	13	13		
37150	32567	4583	3440	1143	
53460	30758	22702	4083	18619	2310
2547	1137	1410	1260	150	
9528	7144	2384	1732	652	41
533	533				
10114	5704	4410	146	4264	
2603	1898	705	136	569	300
4758	4758				
5304	2367	2937	2425	512	

5—38 分地区中学预算内

地 区	合 计	事业费支出	个人部分	工资福利支出	对个人和家庭的补助支出	#助学金
合 计	**268213426**	**259781957**	**194264326**	**157621281**	**36643045**	**11964820**
北 京	7518158	7106398	3972880	2999538	973342	67501
天 津	3871139	3868339	3194698	2080840	1113858	5938
河 北	12876396	12702492	10008270	8553243	1455027	548359
山 西	7501311	7110227	5391986	4558248	833738	393094
内蒙古	5944389	5713213	4024485	3629772	394713	259404
辽 宁	9081202	9022581	6936476	5719907	1216569	101893
吉 林	5378337	5313701	3957772	3344369	613403	184954
黑龙江	7797163	7646449	5732259	4289411	1442848	100476
上 海	9081720	8651738	6465244	5624989	840255	175586
江 苏	17469217	16436884	13559671	10021765	3537906	259895
浙 江	13452521	13199768	10665567	8665283	2000284	542901
安 徽	9750481	9546762	6814288	5786868	1027420	279799
福 建	7470762	7342933	5907677	4875910	1031767	275088
江 西	6140983	5814740	4582649	3773362	809287	372986
山 东	18621998	18614605	15422158	12770266	2651892	696840
河 南	15306436	14981541	10475176	8958890	1516286	687203
湖 北	10394221	10137728	7750109	5699715	2050394	362391
湖 南	10180326	9932638	7367098	6473189	893909	297939
广 东	22228871	21439005	15883199	13656971	2226228	1061210
广 西	7872039	7752039	6259115	4148788	2110327	1156455
海 南	1956559	1579488	1068607	947837	120770	35785
重 庆	5337938	5098488	3100195	2583972	516223	307964
四 川	12696959	12246514	7911536	6538466	1373070	727330
贵 州	5922988	5824660	4364117	3232078	1132039	267377
云 南	7564828	7221951	5606697	4125278	1481419	1238424
西 藏	1242718	1081898	805635	598953	206682	148160
陕 西	8753351	8560284	5985903	4774531	1211372	542550
甘 肃	6107141	5987687	4351278	3460309	890969	516020
青 海	1513550	1336002	1048775	943847	104928	70447
宁 夏	2028519	1888262	1011642	829672	181970	83094
新 疆	7151205	6622942	4639164	3955014	684150	197757

教育事业费和基本建设支出明细

单位:千元

公用部分	商品和服务支出	其他资本性支出	专项公用支出	专项项目支出	基本建设支出
65517631	**39609263**	**25908368**	**8921703**	**16986665**	**8431469**
3133518	1847917	1285601	912285	373316	411760
673641	488698	184943	117413	67530	2800
2694222	1773833	920389	304140	616249	173904
1718241	1248202	470039	223168	246871	391084
1688728	1104510	584218	158058	426160	231176
2086105	1331239	754866	331649	423217	58621
1355929	771123	584806	251114	333692	64636
1914190	1382996	531194	199944	331250	150714
2186494	1577677	608817	337382	271435	429982
2877213	1898742	978471	418172	560299	1032333
2534201	1355432	1178769	250119	928650	252753
2732474	1408652	1323822	363457	960365	203719
1435256	966388	468868	167670	301198	127829
1232091	824218	407873	144986	262887	326243
3192447	1877155	1315292	330150	985142	7393
4506365	3157943	1348422	437589	910833	324895
2387619	1537091	850528	318084	532444	256493
2565540	1670125	895415	294356	601059	247688
5555806	3437787	2118019	855303	1262716	789866
1492924	884877	608047	165067	442980	120000
510881	238213	272668	50472	222196	377071
1998293	1189509	808784	170703	638081	239450
4334978	1927017	2407961	666054	1741907	450445
1460543	907237	553306	255922	297384	98328
1615254	967297	647957	207257	440700	342877
276263	107092	169171	5179	163992	160820
2574381	1455073	1119308	350565	768743	193067
1636409	789196	847213	191944	655269	119454
287227	186253	100974	49801	51173	177548
876620	302073	574547	137158	437389	140257
1983778	995698	988080	256542	731538	528263

5—39 分地区中央属中学预算内

地区	合计	事业费支出	个人部分	工资福利支出	对个人和家庭的补助支出	#助学金
合计	**1163901**	**1044076**	**765621**	**605185**	**160436**	**48729**
北京	140677	140677	81204	55792	25412	167
天津	6696	6696	5779	3229	2550	
河北						
山西	596	596	423	327	96	
内蒙古						
辽宁						
吉林	28275	28275	19750	12140	7610	
黑龙江	67701	55121	38839	30896	7943	1269
上海	23890	23890	19044	19044		
江苏						
浙江						
安徽						
福建						
江西	2185	2185	2185	1546	639	1
山东						
河南						
湖北	22644	22644	12167	7798	4369	12
湖南						
广东	3854	3854	3820	3820		
广西						
海南						
重庆	18660	18660	10931	5902	5029	
四川	5507	5507	3466	3391	75	75
贵州	1410	1410	663	414	249	249
云南						
西藏						
陕西	207	207	207	207		
甘肃						
青海						
宁夏						
新疆	841599	734354	567143	460679	106464	46956

教育事业费和基本建设支出明细

单位:千元

公用部分	商品和服务支出	其他资本性支出			基本建设支出
			专项公用支出	专项项目支出	
278455	**162831**	**115624**	**47502**	**68122**	**119825**
59473	22711	36762	14703	22059	
917	104	813	12	801	
173	166	7	7		
8525	4525	4000		4000	
16282	15590	692	692		12580
4846	3730	1116	1116		
10477	10154	323	323		
34	34				
7729	5832	1897	1897		
2041	1511	530	530		
747	235	512	43	469	
167211	98239	68972	28179	40793	107245

5—40 分地区地方中学预算内

地 区	合 计	事业费支出	个人部分	工资福利支出	对个人和家庭的补助支出	#助学金
合 计	**267049525**	**258737881**	**193498705**	**157016096**	**36482609**	**11916091**
北 京	7377481	6965721	3891676	2943746	947930	67334
天 津	3864443	3861643	3188919	2077611	1111308	5938
河 北	12876396	12702492	10008270	8553243	1455027	548359
山 西	7500715	7109631	5391563	4557921	833642	393094
内蒙古	5944389	5713213	4024485	3629772	394713	259404
辽 宁	9081202	9022581	6936476	5719907	1216569	101893
吉 林	5350062	5285426	3938022	3332229	605793	184954
黑龙江	7729462	7591328	5693420	4258515	1434905	99207
上 海	9057830	8627848	6446200	5605945	840255	175586
江 苏	17469217	16436884	13559671	10021765	3537906	259895
浙 江	13452521	13199768	10665567	8665283	2000284	542901
安 徽	9750481	9546762	6814288	5786868	1027420	279799
福 建	7470762	7342933	5907677	4875910	1031767	275088
江 西	6138798	5812555	4580464	3771816	808648	372985
山 东	18621998	18614605	15422158	12770266	2651892	696840
河 南	15306436	14981541	10475176	8958890	1516286	687203
湖 北	10371577	10115084	7737942	5691917	2046025	362379
湖 南	10180326	9932638	7367098	6473189	893909	297939
广 东	22225017	21435151	15879379	13653151	2226228	1061210
广 西	7872039	7752039	6259115	4148788	2110327	1156455
海 南	1956559	1579488	1068607	947837	120770	35785
重 庆	5319278	5079828	3089264	2578070	511194	307964
四 川	12691452	12241007	7908070	6535075	1372995	727255
贵 州	5921578	5823250	4363454	3231664	1131790	267128
云 南	7564828	7221951	5606697	4125278	1481419	1238424
西 藏	1242718	1081898	805635	598953	206682	148160
陕 西	8753144	8560077	5985696	4774324	1211372	542550
甘 肃	6107141	5987687	4351278	3460309	890969	516020
青 海	1513550	1336002	1048775	943847	104928	70447
宁 夏	2028519	1888262	1011642	829672	181970	83094
新 疆	6309606	5888588	4072021	3494335	577686	150801

教育事业费和基本建设支出明细

单位:千元

公用部分	商品和服务支出	其他资本性支出			基本建设支出
			专项公用支出	专项项目支出	
65239176	**39446432**	**25792744**	**8874201**	**16918543**	**8311644**
3074045	1825206	1248839	897582	351257	411760
672724	488594	184130	117401	66729	2800
2694222	1773833	920389	304140	616249	173904
1718068	1248036	470032	223161	246871	391084
1688728	1104510	584218	158058	426160	231176
2086105	1331239	754866	331649	423217	58621
1347404	766598	580806	251114	329692	64636
1897908	1367406	530502	199252	331250	138134
2181648	1573947	607701	336266	271435	429982
2877213	1898742	978471	418172	560299	1032333
2534201	1355432	1178769	250119	928650	252753
2732474	1408652	1323822	363457	960365	203719
1435256	966388	468868	167670	301198	127829
1232091	824218	407873	144986	262887	326243
3192447	1877155	1315292	330150	985142	7393
4506365	3157943	1348422	437589	910833	324895
2377142	1526937	850205	317761	532444	256493
2565540	1670125	895415	294356	601059	247688
5555772	3437753	2118019	855303	1262710	789866
1492924	884877	608047	165067	442980	120000
510881	238213	272668	50472	222196	377071
1990564	1183677	806887	168806	638081	239450
4332937	1925506	2407431	665524	1741907	450445
1459796	907002	552794	255879	296915	98328
1615254	967297	647957	207257	440700	342877
276263	107092	169171	5179	163992	160820
2574381	1455073	1119308	350565	768743	193067
1636409	789196	847213	191944	655269	119454
287227	186253	100974	49801	51173	177548
876620	302073	574547	137158	437389	140257
1816567	897459	919108	228363	690745	421018

5—41 分地区普通中学预算内

地 区	合 计	事业费支出	个人部分	工资福利支出	对个人和家庭的补助支出	#助学金
合 计	**268006367**	**259574898**	**194106370**	**157501067**	**36605303**	**11952093**
北 京	7518158	7106398	3972880	2999538	973342	67501
天 津	3869446	3866646	3193070	2080352	1112718	5938
河 北	12874837	12700933	10006835	8551870	1454965	548359
山 西	7501311	7110227	5391986	4558248	833738	393094
内蒙古	5944389	5713213	4024485	3629772	394713	259404
辽 宁	9081202	9022581	6936476	5719907	1216569	101893
吉 林	5376030	5311394	3955558	3343386	612172	184954
黑龙江	7797163	7646449	5732259	4289411	1442848	100476
上 海	9034898	8604916	6433096	5601527	831569	175554
江 苏	17454600	16422267	13546620	10011077	3535543	259895
浙 江	13351521	13098768	10592351	8603978	1988373	539449
安 徽	9750481	9546762	6814288	5786868	1027420	279799
福 建	7467913	7340084	5904910	4873948	1030962	275088
江 西	6140902	5814659	4582568	3773362	809206	372905
山 东	18621998	18614605	15422158	12770266	2651892	696840
河 南	15289177	14964282	10458491	8951403	1507088	678463
湖 北	10393695	10137202	7749583	5699302	2050281	362391
湖 南	10180254	9932566	7367026	6473189	893837	297867
广 东	22223122	21433256	15877743	13651765	2225978	1061210
广 西	7872039	7752039	6259115	4148788	2110327	1156455
海 南	1956559	1579488	1068607	947837	120770	35785
重 庆	5337408	5097958	3099824	2583602	516222	307964
四 川	12694352	12243907	7909935	6536960	1372975	727330
贵 州	5922988	5824660	4364117	3232078	1132039	267377
云 南	7564828	7221951	5606697	4125278	1481419	1238424
西 藏	1242718	1081898	805635	598953	206682	148160
陕 西	8746054	8552987	5981289	4770652	1210637	542200
甘 肃	6106799	5987345	4350936	3460009	890927	516020
青 海	1513550	1336002	1048775	943847	104928	70447
宁 夏	2028519	1888262	1011642	829672	181970	83094
新 疆	7149456	6621193	4637415	3954222	683193	197757

教育事业费和基本建设支出明细

单位:千元

公用部分	商品和服务支出	其他资本性支出	专项公用支出	专项项目支出	基本建设支出
65468528	**39568620**	**25899908**	**8915323**	**16984585**	**8431469**
3133518	1847917	1285601	912285	373316	411760
673576	488633	184943	117413	67530	2800
2694098	1773709	920389	304140	616249	173904
1718241	1248202	470039	223168	246871	391084
1688728	1104510	584218	158058	426160	231176
2086105	1331239	754866	331649	423217	58621
1355836	771030	584806	251114	333692	64636
1914190	1382996	531194	199944	331250	150714
2171820	1564601	607219	335788	271431	429982
2875647	1898015	977632	417609	560023	1032333
2506417	1333258	1173159	246309	926850	252753
2732474	1408652	1323822	363457	960365	203719
1435174	966306	468868	167670	301198	127829
1232091	824218	407873	144986	262887	326243
3192447	1877155	1315292	330150	985142	7393
4505791	3157407	1348384	437551	910833	324895
2387619	1537091	850528	318084	532444	256493
2565540	1670125	895415	294356	601059	247688
5555513	3437517	2117996	855280	1262716	789866
1492924	884877	608047	165067	442980	120000
510881	238213	272668	50472	222196	377071
1998134	1189490	808644	170563	638081	239450
4333972	1926223	2407749	665842	1741907	450445
1460543	907237	553306	255922	297384	98328
1615254	967297	647957	207257	440700	342877
276263	107092	169171	5179	163992	160820
2571698	1452390	1119308	350565	768743	193067
1636409	789196	847213	191944	655269	119454
287227	186253	100974	49801	51173	177548
876620	302073	574547	137158	437389	140257
1983778	995698	988080	256542	731538	528263

5—42 分地区中央属普通中学预算内

地 区	合 计	事业费支出	个人部分	工资福利支出	对个人和家庭的补助支出	#助学金
合 计	**1163901**	**1044076**	**765621**	**605185**	**160436**	**48729**
北 京	140677	140677	81204	55792	25412	167
天 津	6696	6696	5779	3229	2550	
河 北						
山 西	596	596	423	327	96	
内蒙古						
辽 宁						
吉 林	28275	28275	19750	12140	7610	
黑龙江	67701	55121	38839	30896	7943	1269
上 海	23890	23890	19044	19044		
江 苏						
浙 江						
安 徽						
福 建						
江 西	2185	2185	2185	1546	639	1
山 东						
河 南						
湖 北	22644	22644	12167	7798	4369	12
湖 南						
广 东	3854	3854	3820	3820		
广 西						
海 南						
重 庆	18660	18660	10931	5902	5029	
四 川	5507	5507	3466	3391	75	75
贵 州	1410	1410	663	414	249	249
云 南						
西 藏						
陕 西	207	207	207	207		
甘 肃						
青 海						
宁 夏						
新 疆	841599	734354	567143	460679	106464	46956

教育事业费和基本建设支出明细

单位:千元

公用部分	商品和服务支出	其他资本性支出			基本建设支出
			专项公用支出	专项项目支出	
278455	**162831**	**115624**	**47502**	**68122**	**119825**
59473	22711	36762	14703	22059	
917	104	813	12	801	
173	166	7	7		
8525	4525	4000		4000	
16282	15590	692	692		12580
4846	3730	1116	1116		
10477	10154	323	323		
34	34				
7729	5832	1897	1897		
2041	1511	530	530		
747	235	512	43	469	
167211	98239	68972	28179	40793	107245

5—43 分地区地方普通中学预算内

地 区	合 计	事业费支 出	个人部分	工资福利支出	对个人和家庭的补助支出	#助学金
合 计	**266842466**	**258530822**	**193340749**	**156895882**	**36444867**	**11903364**
北 京	7377481	6965721	3891676	2943746	947930	67334
天 津	3862750	3859950	3187291	2077123	1110168	5938
河 北	12874837	12700933	10006835	8551870	1454965	548359
山 西	7500715	7109631	5391563	4557921	833642	393094
内蒙古	5944389	5713213	4024485	3629772	394713	259404
辽 宁	9081202	9022581	6936476	5719907	1216569	101893
吉 林	5347755	5283119	3935808	3331246	604562	184954
黑龙江	7729462	7591328	5693420	4258515	1434905	99207
上 海	9011008	8581026	6414052	5582483	831569	175554
江 苏	17454600	16422267	13546620	10011077	3535543	259895
浙 江	13351521	13098768	10592351	8603978	1988373	539449
安 徽	9750481	9546762	6814288	5786868	1027420	279799
福 建	7467913	7340084	5904910	4873948	1030962	275088
江 西	6138717	5812474	4580383	3771816	808567	372904
山 东	18621998	18614605	15422158	12770266	2651892	696840
河 南	15289177	14964282	10458491	8951403	1507088	678463
湖 北	10371051	10114558	7737416	5691504	2045912	362379
湖 南	10180254	9932566	7367026	6473189	893837	297867
广 东	22219268	21429402	15873923	13647945	2225978	1061210
广 西	7872039	7752039	6259115	4148788	2110327	1156455
海 南	1956559	1579488	1068607	947837	120770	35785
重 庆	5318748	5079298	3088893	2577700	511193	307964
四 川	12688845	12238400	7906469	6533569	1372900	727255
贵 州	5921578	5823250	4363454	3231664	1131790	267128
云 南	7564828	7221951	5606697	4125278	1481419	1238424
西 藏	1242718	1081898	805635	598953	206682	148160
陕 西	8745847	8552780	5981082	4770445	1210637	542200
甘 肃	6106799	5987345	4350936	3460009	890927	516020
青 海	1513550	1336002	1048775	943847	104928	70447
宁 夏	2028519	1888262	1011642	829672	181970	83094
新 疆	6307857	5886839	4070272	3493543	576729	150801

教育事业费和基本建设支出明细

单位：千元

公用部分	商品和服务支出	其他资本性支出	专项公用支出	专项项目支出	基本建设支出
65190073	**39405789**	**25784284**	**8867821**	**16916463**	**8311644**
3074045	1825206	1248839	897582	351257	411760
672659	488529	184130	117401	66729	2800
2694098	1773709	920389	304140	616249	173904
1718068	1248036	470032	223161	246871	391084
1688728	1104510	584218	158058	426160	231176
2086105	1331239	754866	331649	423217	58621
1347311	766505	580806	251114	329692	64636
1897908	1367406	530502	199252	331250	138134
2166974	1560871	606103	334672	271431	429982
2875647	1898015	977632	417609	560023	1032333
2506417	1333258	1173159	246309	926850	252753
2732474	1408652	1323822	363457	960365	203719
1435174	966306	468868	167670	301198	127829
1232091	824218	407873	144986	262887	326243
3192447	1877155	1315292	330150	985142	7393
4505791	3157407	1348384	437551	910833	324895
2377142	1526937	850205	317761	532444	256493
2565540	1670125	895415	294356	601059	247688
5555479	3437483	2117996	855280	1262716	789866
1492924	884877	608047	165067	442980	120000
510881	238213	272668	50472	222196	377071
1990405	1183658	806747	168666	638081	239450
4331931	1924712	2407219	665312	1741907	450445
1459796	907002	552794	255879	296915	98328
1615254	967297	647957	207257	440700	342877
276263	107092	169171	5179	163992	160820
2571698	1452390	1119308	350565	768743	193067
1636409	789196	847213	191944	655269	119454
287227	186253	100974	49801	51173	177548
876620	302073	574547	137158	437389	140257
1816567	897459	919108	228363	690745	421018

5—44 分地区普通高中预算内

地区	合计	事业费支出	个人部分	工资福利支出	对个人和家庭的补助支出	#助学金
合计	**76067276**	**73045195**	**57119206**	**48135326**	**8983880**	**1197721**
北京	3107397	2952738	1638827	1225729	413098	16402
天津	1480766	1479249	1212572	772652	439920	3424
河北	3632516	3618916	2875976	2579856	296120	22793
山西	2214073	2034389	1622214	1435532	186682	15480
内蒙古	1813843	1761678	1244349	1155841	88508	46913
辽宁	2398510	2360310	1812937	1510874	302063	9901
吉林	1651628	1646628	1147611	986514	161097	9855
黑龙江	2005774	1972594	1472920	1127136	345784	35983
上海	3180251	2936808	2199098	1942121	256977	25113
江苏	5790068	5056751	4493697	3274076	1219621	131521
浙江	3691885	3618300	2891222	2428392	462830	40887
安徽	2380816	2363154	1925911	1684590	241321	20483
福建	2480145	2426684	2048213	1742082	306131	11121
江西	1695055	1648566	1379599	1120123	259476	106612
山东	5175118	5172918	4565219	3858508	706711	129557
河南	3639440	3563327	2595181	2356458	238723	59461
湖北	2261112	2253568	1949194	1507664	441530	18143
湖南	2620379	2610796	2220748	1944336	276412	53700
广东	7533073	7187872	5392947	4902225	490722	50008
广西	1674466	1659342	1367584	1050998	316586	34899
海南	577691	419783	314044	289072	24972	6261
重庆	1556969	1478377	919458	805481	113977	46249
四川	2996919	2820818	2177430	1929482	247948	64636
贵州	1415592	1405766	1169579	849097	320482	17856
云南	1698074	1616970	1241163	1133222	107941	64173
西藏	341033	207658	183325	142854	40471	24605
陕西	2256950	2240583	1711186	1472963	238223	54907
甘肃	1705410	1685473	1321876	1160634	161242	23465
青海	481907	445849	378847	349404	29443	11247
宁夏	686994	645393	349515	295156	54359	14316
新疆	1923422	1753937	1296764	1102254	194510	27750

教育事业费和基本建设支出明细

单位：千元

公用部分	商品和服务支出	其他资本性支出			基本建设支出
			专项公用支出	专项项目支出	
15925989	**8315319**	**7610670**	**2523114**	**5087556**	**3022081**
1313911	721203	592708	422938	169770	154659
266677	183625	83052	57732	25320	1517
742940	387808	355132	99307	255825	13600
412175	266515	145660	52261	93399	179684
517329	327777	189552	50327	139225	52165
547373	365207	182166	67063	115103	38200
499017	180216	318801	149821	168980	5000
499674	283600	216074	94400	121674	33180
737710	538678	199032	83852	115180	243443
563054	343642	219412	92802	126610	733317
727078	299464	427614	78817	348797	73585
437243	187199	250044	36087	213957	17662
378471	219247	159224	53463	105761	53461
268967	141670	127297	33726	93571	46489
607699	228587	379112	38958	340154	2200
968146	566913	401233	108013	293220	76113
304374	153470	150904	47183	103721	7544
390048	180178	209870	89468	120402	9583
1794925	952606	842319	294506	547813	345201
291758	96530	195228	32911	162317	15124
105739	58682	47057	13963	33094	157908
558919	244844	314075	64305	249770	78592
643388	257464	385924	128223	257701	176101
236187	134616	101571	40615	60956	9826
375807	159981	215826	49976	165850	81104
24333	23947	386	386		133375
529397	279342	250055	73819	176236	16367
363597	183062	180535	55255	125280	19937
67002	51481	15521	10657	4864	36058
295878	70283	225595	49731	175864	41601
457173	227482	229691	52549	177142	169485

5—45 分地区中央属普通高中预算内

地 区	合 计	事业费支出	个人部分	工资福利支出	对个人和家庭的补助支出	#助学金
合 计	**465841**	**427429**	**314153**	**246302**	**67851**	**8564**
北 京	91624	91624	53960	37259	16701	97
天 津	4474	4474	3860	2157	1703	
河 北						
山 西						
内蒙古						
辽 宁						
吉 林	28275	28275	19750	12140	7610	
黑龙江	27805	23825	16610	12259	4351	517
上 海	23890	23890	19044	19044		
江 苏						
浙 江						
安 徽						
福 建						
江 西						
山 东						
河 南						
湖 北	12744	12744	6072	4409	1663	8
湖 南						
广 东	3820	3820	3820	3820		
广 西						
海 南						
重 庆	12816	12816	7508	4054	3454	
四 川	4050	4050	2805	2730	75	75
贵 州						
云 南						
西 藏						
陕 西	207	207	207	207		
甘 肃						
青 海						
宁 夏						
新 疆	256136	221704	180517	148223	32294	7867

教育事业费和基本建设支出明细

单位:千元

公用部分	商品和服务支出	其他资本性支出			基本建设支出
			专项公用支出	专项项目支出	
113276	**69111**	**44165**	**21167**	**22998**	**38412**
37664	15529	22135	9921	12214	
614	70	544	9	535	
8525	4525	4000		4000	
7215	7215				3980
4846	3730	1116	1116		
6672	6511	161	161		
5308	4005	1303	1303		
1245	945	300	300		
41187	26581	14606	8357	6249	34432

5—46 分地区地方普通高中预算内

地 区	合 计	事业费支出	个人部分	工资福利支出	对个人和家庭的补助支出	#助学金
合 计	**75601435**	**72617766**	**56805053**	**47889024**	**8916029**	**1189157**
北 京	3015773	2861114	1584867	1188470	396397	16305
天 津	1476292	1474775	1208712	770495	438217	3424
河 北	3632516	3618916	2875976	2579856	296120	22793
山 西	2214073	2034389	1622214	1435532	186682	15480
内蒙古	1813843	1761678	1244349	1155841	88508	46913
辽 宁	2398510	2360310	1812937	1510874	302063	9901
吉 林	1623353	1618353	1127861	974374	153487	9855
黑龙江	1977969	1948769	1456310	1114877	341433	35466
上 海	3156361	2912918	2180054	1923077	256977	25113
江 苏	5790068	5056751	4493697	3274076	1219621	131521
浙 江	3691885	3618300	2891222	2428392	462830	40887
安 徽	2380816	2363154	1925911	1684590	241321	20483
福 建	2480145	2426684	2048213	1742082	306131	11121
江 西	1695055	1648566	1379599	1120123	259476	106612
山 东	5175118	5172918	4565219	3858508	706711	129557
河 南	3639440	3563327	2595181	2356458	238723	59461
湖 北	2248368	2240824	1943122	1503255	439867	18135
湖 南	2620379	2610796	2220748	1944336	276412	53700
广 东	7529253	7184052	5389127	4898405	490722	50008
广 西	1674466	1659342	1367584	1050998	316586	34899
海 南	577691	419783	314044	289072	24972	6261
重 庆	1544153	1465561	911950	801427	110523	46249
四 川	2992869	2816768	2174625	1926752	247873	64561
贵 州	1415592	1405766	1169579	849097	320482	17856
云 南	1698074	1616970	1241163	1133222	107941	64173
西 藏	341033	207658	183325	142854	40471	24605
陕 西	2256743	2240376	1710979	1472756	238223	54907
甘 肃	1705410	1685473	1321876	1160634	161242	23465
青 海	481907	445849	378847	349404	29443	11247
宁 夏	686994	645393	349515	295156	54359	14316
新 疆	1667286	1532233	1116247	954031	162216	19883

教育事业费和基本建设支出明细

单位:千元

公用部分	商品和服务支出	其他资本性支出			基本建设支出
			专项公用支出	专项项目支出	
15812713	**8246208**	**7566505**	**2501947**	**5064558**	**2983669**
1276247	705674	570573	413017	157556	154659
266063	183555	82508	57723	24785	1517
742940	387808	355132	99307	255825	13600
412175	266515	145660	52261	93399	179684
517329	327777	189552	50327	139225	52165
547373	365207	182166	67063	115103	38200
490492	175691	314801	149821	164980	5000
492459	276385	216074	94400	121674	29200
732864	534948	197916	82736	115180	243443
563054	343642	219412	92802	126610	733317
727078	299464	427614	78817	348797	73585
437243	187199	250044	36087	213957	17662
378471	219247	159224	53463	105761	53461
268967	141670	127297	33726	93571	46489
607699	228587	379112	38958	340154	2200
968146	566913	401233	108013	293220	76113
297702	146959	150743	47022	103721	7544
390048	180178	209870	89468	120402	9583
1794925	952606	842319	294506	547813	345201
291758	96530	195228	32911	162317	15124
105739	58682	47057	13963	33094	157908
553611	240839	312772	63002	249770	78592
642143	256519	385624	127923	257701	176101
236187	134616	101571	40615	60956	9826
375807	159981	215826	49976	165850	81104
24333	23947	386	386		133375
529397	279342	250055	73819	176236	16367
363597	183062	180535	55255	125280	19937
67002	51481	15521	10657	4864	36058
295878	70283	225595	49731	175864	41601
415986	200901	215085	44192	170893	135053

5—47 分地区农村高中预算内

地 区	合 计	事业费支出	个人部分	工资福利支出	对个人和家庭的补助支出	#助学金
合 计	**10774437**	**10547345**	**8586835**	**7436303**	**1150532**	**238128**
北 京	438781	347721	173906	149347	24559	2449
天 津	195094	195094	178042	145038	33004	740
河 北	460131	460131	392605	371085	21520	2679
山 西	127962	126965	114658	107835	6823	862
内蒙古	82966	82351	55699	51175	4524	1788
辽 宁	130448	130448	102878	95046	7832	231
吉 林	69888	69888	56022	49231	6791	343
黑龙江	27158	27158	21690	17113	4577	474
上 海	133013	133013	98025	87296	10729	2401
江 苏	1090866	1049523	951961	735525	216436	41197
浙 江	874494	873073	732168	622343	109825	11851
安 徽	636964	630868	467063	405593	61470	7693
福 建	880316	878587	754026	648460	105566	7912
江 西	117279	115590	101622	83336	18286	10031
山 东	579998	579998	525019	456368	68651	14451
河 南	359644	350851	288920	252515	36405	11803
湖 北	265947	264619	236675	200446	36229	3090
湖 南	538504	538372	481635	462367	19268	5147
广 东	917369	898437	677441	614347	63094	5602
广 西	179196	178781	154501	118576	35925	10177
海 南	46478	40992	29637	27133	2504	583
重 庆	435104	433264	306697	262091	44606	24756
四 川	721179	718109	564134	500894	63240	21841
贵 州	187433	181201	137767	106620	31147	4222
云 南	191358	189134	153576	134399	19177	15026
西 藏						
陕 西	497369	494351	407513	363027	44486	9179
甘 肃	359355	357126	271417	241768	29649	11121
青 海	27624	25700	20907	19456	1451	952
宁 夏	43326	41696	30705	22462	8243	1898
新 疆	159193	134304	99926	85411	14515	7629

教育事业费和基本建设支出明细

单位:千元

公用部分	商品和服务支出	其他资本性支出	专项公用支出	专项项目支出	基本建设支出
1960510	**1110873**	**849637**	**266878**	**582759**	**227092**
173815	138694	35121	32899	2222	91060
17052	13428	3624	2423	1201	
67526	50355	17171	9344	7827	
12307	8554	3753	1500	2253	997
26652	20840	5812	1210	4602	615
27570	19962	7608	4196	3412	
13866	7043	6823	433	6390	
5468	3738	1730	1730		
34988	32694	2294	2204	90	
97562	65462	32100	14286	17814	41343
140905	58290	82615	13441	69174	1421
163805	62790	101015	20964	80051	6096
124561	79339	45222	19498	25724	1729
13968	8291	5677	396	5281	1689
54979	14999	39980	651	39329	
61931	21184	40747	3293	37454	8793
27944	14617	13327	3190	10137	1328
56737	26754	29983	16965	13018	132
220996	147451	73545	22528	51017	18932
24280	12645	11635	1806	9829	415
11355	8385	2970	918	2052	5486
126567	66961	59606	25925	33681	1840
153975	61664	92311	33172	59139	3070
43434	27797	15637	7732	7905	6232
35558	18253	17305	4108	13197	2224
86838	48694	38144	5175	32969	3018
85709	41026	44683	9213	35470	2229
4793	2627	2166	462	1704	1924
10991	7230	3761	1564	2197	1630
34378	21106	13272	5652	7620	24889

5—48 分地区中央属农村高中预算内

地区	合计	事业费支出	个人部分	工资福利支出	对个人和家庭的补助支出	#助学金
合计	**105126**	**85258**	**62696**	**51502**	**11194**	**6859**
北京						
天津						
河北						
山西						
内蒙古						
辽宁						
吉林						
黑龙江						
上海						
江苏						
浙江						
安徽						
福建						
江西						
山东						
河南						
湖北						
湖南						
广东						
广西						
海南						
重庆						
四川						
贵州						
云南						
西藏						
陕西						
甘肃						
青海						
宁夏						
新疆	105126	85258	62696	51502	11194	6859

教育事业费和基本建设支出明细

单位:千元

公用部分	商品和服务支出	其他资本性支出	专项公用支出	专项项目支出	基本建设支出
22562	**14090**	**8472**	**3846**	**4626**	**19868**
22562	14090	8472	3846	4626	19868

5—49 分地区地方农村高中预算内

地区	合计	事业费支出	个人部分	工资福利支出	对个人和家庭的补助支出	#助学金
合计	**10669311**	**10462087**	**8524139**	**7384801**	**1139338**	**231269**
北京	438781	347721	173906	149347	24559	2449
天津	195094	195094	178042	145038	33004	740
河北	460131	460131	392605	371085	21520	2679
山西	127962	126965	114658	107835	6823	862
内蒙古	82966	82351	55699	51175	4524	1788
辽宁	130448	130448	102878	95046	7832	231
吉林	69888	69888	56022	49231	6791	343
黑龙江	27158	27158	21690	17113	4577	474
上海	133013	133013	98025	87296	10729	2401
江苏	1090866	1049523	951961	735525	216436	41197
浙江	874494	873073	732168	622343	109825	11851
安徽	636964	630868	467063	405593	61470	7693
福建	880316	878587	754026	648460	105566	7912
江西	117279	115590	101622	83336	18286	10031
山东	579998	579998	525019	456368	68651	14451
河南	359644	350851	288920	252515	36405	11803
湖北	265947	264619	236675	200446	36229	3090
湖南	538504	538372	481635	462367	19268	5147
广东	917369	898437	677441	614347	63094	5602
广西	179196	178781	154501	118576	35925	10177
海南	46478	40992	29637	27133	2504	583
重庆	435104	433264	306697	262091	44606	24756
四川	721179	718109	564134	500894	63240	21841
贵州	187433	181201	137767	106620	31147	4222
云南	191358	189134	153576	134399	19177	15026
西藏						
陕西	497369	494351	407513	363027	44486	9179
甘肃	359355	357126	271417	241768	29649	11121
青海	27624	25700	20907	19456	1451	952
宁夏	43326	41696	30705	22462	8243	1898
新疆	54067	49046	37230	33909	3321	770

教育事业费和基本建设支出明细

单位:千元

公用部分	商品和服务支出	其他资本性支出	专项公用支出	专项项目支出	基本建设支出
1937948	**1096783**	**841165**	**263032**	**578133**	**207224**
173815	138694	35121	32899	2222	91060
17052	13428	3624	2423	1201	
67526	50355	17171	9344	7827	
12307	8554	3753	1500	2253	997
26652	20840	5812	1210	4602	615
27570	19962	7608	4196	3412	
13866	7043	6823	433	6390	
5468	3738	1730	1730		
34988	32694	2294	2204	90	
97562	65462	32100	14286	17814	41343
140905	58290	82615	13441	69174	1421
163805	62790	101015	20964	80051	6096
124561	79339	45222	19498	25724	1729
13968	8291	5677	396	5281	1689
54979	14999	39980	651	39329	
61931	21184	40747	3293	37454	8793
27944	14617	13327	3190	10137	1328
56737	26754	29983	16965	13018	132
220996	147451	73545	22528	51017	18932
24280	12645	11635	1806	9829	415
11355	8385	2970	918	2052	5486
126567	66961	59606	25925	33681	1840
153975	61664	92311	33172	59139	3070
43434	27797	15637	7732	7905	6232
35558	18253	17305	4108	13197	2224
86838	48694	38144	5175	32969	3018
85709	41026	44683	9213	35470	2229
4793	2627	2166	462	1704	1924
10991	7230	3761	1564	2197	1630
11816	7016	4800	1806	2994	5021

5—50 分地区普通初中预算内

地区	合计	事业费支出	个人部分	工资福利支出	对个人和家庭的补助支出	#助学金
合计	**191939091**	**186529703**	**136987164**	**109365741**	**27621423**	**10754372**
北京	4410761	4153660	2334053	1773809	560244	51099
天津	2388680	2387397	1980498	1307700	672798	2514
河北	9242321	9082017	7130859	5972014	1158845	525566
山西	5287238	5075838	3769772	3122716	647056	377614
内蒙古	4130546	3951535	2780136	2473931	306205	212491
辽宁	6682692	6662271	5123539	4209033	914506	91992
吉林	3724402	3664766	2807947	2356872	451075	175099
黑龙江	5791389	5673855	4259339	3162275	1097064	64493
上海	5854647	5668108	4233998	3659406	574592	150441
江苏	11664532	11365516	9052923	6737001	2315922	128374
浙江	9659636	9480468	7701129	6175586	1525543	498562
安徽	7369665	7183608	4888377	4102278	786099	259316
福建	4987768	4913400	3856697	3131866	724831	263967
江西	4445847	4166093	3202969	2653239	549730	266293
山东	13446880	13441687	10856939	8911758	1945181	567283
河南	11649737	11400955	7863310	6594945	1268365	619002
湖北	8132583	7883634	5800389	4191638	1608751	344248
湖南	7559875	7321770	5146278	4528853	617425	244167
广东	14690049	14245384	10484796	8749540	1735256	1011202
广西	6197573	6092697	4891531	3097790	1793741	1121556
海南	1378868	1159705	754563	658765	95798	29524
重庆	3780439	3619581	2180366	1778121	402245	261715
四川	9697433	9423089	5732505	4607478	1125027	662694
贵州	4507396	4418894	3194538	2382981	811557	249521
云南	5866754	5604981	4365534	2992056	1373478	1174251
西藏	901685	874240	622310	456099	166211	123555
陕西	6489104	6312404	4270103	3297689	972414	487293
甘肃	4401389	4301872	3029060	2299375	729685	492555
青海	1031643	890153	669928	594443	75485	59200
宁夏	1341525	1242869	662127	534516	127611	68778
新疆	5226034	4867256	3340651	2851968	488683	170007

教育事业费和基本建设支出明细

单位：千元

公用部分	商品和服务支出	其他资本性支出			基本建设支出
			专项公用支出	专项项目支出	
49542539	**31253301**	**18289238**	**6392209**	**11897029**	**5409388**
1819607	1126714	692893	489347	203546	257101
406899	305008	101891	59681	42210	1283
1951158	1385901	565257	204833	360424	160304
1306066	981687	324379	170907	153472	211400
1171399	776733	394666	107731	286935	179011
1538732	966032	572700	264586	308114	20421
856819	590814	266005	101293	164712	59636
1414516	1099396	315120	105544	209576	117534
1434110	1025923	408187	251936	156251	186539
2312593	1554373	758220	324807	433413	299016
1779339	1033794	745545	167492	578053	179168
2295231	1221453	1073778	327370	746408	186057
1056703	747059	309644	114207	195437	74368
963124	682548	280576	111260	169316	279754
2584748	1648568	936180	291192	644988	5193
3537645	2590494	947151	329538	617613	248782
2083245	1383621	699624	270901	428723	248949
2175492	1489947	685545	204888	480657	238105
3760588	2484911	1275677	560774	714903	444665
1201166	788347	412819	132156	280663	104876
405142	179531	225611	36509	189102	219163
1439215	944646	494569	106258	388311	160858
3690584	1668759	2021825	537619	1484206	274344
1224356	772621	451735	215307	236428	88502
1239447	807316	432131	157281	274850	261773
251930	83145	168785	4793	163992	27445
2042301	1173048	869253	276746	592507	176700
1272812	606134	666678	136689	529989	99517
220225	134772	85453	39144	46309	141490
580742	231790	348952	87427	261525	98656
1526605	768216	758389	203993	554396	358778

5—51 分地区中央属普通初中预算内

地区	合计	事业费支出	个人部分	工资福利支出	对个人和家庭的补助支出	#助学金
合计	**698060**	**616647**	**451468**	**358883**	**92585**	**40165**
北京	49053	49053	27244	18533	8711	70
天津	2222	2222	1919	1072	847	
河北						
山西	596	596	423	327	96	
内蒙古						
辽宁						
吉林						
黑龙江	39896	31296	22229	18637	3592	752
上海						
江苏						
浙江						
安徽						
福建						
江西	2185	2185	2185	1546	639	1
山东						
河南						
湖北	9900	9900	6095	3389	2706	4
湖南						
广东	34	34				
广西						
海南						
重庆	5844	5844	3423	1848	1575	
四川	1457	1457	661	661		
贵州	1410	1410	663	414	249	249
云南						
西藏						
陕西						
甘肃						
青海						
宁夏						
新疆	585463	512650	386626	312456	74170	39089

教育事业费和基本建设支出明细

单位:千元

公用部分	商品和服务支出	其他资本性支出			基本建设支出
			专项公用支出	专项项目支出	
165179	**93720**	**71459**	**26335**	**45124**	**81413**
21809	7182	14627	4782	9845	
303	34	269	3	266	
173	166	7	7		
9067	8375	692	692		8600
3805	3643	162	162		
34	34				
2421	1827	594	594		
796	566	230	230		
747	235	512	43	469	
126024	71658	54366	19822	34544	72813

5—52 分地区地方普通初中预算内

地区	合计	事业费支出	个人部分	工资福利支出	对个人和家庭的补助支出	#助学金
合计	**191241031**	**185913056**	**136535696**	**109006858**	**27528838**	**10714207**
北京	4361708	4104607	2306809	1755276	551533	51029
天津	2386458	2385175	1978579	1306628	671951	2514
河北	9242321	9082017	7130859	5972014	1158845	525566
山西	5286642	5075242	3769349	3122389	646960	377614
内蒙古	4130546	3951535	2780136	2473931	306205	212491
辽宁	6682692	6662271	5123539	4209033	914506	91992
吉林	3724402	3664766	2807947	2356872	451075	175099
黑龙江	5751493	5642559	4237110	3143638	1093472	63741
上海	5854647	5668108	4233998	3659406	574592	150441
江苏	11664532	11365516	9052923	6737001	2315922	128374
浙江	9659636	9480468	7701129	6175586	1525543	498562
安徽	7369665	7183608	4888377	4102278	786099	259316
福建	4987768	4913400	3856697	3131866	724831	263967
江西	4443662	4163908	3200784	2651693	549091	266292
山东	13446880	13441687	10856939	8911758	1945181	567283
河南	11649737	11400955	7863310	6594945	1268365	619002
湖北	8122683	7873734	5794294	4188249	1606045	344244
湖南	7559875	7321770	5146278	4528853	617425	244167
广东	14690015	14245350	10484796	8749540	1735256	1011202
广西	6197573	6092697	4891531	3097790	1793741	1121556
海南	1378868	1159705	754563	658765	95798	29524
重庆	3774595	3613737	2176943	1776273	400670	261715
四川	9695976	9421632	5731844	4606817	1125027	662694
贵州	4505986	4417484	3193875	2382567	811308	249272
云南	5866754	5604981	4365534	2992056	1373478	1174251
西藏	901685	874240	622310	456099	166211	123555
陕西	6489104	6312404	4270103	3297689	972414	487293
甘肃	4401389	4301872	3029060	2299375	729685	492555
青海	1031643	890153	669928	594443	75485	59200
宁夏	1341525	1242869	662127	534516	127611	68778
新疆	4640571	4354606	2954025	2539512	414513	130918

教育事业费和基本建设支出明细

单位:千元

公用部分	商品和服务支出	其他资本性支出			基本建设支出
			专项公用支出	专项项目支出	
49377360	**31159581**	**18217779**	**6365874**	**11851905**	**5327975**
1797798	1119532	678266	484565	193701	257101
406596	304974	101622	59678	41944	1283
1951158	1385901	565257	204833	360424	160304
1305893	981521	324372	170900	153472	211400
1171399	776733	394666	107731	286935	179011
1538732	966032	572700	264586	308114	20421
856819	590814	266005	101293	164712	59636
1405449	1091021	314428	104852	209576	108934
1434110	1025923	408187	251936	156251	186539
2312593	1554373	758220	324807	433413	299016
1779339	1033794	745545	167492	578053	179168
2295231	1221453	1073778	327370	746408	186057
1056703	747059	309644	114207	195437	74368
963124	682548	280576	111260	169316	279754
2584748	1648568	936180	291192	644988	5193
3537645	2590494	947151	329538	617613	248782
2079440	1379978	699462	270739	428723	248949
2175492	1489947	685545	204888	480657	238105
3760554	2484877	1275677	560774	714903	444665
1201166	788347	412819	132156	280663	104876
405142	179531	225611	36509	189102	219163
1436794	942819	493975	105664	388311	160858
3689788	1668193	2021595	537389	1484206	274344
1223609	772386	451223	215264	235959	88502
1239447	807316	432131	157281	274850	261773
251930	83145	168785	4793	163992	27445
2042301	1173048	869253	276746	592507	176700
1272812	606134	666678	136689	529989	99517
220225	134772	85453	39144	46309	141490
580742	231790	348952	87427	261525	98656
1400581	696558	704023	184171	519852	285965

5—53 分地区农村初中预算内

地区	合计	事业费支出	个人部分	工资福利支出	对个人和家庭的补助支出	#助学金
合计	**118348573**	**115266700**	**84065082**	**66591273**	**17473809**	**8532613**
北京	1601497	1467611	766179	616829	149350	28886
天津	979848	979848	791573	625713	165860	57
河北	5939925	5811941	4617009	3797892	819117	495255
山西	3172212	3070518	2275574	1812262	463312	347746
内蒙古	1366935	1325690	932655	837787	94868	64265
辽宁	3408987	3389384	2521515	2099337	422178	83746
吉林	2131128	2085172	1574909	1305053	269856	161753
黑龙江	2394570	2341311	1747540	1310095	437445	46977
上海	1625916	1625916	1221604	1076788	144816	36883
江苏	6804216	6655047	5283000	3997182	1285818	80614
浙江	6062879	6020870	4909918	3905904	1004014	336407
安徽	5605866	5448996	3649516	3028537	620979	231177
福建	3612740	3565452	2820616	2273526	547090	258320
江西	3000457	2799740	2158299	1781369	376930	200891
山东	10010893	10006423	8117861	6712663	1405198	538850
河南	8101681	7943697	5362010	4406754	955256	523064
湖北	5670862	5460908	3909438	2809504	1099934	324983
湖南	5707907	5498845	3802973	3365786	437187	206448
广东	6971684	6818639	4907444	3807637	1099807	813205
广西	4193065	4116282	3244228	2132731	1111497	680323
海南	762690	674064	414208	348326	65882	21627
重庆	2597689	2513373	1585680	1273156	312524	232197
四川	6870027	6649989	4019458	3211749	807709	535605
贵州	3367998	3283138	2313701	1756111	557590	223030
云南	4378765	4171805	3264732	2098916	1165816	1025447
西藏						
陕西	4625215	4520332	3077763	2359539	718224	388459
甘肃	3164649	3097212	2195312	1616413	578899	450330
青海	459565	394643	286590	256105	30485	26699
宁夏	745724	691179	364096	280376	83720	49206
新疆	3012983	2838675	1929681	1687233	242448	120163

教育事业费和基本建设支出明细

单位:千元

公用部分	商品和服务支出	其他资本性支出	专项公用支出	专项项目支出	基本建设支出
31201618	**19827889**	**11373729**	**3764116**	**7609613**	**3081873**
701432	479238	222194	163909	58285	133886
188275	154633	33642	19341	14301	
1194932	859557	335375	129680	205695	127984
794944	606192	188752	111016	77736	101694
393035	236681	156354	31430	124924	41245
867869	461760	406109	139444	266665	19603
510263	356518	153745	33501	120244	45956
593771	402827	190944	44910	146034	53259
404312	307002	97310	79145	18165	
1372047	909247	462800	208310	254490	149169
1110952	620568	490384	105783	384601	42009
1799480	962322	837158	256595	580563	156870
744836	574492	170344	67742	102602	47288
641441	458031	183410	73314	110096	200717
1888562	1207201	681361	226739	454622	4470
2581687	1907212	674475	233083	441392	157984
1551470	1036574	514806	211735	303161	209954
1695872	1193278	502594	161914	340680	209062
1911195	1363781	547414	198579	348835	153045
872054	578406	293648	88532	205116	76783
259856	116056	143800	24624	119176	88626
927693	678936	248757	67297	181460	84316
2630531	1213733	1416798	384062	1032736	220038
969437	619587	349850	159462	190388	84860
907073	605590	301483	122181	179302	206960
1442569	849774	592795	175228	417567	104883
901900	430623	471277	82630	388647	67437
108053	56445	51608	12523	39085	64922
327083	118979	208104	27979	180125	54545
908994	462646	446348	123428	322920	174308

5—54 分地区中央属农村初中预算内

地 区	合 计	事业费支出	个人部分	工资福利支出	对个人和家庭的补助支出	#助学金
合 计	**486436**	**418662**	**317037**	**256109**	**60928**	**36707**
北 京						
天 津						
河 北						
山 西						
内蒙古						
辽 宁						
吉 林						
黑龙江						
上 海						
江 苏						
浙 江						
安 徽						
福 建						
江 西	2185	2185	2185	1546	639	1
山 东						
河 南						
湖 北						
湖 南						
广 东						
广 西						
海 南						
重 庆						
四 川	272	272				
贵 州	1410	1410	663	414	249	249
云 南						
西 藏						
陕 西						
甘 肃						
青 海						
宁 夏						
新 疆	482569	414795	314189	254149	60040	36457

教育事业费和基本建设支出明细

单位:千元

公用部分	商品和服务支出	其他资本性支出			基本建设支出
			专项公用支出	专项项目支出	
101625	**62258**	**39367**	**15488**	**23879**	**67774**
272	72	200	200		
747	235	512	43	469	
100606	61951	38655	15245	23410	67774

5—55 分地区地方农村初中预算内

地区	合计	事业费支出	个人部分	工资福利支出	对个人和家庭的补助支出	#助学金
合计	**117862137**	**114848038**	**83748045**	**66335164**	**17412881**	**8495906**
北京	1601497	1467611	766179	616829	149350	28886
天津	979848	979848	791573	625713	165860	57
河北	5939925	5811941	4617009	3797892	819117	495255
山西	3172212	3070518	2275574	1812262	463312	347746
内蒙古	1366935	1325690	932655	837787	94868	64265
辽宁	3408987	3389384	2521515	2099337	422178	83746
吉林	2131128	2085172	1574909	1305053	269856	161753
黑龙江	2394570	2341311	1747540	1310095	437445	46977
上海	1625916	1625916	1221604	1076788	144816	36883
江苏	6804216	6655047	5283000	3997182	1285818	80614
浙江	6062879	6020870	4909918	3905904	1004014	336407
安徽	5605866	5448996	3649516	3028537	620979	231177
福建	3612740	3565452	2820616	2273526	547090	258320
江西	2998272	2797555	2156114	1779823	376291	200890
山东	10010893	10006423	8117861	6712663	1405198	538850
河南	8101681	7943697	5362010	4406754	955256	523064
湖北	5670862	5460908	3909438	2809504	1099934	324983
湖南	5707907	5498845	3802973	3365786	437187	206448
广东	6971684	6818639	4907444	3807637	1099807	813205
广西	4193065	4116282	3244228	2132731	1111497	680323
海南	762690	674064	414208	348326	65882	21627
重庆	2597689	2513373	1585680	1273156	312524	232197
四川	6869755	6649717	4019458	3211749	807709	535605
贵州	3366588	3281728	2313038	1755697	557341	222781
云南	4378765	4171805	3264732	2098916	1165816	1025447
西藏						
陕西	4625215	4520332	3077763	2359539	718224	388459
甘肃	3164649	3097212	2195312	1616413	578899	450330
青海	459565	394643	286590	256105	30485	26699
宁夏	745724	691179	364096	280376	83720	49206
新疆	2530414	2423880	1615492	1433084	182408	83706

教育事业费和基本建设支出明细

单位：千元

公用部分	商品和服务支出	其他资本性支出			基本建设支出
			专项公用支出	专项项目支出	
31099993	**19765631**	**11334362**	**3748628**	**7585734**	**3014099**
701432	479238	222194	163909	58285	133886
188275	154633	33642	19341	14301	
1194932	859557	335375	129680	205695	127984
794944	606192	188752	111016	77736	101694
393035	236681	156354	31430	124924	41245
867869	461760	406109	139444	266665	19603
510263	356518	153745	33501	120244	45956
593771	402827	190944	44910	146034	53259
404312	307002	97310	79145	18165	
1372047	909247	462800	208310	254490	149169
1110952	620568	490384	105783	384601	42009
1799480	962322	837158	256595	580563	156870
744836	574492	170344	67742	102602	47288
641441	458031	183410	73314	110096	200717
1888562	1207201	681361	226739	454622	4470
2581687	1907212	674475	233083	441392	157984
1551470	1036574	514896	211735	303161	209954
1695872	1193278	502594	161914	340680	209062
1911195	1363781	547414	198579	348835	153045
872054	578406	293648	88532	205116	76783
259856	116056	143800	24624	119176	88626
927693	678936	248757	67297	181460	84316
2630259	1213661	1416598	383862	1032736	220038
968690	619352	349338	159419	189919	84860
907073	605590	301483	122181	179302	206960
1442569	849774	592795	175228	417567	104883
901900	430623	471277	82630	388647	67437
108053	56445	51608	12523	39085	64922
327083	118979	208104	27979	180125	54545
808388	400695	407693	108183	299510	106534

5—56 分地区成人中学预算内

地区	合计	事业费支出	个人部分	工资福利支出	对个人和家庭的补助支出	#助学金
合计	**207059**	**207059**	**157956**	**120214**	**37742**	**12727**
北京						
天津	1693	1693	1628	488	1140	
河北	1559	1559	1435	1373	62	
山西						
内蒙古						
辽宁						
吉林	2307	2307	2214	983	1231	
黑龙江						
上海	46822	46822	32148	23462	8686	32
江苏	14617	14617	13051	10688	2363	
浙江	101000	101000	73216	61305	11911	3452
安徽						
福建	2849	2849	2767	1962	805	
江西	81	81	81		81	81
山东						
河南	17259	17259	16685	7487	9198	8740
湖北	526	526	526	413	113	
湖南	72	72	72		72	72
广东	5749	5749	5456	5206	250	
广西						
海南						
重庆	530	530	371	370	1	
四川	2607	2607	1601	1506	95	
贵州						
云南						
西藏						
陕西	7297	7297	4614	3879	735	350
甘肃	342	342	342	300	42	
青海						
宁夏						
新疆	1749	1749	1749	792	957	

教育事业费和基本建设支出明细

单位：千元

公用部分	商品和服务支出	其他资本性支出			基本建设支出
			专项公用支出	专项项目支出	
49103	**40643**	**8460**	**6380**	**2080**	
65	65				
124	124				
93	93				
14674	13076	1598	1594	4	
1566	727	839	563	276	
27784	22174	5610	3810	1800	
82	82				
574	536	38	38		
293	270	23	23		
159	19	140	140		
1006	794	212	212		
2683	2683				

5—57 分地区小学预算内

地区	合计	事业费支出	个人部分	工资福利支出	对个人和家庭的补助支出	#助学金
合计	**279103555**	**275955714**	**213991115**	**171056041**	**42935074**	**9690819**
北京	6544300	6379412	3685395	2841155	844240	53114
天津	3588183	3588183	3040197	1909324	1130873	219
河北	13419406	13405051	10976765	9273107	1703658	484003
山西	8227822	8179630	6448527	5392106	1056421	330950
内蒙古	5804212	5725969	4358821	4029723	329098	191986
辽宁	9044526	9021645	7343076	5838892	1504184	151783
吉林	5878082	5874008	4757990	4139128	618862	156575
黑龙江	8252588	8196566	6584803	4582724	2002079	43827
上海	6617556	6592556	4981352	4239200	742152	170113
江苏	17604399	17301768	14696209	9623436	5072773	63527
浙江	14075823	13959473	11595826	8805761	2790065	542534
安徽	11004960	10924248	8093500	6601608	1491892	205246
福建	8077620	7993096	6541219	5129017	1412202	168355
江西	7489574	7344780	5855205	4800170	1055035	215895
山东	17537280	17521198	14443026	12055695	2387331	560362
河南	16107008	16006050	11450825	9972517	1478308	377082
湖北	8519461	8484082	6644154	5008743	1635411	123675
湖南	10354883	10300944	7456781	6700957	755824	158251
广东	22019374	21398568	16587995	14135379	2452616	1175450
广西	10288814	10240636	8552514	5856328	2696186	648092
海南	2095563	2032276	1574183	1450569	123614	13959
重庆	5102787	5014722	3355639	2985672	369967	90794
四川	14871923	14710921	10056262	7431273	2624989	1593932
贵州	8532919	8473789	6621436	4900299	1721137	57891
云南	9231655	9198044	7334858	6122717	1212141	967231
西藏	1886587	1567387	1357986	1009380	348606	215172
陕西	8767947	8721917	6517956	5215029	1302927	282482
甘肃	6818241	6789918	5116898	4206863	910035	342255
青海	1899215	1781885	1373656	1200590	173066	138187
宁夏	2057161	2030208	1243650	1020443	223207	49578
新疆	7383686	7196784	5344411	4578236	766175	118299

教育事业费和基本建设支出明细

单位:千元

公用部分	商品和服务支出	其他资本性支出			基本建设支出
			专项公用支出	专项项目支出	
61964599	**41173644**	**20790955**	**7457878**	**13333077**	**3147841**
2694017	1530065	1163952	750836	413116	164888
547986	391767	156219	87693	68526	
2428286	1735807	692479	287463	405016	14355
1731103	1354728	376375	198198	178177	48192
1367148	982383	384765	125264	259501	78243
1678569	1193009	485560	234588	250972	22881
1116018	803584	312434	99491	212943	4074
1611763	1229878	381885	164147	217738	56022
1611204	1142361	468843	201491	267352	25000
2605559	1615059	990500	358129	632371	302631
2363647	1419947	943700	275045	668655	116350
2830748	1605494	1225254	313976	911278	80712
1451877	1013507	438370	173266	265104	84524
1489575	1104862	384713	137717	246996	144794
3078172	2088675	989497	381771	607726	16082
4555225	3608542	946683	407753	538930	100958
1839928	1260814	579114	200149	378965	35379
2844163	2004144	840019	286666	553353	53939
4810573	3525756	1284817	590829	693988	620806
1688122	1126230	561892	154821	407071	48178
458093	289246	168847	42273	126574	63287
1659083	1223969	435114	100879	334235	88065
4654659	2279692	2374967	682790	1692177	161002
1852353	1282697	569656	260200	309456	59130
1863186	1251592	611594	172370	439224	33611
209401	145081	64320	14458	49862	319200
2203961	1351523	852438	223247	629191	46030
1673020	956468	716552	152566	563986	28323
408229	276735	131494	66877	64617	117330
786558	395892	390666	95080	295586	26953
1852373	984137	868236	217845	650391	186902

5—58 分地区中央属小学预算内

地区	合计	事业费支出	个人部分	工资福利支出	对个人和家庭的补助支出	#助学金
合计	**1052624**	**988855**	**706268**	**555867**	**150401**	**56663**
北京	47495	47495	28876	21573	7303	
天津	13049	13049	9041	6110	2931	
河北						
山西	859	859	606	469	137	
内蒙古	256	256	215	215		
辽宁						
吉林	15753	15753	15552	12769	2783	
黑龙江	55101	50727	37474	33279	4195	3
上海						
江苏						
浙江	500	500				
安徽						
福建						
江西	41	41	5		5	5
山东						
河南						
湖北	12188	12188	9365	6525	2840	
湖南	69000	69000	17100	100	17000	
广东	186	186				
广西						
海南						
重庆	7757	7757	4940	3563	1377	
四川	2627	2627	1069	1059	10	10
贵州	680	680	320	200	120	120
云南						
西藏						
陕西	95	95	95		95	95
甘肃	149	149	13		13	13
青海						
宁夏						
新疆	826888	767493	581597	470005	111592	56417

教育事业费和基本建设支出明细

单位:千元

公用部分	商品和服务支出	其他资本性支出	专项公用支出	专项项目支出	基本建设支出
282587	**161771**	**120816**	**65698**	**55118**	**63769**
18619	9907	8712	2615	6097	
4008	506	3502	1847	1655	
253	244	9	9		
41	41				
201	201				
13253	13237	16	16		4374
500		500	500		
36	36				
2823	1535	1288	1288		
51900	21900	30000	30000		
186	186				
2817	1938	879	879		
1558	588	970	970		
360	113	247	20	227	
136	136				
185896	111203	74693	27554	47139	59395

5—59 分地区地方小学预算内

地区	合计	事业费支出	个人部分	工资福利支出	对个人和家庭的补助支出	#助学金
合计	**278050931**	**274966859**	**213284847**	**170500174**	**42784673**	**9634156**
北京	6496805	6331917	3656519	2819582	836937	53114
天津	3575134	3575134	3031156	1903214	1127942	219
河北	13419406	13405051	10976765	9273107	1703658	484003
山西	8226963	8178771	6447921	5391637	1056284	330950
内蒙古	5803956	5725713	4358606	4029508	329098	191986
辽宁	9044526	9021645	7343076	5838892	1504184	151783
吉林	5862329	5858255	4742438	4126359	616079	156575
黑龙江	8197487	8145839	6547329	4549445	1997884	43824
上海	6617556	6592556	4981352	4239200	742152	170113
江苏	17604399	17301768	14696209	9623436	5072773	63527
浙江	14075323	13958973	11595826	8805761	2790065	542534
安徽	11004960	10924248	8093500	6601608	1491892	205246
福建	8077620	7993096	6541219	5129017	1412202	168355
江西	7489533	7344739	5855200	4800170	1055030	215890
山东	17537280	17521198	14443026	12055695	2387331	560362
河南	16107008	16006050	11450825	9972517	1478308	377082
湖北	8507273	8471894	6634789	5002218	1632571	123675
湖南	10285883	10231944	7439681	6700857	738824	158251
广东	22019188	21398382	16587995	14135379	2452616	1175450
广西	10288814	10240636	8552514	5856328	2696186	648092
海南	2095563	2032276	1574183	1450569	123614	13959
重庆	5095030	5006965	3350699	2982109	368590	90794
四川	14869296	14708294	10055193	7430214	2624979	1593922
贵州	8532239	8473109	6621116	4900099	1721017	57771
云南	9231655	9198044	7334858	6122717	1212141	967231
西藏	1886587	1567387	1357986	1009380	348606	215172
陕西	8767852	8721822	6517861	5215029	1302832	282387
甘肃	6818092	6789769	5116885	4206863	910022	342242
青海	1899215	1781885	1373656	1200590	173066	138187
宁夏	2057161	2030208	1243650	1020443	223207	49578
新疆	6556798	6429291	4762814	4108231	654583	61882

教育事业费和基本建设支出明细

单位：千元

公用部分	商品和服务支出	其他资本性支出	专项公用支出	专项项目支出	基本建设支出
61682012	**41011873**	**20670139**	**7392180**	**13277959**	**3084072**
2675398	1520158	1155240	748221	407019	164888
543978	391261	152717	85846	66871	
2428286	1735807	692479	287463	405016	14355
1730850	1354484	376366	198189	178177	48192
1367107	982342	384765	125264	259501	78243
1678569	1193009	485560	234588	250972	22881
1115817	803383	312434	99491	212943	4074
1598510	1216641	381869	164131	217738	51648
1611204	1142361	468843	201491	267352	25000
2605559	1615059	990500	358129	632371	302631
2363147	1419947	943200	274545	668655	116350
2830748	1605494	1225254	313976	911278	80712
1451877	1013507	438370	173266	265104	84524
1489539	1104826	384713	137717	246996	144794
3078172	2088675	989497	381771	607726	16082
4555225	3608542	946683	407753	538930	100958
1837105	1259279	577826	198861	378965	35379
2792263	1982244	810019	256666	553353	53939
4810387	3525570	1284817	590829	693988	620806
1688122	1126230	561892	154821	407071	48178
458093	289246	168847	42273	126574	63287
1656266	1222031	434235	100000	334235	88065
4653101	2279104	2373997	681820	1692177	161002
1851993	1282584	569409	260180	309229	59130
1863186	1251592	611594	172370	439224	33611
209401	145081	64320	14458	49862	319200
2203961	1351523	852438	223247	629191	46030
1672884	956332	716552	152566	563986	28323
408229	276735	131494	66877	64617	117330
786558	395892	390666	95080	295586	26953
1666477	872934	793543	190291	603252	127507

5—60 分地区普通小学预算内

地区	合计	事业费支出	个人部分	工资福利支出	对个人和家庭的补助支出	#助学金
合计	**279064920**	**275917079**	**213961409**	**171028773**	**42932636**	**9690819**
北京	6544300	6379412	3685395	2841155	844240	53114
天津	3588183	3588183	3040197	1909324	1130873	219
河北	13416373	13402018	10973851	9270255	1703596	484003
山西	8227026	8178834	6448074	5391653	1056421	330950
内蒙古	5803531	5725288	4358221	4029123	329098	191986
辽宁	9044526	9021645	7343076	5838892	1504184	151783
吉林	5878082	5874008	4757990	4139128	618862	156575
黑龙江	8252588	8196566	6584803	4582724	2002079	43827
上海	6617556	6592556	4981352	4239200	742152	170113
江苏	17604399	17301768	14696209	9623436	5072773	63527
浙江	14075823	13959473	11595826	8805761	2790065	542534
安徽	11004960	10924248	8093500	6601608	1491892	205246
福建	8063826	7979302	6528768	5117479	1411289	168355
江西	7489574	7344780	5855205	4800170	1055035	215895
山东	17537280	17521198	14443026	12055695	2387331	560362
河南	16101579	16000621	11446014	9969087	1476927	377082
湖北	8518768	8483389	6643512	5008102	1635410	123675
湖南	10354883	10300944	7456781	6700957	755824	158251
广东	22019374	21398568	16587995	14135379	2452616	1175450
广西	10288714	10240536	8552514	5856328	2696186	648092
海南	2095563	2032276	1574183	1450569	123614	13959
重庆	5097533	5009468	3351152	2981209	369943	90794
四川	14870670	14709668	10055177	7430242	2624935	1593932
贵州	8532919	8473789	6621436	4900299	1721137	57891
云南	9229177	9195566	7332954	6120816	1212138	967231
西藏	1886587	1567387	1357986	1009380	348606	215172
陕西	8767947	8721917	6517956	5215029	1302927	282482
甘肃	6818134	6789811	5116791	4206756	910035	342255
青海	1899215	1781885	1373656	1200590	173066	138187
宁夏	2057161	2030208	1243650	1020443	223207	49578
新疆	7378669	7191767	5344159	4577984	766175	118299

教育事业费和基本建设支出明细

单位:千元

公用部分	商品和服务支出	其他资本性支出	专项公用支出	专项项目支出	基本建设支出
61955670	**41167046**	**20788624**	**7455547**	**13333077**	**3147841**
2694017	1530065	1163952	750836	413116	164888
547986	391767	156219	87693	68526	
2428167	1735688	692479	287463	405016	14355
1730760	1354385	376375	198198	178177	48192
1367067	982302	384765	125264	259501	78243
1678569	1193009	485560	234588	250972	22881
1116018	803584	312434	99491	212943	4074
1611763	1229878	381885	164147	217738	56022
1611204	1142361	468843	201491	267352	25000
2605559	1615059	990500	358129	632371	302631
2363647	1419947	943700	275045	668655	116350
2830748	1605494	1225254	313976	911278	80712
1450534	1012169	438365	173261	265104	84524
1489575	1104862	384713	137717	246996	144794
3078172	2088675	989497	381771	607726	16082
4554607	3607950	946657	407727	538930	100958
1839877	1260763	579114	200149	378965	35379
2844163	2004144	840019	286666	553353	53939
4810573	3525756	1284817	590829	693988	620806
1688022	1126130	561892	154821	407071	48178
458093	289246	168847	42273	126574	63287
1658316	1223202	435114	100879	334235	88065
4654491	2279524	2374967	682790	1692177	161002
1852353	1282697	569656	260200	309456	59130
1862612	1251068	611544	172320	439224	33611
209401	145081	64320	14458	49862	319200
2203961	1351523	852438	223247	629191	46030
1673020	956468	716552	152566	563986	28323
408229	276735	131494	66877	64617	117330
786558	395892	390666	95080	295586	26953
1847608	981622	865986	215595	650391	186902

5—61 分地区中央属普通小学预算内

地 区	合 计	事业费支出	个人部分	工资福利支出	对个人和家庭的补助支出	#助学金
合 计	**1052624**	**988855**	**706268**	**555867**	**150401**	**56663**
北 京	47495	47495	28876	21573	7303	
天 津	13049	13049	9041	6110	2931	
河 北						
山 西	859	859	606	469	137	
内蒙古	256	256	215	215		
辽 宁						
吉 林	15753	15753	15552	12769	2783	
黑龙江	55101	50727	37474	33279	4195	3
上 海						
江 苏						
浙 江	500	500				
安 徽						
福 建						
江 西	41	41	5		5	5
山 东						
河 南						
湖 北	12188	12188	9365	6525	2840	
湖 南	69000	69000	17100	100	17000	
广 东	186	186				
广 西						
海 南						
重 庆	7757	7757	4940	3563	1377	
四 川	2627	2627	1069	1059	10	10
贵 州	680	680	320	200	120	120
云 南						
西 藏						
陕 西	95	95	95		95	95
甘 肃	149	149	13		13	13
青 海						
宁 夏						
新 疆	826888	767493	581597	470005	111592	56417

教育事业费和基本建设支出明细

单位:千元

公用部分	商品和服务支出	其他资本性支出			基本建设支出
			专项公用支出	专项项目支出	
282587	**161771**	**120816**	**65698**	**55118**	**63769**
18619	9907	8712	2615	6097	
4008	506	3502	1847	1655	
253	244	9	9		
41	41				
201	201				
13253	13237	16	16		4374
500		500	500		
36	36				
2823	1535	1288	1288		
51900	21900	30000	30000		
186	186				
2817	1938	879	879		
1558	588	970	970		
360	113	247	20	227	
136	136				
185896	111203	74693	27554	47139	59395

5－62　分地区地方普通小学预算内

地　区	合　计	事业费支　出	个人部分	工资福利支出	对个人和家庭的补助支出	＃助学金
合　计	**278012296**	**274928224**	**213255141**	**170472906**	**42782235**	**9634156**
北　京	6496805	6331917	3656519	2819582	836937	53114
天　津	3575134	3575134	3031156	1903214	1127942	219
河　北	13416373	13402018	10973851	9270255	1703596	484003
山　西	8226167	8177975	6447468	5391184	1056284	330950
内蒙古	5803275	5725032	4358006	4028908	329098	191986
辽　宁	9044526	9021645	7343076	5838892	1504184	151783
吉　林	5862329	5858255	4742438	4126359	616079	156575
黑龙江	8197487	8145839	6547329	4549445	1997884	43824
上　海	6617556	6592556	4981352	4239200	742152	170113
江　苏	17604399	17301768	14696209	9623436	5072773	63527
浙　江	14075323	13958973	11595826	8805761	2790065	542534
安　徽	11004960	10924248	8093500	6601608	1491892	205246
福　建	8063826	7979302	6528768	5117479	1411289	168355
江　西	7489533	7344739	5855200	4800170	1055030	215890
山　东	17537280	17521198	14443026	12055695	2387331	560362
河　南	16101579	16000621	11446014	9969087	1476927	377082
湖　北	8506580	8471201	6634147	5001577	1632570	123675
湖　南	10285883	10231944	7439681	6700857	738824	158251
广　东	22019188	21398382	16587995	14135379	2452616	1175450
广　西	10288714	10240536	8552514	5856328	2696186	648092
海　南	2095563	2032276	1574183	1450569	123614	13959
重　庆	5089776	5001711	3346212	2977646	368566	90794
四　川	14868043	14707041	10054108	7429183	2624925	1593922
贵　州	8532239	8473109	6621116	4900099	1721017	57771
云　南	9229177	9195566	7332954	6120816	1212138	967231
西　藏	1886587	1567387	1357986	1009380	348606	215172
陕　西	8767852	8721822	6517861	5215029	1302832	282387
甘　肃	6817985	6789662	5116778	4206756	910022	342242
青　海	1899215	1781885	1373656	1200590	173066	138187
宁　夏	2057161	2030208	1243650	1020443	223207	49578
新　疆	6551781	6424274	4762562	4107979	654583	61882

教育事业费和基本建设支出明细

单位：千元

公用部分	商品和服务支出	其他资本性支出			基本建设支出
			专项公用支出	专项项目支出	
61673083	**41005275**	**20667808**	**7389849**	**13277959**	**3084072**
2675398	1520158	1155240	748221	407019	164888
543978	391261	152717	85846	66871	
2428167	1735688	692479	287463	405016	14355
1730507	1354141	376366	198189	178177	48192
1367026	982261	384765	125264	259501	78243
1678569	1193009	485560	234588	250972	22881
1115817	803383	312434	99491	212943	4074
1598510	1216641	381869	164131	217738	51648
1611204	1142361	468843	201491	267352	25000
2605559	1615059	990500	358129	632371	302631
2363147	1419947	943200	274545	668655	116350
2830748	1605494	1225254	313976	911278	80712
1450534	1012169	438365	173261	265104	84524
1489539	1104826	384713	137717	246996	144794
3078172	2088675	989497	381771	607726	16082
4554607	3607950	946657	407727	538930	100958
1837054	1259228	577826	198861	378965	35379
2792263	1982244	810019	256666	553353	53939
4810387	3525570	1284817	590829	693988	620806
1688022	1126130	561892	154821	407071	48178
458093	289246	168847	42273	126574	63287
1655499	1221264	434235	100000	334235	88065
4652933	2278936	2373997	681820	1692177	161002
1851993	1282584	569409	260180	309229	59130
1862612	1251068	611544	172320	439224	33611
209401	145081	64320	14458	49862	319200
2203961	1351523	852438	223247	629191	46030
1672884	956332	716552	152566	563986	28323
408229	276735	131494	66877	64617	117330
786558	395892	390666	95080	295586	26953
1661712	870419	791293	188041	603252	127507

5—63 分地区农村小学预算内

地　区	合　计	事业费支出	个人部分	工资福利支出	对个人和家庭的补助支出	#助学金
合　计	**191983935**	**190253832**	**147834244**	**118284528**	**29549716**	**8445945**
北　京	2670470	2608252	1495013	1188804	306209	32551
天　津	1677293	1677293	1386630	982598	404032	134
河　北	10019833	10017122	8262308	6936009	1326299	479022
山　西	5957228	5922212	4724416	3872150	852266	319023
内蒙古	3129567	3098194	2424837	2258616	166221	93618
辽　宁	5467881	5454100	4414917	3474192	940725	143337
吉　林	3982127	3978183	3225992	2811205	414787	152393
黑龙江	4773099	4743972	3956969	2795100	1161869	27742
上　海	2268734	2268734	1720502	1475262	245240	54395
江　苏	10803545	10643130	9103250	5958382	3144868	44262
浙　江	9350773	9267937	7716200	5789667	1926533	357792
安　徽	8609305	8548677	6299365	5100881	1198484	181178
福　建	5801007	5734271	4756212	3752441	1003771	163945
江　西	5578972	5466327	4384553	3611980	772573	153966
山　东	13804358	13801633	11385471	9619055	1766416	544830
河　南	12445355	12361692	8773726	7648349	1125377	307812
湖　北	5779062	5750582	4390186	3431714	958472	115948
湖　南	7428301	7382287	5412144	4984993	427151	140250
广　东	11501184	11352396	8587929	6981269	1606660	975069
广　西	8371571	8331609	6948070	4793134	2154936	541461
海　南	1519796	1503059	1183868	1078760	105108	12566
重　庆	3694506	3670653	2516898	2267903	248995	83306
四　川	11950823	11814121	8070089	5842376	2227713	1553212
贵　州	6813082	6756222	5234089	3997270	1236819	54712
云　南	7754947	7726648	6178691	5065126	1113565	923435
西　藏	1303550	1034550	890676	654820	235856	170965
陕　西	6682640	6648207	4988506	3971155	1017351	241286
甘　肃	5378280	5355863	4017613	3330720	686893	328538
青　海	1188629	1144674	893935	772731	121204	104666
宁　夏	1373660	1364423	867615	702215	165400	41838
新　疆	4904357	4826809	3623574	3135651	487923	102693

教育事业费和基本建设支出明细

单位:千元

公用部分	商品和服务支出	其他资本性支出	专项公用支出	专项项目支出	基本建设支出
42419588	**28192258**	**14227330**	**4638091**	**9589239**	**1730103**
1113239	710432	402807	269637	133170	62218
290663	202445	88218	31034	57184	
1754814	1265034	489780	204685	285095	2711
1197796	949136	248660	136997	111663	35016
673357	498464	174893	49166	125727	31373
1039183	669194	369989	166741	203248	13781
752191	525107	227084	55063	172021	3944
787003	578572	208431	52816	155615	29127
548232	403184	145048	41955	103093	
1539880	928474	611406	203526	407880	160415
1551737	874353	677384	191972	485412	82836
2249312	1274346	974966	239896	735070	60628
978059	732442	245617	88468	157149	66736
1081774	794279	287495	100751	186744	112645
2416162	1670344	745818	299004	446814	2725
3587966	2876871	711095	323581	387514	83663
1360396	935098	425298	141218	284080	28480
1970143	1446754	523389	181800	341589	46014
2764467	2026222	738245	293276	444969	148788
1383539	934272	449267	102465	346802	39962
319191	221708	97483	29911	67572	16737
1153755	868334	285421	60345	225076	23853
3744032	1793776	1950256	555042	1395214	136702
1522133	1074781	447352	191083	256269	56860
1547957	1041046	506911	141415	365496	28299
143874	89893	53981	10258	43723	269000
1659701	993138	666563	146361	520202	34433
1338250	753254	584996	118055	466941	22417
250739	161173	89566	35436	54130	43955
496808	263381	233427	46905	186522	9237
1203235	636751	566484	129229	437255	77548

5—64　分地区中央属农村小学预算内

地　区	合　计	事业费支出	个人部分	工资福利支出	对个人和家庭的补助支出	#助学金
合　计	**677306**	**625208**	**479859**	**391226**	**88633**	**52776**
北　京						
天　津						
河　北						
山　西						
内蒙古						
辽　宁						
吉　林						
黑龙江						
上　海						
江　苏						
浙　江						
安　徽						
福　建						
江　西						
山　东						
河　南						
湖　北						
湖　南						
广　东						
广　西						
海　南						
重　庆						
四　川	79	79				
贵　州	680	680	320	200	120	120
云　南						
西　藏						
陕　西						
甘　肃	43	43				
青　海						
宁　夏						
新　疆	676504	624406	479539	391026	88513	52656

教育事业费和基本建设支出明细

单位：千元

公用部分	商品和服务支出	其他资本性支出	专项公用支出	专项项目支出	基本建设支出
145349	**92441**	**52908**	**19305**	**33603**	**52098**
79	79				
360	113	247	20	227	
43	43				
144867	92206	52661	19285	33376	52098

5—65 分地区地方农村小学预算内

地区	合计	事业费支出	个人部分	工资福利支出	对个人和家庭的补助支出	#助学金
合计	**191306629**	**189628624**	**147354385**	**117893302**	**29461083**	**8393169**
北京	2670470	2608252	1495013	1188804	306209	32551
天津	1677293	1677293	1386630	982598	404032	134
河北	10019833	10017122	8262308	6936009	1326299	479022
山西	5957228	5922212	4724416	3872150	852266	319023
内蒙古	3129567	3098194	2424837	2258616	166221	93618
辽宁	5467881	5454100	4414917	3474192	940725	143337
吉林	3982127	3978183	3225992	2811205	414787	152393
黑龙江	4773099	4743972	3956969	2795100	1161869	27742
上海	2268734	2268734	1720502	1475262	245240	54395
江苏	10803545	10643130	9103250	5958382	3144868	44262
浙江	9350773	9267937	7716200	5789667	1926533	357792
安徽	8609305	8548677	6299365	5100881	1198484	181178
福建	5801007	5734271	4756212	3752441	1003771	163945
江西	5578972	5466327	4384553	3611980	772573	153966
山东	13804358	13801633	11385471	9619055	1766416	544830
河南	12445355	12361692	8773726	7648349	1125377	307812
湖北	5779062	5750582	4390186	3431714	958472	115948
湖南	7428301	7382287	5412144	4984993	427151	140250
广东	11501184	11352396	8587929	6981269	1606660	975069
广西	8371571	8331609	6948070	4793134	2154936	541461
海南	1519796	1503059	1183868	1078760	105108	12566
重庆	3694506	3670653	2516898	2267903	248995	83306
四川	11950744	11814042	8070089	5842376	2227713	1553212
贵州	6812402	6755542	5233769	3997070	1236699	54592
云南	7754947	7726648	6178691	5065126	1113565	923435
西藏	1303550	1034550	890676	654820	235856	170965
陕西	6682640	6648207	4988506	3971155	1017351	241286
甘肃	5378237	5355820	4017613	3330720	686893	328538
青海	1188629	1144674	893935	772731	121204	104666
宁夏	1373660	1364423	867615	702215	165400	41838
新疆	4227853	4202403	3144035	2744625	399410	50037

教育事业费和基本建设支出明细

单位：千元

公用部分	商品和服务支出	其他资本性支出	专项公用支出	专项项目支出	基本建设支出
42274239	**28099817**	**14174422**	**4618786**	**9555636**	**1678005**
1113239	710432	402807	269637	133170	62218
290663	202445	88218	31034	57184	
1754814	1265034	489780	204685	285095	2711
1197796	949136	248660	136997	111663	35016
673357	498464	174893	49166	125727	31373
1039183	669194	369989	166741	203248	13781
752191	525107	227084	55063	172021	3944
787003	578572	208431	52816	155615	29127
548232	403184	145048	41955	103093	
1539880	928474	611406	203526	407880	160415
1551737	874353	677384	191972	485412	82836
2249312	1274346	974966	239896	735070	60628
978059	732442	245617	88468	157149	66736
1081774	794279	287495	100751	186744	112645
2416162	1670344	745818	299004	446814	2725
3587966	2876871	711095	323581	387514	83663
1360396	935098	425298	141218	284080	28480
1970143	1446754	523389	181800	341589	46014
2764467	2026222	738245	293276	444969	148788
1383539	934272	449267	102465	346802	39962
319191	221708	97483	29911	67572	16737
1153755	868334	285421	60345	225076	23853
3743953	1793697	1950256	555042	1395214	136702
1521773	1074668	447105	191063	256042	56860
1547957	1041046	506911	141415	365496	28299
143874	89893	53981	10258	43723	269000
1659701	993138	666563	146361	520202	34433
1338207	753211	584996	118055	466941	22417
250739	161173	89566	35436	54130	43955
496808	263381	233427	46905	186522	9237
1058368	544545	513823	109944	403879	25450

5—66 分地区成人小学预算内

地区	合计	事业费支出	个人部分	工资福利支出	对个人和家庭的补助支出	#助学金
合计	**38635**	**38635**	**29706**	**27268**	**2438**	
北京						
天津						
河北	3033	3033	2914	2852	62	
山西	796	796	453	453		
内蒙古	681	681	600	600		
辽宁						
吉林						
黑龙江						
上海						
江苏						
浙江						
安徽						
福建	13794	13794	12451	11538	913	
江西						
山东						
河南	5429	5429	4811	3430	1381	
湖北	693	693	642	641	1	
湖南						
广东						
广西	100	100				
海南						
重庆	5254	5254	4487	4463	24	
四川	1253	1253	1085	1031	54	
贵州						
云南	2478	2478	1904	1901	3	
西藏						
陕西						
甘肃	107	107	107	107		
青海						
宁夏						
新疆	5017	5017	252	252		

教育事业费和基本建设支出明细

单位:千元

公用部分	商品和服务支出	其他资本性支出	专项公用支出	专项项目支出	基本建设支出
8929	**6598**	**2331**	**2331**		
119	119				
343	343				
81	81				
1343	1338	5	5		
618	592	26	26		
51	51				
100	100				
767	767				
168	168				
574	524	50	50		
4765	2515	2250	2250		

5—67 分地区特殊教育预算内

地区	合计	事业费支出	个人部分	工资福利支出	对个人和家庭的补助支出	#助学金
合计	**3074061**	**2964053**	**2158517**	**1747766**	**410751**	**63424**
北京	253291	228291	106211	78334	27877	3045
天津	84426	84426	62058	36868	25190	95
河北	114709	111909	84151	77834	6317	1148
山西	73056	73056	57419	49287	8132	1735
内蒙古	69559	62059	34861	31794	3067	1296
辽宁	169378	169378	136044	109426	26618	980
吉林	104472	98872	73591	60862	12729	1040
黑龙江	137431	137431	112152	70904	41248	1585
上海	304096	296096	236381	212827	23554	2959
江苏	257049	250049	194052	140457	53595	2907
浙江	156648	146648	110877	88816	22061	3075
安徽	67087	63195	45455	38368	7087	2574
福建	93022	93022	71163	58258	12905	2392
江西	45824	43339	24273	20817	3456	1037
山东	277160	277160	224423	183076	41347	8418
河南	122170	122170	84526	76518	8008	2800
湖北	79765	75905	62265	44555	17710	3561
湖南	73017	70067	52150	43615	8535	1182
广东	203420	188710	135757	127294	8463	1152
广西	35661	35661	28221	22702	5519	1435
海南	17978	17978	6235	5393	842	337
重庆	38210	38199	26439	21084	5355	3151
四川	81125	76325	51830	42178	9652	5770
贵州	37271	37271	30804	22238	8566	758
云南	53661	46061	30031	24358	5673	3769
西藏	3166	3166	2834	1945	889	659
陕西	29720	29720	20734	17054	3680	994
甘肃	33171	32371	20800	15389	5411	1483
青海	9414	9414	7195	6050	1145	900
宁夏	16094	16094	8405	6815	1590	366
新疆	33010	30010	17180	12650	4530	821

教育事业费和基本建设支出明细

单位：千元

公用部分	商品和服务支出	其他资本性支出			基本建设支出
			专项公用支出	专项项目支出	
805536	**462262**	**343274**	**152479**	**190795**	**110008**
122080	40456	81624	47126	34498	25000
22368	12263	10105	3071	7034	
27758	16879	10879	3082	7797	2800
15637	14820	817	797	20	
27198	6835	20363	350	20013	7500
33334	28779	4555	2060	2495	
25281	17745	7536	2616	4920	5600
25279	19666	5613	1875	3738	
59715	49064	10651	10105	546	8000
55997	27810	28187	8095	20092	7000
35771	21449	14322	3258	11064	10000
17740	7001	10739	1965	8774	3892
21859	14830	7029	2479	4550	
19066	6654	12412	8201	4211	2485
52737	33678	19059	10079	8980	
37644	25797	11847	2061	9786	
13640	9964	3676	2369	1307	3860
17917	13030	4887	2151	2736	2950
52953	32519	20434	14611	5823	14710
7440	4878	2562	1430	1132	
11743	2550	9193	649	8544	
11760	8878	2882	1934	948	11
24495	15397	9098	4373	4725	4800
6467	4495	1972	1142	830	
16030	7800	8230	6757	1473	7600
332	332				
8986	7286	1700	415	1285	
11571	4103	7468	311	7157	800
2219	1675	544	134	410	
7689	2903	4786	1659	3127	
12830	2726	10104	7324	2780	3000

5—68 分地区特殊教育学校预算内

地区	合计	事业费支出	个人部分	工资福利支出	对个人和家庭的补助支出	#助学金
合计	**2997699**	**2888761**	**2109812**	**1705085**	**404727**	**63024**
北京	245183	220183	100661	73214	27447	3045
天津	84426	84426	62058	36868	25190	95
河北	114709	111909	84151	77834	6317	1148
山西	73056	73056	57419	49287	8132	1735
内蒙古	69559	62059	34861	31794	3067	1296
辽宁	148517	148517	120147	96164	23983	873
吉林	101935	96335	71390	58814	12576	1040
黑龙江	137431	137431	112152	70904	41248	1585
上海	304096	296096	236381	212827	23554	2959
江苏	254449	247449	194052	140457	53595	2907
浙江	151438	141438	107427	85931	21496	3075
安徽	67087	63195	45455	38368	7087	2574
福建	88480	88480	67767	55339	12428	2336
江西	45824	43339	24273	20817	3456	1037
山东	277160	277160	224423	183076	41347	8418
河南	122170	122170	84526	76518	8008	2800
湖北	77951	74091	60519	43613	16906	3554
湖南	73017	70067	52150	43615	8535	1182
广东	178408	164768	123729	115491	8238	927
广西	35319	35319	27930	22497	5433	1435
海南	17978	17978	6235	5393	842	337
重庆	38210	38199	26439	21084	5355	3151
四川	77485	72685	49380	40148	9232	5765
贵州	35575	35575	29108	20771	8337	758
云南	53661	46061	30031	24358	5673	3769
西藏	3166	3166	2834	1945	889	659
陕西	29720	29720	20734	17054	3680	994
甘肃	33171	32371	20800	15389	5411	1483
青海	9414	9414	7195	6050	1145	900
宁夏	16094	16094	8405	6815	1590	366
新疆	33010	30010	17180	12650	4530	821

教育事业费和基本建设支出明细

单位：千元

公用部分	商品和服务支出	其他资本性支出			基本建设支出
			专项公用支出	专项项目支出	
778949	**442838**	**336111**	**146467**	**189644**	**108938**
119522	39382	80140	46493	33647	25000
22368	12263	10105	3071	7034	
27758	16879	10879	3082	7797	2800
15637	14820	817	797	20	
27198	6835	20363	350	20013	7500
28370	23918	4452	1957	2495	
24945	17409	7536	2616	4920	5600
25279	19666	5613	1875	3738	
59715	49064	10651	10105	546	8000
53397	25210	28187	8095	20092	7000
34011	20223	13788	2724	11064	10000
17740	7001	10739	1965	8774	3892
20713	13684	7029	2479	4550	
19066	6654	12412	8201	4211	2485
52737	33678	19059	10079	8980	
37644	25797	11847	2061	9786	
13572	9896	3676	2369	1307	3860
17917	13030	4887	2151	2736	2950
41039	25007	16032	10209	5823	13640
7389	4827	2562	1430	1132	
11743	2550	9193	649	8544	
11760	8878	2882	1934	948	11
23305	14847	8458	4033	4425	4800
6467	4495	1972	1142	830	
16030	7800	8230	6757	1473	7600
332	332				
8986	7286	1700	415	1285	
11571	4103	7468	311	7157	800
2219	1675	544	134	410	
7689	2903	4786	1659	3127	
12830	2726	10104	7324	2780	3000

5—69 分地区工读学校预算内

地区	合计	事业费支出	个人部分	工资福利支出	对个人和家庭的补助支出	#助学金
合计	**76362**	**75292**	**48705**	**42681**	**6024**	**400**
北京	8108	8108	5550	5120	430	
天津						
河北						
山西						
内蒙古						
辽宁	20861	20861	15897	13262	2635	107
吉林	2537	2537	2201	2048	153	
黑龙江						
上海						
江苏	2600	2600				
浙江	5210	5210	3450	2885	565	
安徽						
福建	4542	4542	3396	2919	477	56
江西						
山东						
河南						
湖北	1814	1814	1746	942	804	7
湖南						
广东	25012	23942	12028	11803	225	225
广西	342	342	291	205	86	
海南						
重庆						
四川	3640	3640	2450	2030	420	5
贵州	1696	1696	1696	1467	229	
云南						
西藏						
陕西						
甘肃						
青海						
宁夏						
新疆						

教育事业费和基本建设支出明细

单位:千元

公用部分	商品和服务支出	其他资本性支出	专项公用支出	专项项目支出	基本建设支出
26587	**19424**	**7163**	**6012**	**1151**	**1070**
2558	1074	1484	633	851	
4964	4861	103	103		
336	336				
2600	2600				
1760	1226	534	534		
1146	1146				
68	68				
11914	7512	4402	4402		1070
51	51				
1190	550	640	340	300	

5—70 分地区幼儿园预算内

地区	合计	事业费支出	个人部分	工资福利支出	对个人和家庭的补助支出	# 助学金
合计	**11237719**	**10973359**	**9124971**	**7945019**	**1179952**	
北京	617512	579012	383805	312694	71111	
天津	333285	333285	295301	190914	104387	
河北	728343	728343	664063	627554	36509	
山西	317707	307607	266474	246924	19550	
内蒙古	338345	330940	272419	259596	12823	
辽宁	221653	221653	175338	152594	22744	
吉林	169651	169651	144463	123357	21106	
黑龙江	160641	160641	142462	103165	39297	
上海	2250405	2215219	1781890	1645200	136690	
江苏	860665	788429	622661	504068	118593	
浙江	658412	658412	481204	406458	74746	
安徽	193334	193334	187126	163521	23605	
福建	469420	467959	402725	362094	40631	
江西	116896	112746	106333	90048	16285	
山东	273809	273809	254688	228107	26581	
河南	315862	312916	268441	252005	16436	
湖北	248181	247881	226920	169661	57259	
湖南	120741	115641	100558	92967	7591	
广东	436819	432641	389682	348740	40942	
广西	212395	212395	201565	154624	46941	
海南	19197	19172	18256	17618	638	
重庆	96102	95702	73884	70447	3437	
四川	349767	349457	300154	263521	36633	
贵州	170065	169465	157603	115684	41919	
云南	327744	327054	298654	286858	11796	
西藏	43799	35799	31934	28054	3880	
陕西	242029	242029	214872	188130	26742	
甘肃	215474	215474	187831	170151	17680	
青海	58355	55355	45607	44873	734	
宁夏	80502	80502	72732	62261	10471	
新疆	590609	520836	355326	263131	92195	

教育事业费和基本建设支出明细

单位:千元

公用部分	商品和服务支出	其他资本性支出			基本建设支出
			专项公用支出	专项项目支出	
1848388	**1015302**	**833086**	**316643**	**516443**	**264360**
195207	92018	103189	44193	58996	38500
37984	22323	15661	7993	7668	
64280	48493	15787	7548	8239	
41133	31570	9563	2393	7170	10100
58521	39208	19313	9189	10124	7405
46315	21260	25055	10510	14545	
25188	18752	6436	1904	4532	
18179	16390	1789	1266	523	
433329	306423	126906	73891	53015	35186
165768	48012	117756	16336	101420	72236
177208	62957	114251	52219	62032	
6208	5436	772	292	480	
65234	37669	27565	17509	10056	1461
6413	3358	3055	408	2647	4150
19121	11098	8023	4517	3506	
44475	28415	16060	12130	3930	2946
20961	14256	6705	4178	2527	300
15083	5315	9768	3492	6276	5100
42959	28071	14888	9983	4905	4178
10830	5476	5354	1103	4251	
916	494	422	92	330	25
21818	14018	7800	4557	3243	400
49303	23848	25455	3149	22306	310
11862	6859	5003	1591	3412	600
28400	20954	7446	3500	3946	690
3865	2886	979	424	555	8000
27157	16968	10189	1404	8785	
27643	16017	11626	1863	9763	
9748	5014	4734	1084	3650	3000
7770	6948	822	822		
165510	54796	110714	17103	93611	69773

5—71 分地区中央属幼儿园预算内

地区	合计	事业费支出	个人部分	工资福利支出	对个人和家庭的补助支出	#助学金
合计	**3478**	**3478**	**2498**	**2464**	**34**	
北京						
天津						
河北						
山西						
内蒙古						
辽宁						
吉林						
黑龙江	2046	2046	1216	1182	34	
上海						
江苏						
浙江						
安徽						
福建						
江西						
山东						
河南						
湖北						
湖南						
广东						
广西						
海南						
重庆						
四川						
贵州						
云南						
西藏						
陕西						
甘肃						
青海						
宁夏						
新疆	1432	1432	1282	1282		

教育事业费和基本建设支出明细

单位：千元

公用部分	商品和服务支出	其他资本性支出	专项公用支出	专项项目支出	基本建设支出
980	**980**				
830	830				
150	150				

5—72 分地区地方幼儿园预算内

地 区	合 计	事业费支出	个人部分	工资福利支出	对个人和家庭的补助支出	# 助学金
合 计	**11234241**	**10969881**	**9122473**	**7942555**	**1179918**	
北 京	617512	579012	383805	312694	71111	
天 津	333285	333285	295301	190914	104387	
河 北	728343	728343	664063	627554	36509	
山 西	317707	307607	266474	246924	19550	
内蒙古	338345	330940	272419	259596	12823	
辽 宁	221653	221653	175338	152594	22744	
吉 林	169651	169651	144463	123357	21106	
黑龙江	158595	158595	141246	101983	39263	
上 海	2250405	2215219	1781890	1645200	136690	
江 苏	860665	788429	622661	504068	118593	
浙 江	658412	658412	481204	406458	74746	
安 徽	193334	193334	187126	163521	23605	
福 建	469420	467959	402725	362094	40631	
江 西	116896	112746	106333	90048	16285	
山 东	273809	273809	254688	228107	26581	
河 南	315862	312916	268441	252005	16436	
湖 北	248181	247881	226920	169661	57259	
湖 南	120741	115641	100558	92967	7591	
广 东	436819	432641	389682	348740	40942	
广 西	212395	212395	201565	154624	46941	
海 南	19197	19172	18256	17618	638	
重 庆	96102	95702	73884	70447	3437	
四 川	349767	349457	300154	263521	36633	
贵 州	170065	169465	157603	115684	41919	
云 南	327744	327054	298654	286858	11796	
西 藏	43799	35799	31934	28054	3880	
陕 西	242029	242029	214872	188130	26742	
甘 肃	215474	215474	187831	170151	17680	
青 海	58355	55355	45607	44873	734	
宁 夏	80502	80502	72732	62261	10471	
新 疆	589177	519404	354044	261849	92195	

教育事业费和基本建设支出明细

单位：千元

公用部分	商品和服务支出	其他资本性支出	专项公用支出	专项项目支出	基本建设支出
1847408	**1014322**	**833086**	**316643**	**516443**	**264360**
195207	92018	103189	44193	58996	38500
37984	22323	15661	7993	7668	
64280	48493	15787	7548	8239	
41133	31570	9563	2393	7170	10100
58521	39208	19313	9189	10124	7405
46315	21260	25055	10510	14545	
25188	18752	6436	1904	4532	
17349	15560	1789	1266	523	
433329	306423	126906	73891	53015	35186
165768	48012	117756	16336	101420	72236
177208	62957	114251	52219	62032	
6208	5436	772	292	480	
65234	37669	27565	17509	10056	1461
6413	3358	3055	408	2647	4150
19121	11098	8023	4517	3506	
44475	28415	16060	12130	3930	2946
20961	14256	6705	4178	2527	300
15083	5315	9768	3492	6276	5100
42959	28071	14888	9983	4905	4178
10830	5476	5354	1103	4251	
916	494	422	92	330	25
21818	14018	7800	4557	3243	400
49303	23848	25455	3149	22306	310
11862	6859	5003	1591	3412	600
28400	20954	7446	3500	3946	690
3865	2886	979	424	555	8000
27157	16968	10189	1404	8785	
27643	16017	11626	1863	9763	
9748	5014	4734	1084	3650	3000
7770	6948	822	822		
165360	54646	110714	17103	93611	69773

5－73 分地区教育行政单位预算内

地区	合计	事业费支出	个人部分	工资福利支出	对个人和家庭的补助支出	#助学金
合计	**14196905**	**13654533**	**5923260**	**4364329**	**1558931**	**18764**
北京	398640	351640	196323	150657	45666	
天津	169108	169108	130293	76563	53730	
河北	446964	436964	271443	223979	47464	
山西	272204	270204	154694	115909	38785	
内蒙古	382367	373847	134494	97731	36763	3000
辽宁	323925	323925	179864	133108	46756	
吉林	123544	123544	72281	59503	12778	
黑龙江	869283	861653	203042	121176	81866	10
上海	146260	146260	115538	95642	19896	
江苏	1173509	1028509	435242	283082	152160	11982
浙江	545515	545355	322104	219566	102538	3
安徽	572637	570387	228733	131654	97079	
福建	191050	191050	109201	88508	20693	
江西	253346	242823	141525	91920	49605	
山东	723409	723409	450684	374640	76044	
河南	815559	794628	262227	203196	59031	2270
湖北	699446	699446	287044	179374	107670	
湖南	631843	631843	349021	291073	57948	223
广东	1006807	923918	380461	312774	67687	
广西	227461	227461	114102	73226	40876	
海南	133355	127200	62121	46951	15170	1276
重庆	195427	179956	84528	72696	11832	
四川	661947	661331	282940	208079	74861	
贵州	1290265	1179168	235514	115913	119601	
云南	639659	615369	171825	148098	23727	
西藏	104702	104702	75430	60030	15400	
陕西	325981	325981	126827	98088	28739	
甘肃	198298	198298	68045	57295	10750	
青海	106800	97167	30240	26933	3307	
宁夏	69377	69127	36055	26198	9857	
新疆	498217	460260	211419	180767	30652	

教育事业费和基本建设支出明细

单位:千元

公用部分	商品和服务支出	其他资本性支出			基本建设支出
			专项公用支出	专项项目支出	
7731273	**4438996**	**3292277**	**1292028**	**2000249**	**542372**
155317	141807	13510	13510		47000
38815	15675	23140	932	22208	
165521	128344	37177	11575	25602	10000
115510	99294	16216	6376	9840	2000
239353	150681	88672	42092	46580	8520
144061	111452	32609	22709	9900	
51263	47821	3442	3334	108	
658611	502954	155657	110768	44889	7630
30722	24528	6194	1100	5094	
593267	224836	368431	82778	285653	145000
223251	192976	30275	19825	10450	160
341654	100635	241019	107570	133449	2250
81849	57041	24808	15929	8879	
101298	63364	37934	16809	21125	10523
272725	176589	96136	57789	38347	
532401	282847	249554	55763	193791	20931
412402	356828	55574	32349	23225	
282822	216804	66018	51754	14264	
543457	368403	175054	34305	140749	82889
113359	55213	58146	23497	34649	
65079	42591	22488	12016	10472	6155
95428	71322	24106	9102	15004	15471
378391	174191	204200	52429	151771	616
943654	310644	633010	346394	286616	111097
443544	155781	287763	70582	217181	24290
29272	19435	9837	5528	4309	
199154	78901	120253	5612	114641	
130253	90604	39649	20140	19509	
66927	32996	33931	3477	30454	9633
33072	28996	4076	3062	1014	250
248841	115443	133398	52922	80476	37957

5—74 分地区中央属教育行政单位预算内

地 区	合 计	事业费支出	个人部分	工资福利支出	对个人和家庭的补助支出	#助学金
合 计	**99066**	**99066**	**53006**	**50366**	**2640**	**10**
北 京	74681	74681	39524	39425	99	
天 津						
河 北						
山 西						
内蒙古						
辽 宁						
吉 林						
黑龙江	2861	2861	1440	1430	10	10
上 海						
江 苏						
浙 江						
安 徽						
福 建						
江 西						
山 东						
河 南						
湖 北						
湖 南						
广 东						
广 西						
海 南						
重 庆						
四 川						
贵 州						
云 南						
西 藏						
陕 西						
甘 肃						
青 海						
宁 夏						
新 疆	21524	21524	12042	9511	2531	

教育事业费和基本建设支出明细

单位:千元

公用部分	商品和服务支出	其他资本性支出	专项公用支出	专项项目支出	基本建设支出
46060	**46059**	**1**	**1**		
35157	35157				
1421	1421				
9482	9481	1	1		

5—75 分地区地方教育行政单位预算内

地区	合计	事业费支出	个人部分	工资福利支出	对个人和家庭的补助支出	#助学金
合计	**14097839**	**13555467**	**5870254**	**4313963**	**1556291**	**18754**
北京	323959	276959	156799	111232	45567	
天津	169108	169108	130293	76563	53730	
河北	446964	436964	271443	223979	47464	
山西	272204	270204	154694	115909	38785	
内蒙古	382367	373847	134494	97731	36763	3000
辽宁	323925	323925	179864	133108	46756	
吉林	123544	123544	72281	59503	12778	
黑龙江	866422	858792	201602	119746	81856	
上海	146260	146260	115538	95642	19896	
江苏	1173509	1028509	435242	283082	152160	11982
浙江	545515	545355	322104	219566	102538	3
安徽	572637	570387	228733	131654	97079	
福建	191050	191050	109201	88508	20693	
江西	253346	242823	141525	91920	49605	
山东	723409	723409	450684	374640	76044	
河南	815559	794628	262227	203196	59031	2270
湖北	699446	699446	287044	179374	107670	
湖南	631843	631843	349021	291073	57948	223
广东	1006807	923918	380461	312774	67687	
广西	227461	227461	114102	73226	40876	
海南	133355	127200	62121	46951	15170	1276
重庆	195427	179956	84528	72696	11832	
四川	661947	661331	282940	208079	74861	
贵州	1290265	1179168	235514	115913	119601	
云南	639659	615369	171825	148098	23727	
西藏	104702	104702	75430	60030	15400	
陕西	325981	325981	126827	98088	28739	
甘肃	198298	198298	68045	57295	10750	
青海	106800	97167	30240	26933	3307	
宁夏	69377	69127	36055	26198	9857	
新疆	476693	438736	199377	171256	28121	

教育事业费和基本建设支出明细

单位：千元

公用部分	商品和服务支出	其他资本性支出			基本建设支出
			专项公用支出	专项项目支出	
7685213	**4392937**	**3292276**	**1292027**	**2000249**	**542372**
120160	106650	13510	13510		47000
38815	15675	23140	932	22208	
165521	128344	37177	11575	25602	10000
115510	99294	16216	6376	9840	2000
239353	150681	88672	42092	46580	8520
144061	111452	32609	22709	9900	
51263	47821	3442	3334	108	
657190	501533	155657	110768	44889	7630
30722	24528	6194	1100	5094	
593267	224836	368431	82778	285653	145000
223251	192976	30275	19825	10450	160
341654	100635	241019	107570	133449	2250
81849	57041	24808	15929	8879	
101298	63364	37934	16809	21125	10523
272725	176589	96136	57789	38347	
532401	282847	249554	55763	193791	20931
412402	356828	55574	32349	23225	
282822	216804	66018	51754	14264	
543457	368403	175054	34305	140749	82889
113359	55213	58146	23497	34649	
65079	42591	22488	12016	10472	6155
95428	71322	24106	9102	15004	15471
378391	174191	204200	52429	151771	616
943654	310644	633010	346394	286616	111097
443544	155781	287763	70582	217181	24290
29272	19435	9837	5528	4309	
199154	78901	120253	5612	114641	
130253	90604	39649	20140	19509	
66927	32996	33931	3477	30454	9633
33072	28996	4076	3062	1014	250
239359	105962	133397	52921	80476	37957

5—76 分地区教育事业单位预算内

地 区	合 计	事业费支出	个人部分	工资福利支出	对个人和家庭的补助支出	#助学金
合 计	**31964065**	**30674598**	**11158787**	**6947528**	**4211259**	**1422462**
北 京	5739593	5355087	1835597	566475	1269122	977003
天 津	1094959	1091959	285514	176694	108820	
河 北	705520	702670	403097	307609	95488	
山 西	630656	627536	397174	282630	114544	2586
内蒙古	900276	662422	206773	197169	9604	
辽 宁	1805093	1780492	681528	471786	209742	24588
吉 林	841592	841592	257283	222818	34465	
黑龙江	1143936	1141986	366671	232749	133922	
上 海	1458976	1436551	611686	542611	69075	23633
江 苏	3066422	2937208	894819	330716	564103	393467
浙 江	1308241	1308241	654989	389769	265220	925
安 徽	225140	224670	110615	87130	23485	
福 建	820747	639973	149163	114568	34595	
江 西	1313274	1296000	192871	119427	73444	2
山 东	788907	786687	624806	484778	140028	
河 南	1574667	1562667	515574	364338	151236	10
湖 北	425842	425842	292186	207701	84485	
湖 南	323015	320866	166519	137484	29035	14
广 东	1370612	1347378	732244	405783	326461	
广 西	788050	750792	241748	164939	76809	
海 南	41354	41354	16981	15318	1663	
重 庆	191535	191524	68264	65451	2813	222
四 川	608955	608155	279098	226633	52465	
贵 州	1380403	1370551	152881	64660	88221	
云 南	727067	621267	178879	94785	84094	
西 藏	496938	483438	136281	111616	24665	
陕 西	480165	480165	263193	209614	53579	
甘 肃	854864	854864	130093	111959	18134	
青 海	183008	181598	84212	77177	7035	12
宁 夏	132210	128310	78700	45908	32792	
新 疆	542048	472753	149348	117233	32115	

教育事业费和基本建设支出明细

单位：千元

公用部分					基本建设支出
	商品和服务支出	其他资本性支出			
			专项公用支出	专项项目支出	
19515811	**12397547**	**7118264**	**4088779**	**3029485**	**1289467**
3519490	2722846	796644	455286	341358	384506
806445	485732	320713	281996	38717	3000
299573	146195	153378	89332	64046	2850
230362	144285	86077	48248	37829	3120
455649	158594	297055	264866	32189	237854
1098964	430866	668098	330999	337099	24601
584309	434675	149634	39039	110595	
775315	609694	165621	128790	36831	1950
824865	529076	295789	68829	226960	22425
2042389	1445636	596753	516779	79974	129214
653252	386090	267162	157559	109603	
114055	43654	70401	36504	33897	470
490810	203739	287071	192655	94416	180774
1103129	1039040	64089	45175	18914	17274
161881	126002	35879	23268	12611	2220
1047093	630788	416305	337947	78358	12000
133656	98295	35361	18081	17280	
154347	76947	77400	18860	58540	2149
615134	304968	310166	243422	66744	23234
509044	105914	403130	128761	274369	37258
24373	9124	15249	2223	13026	
123260	101098	22162	11528	10634	11
329057	168064	160993	129714	31279	800
1217670	1066881	150789	73151	77638	9852
442388	187463	254925	92664	162261	105800
347157	118862	228295	94624	133671	13500
216972	141258	75714	25981	49733	
724771	204230	520541	139231	381310	
97386	60842	36544	27982	8562	1410
49610	30608	19002	14113	4889	3900
323405	186081	137324	51172	86152	69295

5—77 分地区中央属教育事业单位预算内

地区	合计	事业费支出	个人部分	工资福利支出	对个人和家庭的补助支出	#助学金
合计	**3624601**	**3502001**	**1127773**	**46089**	**1081684**	**977003**
北京	3608810	3486210	1117460	37379	1080081	977003
天津						
河北						
山西						
内蒙古						
辽宁						
吉林						
黑龙江						
上海						
江苏						
浙江						
安徽						
福建						
江西						
山东						
河南						
湖北						
湖南						
广东						
广西						
海南						
重庆						
四川						
贵州	314	314	314	314		
云南						
西藏						
陕西						
甘肃						
青海						
宁夏						
新疆	15477	15477	9999	8396	1603	

教育事业费和基本建设支出明细

单位:千元

公用部分	商品和服务支出	其他资本性支出	专项公用支出	专项项目支出	基本建设支出
2374228	**2051195**	**323033**	**204135**	**118898**	**122600**
2368750	2046463	322287	203389	118898	122600
5478	4732	746	746		

5—78 分地区地方教育事业单位预算内

地 区	合 计	事业费支出	个人部分	工资福利支出	对个人和家庭的补助支出	#助学金
合 计	**28339464**	**27172597**	**10031014**	**6901439**	**3129575**	**445459**
北 京	2130783	1868877	718137	529096	189041	
天 津	1094959	1091959	285514	176694	108820	
河 北	705520	702670	403097	307609	95488	
山 西	630656	627536	397174	282630	114544	2586
内蒙古	900276	662422	206773	197169	9604	
辽 宁	1805093	1780492	681528	471786	209742	24588
吉 林	841592	841592	257283	222818	34465	
黑龙江	1143936	1141986	366671	232749	133922	
上 海	1458976	1436551	611686	542611	69075	23633
江 苏	3066422	2937208	894819	330716	564103	393467
浙 江	1308241	1308241	654989	389769	265220	925
安 徽	225140	224670	110615	87130	23485	
福 建	820747	639973	149163	114568	34595	
江 西	1313274	1296000	192871	119427	73444	2
山 东	788907	786687	624806	484778	140028	
河 南	1574667	1562667	515574	364338	151236	10
湖 北	425842	425842	292186	207701	84485	
湖 南	323015	320866	166519	137484	29035	14
广 东	1370612	1347378	732244	405783	326461	
广 西	788050	750792	241748	164939	76809	
海 南	41354	41354	16981	15318	1663	
重 庆	191535	191524	68264	65451	2813	222
四 川	608955	608155	279098	226633	52465	
贵 州	1380089	1370237	152567	64346	88221	
云 南	727067	621267	178879	94785	84094	
西 藏	496938	483438	136281	111616	24665	
陕 西	480165	480165	263193	209614	53579	
甘 肃	854864	854864	130093	111959	18134	
青 海	183008	181598	84212	77177	7035	12
宁 夏	132210	128310	78700	45908	32792	
新 疆	526571	457276	139349	108837	30512	

教育事业费和基本建设支出明细

单位:千元

公用部分	商品和服务支出	其他资本性支出			基本建设支出
			专项公用支出	专项项目支出	
17141583	**10346352**	**6795231**	**3884644**	**2910587**	**1166867**
1150740	676383	474357	251897	222460	261906
806445	485732	320713	281996	38717	3000
299573	146195	153378	89332	64046	2850
230362	144285	86077	48248	37829	3120
455649	158594	297055	264866	32189	237854
1098964	430866	668098	330999	337099	24601
584309	434675	149634	39039	110595	
775315	609694	165621	128790	36831	1950
824865	529076	295789	68829	226960	22425
2042389	1445636	596753	516779	79974	129214
653252	386090	267162	157559	109603	
114055	43654	70401	36504	33897	470
490810	203739	287071	192655	94416	180774
1103129	1039040	64089	45175	18914	17274
161881	126002	35879	23268	12611	2220
1047093	630788	416305	337947	78358	12000
133656	98295	35361	18081	17280	
154347	76947	77400	18860	58540	2149
615134	304968	310166	243422	66744	23234
509044	105914	403130	128761	274369	37258
24373	9124	15249	2223	13026	
123260	101098	22162	11528	10634	11
329057	168064	160993	129714	31279	800
1217670	1066881	150789	73151	77638	9852
442388	187463	254925	92664	162261	105800
347157	118862	228295	94624	133671	13500
216972	141258	75714	25981	49733	
724771	204230	520541	139231	381310	
97386	60842	36544	27982	8562	1410
49610	30608	19002	14113	4889	3900
317927	181349	136578	50426	86152	69295

5—79 分地区其他教育机构预算内

地区	合计	事业费支出	个人部分	工资福利支出	对个人和家庭的补助支出	#助学金
合计	**7590102**	**7046074**	**4272888**	**3299532**	**973356**	**23298**
北京	765187	694882	266265	156260	110005	14156
天津	59133	59133	47131	29788	17343	
河北	284961	281534	217664	185002	32662	1687
山西	188371	186471	132424	106064	26360	67
内蒙古	189349	172363	103165	97346	5819	
辽宁	301641	296841	172883	127014	45869	
吉林	201736	201642	147485	108050	39435	106
黑龙江	94222	94222	79693	50660	29033	178
上海	413131	395253	166082	147832	18250	
江苏	436658	405593	292241	202406	89835	635
浙江	340036	339486	176626	131218	45408	2
安徽	219678	219678	151629	110078	41551	
福建	338973	215359	127914	103883	24031	
江西	104017	100970	80275	54943	25332	1886
山东	583829	556829	307202	247819	59383	248
河南	175586	175226	110862	91063	19799	57
湖北	213634	202489	160481	106542	53939	
湖南	339826	319886	190868	146629	44239	
广东	484579	419107	231683	200586	31097	4216
广西	195471	178232	126017	88683	37334	
海南	44309	37225	24740	20424	4316	2
重庆	148738	94963	39245	37650	1595	
四川	288577	288399	188927	153235	35692	
贵州	154555	139485	100655	64441	36214	
云南	197205	179095	109770	105856	3914	
西藏	64892	64892	45897	33104	12793	
陕西	183365	182315	120468	104056	16412	15
甘肃	188520	167470	118000	101764	16236	43
青海	74853	71348	52718	42428	10290	
宁夏	54671	53671	37462	28107	9355	
新疆	260399	252015	146416	116601	29815	

教育事业费和基本建设支出明细

单位:千元

公用部分	商品和服务支出	其他资本性支出			基本建设支出
			专项公用支出	专项项目支出	
2773186	**1806471**	**966715**	**373861**	**592854**	**544028**
428617	254124	174493	66328	108165	70305
12002	9423	2579	1979	600	
63870	55462	8408	7371	1037	3427
54047	43356	10691	4742	5949	1900
69198	53417	15781	2381	13400	16986
123958	86727	37231	18979	18252	4800
54157	45540	8617	2783	5834	94
14529	13605	924	513	411	
229171	197902	31269	25905	5364	17878
113352	73101	40251	13071	27180	31065
162860	103456	59404	38397	21007	550
68049	34536	33513	5354	28159	
87445	65034	22411	6664	15747	123614
20695	12518	8177	3377	4800	3047
249627	91601	158026	10631	147395	27000
64364	37197	27167	25887	1280	360
42008	35537	6471	5144	1327	11145
129018	94777	34241	13134	21107	19940
187424	135817	51607	32894	18713	65472
52215	40931	11284	2984	8300	17239
12485	8541	3944	1602	2342	7084
55718	34555	21163	6749	14414	53775
99472	66042	33430	12369	21061	178
38830	29867	8963	8913	50	15070
69325	42921	26404	7701	18703	18110
18995	13010	5985	2540	3445	
61847	32333	29514	6388	23126	1050
49470	31654	17816	1428	16388	21050
18630	11694	6936	788	6148	3505
16209	9850	6359	2545	3814	1000
105599	41943	63656	34320	29336	8384

5—80 分地区中央属其他教育机构预算内

地区	合计	事业费支出	个人部分	工资福利支出	对个人和家庭的补助支出	#助学金
合计	**600081**	**600081**	**212644**	**125841**	**86803**	**14156**
北京	429902	429902	157666	78324	79342	14156
天津						
河北						
山西						
内蒙古						
辽宁						
吉林						
黑龙江	296	296	234	234		
上海	109264	109264	24522	23618	904	
江苏						
浙江						
安徽						
福建	29081	29081	4202	3602	600	
江西						
山东						
河南						
湖北						
湖南						
广东						
广西						
海南						
重庆						
四川						
贵州						
云南						
西藏						
陕西						
甘肃						
青海						
宁夏						
新疆	31538	31538	26020	20063	5957	

教育事业费和基本建设支出明细

单位：千元

公用部分	商品和服务支出	其他资本性支出	专项公用支出	专项项目支出	基本建设支出
387437	**292446**	**94991**	**34298**	**60693**	
272236	192572	79664	22930	56734	
62	62				
84742	70763	13979	10020	3959	
24879	24879				
5518	4170	1348	1348		

5—81 分地区地方其他教育机构预算内

地 区	合 计	事业费支出	个人部分	工资福利支出	对个人和家庭的补助支出	#助学金
合 计	**6990021**	**6445993**	**4060244**	**3173691**	**886553**	**9142**
北 京	335285	264980	108599	77936	30663	
天 津	59133	59133	47131	29788	17343	
河 北	284961	281534	217664	185002	32662	1687
山 西	188371	186471	132424	106064	26360	67
内蒙古	189349	172363	103165	97346	5819	
辽 宁	301641	296841	172883	127014	45869	
吉 林	201736	201642	147485	108050	39435	106
黑龙江	93926	93926	79459	50426	29033	178
上 海	303867	285989	141560	124214	17346	
江 苏	436658	405593	292241	202406	89835	635
浙 江	340036	339486	176626	131218	45408	2
安 徽	219678	219678	151629	110078	41551	
福 建	309892	186278	123712	100281	23431	
江 西	104017	100970	80275	54943	25332	1886
山 东	583829	556829	307202	247819	59383	248
河 南	175586	175226	110862	91063	19799	57
湖 北	213634	202489	160481	106542	53939	
湖 南	339826	319886	190868	146629	44239	
广 东	484579	419107	231683	200586	31097	4216
广 西	195471	178232	126017	88683	37334	
海 南	44309	37225	24740	20424	4316	2
重 庆	148738	94963	39245	37650	1595	
四 川	288577	288399	188927	153235	35692	
贵 州	154555	139485	100655	64441	36214	
云 南	197205	179095	109770	105856	3914	
西 藏	64892	64892	45897	33104	12793	
陕 西	183365	182315	120468	104056	16412	15
甘 肃	188520	167470	118000	101764	16236	43
青 海	74853	71348	52718	42428	10290	
宁 夏	54671	53671	37462	28107	9355	
新 疆	228861	220477	120396	96538	23858	

教育事业费和基本建设支出明细

单位:千元

公用部分	商品和服务支出	其他资本性支出	专项公用支出	专项项目支出	基本建设支出
2385749	**1514025**	**871724**	**339563**	**532161**	**544028**
156381	61552	94829	43398	51431	70305
12002	9423	2579	1979	600	
63870	55462	8408	7371	1037	3427
54047	43356	10691	4742	5949	1900
69198	53417	15781	2381	13400	16986
123958	86727	37231	18979	18252	4800
54157	45540	8617	2783	5834	94
14467	13543	924	513	411	
144429	127139	17290	15885	1405	17878
113352	73101	40251	13071	27180	31065
162860	103456	59404	38397	21007	550
68049	34536	33513	5354	28159	
62566	40155	22411	6664	15747	123614
20695	12518	8177	3377	4800	3047
249627	91601	158026	10631	147395	27000
64364	37197	27167	25887	1280	360
42008	35537	6471	5144	1327	11145
129018	94777	34241	13134	21107	19940
187424	135817	51607	32894	18713	65472
52215	40931	11284	2984	8300	17239
12485	8541	3944	1602	2342	7084
55718	34555	21163	6749	14414	53775
99472	66042	33430	12369	21061	178
38830	29867	8963	8913	50	15070
69325	42921	26404	7701	18703	18110
18995	13010	5985	2540	3445	
61847	32333	29514	6388	23126	1050
49470	31654	17816	1428	16388	21050
18630	11694	6936	788	6148	3505
16209	9850	6359	2545	3814	1000
100081	37773	62308	32972	29336	8384

第六部分

省、自治区、直辖市教育部门和其他部门各级各类学校生均教育经费支出

6—1 分地区高等学校生均教育经费支出

单位:元

地区	教育经费支出	事业性经费支出	个人部分	公用部分	基本建设支出
合计	**17256.89**	**16021.97**	**7030.50**	**8991.46**	**1234.92**
北京	39698.90	37348.12	12910.42	24437.70	2350.78
天津	19183.47	18526.53	8748.77	9777.76	656.94
河北	13029.07	12964.71	6346.00	6618.71	64.36
山西	11649.82	11111.66	6238.93	4872.74	538.16
内蒙古	11875.49	11424.78	5704.00	5720.78	450.72
辽宁	18787.24	16302.41	7538.91	8763.50	2484.83
吉林	13914.36	13498.21	6507.18	6991.03	416.15
黑龙江	16588.45	15800.72	6133.95	9666.77	787.73
上海	28784.90	27105.08	11754.31	15350.77	1679.81
江苏	20689.87	18990.51	7668.60	11321.92	1699.36
浙江	21111.67	19757.45	8800.21	10957.24	1354.23
安徽	10710.12	10516.63	5157.19	5359.44	193.49
福建	18572.97	16212.68	7828.69	8383.99	2360.29
江西	11153.59	10523.73	4728.46	5795.27	629.87
山东	13503.20	12800.47	5768.26	7032.22	702.73
河南	10030.71	9584.26	4526.17	5058.10	446.45
湖北	16252.00	15090.29	6924.34	8165.95	1161.71
湖南	14522.40	13413.25	5502.66	7910.58	1109.15
广东	21791.85	18036.80	8171.78	9865.02	3755.04
广西	10676.90	10480.59	5347.17	5133.42	196.32
海南	11669.48	10592.78	5432.55	5160.23	1076.70
重庆	17341.71	14890.06	6662.67	8227.40	2451.64
四川	14805.30	14029.90	5754.61	8275.28	775.40
贵州	9610.96	9344.76	5274.75	4070.00	266.20
云南	13108.57	13029.82	6492.08	6537.74	78.74
西藏	23755.83	18006.08	11999.35	6006.73	5749.75
陕西	18036.96	16611.22	6944.63	9666.60	1425.73
甘肃	12915.42	12704.48	6360.50	6343.98	210.94
青海	14750.77	14711.94	10164.72	4547.22	38.84
宁夏	16589.34	15841.00	7523.78	8317.22	748.34
新疆	11127.16	10890.15	5447.00	5443.14	237.02

6—2 分地区高等学校生均预算内教育经费支出

单位:元

地区	预算内教育经费支出	事业费支出	个人部分	公用部分	基本建设支出
合计	**8025.77**	**7394.03**	**4265.80**	**3128.23**	**631.73**
北京	18981.44	17159.77	7440.61	9719.16	1821.67
天津	10040.82	9893.45	5361.99	4531.46	147.37
河北	5178.68	5151.77	4042.54	1109.22	26.91
山西	5593.71	5194.81	3807.67	1387.14	398.91
内蒙古	6961.10	6751.75	4208.98	2542.76	209.35
辽宁	7758.58	6024.01	3488.37	2535.64	1734.57
吉林	7735.69	7450.87	4191.17	3259.70	284.82
黑龙江	7791.06	7053.55	4730.93	2322.62	737.51
上海	15047.29	14258.64	6843.59	7415.05	788.65
江苏	9186.51	8626.76	4564.49	4062.27	559.75
浙江	9142.90	8764.91	5449.78	3315.13	377.99
安徽	4816.82	4750.01	3475.31	1274.70	66.81
福建	7684.86	7210.86	3811.86	3398.99	474.00
江西	4333.27	4212.18	2804.27	1407.91	121.09
山东	6270.81	6068.16	4403.44	1664.72	202.65
河南	4194.00	4073.91	2697.56	1376.35	120.09
湖北	6738.53	6331.32	3321.16	3010.16	407.21
湖南	5999.16	5331.58	3972.39	1359.20	667.58
广东	13580.97	10513.55	5400.27	5113.28	3067.42
广西	5857.67	5744.01	3957.70	1786.31	113.66
海南	6587.41	6155.33	4063.50	2091.84	432.08
重庆	6757.77	6670.11	3216.32	3453.79	87.66
四川	5538.06	5125.16	2815.82	2309.34	412.90
贵州	5265.24	5001.31	3847.12	1154.18	263.94
云南	7462.62	7447.20	3383.14	4064.06	15.42
西藏	19767.68	13794.79	10851.01	2943.78	5972.89
陕西	8004.14	7553.15	4124.10	3429.05	450.99
甘肃	6917.49	6825.20	4288.51	2536.69	92.29
青海	9127.72	9083.04	7543.95	1539.09	44.68
宁夏	12787.54	11949.41	7273.62	4675.79	838.12
新疆	5834.85	5740.41	3544.73	2195.67	94.44

6—3 分地区中央属高等学校生均教育经费支出

单位:元

地区	教育经费支出	事业性经费支出	个人部分	公用部分	基本建设支出
合计	**32903.67**	**30197.27**	**11337.81**	**18859.46**	**2706.40**
北京	46398.56	43543.24	14008.31	29534.93	2855.32
天津	29875.57	27151.20	13192.78	13958.43	2724.37
河北	15803.03	14858.08	8318.69	6539.39	944.95
山西					
内蒙古					
辽宁	30443.58	27564.58	11021.25	16543.32	2879.00
吉林	17096.42	15972.40	7326.31	8646.09	1124.01
黑龙江	32671.59	28552.59	10161.77	18390.83	4118.99
上海	34639.97	32584.48	12855.27	19729.21	2055.49
江苏	31926.83	26804.80	11758.09	15046.71	5122.02
浙江	46952.94	46871.41	16649.85	30221.56	81.53
安徽	23669.31	22791.83	9322.68	13469.14	877.48
福建	27912.87	25712.75	11945.49	13767.26	2200.12
江西					
山东	28891.91	26076.59	9964.95	16111.64	2815.32
河南	13839.71	13839.71	5652.50	8187.21	
湖北	24945.83	23640.83	10084.23	13556.60	1305.00
湖南	43249.05	42510.55	11590.20	30920.35	738.50
广东	30705.01	29208.63	10999.60	18209.03	1496.38
广西					
海南					
重庆	26560.51	19367.11	8038.03	11329.08	7193.39
四川	28057.01	25903.07	9894.65	16008.43	2153.93
贵州					
云南					
西藏					
陕西	32390.21	27438.16	10003.50	17434.66	4952.05
甘肃	25004.41	24692.19	9648.88	15043.31	312.21
青海					
宁夏	17178.30	17178.30	8453.23	8725.07	
新疆					

6—4 分地区中央属高等学校生均预算内教育经费支出

单位:元

地区	预算内教育经费支出	事业费支出	个人部分	公用部分	基本建设支出
合计	**13634.65**	**12425.16**	**6387.06**	**6038.10**	**1209.49**
北京	17268.79	15325.03	7213.27	8111.76	1943.76
天津	12078.67	11615.85	5924.67	5691.18	462.82
河北	9559.63	9390.99	7348.26	2042.73	168.64
山西					
内蒙古					
辽宁	14072.91	11247.91	5502.26	5745.65	2825.00
吉林	9710.96	8903.07	5746.70	3156.37	807.88
黑龙江	15069.25	11170.68	6885.12	4285.56	3898.57
上海	12225.57	11644.56	6847.07	4797.49	581.01
江苏	13533.87	12298.25	7187.60	5110.65	1235.63
浙江	16919.26	16829.25	5977.74	10851.51	90.01
安徽	10636.12	10381.10	8171.73	2209.36	255.03
福建	11769.36	11379.79	5219.46	6160.33	389.57
江西					
山东	12644.97	12195.80	5905.28	6290.53	449.17
河南	9128.79	9128.79	4431.20	4697.60	
湖北	12245.17	11475.62	4654.98	6820.64	769.55
湖南	14062.96	13260.89	9253.96	4006.94	802.07
广东	15125.36	14585.57	7139.70	7445.87	539.79
广西					
海南					
重庆	10162.81	9844.51	4273.78	5570.73	318.30
四川	11271.66	9745.18	6107.98	3637.20	1526.47
贵州					
云南					
西藏					
陕西	15334.79	13736.13	6182.18	7553.95	1598.65
甘肃	12605.37	12280.49	5378.46	6902.03	324.87
青海					
宁夏	10200.91	10200.91	6659.35	3541.56	
新疆					

6—5 分地区地方高等学校生均教育经费支出

单位:元

地　区	教育经费支出	事业性经费支出	个人部分	公用部分	基本建设支出
合　计	**13925.68**	**13004.04**	**6113.48**	**6890.56**	**921.64**
北　京	25894.92	24583.70	10648.33	13935.36	1311.22
天　津	16054.55	16002.62	7448.28	8554.34	51.93
河　北	12884.14	12865.79	6242.93	6622.86	18.35
山　西	11649.82	11111.66	6238.93	4872.74	538.16
内蒙古	11875.49	11424.78	5704.00	5720.78	450.72
辽　宁	16723.20	14308.17	6922.27	7385.89	2415.04
吉　林	12702.70	12556.09	6195.28	6360.81	146.61
黑龙江	13204.53	13117.70	5286.49	7831.21	86.83
上　海	23909.53	22542.52	10837.56	11704.96	1367.00
江　苏	18091.24	17183.40	6722.87	10460.53	907.84
浙　江	18682.77	17208.92	8062.40	9146.53	1473.85
安　徽	9309.65	9190.08	4707.03	4483.04	119.57
福　建	17004.88	14617.70	7137.52	7480.19	2387.18
江　西	11153.59	10523.73	4728.46	5795.27	629.87
山　东	11762.49	11298.73	5293.54	6005.19	463.76
河　南	10012.85	9564.31	4520.88	5043.43	448.54
湖　北	11582.22	10497.47	5227.04	5270.43	1084.74
湖　南	11095.23	9941.86	4776.40	5165.46	1153.37
广　东	20382.86	16270.78	7724.77	8546.01	4112.09
广　西	10676.90	10480.59	5347.17	5133.42	196.32
海　南	11669.48	10592.78	5432.55	5160.23	1076.70
重　庆	13488.90	13018.98	6087.86	6931.11	469.93
四　川	10952.43	10577.83	4550.92	6026.91	374.60
贵　州	9610.96	9344.76	5274.75	4070.00	266.20
云　南	13108.57	13029.82	6492.08	6537.74	78.74
西　藏	23755.83	18006.08	11999.35	6006.73	5749.75
陕　西	12477.83	12417.87	5759.90	6657.97	59.96
甘　肃	10597.30	10405.77	5729.94	4675.84	191.53
青　海	14750.77	14711.94	10164.72	4547.22	38.84
宁　夏	16482.71	15598.90	7355.51	8243.39	883.82
新　疆	11127.16	10890.15	5447.00	5443.14	237.02

6—6 分地区地方高等学校生均预算内教育经费支出

单位:元

地区	预算内教育经费支出	事业费支出			基本建设支出
			个人部分	公用部分	
合计	**6834.80**	**6325.75**	**3815.38**	**2510.36**	**509.05**
北京	22655.03	21095.24	7928.23	13167.01	1559.79
天津	9441.87	9387.22	5196.61	4190.60	54.65
河北	4951.94	4932.36	3871.45	1060.91	19.58
山西	5593.71	5194.81	3807.67	1387.14	398.91
内蒙古	6961.10	6751.75	4208.98	2542.76	209.35
辽宁	6589.85	5057.11	3115.62	1941.49	1532.74
吉林	6991.76	6903.94	3605.32	3298.62	87.82
黑龙江	6276.35	6196.71	4282.61	1914.10	79.64
上海	17655.48	16674.90	6840.37	9834.53	980.57
江苏	8180.10	7776.81	3957.24	3819.58	403.28
浙江	8386.67	7980.67	5398.44	2582.24	405.99
安徽	4163.80	4118.11	2948.30	1169.82	45.68
福建	6948.95	6459.74	3558.26	2901.48	489.21
江西	4333.27	4212.18	2804.27	1407.91	121.09
山东	5560.30	5385.13	4236.03	1149.10	175.17
河南	4174.13	4053.55	2690.57	1362.98	120.57
湖北	3833.44	3617.39	2617.49	999.91	216.05
湖南	5025.64	4374.30	3334.75	1039.54	651.34
广东	13313.77	9809.04	5099.33	4709.71	3504.73
广西	5857.67	5744.01	3957.70	1786.31	113.66
海南	6587.41	6155.33	4063.50	2091.84	432.08
重庆	5467.93	5467.64	2815.76	2651.88	0.30
四川	3811.74	3734.13	1824.59	1909.53	77.62
贵州	5265.24	5001.31	3847.12	1154.18	263.94
云南	7462.62	7447.20	3383.14	4064.06	15.42
西藏	19767.68	13794.79	10851.01	2943.78	5972.89
陕西	5305.40	5276.91	3366.42	1910.49	28.48
甘肃	5789.55	5743.38	4072.36	1671.02	46.17
青海	9127.72	9083.04	7543.95	1539.09	44.68
宁夏	13322.24	12310.86	7400.60	4910.26	1011.38
新疆	5834.85	5740.41	3544.73	2195.67	94.44

6—7 分地区普通高等学校生均教育经费支出

单位:元

地　区	教育经费支出	事业性经费支出	个人部分	公用部分	基本建设支出
合　计	**17972.13**	**16655.99**	**7282.77**	**9373.22**	**1316.14**
北　京	42052.15	39525.76	13611.06	25914.70	2526.39
天　津	19801.24	19105.40	8953.42	10151.98	695.84
河　北	13507.74	13438.65	6533.49	6905.17	69.09
山　西	11788.09	11225.18	6322.69	4902.49	562.91
内蒙古	11873.95	11411.25	5679.79	5731.47	462.69
辽　宁	18849.19	16298.99	7524.81	8774.18	2550.20
吉　林	14115.30	13675.61	6493.87	7181.74	439.69
黑龙江	16776.40	15955.49	6111.48	9844.01	820.91
上　海	29685.51	27867.95	11925.73	15942.22	1817.57
江　苏	21638.76	19830.99	7927.30	11903.68	1807.77
浙　江	23504.75	21918.12	9820.50	12097.62	1586.63
安　徽	10925.63	10724.03	5236.75	5487.28	201.60
福　建	19216.50	16680.59	8021.83	8658.75	2535.92
江　西	11411.96	10743.84	4853.77	5890.07	668.12
山　东	13836.63	13156.53	5933.97	7222.56	680.10
河　南	10112.80	9689.79	4550.87	5138.92	423.01
湖　北	16600.89	15400.29	7054.77	8345.52	1200.60
湖　南	15160.91	13979.54	5741.99	8237.55	1181.37
广　东	24375.72	20037.16	9091.24	10945.92	4338.56
广　西	11706.09	11482.87	5817.72	5665.15	223.22
海　南	11768.74	10672.20	5462.57	5209.62	1096.55
重　庆	17935.81	15317.31	6893.07	8424.23	2618.50
四　川	15829.31	14971.08	6144.12	8826.96	858.24
贵　州	10149.61	9854.86	5641.33	4213.53	294.75
云　南	13990.60	13904.64	6961.20	6943.44	85.96
西　藏	23755.83	18006.08	11999.35	6006.73	5749.75
陕　西	18460.34	16977.25	7089.11	9888.14	1483.10
甘　肃	13303.43	13112.48	6559.17	6553.31	190.95
青　海	15105.16	15064.10	10510.81	4553.29	41.06
宁　夏	16589.34	15841.00	7523.78	8317.22	748.34
新　疆	11461.50	11211.06	5513.90	5697.16	250.44

6—8 分地区普通高等学校生均预算内教育经费支出

单位:元

地区	预算内教育经费支出	事业费支出	个人部分	公用部分	基本建设支出
合计	**8241.58**	**7577.71**	**4341.83**	**3235.89**	**663.87**
北京	19762.51	17853.75	7699.50	10154.25	1908.76
天津	10415.05	10258.52	5478.20	4780.32	156.52
河北	5265.40	5236.93	4080.38	1156.55	28.47
山西	5639.00	5222.33	3810.67	1411.67	416.66
内蒙古	6941.37	6728.42	4163.32	2565.11	212.94
辽宁	7670.37	5921.05	3406.24	2514.82	1749.32
吉林	7765.05	7467.19	4141.37	3325.82	297.85
黑龙江	7774.53	7009.09	4665.57	2343.52	765.44
上海	14346.26	13547.97	6337.30	7210.67	798.29
江苏	9586.76	8988.66	4678.96	4309.70	598.09
浙江	10011.17	9592.79	5940.46	3652.33	418.38
安徽	4789.69	4722.08	3450.76	1271.32	67.61
福建	7609.85	7116.76	3807.98	3308.78	493.09
江西	4361.86	4236.33	2810.26	1426.07	125.53
山东	6383.07	6179.26	4492.93	1686.33	203.81
河南	4243.14	4121.17	2695.50	1425.67	121.97
湖北	6903.81	6483.20	3385.98	3097.21	420.62
湖南	6218.77	5519.14	4093.82	1425.31	699.63
广东	14635.01	11267.33	5757.27	5510.05	3367.68
广西	6266.55	6139.38	4227.75	1911.63	127.17
海南	6517.71	6085.64	4011.82	2073.82	432.07
重庆	6892.31	6801.14	3275.46	3525.68	91.17
四川	5895.62	5446.55	2983.47	2463.08	449.07
贵州	5533.57	5243.47	4085.50	1157.96	290.10
云南	7570.17	7554.00	3507.79	4046.21	16.16
西藏	19767.68	13794.79	10851.01	2943.78	5972.89
陕西	8241.44	7771.60	4226.78	3544.82	469.85
甘肃	7187.33	7089.15	4432.11	2657.04	98.18
青海	8961.66	8916.98	7384.35	1532.64	44.68
宁夏	12787.54	11949.41	7273.62	4675.79	838.12
新疆	6070.10	5984.27	3572.86	2411.40	85.84

6—9 分地区中央属普通高等学校生均教育经费支出

单位:元

地区	教育经费支出	事业性经费支出	个人部分	公用部分	基本建设支出
合计	**32828.37**	**30119.71**	**11318.12**	**18801.60**	**2708.66**
北京	46060.60	43195.27	13915.14	29280.13	2865.33
天津	29875.57	27151.20	13192.78	13958.43	2724.37
河北	15803.03	14858.08	8318.69	6539.39	944.95
山西					
内蒙古					
辽宁	30501.79	27611.13	11037.54	16573.59	2890.66
吉林	17096.42	15972.40	7326.31	8646.09	1124.01
黑龙江	32671.59	28552.59	10161.77	18390.83	4118.99
上海	34625.01	32569.53	12855.27	19714.26	2055.49
江苏	31926.83	26804.80	11758.09	15046.71	5122.02
浙江	46952.94	46871.41	16649.85	30221.56	81.53
安徽	23669.31	22791.83	9322.68	13469.14	877.48
福建	27912.87	25712.75	11945.49	13767.26	2200.12
江西					
山东	28891.91	26076.59	9964.95	16111.64	2815.32
河南	13839.71	13839.71	5652.50	8187.21	
湖北	24945.83	23640.83	10084.23	13556.60	1305.00
湖南	43249.05	42510.55	11590.20	30920.35	738.50
广东	30705.01	29208.63	10999.60	18209.03	1496.38
广西					
海南					
重庆	26560.51	19367.11	8038.03	11329.08	7193.39
四川	28057.01	25903.07	9894.65	16008.43	2153.93
贵州					
云南					
西藏					
陕西	32390.21	27438.16	10003.50	17434.66	4952.05
甘肃	25004.41	24692.19	9648.88	15043.31	312.21
青海					
宁夏	17178.30	17178.30	8453.23	8725.07	
新疆					

6—10 分地区中央属普通高等学校生均预算内教育经费支出

单位:元

地区	预算内教育经费支出	事业费支出			基本建设支出
			个人部分	公用部分	
合计	**13631.64**	**12421.35**	**6385.59**	**6035.76**	**1210.30**
北京	17265.72	15315.20	7208.47	8106.72	1950.52
天津	12078.67	11615.85	5924.67	5691.18	462.82
河北	9559.63	9390.99	7348.26	2042.73	168.64
山西					
内蒙古					
辽宁	14072.87	11247.88	5502.24	5745.64	2825.00
吉林	9710.96	8903.07	5746.70	3156.37	807.88
黑龙江	15069.25	11170.68	6885.12	4285.56	3898.57
上海	12225.57	11644.56	6847.07	4797.49	581.01
江苏	13533.87	12298.25	7187.60	5110.65	1235.63
浙江	16919.26	16829.25	5977.74	10851.51	90.01
安徽	10636.12	10381.10	8171.73	2209.36	255.03
福建	11769.36	11379.79	5219.46	6160.33	389.57
江西					
山东	12644.97	12195.80	5905.28	6290.53	449.17
河南	9128.79	9128.79	4431.20	4697.60	
湖北	12245.17	11475.62	4654.98	6820.64	769.55
湖南	14062.96	13260.89	9253.96	4006.94	802.07
广东	15125.36	14585.57	7139.70	7445.87	539.79
广西					
海南					
重庆	10162.81	9844.51	4273.78	5570.73	318.30
四川	11271.66	9745.18	6107.98	3637.20	1526.47
贵州					
云南					
西藏					
陕西	15334.79	13736.13	6182.18	7553.95	1598.65
甘肃	12605.37	12280.49	5378.46	6902.03	324.87
青海					
宁夏	10200.91	10200.91	6659.35	3541.56	
新疆					

6－11 分地区地方普通高等学校生均教育经费支出

单位:元

地 区	教育经费支出	事业性经费支出	个人部分	公用部分	基本建设支出
合 计	**14517.44**	**13525.12**	**6344.39**	**7180.73**	**992.32**
北 京	31416.11	29789.07	12804.23	16984.84	1627.04
天 津	16623.47	16567.49	7616.19	8951.30	55.98
河 北	13378.51	13358.74	6432.98	6925.76	19.77
山 西	11788.09	11225.18	6322.69	4902.49	562.91
内蒙古	11873.95	11411.25	5679.79	5731.47	462.69
辽 宁	16729.06	14240.80	6885.69	7355.11	2488.26
吉 林	12889.55	12731.23	6151.59	6579.64	158.31
黑龙江	13259.98	13168.68	5215.45	7953.23	91.29
上 海	24909.10	23321.60	11026.87	12294.72	1587.50
江 苏	19044.50	18072.46	6961.32	11111.13	972.04
浙 江	20849.93	19092.89	9047.28	10045.62	1757.04
安 徽	9484.15	9359.00	4774.57	4584.43	125.15
福 建	17627.98	15030.72	7305.11	7725.60	2597.26
江 西	11411.96	10743.84	4853.77	5890.07	668.12
山 东	11983.60	11566.31	5437.84	6128.47	417.29
河 南	10094.30	9669.19	4545.40	5123.79	425.11
湖 北	11883.03	10741.46	5342.05	5399.41	1141.57
湖 南	11558.49	10320.31	4991.93	5328.38	1238.18
广 东	23185.42	18312.35	8732.34	9580.00	4873.07
广 西	11706.09	11482.87	5817.72	5665.15	223.22
海 南	11768.74	10672.20	5462.57	5209.62	1096.55
重 庆	13973.26	13456.65	6367.03	7089.63	516.60
四 川	11768.24	11340.34	4898.49	6441.84	427.91
贵 州	10149.61	9854.86	5641.33	4213.53	294.75
云 南	13990.60	13904.64	6961.20	6943.44	85.96
西 藏	23755.83	18006.08	11999.35	6006.73	5749.75
陕 西	12759.30	12695.93	5896.34	6799.59	63.36
甘 肃	10899.09	10733.06	5924.29	4808.77	166.03
青 海	15105.16	15064.10	10510.81	4553.29	41.06
宁 夏	16482.71	15598.90	7355.51	8243.39	883.82
新 疆	11461.50	11211.06	5513.90	5697.16	250.44

注：表头中“个人部分”和“公用部分”为“事业性经费支出”的细分项。

6—12 分地区地方普通高等学校生均预算内教育经费支出

单位:元

地 区	预算内教育经费支出	事业费支出			基本建设支出
			个人部分	公用部分	
合 计	**7017.41**	**6477.64**	**3877.65**	**2599.99**	**539.76**
北 京	26181.80	24380.40	8961.93	15418.47	1801.40
天 津	9886.05	9826.92	5336.24	4490.68	59.13
河 北	5029.53	5008.76	3900.88	1107.88	20.78
山 西	5639.00	5222.33	3810.67	1411.67	416.66
内蒙古	6941.37	6728.42	4163.32	2565.11	212.94
辽 宁	6470.95	4923.15	3013.58	1909.57	1547.80
吉 林	6985.20	6891.74	3498.02	3393.73	93.45
黑龙江	6186.38	6103.06	4182.35	1920.72	83.32
上 海	16353.10	15349.20	5854.90	9494.30	1003.90
江 苏	8594.68	8156.83	4048.43	4108.39	437.85
浙 江	9227.05	8771.40	5936.23	2835.17	455.65
安 徽	4124.87	4078.57	2913.93	1164.65	46.29
福 建	6824.54	6311.90	3541.49	2770.41	512.64
江 西	4361.86	4236.33	2810.26	1426.07	125.53
山 东	5633.93	5459.48	4323.96	1135.52	174.45
河 南	4222.38	4099.88	2688.12	1411.77	122.49
湖 北	3940.49	3713.46	2681.96	1031.50	227.03
湖 南	5217.83	4531.27	3435.38	1095.89	686.56
广 东	14539.68	10622.18	5488.50	5133.69	3917.49
广 西	6266.55	6139.38	4227.75	1911.63	127.17
海 南	6517.71	6085.64	4011.82	2073.82	432.07
重 庆	5584.01	5583.69	2876.10	2707.59	0.31
四 川	4087.48	4000.78	1932.60	2068.18	86.70
贵 州	5533.57	5243.47	4085.50	1157.96	290.10
云 南	7570.17	7554.00	3507.79	4046.21	16.16
西 藏	19767.68	13794.79	10851.01	2943.78	5972.89
陕 西	5478.35	5448.21	3465.09	1983.13	30.14
甘 肃	6029.69	5979.94	4229.91	1750.03	49.75
青 海	8961.66	8916.98	7384.35	1532.64	44.68
宁 夏	13322.24	12310.86	7400.60	4910.26	1011.38
新 疆	6070.10	5984.27	3572.86	2411.40	85.84

6—13 分地区普通高等本科学校生均教育经费支出

单位：元

地　区	教育经费支出	事业性经费支出	个人部分	公用部分	基本建设支出
合　计	**20307.98**	**18752.14**	**8139.16**	**10612.98**	**1555.84**
北　京	42911.07	40316.56	13754.13	26562.44	2594.51
天　津	22224.83	21334.16	9895.04	11439.12	890.67
河　北	15167.34	15066.41	7249.16	7817.25	100.93
山　西	12877.34	12313.74	6982.79	5330.96	563.60
内蒙古	12593.92	12251.08	6345.84	5905.24	342.84
辽　宁	19923.59	16934.07	7719.28	9214.79	2989.52
吉　林	14584.42	14092.13	6664.27	7427.86	492.29
黑龙江	17634.43	16713.64	6165.94	10547.70	920.80
上　海	30304.02	28369.29	12172.88	16196.41	1934.73
江　苏	24394.96	22131.32	9417.33	12714.00	2263.63
浙　江	26398.35	24467.37	11134.29	13333.08	1930.97
安　徽	12303.10	12087.33	5862.45	6224.88	215.78
福　建	21956.18	18912.10	9017.33	9894.76	3044.08
江　西	12632.24	12289.19	5393.99	6895.20	343.06
山　东	14829.56	14027.95	6565.87	7462.08	801.61
河　南	11160.27	10989.75	5185.64	5804.11	170.52
湖　北	19058.84	17849.69	8136.38	9713.31	1209.15
湖　南	19339.62	17869.03	6876.21	10992.82	1470.59
广　东	27788.74	22242.39	9980.23	12262.15	5546.35
广　西	12641.09	12368.08	6420.50	5947.58	273.01
海　南	13143.38	12149.19	6495.21	5653.98	994.20
重　庆	19916.66	16701.90	7501.10	9200.79	3214.76
四　川	17169.19	16219.25	6682.42	9536.83	949.93
贵　州	11632.54	11560.66	6421.70	5138.96	71.88
云　南	15621.72	15521.31	7430.97	8090.34	100.41
西　藏	23941.95	18827.19	12620.53	6206.65	5114.76
陕　西	20395.15	18584.96	7564.69	11020.27	1810.19
甘　肃	14842.08	14618.26	7400.60	7217.66	223.82
青　海	16056.84	16056.84	11526.76	4530.08	
宁　夏	17762.74	16760.47	8674.31	8086.15	1002.27
新　疆	13267.48	13081.59	6294.46	6787.13	185.89

6—14 分地区普通高等本科学校生均预算内教育经费支出

单位:元

地区	预算内教育经费支出	事业费支出	个人部分	公用部分	基本建设支出
合计	**9551.79**	**8752.76**	**4902.20**	**3850.57**	**799.03**
北京	19760.47	17820.52	7808.15	10012.37	1939.95
天津	11701.22	11533.72	5899.92	5633.80	167.50
河北	6143.37	6103.38	4712.71	1390.67	39.99
山西	6202.54	5817.70	4241.61	1576.09	384.84
内蒙古	7343.27	7328.59	4619.58	2709.01	14.68
辽宁	8165.82	6099.98	3456.95	2643.03	2065.84
吉林	8176.16	7826.11	4250.89	3575.22	350.05
黑龙江	8010.62	7136.26	4635.45	2500.81	874.35
上海	14765.68	13912.81	6592.80	7320.01	852.87
江苏	11325.58	10537.90	5676.68	4861.22	787.68
浙江	10973.19	10757.41	6527.63	4229.78	215.78
安徽	5589.27	5501.56	4037.34	1464.22	87.72
福建	8887.44	8274.12	4190.85	4083.27	613.32
江西	4875.79	4835.05	3088.06	1746.99	40.74
山东	7340.13	7097.13	5111.05	1986.08	243.00
河南	4578.60	4573.24	3071.96	1501.27	5.37
湖北	8558.03	8009.70	3936.70	4073.00	548.33
湖南	8194.31	7374.96	5402.66	1972.31	819.35
广东	17722.06	13392.81	6603.03	6789.78	4329.25
广西	7821.89	7610.60	5130.86	2479.74	211.29
海南	7665.23	7190.64	5003.24	2187.41	474.59
重庆	8048.59	7932.35	3768.98	4163.37	116.24
四川	6640.32	6089.47	3290.08	2799.39	550.85
贵州	6040.85	5964.19	4570.90	1393.30	76.66
云南	8932.34	8932.34	3682.44	5249.90	
西藏	19580.44	14211.27	11492.07	2719.20	5369.18
陕西	9203.77	8619.30	4511.15	4108.15	584.47
甘肃	8334.78	8211.35	5056.77	3154.58	123.43
青海	9828.30	9828.30	8440.47	1387.82	
宁夏	14997.50	13861.19	8437.24	5423.95	1136.31
新疆	7246.86	7231.36	4118.70	3112.66	15.50

6—15 分地区地方普通高等本科学校生均教育经费支出

单位:元

地 区	教育经费支出	事业性经费支出	个人部分	公用部分	基本建设支出
合 计	**15955.03**	**14796.97**	**7031.47**	**7765.50**	**1158.06**
北 京	32442.87	30748.51	13218.98	17529.53	1694.37
天 津	18605.98	18582.66	8335.19	10247.47	23.32
河 北	15111.35	15084.76	7154.97	7929.79	26.60
山 西	12877.34	12313.74	6982.79	5330.96	563.60
内蒙古	12593.92	12251.08	6345.84	5905.24	342.84
辽 宁	17565.18	14553.61	6979.47	7574.14	3011.57
吉 林	13304.53	13134.11	6326.95	6807.15	170.42
黑龙江	13588.08	13527.88	5090.70	8437.18	60.19
上 海	25560.66	23758.48	11423.78	12334.70	1802.18
江 苏	21268.28	20160.61	8444.59	11716.02	1107.67
浙 江	22725.23	20463.76	10148.66	10315.10	2261.47
安 徽	10394.14	10289.49	5281.30	5008.20	104.64
福 建	20327.84	17053.05	8216.88	8836.17	3274.79
江 西	12632.24	12289.19	5393.99	6895.20	343.06
山 东	12361.70	11913.49	5969.36	5944.13	448.21
河 南	11160.27	10989.75	5185.64	5804.11	170.52
湖 北	13357.69	12241.36	6250.02	5991.34	1116.33
湖 南	13601.61	11955.33	5744.91	6210.42	1646.28
广 东	26542.04	20030.19	9587.47	10442.72	6511.85
广 西	12641.09	12368.08	6420.50	5947.58	273.01
海 南	13143.38	12149.19	6495.21	5653.98	994.20
重 庆	15405.40	14790.23	7069.04	7721.19	615.18
四 川	11612.96	11211.55	5030.38	6181.16	401.41
贵 州	11632.54	11560.66	6421.70	5138.96	71.88
云 南	15621.72	15521.31	7430.97	8090.34	100.41
西 藏	23941.95	18827.19	12620.53	6206.65	5114.76
陕 西	13588.73	13561.35	6180.83	7380.52	27.38
甘 肃	11630.48	11434.60	6690.08	4744.53	195.88
青 海	16056.84	16056.84	11526.76	4530.08	
宁 夏	17929.40	16641.31	8737.36	7903.95	1288.09
新 疆	13267.48	13081.59	6294.46	6787.13	185.89

6—16 分地区地方普通高等本科学校生均预算内教育经费支出

单位:元

地　区	预算内教育经费支出	事业费支出	个人部分	公用部分	基本建设支出
合　计	**8115.64**	**7460.96**	**4377.06**	**3083.91**	**654.67**
北　京	27920.83	26015.48	9769.70	16245.78	1905.35
天　津	11519.00	11494.07	5887.97	5606.09	24.94
河　北	5842.37	5813.71	4480.49	1333.22	28.66
山　西	6202.54	5817.70	4241.61	1576.09	384.84
内蒙古	7343.27	7328.59	4619.58	2709.01	14.68
辽　宁	6788.84	4899.97	2980.18	1919.80	1888.87
吉　林	7398.68	7280.56	3493.16	3787.40	118.12
黑龙江	6120.86	6056.16	4033.16	2023.00	64.70
上　海	17511.41	16364.68	6317.96	10046.72	1146.73
江　苏	10429.16	9814.70	5048.24	4766.46	614.46
浙　江	9863.60	9624.35	6630.25	2994.10	239.25
安　徽	4715.39	4656.64	3321.44	1335.20	58.74
福　建	8059.18	7381.56	3895.24	3486.33	677.62
江　西	4875.79	4835.05	3088.06	1746.99	40.74
山　东	6408.18	6201.40	4971.52	1229.88	206.78
河　南	4578.60	4573.24	3071.96	1501.27	5.37
湖　北	4934.92	4603.97	3230.88	1373.08	330.95
湖　南	6722.27	5898.59	4436.63	1461.96	823.68
广　东	17911.08	12593.22	6232.19	6361.02	5317.86
广　西	7821.89	7610.60	5130.86	2479.74	211.29
海　南	7665.23	7190.64	5003.24	2187.41	474.59
重　庆	6669.49	6669.49	3403.36	3266.13	
四　川	4238.56	4196.87	1842.30	2354.58	41.68
贵　州	6040.85	5964.19	4570.90	1393.30	76.66
云　南	8932.34	8932.34	3682.44	5249.90	
西　藏	19580.44	14211.27	11492.07	2719.20	5369.18
陕　西	5845.20	5816.30	3595.76	2220.54	28.90
甘　肃	6886.13	6831.03	4947.65	1883.38	55.10
青　海	9828.30	9828.30	8440.47	1387.82	
宁　夏	16605.08	15087.93	9033.10	6054.83	1517.15
新　疆	7246.86	7231.36	4118.70	3112.66	15.50

6—17 分地区地方普通高等专科学校生均教育经费支出

单位:元

地区	教育经费支出	事业性经费支出	个人部分	公用部分	基本建设支出
合计	**10997.42**	**10267.46**	**5102.97**	**5164.49**	**729.95**
北京	26413.38	23150.73	8709.22	14441.52	3262.64
天津	9400.46	9400.46	6428.87	2971.58	
河北	11329.42	11325.98	5415.10	5910.88	3.44
山西	10141.60	9078.07	5040.42	4037.65	1063.53
内蒙古	9967.64	9967.64	6009.54	3958.10	
辽宁	13058.91	12995.91	7217.30	5778.61	63.01
吉林	11198.74	10840.66	5437.66	5402.99	358.08
黑龙江	10554.93	10554.93	4535.14	6019.79	
上海	20864.07	20864.07	8594.66	12269.41	
江苏	12929.39	12929.39	5786.55	7142.84	
浙江	14588.71	13699.50	7982.14	5717.36	889.20
安徽	8979.86	8979.86	4764.51	4215.36	
福建	10234.03	9097.70	4831.59	4266.11	1136.33
江西	9324.17	8535.89	3963.28	4572.61	788.28
山东	9427.65	8595.74	3746.03	4849.72	831.91
河南	9662.21	8234.34	3831.53	4402.81	1427.86
湖北	8656.92	6997.60	4031.51	2966.09	1659.31
湖南	10610.56	9009.03	4462.95	4546.09	1601.52
广东	14515.67	14515.67	7376.58	7139.09	
广西	8652.39	8576.45	4545.66	4030.79	75.93
海南					
重庆	9874.71	9874.71	5341.52	4533.19	
四川	13894.39	13394.77	5356.89	8037.88	499.62
贵州	8675.78	6740.25	4283.54	2456.71	1935.52
云南	9633.92	9556.20	5574.48	3981.72	77.72
西藏	13361.83	13361.83	11046.89	2314.94	
陕西	9068.56	9068.56	5432.05	3636.51	
甘肃	9616.15	9368.30	4398.05	4970.26	247.84
青海					
宁夏					
新疆	10797.68	9741.72	4669.24	5072.48	1055.96

6—18 分地区地方普通高等专科学校生均预算内教育经费支出

单位:元

地区	预算内教育经费支出	事业费支出			基本建设支出
			个人部分	公用部分	
合计	**5451.20**	**5017.34**	**3087.50**	**1929.84**	**433.86**
北京	23856.52	20012.33	4996.38	15015.95	3844.18
天津	4681.26	4681.26	4160.25	521.00	
河北	4099.94	4096.45	3283.96	812.49	3.49
山西	4699.40	3846.27	3149.61	696.66	853.14
内蒙古	7063.71	7063.71	4560.98	2502.73	
辽宁	4492.63	4492.63	3720.00	772.63	
吉林	5184.10	5184.10	3397.33	1786.77	
黑龙江	5040.76	5040.76	4036.19	1004.57	
上海	13965.45	13965.45	4470.68	9494.77	
江苏	4189.15	4189.15	2896.75	1292.40	
浙江	9203.67	9203.67	6512.89	2690.78	
安徽	4264.51	4264.51	3073.74	1190.76	
福建	4515.07	4496.64	2598.70	1897.94	18.43
江西	4510.14	4277.11	2288.93	1988.18	233.03
山东	3954.06	3723.83	2618.05	1105.78	230.23
河南	4996.74	4339.68	2213.24	2126.44	657.06
湖北	1691.55	1691.55	1574.61	116.94	
湖南	6363.68	4721.79	3193.32	1528.47	1641.89
广东	8107.13	8107.13	3721.81	4385.32	
广西	4695.79	4695.79	2969.09	1726.70	
海南					
重庆	2509.45	2509.45	2343.87	165.59	
四川	4784.22	4741.89	2052.27	2689.62	42.33
贵州	5305.44	3410.36	3080.95	329.41	1895.08
云南	4703.95	4621.95	3088.04	1533.90	82.01
西藏	11985.48	11985.48	9952.70	2032.78	
陕西	4613.00	4613.00	3540.60	1072.40	
甘肃	4576.61	4576.61	2806.47	1770.14	
青海					
宁夏					
新疆	8006.06	6864.89	3628.65	3236.24	1141.17

6—19 分地区地方普通高等职业学校生均教育经费支出

单位:元

地　区	教育经费支出	事业性经费支出	个人部分	公用部分	基本建设支出
合　计	**11659.42**	**11023.96**	**4894.32**	**6129.64**	**635.46**
北　京	27603.41	26752.96	11820.37	14932.59	850.45
天　津	12836.62	12708.49	6162.83	6545.66	128.13
河　北	10046.48	10037.72	5086.54	4951.18	8.76
山　西	9467.47	9003.09	4971.40	4031.69	464.38
内蒙古	10835.52	10124.58	4516.84	5607.74	710.94
辽　宁	13004.54	12800.49	6196.09	6604.40	204.05
吉　林	11135.31	11135.31	5410.06	5725.26	
黑龙江	11950.51	11674.53	6010.90	5663.63	275.98
上　海	19729.91	19729.91	7857.01	11872.90	
江　苏	15901.95	15077.76	4652.92	10424.84	824.18
浙　江	18048.28	17164.08	7020.32	10143.76	884.20
安　徽	7496.16	7315.16	3645.67	3669.49	181.00
福　建	12360.73	11119.65	5524.28	5595.37	1241.08
江　西	8951.92	7584.61	3761.30	3823.31	1367.31
山　东	11310.06	11028.00	4246.66	6781.34	282.06
河　南	7242.78	6687.86	3111.14	3576.72	554.92
湖　北	9869.01	8714.67	4070.28	4644.38	1154.34
湖　南	8913.13	8322.09	4055.60	4266.49	591.04
广　东	16429.29	14816.21	6959.88	7856.33	1613.08
广　西	10865.36	10693.34	4982.62	5710.72	172.01
海　南	8658.48	7330.35	3126.13	4204.22	1328.13
重　庆	10211.92	9934.49	4440.59	5493.90	277.43
四　川	11671.39	11193.50	4463.40	6730.10	477.89
贵　州	6911.75	6705.00	4173.17	2531.83	206.76
云　南	10479.83	10471.88	6153.97	4317.91	7.95
西　藏	29293.18	15964.29	8809.70	7154.58	13328.89
陕　西	10717.00	10550.01	5141.93	5408.08	166.99
甘　肃	9509.00	9453.37	4542.01	4911.36	55.63
青　海	12490.61	12336.74	7719.66	4617.08	153.88
宁　夏	13967.56	13786.60	4953.09	8833.51	180.96
新　疆	8147.86	7910.67	4175.67	3735.00	237.19

6—20 分地区地方普通高等职业学校生均预算内教育经费支出

单位:元

地区	预算内教育经费支出	事业费支出	个人部分	公用部分	基本建设支出
合计	**4827.81**	**4528.14**	**2896.75**	**1631.40**	**299.66**
北京	18858.56	17997.61	6225.14	11772.47	860.95
天津	6853.13	6720.79	4277.88	2442.91	132.33
河北	3579.09	3570.29	2855.03	715.27	8.80
山西	4602.34	4200.01	3007.02	1192.99	402.33
内蒙古	6304.60	5763.12	3415.99	2347.13	541.47
辽宁	5417.74	5210.32	2941.71	2268.61	207.42
吉林	5518.83	5518.83	3567.01	1951.83	
黑龙江	6724.44	6531.03	4972.36	1558.67	193.41
上海	5440.88	5440.88	1699.40	3741.47	
江苏	6175.70	5969.78	2643.76	3326.02	205.92
浙江	8100.81	7196.04	4622.27	2573.77	904.77
安徽	2892.48	2868.18	2058.32	809.87	24.29
福建	4455.54	4243.01	2887.67	1355.33	212.53
江西	3300.20	3012.81	2296.94	715.88	287.39
山东	3984.73	3895.43	2983.59	911.85	89.30
河南	2762.24	2644.51	1919.16	725.35	117.74
湖北	2696.12	2599.50	1988.76	610.74	96.62
湖南	3079.93	2770.77	2228.07	542.70	309.16
广东	8461.97	6993.49	4168.88	2824.61	1468.48
广西	3757.64	3748.62	2914.90	833.72	9.01
海南	4121.20	3777.91	1941.30	1836.61	343.29
重庆	2896.38	2895.19	1487.95	1407.25	1.19
四川	3568.27	3364.84	2118.16	1246.67	203.43
贵州	4388.72	4229.51	3309.25	920.26	159.21
云南	4757.73	4757.73	3228.52	1529.21	
西藏	25857.94	12529.05	7690.83	4838.22	13328.89
陕西	4572.91	4537.48	3116.63	1420.85	35.44
甘肃	4570.41	4513.53	3089.19	1424.34	56.88
青海	6843.53	6689.66	4803.08	1886.58	153.88
宁夏	8038.38	7841.05	4773.03	3068.03	197.33
新疆	3574.48	3529.75	2552.12	977.63	44.73

6－21　分地区地方中等职业学校生均教育经费支出

单位:元

地区	教育经费支出	事业性经费支出	个人部分	公用部分	基本建设支出
合计	**7274.68**	**7026.53**	**4047.87**	**2978.66**	**248.16**
北京	18808.52	18468.48	9247.89	9220.59	340.04
天津	9246.26	9017.98	6443.56	2574.42	228.27
河北	5832.96	5790.23	3596.97	2193.26	42.73
山西	7458.47	7337.43	4243.65	3093.79	121.03
内蒙古	8212.27	8043.38	5248.18	2795.21	168.89
辽宁	8995.11	8820.12	4701.96	4118.15	175.00
吉林	9009.76	8849.12	5456.25	3392.87	160.64
黑龙江	7597.33	7473.47	4724.83	2748.64	123.86
上海	20385.20	20300.83	11003.99	9296.84	84.37
江苏	8473.10	7779.99	4082.75	3697.25	693.11
浙江	11748.56	11544.36	6555.89	4988.47	204.20
安徽	4754.10	4638.22	2552.13	2086.09	115.88
福建	7281.35	7015.25	4223.51	2791.75	266.10
江西	5481.94	5267.17	3048.97	2218.20	214.76
山东	6917.18	6883.00	4007.92	2875.08	34.18
河南	4620.45	4517.96	2858.85	1659.11	102.49
湖北	4113.54	3996.39	2410.84	1585.55	117.15
湖南	6289.71	6134.81	3960.70	2174.11	154.91
广东	9028.89	8572.75	4619.76	3952.99	456.14
广西	6000.06	5886.28	3181.14	2705.14	113.78
海南	11959.85	8425.91	3810.30	4615.62	3533.94
重庆	6317.77	6258.05	3608.74	2649.31	59.72
四川	6109.76	5976.06	3470.90	2505.17	133.70
贵州	4728.16	4553.89	2733.80	1820.10	174.27
云南	7187.84	7029.38	4082.08	2947.31	158.46
西藏	9688.88	5503.04	4381.25	1121.79	4185.84
陕西	6255.15	5371.22	3013.75	2357.47	883.94
甘肃	5995.53	5877.81	3679.24	2198.56	117.72
青海	7103.08	6678.97	3913.84	2765.14	424.11
宁夏	8243.73	7597.63	3983.44	3614.18	646.10
新疆	9508.68	9344.80	5909.03	3435.77	163.88

6—22 分地区地方中等职业学校生均预算内教育经费支出

单位:元

地区	预算内教育经费支出	事业费支出	个人部分	公用部分	基本建设支出
合计	**3939.59**	**3809.27**	**2899.03**	**910.24**	**130.32**
北京	11455.45	11127.10	5971.58	5155.52	328.35
天津	6089.52	6031.94	5166.75	865.19	57.57
河北	3367.68	3326.89	2864.83	462.06	40.79
山西	4735.17	4629.02	3644.26	984.76	106.15
内蒙古	5541.94	5392.14	4017.06	1375.07	149.80
辽宁	4910.47	4782.78	3182.34	1600.45	127.68
吉林	5415.18	5387.57	4217.57	1170.01	27.61
黑龙江	5337.38	5225.25	4210.58	1014.67	112.12
上海	10096.87	10078.47	6794.60	3283.87	18.40
江苏	3594.72	3386.71	2806.42	580.29	208.01
浙江	5721.46	5599.48	3925.92	1673.56	121.98
安徽	2137.09	2075.27	1758.05	317.22	61.83
福建	3881.89	3783.47	3043.00	740.47	98.42
江西	3003.22	2819.88	2160.38	659.50	183.35
山东	3844.02	3832.18	3289.51	542.68	11.84
河南	2816.64	2771.71	2222.87	548.84	44.94
湖北	1840.18	1778.83	1574.58	204.25	61.35
湖南	3223.65	3140.70	2769.72	370.99	82.95
广东	4595.09	4260.22	2859.42	1400.80	334.87
广西	3428.97	3333.70	2302.95	1030.75	95.27
海南	6644.56	6243.14	3276.84	2966.30	401.42
重庆	3062.81	3006.39	2058.60	947.79	56.42
四川	3146.34	3053.07	2358.91	694.16	93.27
贵州	3234.78	3081.38	2304.04	777.35	153.40
云南	4105.88	3983.80	2733.26	1250.54	122.08
西藏	9165.73	4979.89	4161.64	818.24	4185.84
陕西	3651.51	3211.43	2393.81	817.62	440.09
甘肃	4028.42	3930.91	3103.70	827.21	97.51
青海	5058.49	4640.27	2922.78	1717.50	418.21
宁夏	5423.05	4776.95	3048.29	1728.66	646.10
新疆	5216.65	5110.91	4122.22	988.69	105.74

6—23 分地区地方中等专业学校生均教育经费支出

单位:元

地区	教育经费支出	事业性经费支出	个人部分	公用部分	基本建设支出
合计	**7608.01**	**7396.48**	**4137.60**	**3258.88**	**211.53**
北京	17717.41	17224.37	7936.27	9288.10	493.04
天津	9590.32	9567.87	6563.47	3004.40	22.45
河北	6829.42	6791.83	4154.49	2637.34	37.60
山西	8323.85	8263.07	4331.28	3931.79	60.78
内蒙古	8338.33	8318.82	5342.26	2976.56	19.51
辽宁	8908.06	8789.93	4434.96	4354.98	118.13
吉林	8998.67	8958.25	5160.83	3797.42	40.42
黑龙江	7590.79	7547.40	4476.15	3071.25	43.39
上海	15798.96	15694.54	8947.15	6747.38	104.43
江苏	9782.45	8761.57	4085.43	4676.14	1020.88
浙江	11007.54	10966.39	6153.37	4813.03	41.15
安徽	5725.42	5522.94	2884.56	2638.38	202.47
福建	7529.23	7196.31	4362.31	2834.00	332.92
江西	6343.56	6210.92	3114.84	3096.08	132.65
山东	6790.40	6778.83	3949.50	2829.33	11.57
河南	5475.32	5313.93	3360.47	1953.46	161.39
湖北	4350.17	4192.71	2394.86	1797.84	157.46
湖南	6678.44	6363.24	3672.00	2691.25	315.19
广东	9739.73	9572.91	5158.93	4413.99	166.82
广西	5993.47	5896.61	3131.01	2765.60	96.86
海南	8821.53	8599.68	3752.66	4847.03	221.84
重庆	7121.74	7100.98	4622.23	2478.75	20.76
四川	6457.74	6268.24	3656.70	2611.54	189.49
贵州	5068.18	4775.83	2835.37	1940.47	292.35
云南	8657.21	8583.69	4601.95	3981.73	73.52
西藏	9565.44	5266.33	4154.81	1111.52	4299.11
陕西	6369.41	6063.04	3412.78	2650.26	306.37
甘肃	7073.27	6940.76	4190.10	2750.66	132.51
青海	11533.71	10309.66	5927.10	4382.56	1224.05
宁夏	8498.01	7903.77	4422.65	3481.13	594.24
新疆	8485.29	8394.43	5485.51	2908.92	90.86

6－24 分地区地方中等专业学校生均预算内教育经费支出

单位:元

地区	预算内教育经费支出	事业费支出	个人部分	公用部分	基本建设支出
合计	**3977.59**	**3879.82**	**2839.77**	**1040.05**	**97.77**
北京	13488.66	13023.52	5609.12	7414.40	465.14
天津	6174.77	6174.77	5260.71	914.06	
河北	3580.25	3542.65	2994.78	547.87	37.60
山西	4866.30	4839.16	3449.88	1389.28	27.14
内蒙古	5168.26	5148.75	3841.43	1307.32	19.51
辽宁	4901.87	4819.86	2742.96	2076.91	82.01
吉林	5218.99	5178.57	4177.90	1000.67	40.42
黑龙江	4816.93	4773.55	3778.14	995.41	43.39
上海	8948.23	8948.23	5584.64	3363.59	
江苏	3890.94	3734.44	2897.51	836.93	156.49
浙江	3988.76	3950.84	3107.51	843.33	37.92
安徽	2198.07	2121.86	1784.84	337.02	76.21
福建	3984.25	3860.12	2992.27	867.85	124.13
江西	2794.05	2689.28	1930.59	758.69	104.78
山东	3536.61	3527.05	3081.66	445.39	9.56
河南	3138.76	3107.95	2532.50	575.45	30.80
湖北	1782.80	1706.91	1513.11	193.80	75.89
湖南	2836.05	2759.91	2381.21	378.70	76.14
广东	4370.17	4263.59	2889.93	1373.66	106.58
广西	3447.45	3352.54	2240.10	1112.44	94.90
海南	6533.63	6314.79	3238.54	3076.25	218.84
重庆	3175.95	3161.30	2592.42	568.88	14.65
四川	3081.98	2973.09	2215.55	757.54	108.89
贵州	3414.00	3153.65	2263.51	890.14	260.35
云南	4772.43	4737.39	2801.32	1936.06	35.04
西藏	9028.13	4729.02	3929.26	799.76	4299.11
陕西	3271.00	3149.54	2326.98	822.56	121.46
甘肃	4487.05	4394.22	3379.72	1014.50	92.83
青海	7607.06	6400.68	3893.63	2507.04	1206.38
宁夏	5487.68	4893.45	3281.96	1611.49	594.24
新疆	4406.77	4368.30	3741.16	627.14	38.48

6—25 分地区地方职业高中生均教育经费支出

单位:元

地 区	教育经费支出	事业性经费支出	个人部分	公用部分	基本建设支出
合 计	**6765.83**	**6530.62**	**3852.75**	**2677.87**	**235.21**
北 京	21805.31	21510.66	11708.46	9802.19	294.65
天 津	11462.01	9935.82	7953.63	1982.18	1526.20
河 北	4828.83	4786.39	2946.73	1839.67	42.43
山 西	6278.99	6072.63	3761.93	2310.71	206.36
内蒙古	6882.47	6663.57	4277.60	2385.97	218.91
辽 宁	9324.34	9245.18	5130.52	4114.66	79.16
吉 林	7550.08	7248.88	4344.21	2904.67	301.20
黑龙江	6706.11	6527.03	4348.99	2178.04	179.08
上 海	29117.71	29057.22	14460.45	14596.77	60.49
江 苏	8211.59	7660.56	4307.13	3353.43	551.04
浙 江	11317.10	11109.17	6427.12	4682.05	207.93
安 徽	4088.25	4012.17	2312.04	1700.13	76.08
福 建	6083.27	5947.20	3457.97	2489.23	136.07
江 西	4445.80	4130.34	2753.02	1377.33	315.46
山 东	7006.97	6937.22	4267.62	2669.60	69.75
河 南	3796.30	3725.86	2433.88	1291.99	70.43
湖 北	3824.03	3754.37	2418.69	1335.68	69.66
湖 南	6498.74	6407.63	4365.25	2042.39	91.11
广 东	8584.01	8027.66	4522.60	3505.07	556.34
广 西	5611.42	5361.62	2908.08	2453.53	249.81
海 南	8923.07	7616.74	3608.78	4007.96	1306.33
重 庆	5738.34	5636.71	3024.34	2612.37	101.63
四 川	5375.15	5271.31	2990.72	2280.58	103.85
贵 州	4251.30	4214.10	2570.75	1643.36	37.20
云 南	5490.32	5280.72	3260.37	2020.35	209.59
西 藏					
陕 西	5899.31	4626.21	2568.40	2057.81	1273.10
甘 肃	4717.61	4608.19	3001.80	1606.39	109.42
青 海	4884.90	4861.28	2905.90	1955.38	23.62
宁 夏	8101.92	7321.44	3419.21	3902.23	780.48
新 疆	8736.37	8424.38	5123.51	3300.86	311.99

6—26　分地区地方职业高中生均预算内教育经费支出

单位:元

地　区	预算内教育经费支出	事业费支出			基本建设支出
			个人部分	公用部分	
合　计	**3832.51**	**3696.63**	**2921.72**	**774.91**	**135.89**
北　京	10664.23	10369.58	7182.47	3187.10	294.65
天　津	7151.35	7151.35	6374.18	777.17	
河　北	2963.33	2920.90	2519.20	401.70	42.43
山　西	4223.42	4017.06	3463.29	553.77	206.36
内蒙古	4929.71	4744.32	3463.20	1281.12	185.39
辽　宁	4897.80	4893.34	3741.93	1151.41	4.46
吉　林	4749.08	4723.43	3514.88	1208.55	25.65
黑龙江	5317.84	5140.46	4084.72	1055.74	177.38
上　海	10601.48	10540.99	8182.32	2358.67	60.49
江　苏	3643.17	3497.21	3022.27	474.94	145.96
浙　江	5726.86	5626.71	3933.60	1693.11	100.15
安　徽	2132.73	2072.60	1761.66	310.94	60.13
福　建	3237.13	3159.73	2719.71	440.02	77.40
江　西	3068.47	2792.25	2181.42	610.83	276.22
山　东	4301.47	4286.03	3728.71	557.32	15.44
河　南	2575.30	2517.02	2033.06	483.95	58.28
湖　北	2032.64	1976.16	1716.05	260.11	56.48
湖　南	3763.81	3684.70	3292.69	392.01	79.11
广　东	5008.35	4633.62	3424.73	1208.89	374.73
广　西	3849.62	3701.33	2550.79	1150.54	148.29
海　南	7766.27	6528.85	3113.64	3415.21	1237.42
重　庆	3109.77	3011.35	1918.61	1092.75	98.41
四　川	2852.64	2773.56	2199.60	573.97	79.08
贵　州	2962.93	2933.71	2307.66	626.05	29.22
云　南	3485.13	3275.53	2575.01	700.52	209.59
西　藏					
陕　西	3710.66	3058.65	2247.57	811.08	652.01
甘　肃	3529.05	3419.63	2745.26	674.38	109.42
青　海	3782.55	3758.94	2436.72	1322.22	23.62
宁　夏	5484.62	4704.14	2817.18	1886.96	780.48
新　疆	6327.31	6015.32	4111.00	1904.32	311.99

6—27 分地区地方农村职业高中生均教育经费支出

单位:元

地区	教育经费支出	事业性经费支出	个人部分	公用部分	基本建设支出
合计	**5357.29**	**5187.05**	**3159.24**	**2027.81**	**170.24**
北京	18986.18	17417.61	7525.62	9891.99	1568.57
天津	71080.46	71080.46	43896.55	27183.91	
河北	4093.40	4093.40	2767.10	1326.31	
山西	4653.94	4653.94	2476.60	2177.34	
内蒙古	5064.40	5064.40	2967.10	2097.30	
辽宁	29990.98	29990.98	9200.68	20790.30	
吉林	2473.72	2473.72	1807.17	666.55	
黑龙江	3798.19	3798.19	2876.41	921.78	
上海					
江苏	6360.14	6318.46	4370.45	1948.01	41.67
浙江	9544.56	9469.62	5874.54	3595.08	74.94
安徽	3257.50	3182.60	1887.87	1294.73	74.90
福建	3728.44	3725.82	2302.19	1423.63	2.62
江西	4159.10	3863.23	2595.38	1267.85	295.86
山东	5598.40	5575.15	3826.42	1748.73	23.26
河南	3489.62	3437.07	2274.97	1162.10	52.54
湖北	3816.02	3803.14	2083.46	1719.68	12.88
湖南	5526.13	5435.92	3483.01	1952.90	90.21
广东	7067.35	6145.54	3472.07	2673.48	921.81
广西	5752.80	5424.00	2781.35	2642.65	328.80
海南	3791.40	3791.40	3011.66	779.74	
重庆	3703.53	3625.38	2223.65	1401.73	78.15
四川	4961.68	4809.00	2765.59	2043.40	152.68
贵州	4898.31	4564.53	3316.20	1248.33	333.78
云南	4215.24	3916.43	2190.14	1726.29	298.80
西藏					
陕西	4188.21	4188.21	2422.36	1765.85	
甘肃	4232.87	4100.14	2855.59	1244.54	132.73
青海					
宁夏	7939.26	7939.26	7265.19	674.07	
新疆	13292.78	13292.78	9874.52	3418.25	

6—28 分地区地方农村职业高中生均预算内教育经费支出

单位:元

地区	预算内教育经费支出	事业费支出			基本建设支出
			个人部分	公用部分	
合计	**3139.65**	**3019.57**	**2410.12**	**609.45**	**120.08**
北京	9671.57	8103.00	4978.71	3124.29	1568.57
天津	37977.01	37977.01	37241.38	735.63	
河北	2948.95	2948.95	2495.38	453.57	
山西	2542.83	2542.83	2305.45	237.38	
内蒙古	4049.84	4049.84	2568.11	1481.73	
辽宁	10158.96	10158.96	7326.38	2832.58	
吉林	2127.39	2127.39	1600.07	527.32	
黑龙江	3251.35	3251.35	2800.39	450.96	
上海					
江苏	3431.85	3416.23	2985.41	430.82	15.61
浙江	4349.47	4316.20	3494.66	821.54	33.27
安徽	1935.91	1880.23	1556.18	324.05	55.68
福建	2309.37	2306.75	1973.21	333.54	2.62
江西	3062.96	2767.10	2311.88	455.21	295.86
山东	3891.24	3891.24	3701.15	190.09	
河南	2439.50	2408.82	1917.60	491.22	30.67
湖北	1875.84	1875.84	1635.60	240.24	
湖南	2871.27	2781.06	2338.52	442.54	90.21
广东	4510.90	3904.95	2599.31	1305.64	605.95
广西	3786.88	3458.08	2470.03	988.04	328.80
海南	3328.32	3328.32	2592.38	735.94	
重庆	2107.00	2028.85	1534.61	494.24	78.15
四川	2693.30	2625.09	2102.94	522.14	68.21
贵州	4343.12	4009.35	3279.71	729.64	333.78
云南	2545.92	2247.11	1885.96	361.16	298.80
西藏					
陕西	2686.31	2686.31	2185.86	500.45	
甘肃	3819.44	3686.71	2770.72	915.99	132.73
青海					
宁夏	6484.44	6484.44	6456.30	28.15	
新疆	12901.14	12901.14	9874.52	3026.62	

6—29 分地区地方技工学校生均教育经费支出

单位:元

地区	教育经费支出	事业性经费支出	个人部分	公用部分	基本建设支出
合计	**6696.59**	**6216.30**	**3339.78**	**2876.51**	**480.30**
北京	13135.34	13135.34	4721.93	8413.41	
天津	6451.23	6200.99	4594.52	1606.48	250.23
河北	6777.74	6687.71	3743.69	2944.02	90.04
山西	6105.32	6090.72	3689.01	2401.72	14.60
内蒙古	10273.04	10090.44	6806.45	3283.99	182.59
辽宁	9529.48	8383.80	5126.88	3256.92	1145.68
吉林	3854.71	3854.71	2235.47	1619.25	
黑龙江	10951.52	10767.34	4783.02	5984.32	184.18
上海	5094.49	5094.49	4000.00	1094.49	
江苏	5593.58	5503.12	2728.95	2774.17	90.46
浙江	12300.82	11805.11	6023.21	5781.89	495.71
安徽	4121.31	4121.31	2020.54	2100.77	
福建	6343.06	5904.90	3378.91	2525.99	438.16
江西	3319.93	3319.93	1909.80	1410.13	
山东	6080.73	6069.18	3108.08	2961.10	11.55
河南	4495.93	4435.44	2585.14	1850.30	60.48
湖北	4012.99	3850.82	2281.56	1569.25	162.17
湖南	4763.67	4577.92	2834.09	1743.83	185.75
广东	8586.25	7433.82	3553.58	3880.23	1152.43
广西	5724.11	5650.04	2994.06	2655.98	74.07
海南	40775.19	6074.80	2926.87	3147.93	34700.39
重庆	5457.34	5457.34	3124.44	2332.90	
四川	5226.64	5029.04	3321.50	1707.54	197.61
贵州					
云南	6348.22	6083.44	3575.97	2507.47	264.79
西藏					
陕西	3313.14	3313.14	1546.28	1766.86	
甘肃	52000.00	52000.00	52000.00		
青海					
宁夏					
新疆	13628.19	13349.74	7723.36	5626.38	278.44

6—30 分地区地方技工学校生均预算内教育经费支出

单位:元

地区	预算内教育经费支出	事业费支出	个人部分	公用部分	基本建设支出
合计	**3213.56**	**2998.78**	**2110.64**	**888.14**	**214.78**
北京	9343.80	9343.80	2733.20	6610.60	
天津	4793.66	4548.05	3791.58	756.47	245.61
河北	2920.00	2860.95	2506.97	353.98	59.05
山西	4215.86	4201.27	3167.29	1033.98	14.60
内蒙古	7426.66	7244.07	5768.23	1475.84	182.59
辽宁	5843.76	4698.08	4003.44	694.64	1145.68
吉林	1103.95	1103.95	929.86	174.09	
黑龙江	3430.18	3430.18	2699.15	731.02	
上海	3149.61	3149.61	2740.16	409.45	
江苏	1816.58	1757.60	1442.10	315.50	58.98
浙江	6190.56	5710.71	3535.23	2175.48	479.85
安徽	1077.91	1077.91	1034.41	43.50	
福建	3318.69	3243.34	2399.36	843.98	75.35
江西	1384.88	1384.88	1241.96	142.92	
山东	2924.86	2913.31	2258.31	655.00	11.55
河南	2564.57	2517.05	1845.92	671.14	47.52
湖北	1178.13	1178.13	1153.48	24.66	
湖南	2016.24	1830.50	1725.28	105.22	185.75
广东	4913.91	3977.41	1933.43	2043.98	936.50
广西	2558.79	2506.58	1838.90	667.69	52.21
海南	3596.45	3596.45	2543.16	1053.29	
重庆	1856.96	1856.96	1145.59	711.37	
四川	2684.21	2486.61	2114.83	371.78	197.61
贵州					
云南	2883.60	2798.61	1846.23	952.38	85.00
西藏					
陕西	1010.47	1010.47	923.95	86.51	
甘肃					
青海					
宁夏					
新疆	6117.78	6052.77	5158.12	894.66	65.01

6—31 分地区地方普通中学生均教育经费支出

单位:元

地区	教育经费支出	事业性经费支出	个人部分	公用部分	基本建设支出
合计	**5047.94**	**4911.61**	**3156.91**	**1754.70**	**136.33**
北京	20461.72	19655.03	11208.28	8446.75	806.69
天津	10477.05	10463.34	7447.67	3015.67	13.71
河北	4488.09	4440.87	2967.78	1473.09	47.23
山西	4662.76	4469.05	2698.81	1770.25	193.71
内蒙古	5863.97	5682.78	3474.99	2207.79	181.19
辽宁	5987.04	5939.68	4164.95	1774.73	47.36
吉林	5676.24	5627.62	3748.58	1879.04	48.62
黑龙江	5048.97	4966.17	3281.46	1684.71	82.80
上海	21811.39	21044.70	13082.20	7962.50	766.69
江苏	6962.07	6608.70	4455.59	2153.11	353.38
浙江	9476.93	9291.78	6068.60	3223.18	185.15
安徽	3612.75	3555.95	2195.28	1360.67	56.80
福建	5248.29	5142.20	3464.67	1677.53	106.09
江西	3523.82	3375.44	2335.81	1039.63	148.38
山东	5372.36	5332.84	3578.38	1754.47	39.52
河南	3210.36	3136.69	1945.22	1191.47	73.67
湖北	3960.48	3862.08	2562.80	1299.29	98.40
湖南	5207.37	5084.96	3338.83	1746.13	122.41
广东	5335.96	5171.79	3224.43	1947.36	164.17
广西	3773.59	3721.21	2668.13	1053.08	52.39
海南	5085.77	4111.93	2532.37	1579.56	973.84
重庆	4584.20	4482.16	2586.48	1895.68	102.04
四川	4244.02	4143.23	2306.80	1836.43	100.79
贵州	3010.97	2946.06	1932.83	1013.23	64.91
云南	3983.09	3840.63	2703.37	1137.26	142.46
西藏	7075.38	6196.91	4592.64	1604.27	878.47
陕西	4153.38	4071.21	2452.35	1618.86	82.17
甘肃	3834.02	3757.68	2384.83	1372.85	76.35
青海	5683.10	5084.45	3853.44	1231.02	598.65
宁夏	6475.68	6136.28	2835.37	3300.91	339.40
新疆	6566.09	6217.73	3825.48	2392.24	348.36

6—32 分地区地方普通中学生均预算内教育经费支出

单位:元

地区	预算内教育经费支出	事业费支出	个人部分	公用部分	基本建设支出
合计	**3551.34**	**3440.79**	**2577.07**	**863.72**	**110.55**
北京	14280.63	13482.87	7530.11	5952.76	797.77
天津	7847.21	7841.52	6475.01	1366.51	5.69
河北	3372.32	3326.69	2620.18	706.51	45.63
山西	3368.94	3192.11	2422.83	769.28	176.83
内蒙古	4234.74	4068.43	2863.48	1204.95	166.31
辽宁	4343.11	4315.03	3320.92	994.10	28.08
吉林	4020.48	3971.86	2960.63	1011.23	48.62
黑龙江	4202.99	4125.30	3099.47	1025.83	77.69
上海	16063.84	15297.15	11434.04	3863.11	766.69
江苏	4482.30	4212.88	3502.96	709.92	269.43
浙江	5614.61	5506.67	4471.82	1034.85	107.94
安徽	2412.55	2362.06	1687.25	674.81	50.49
福建	3590.84	3529.30	2838.76	690.54	61.54
江西	2591.74	2452.75	1930.95	521.79	138.99
山东	3984.61	3983.01	3308.33	674.68	1.60
河南	2320.19	2270.17	1588.35	681.83	50.02
湖北	2737.26	2669.50	2041.96	627.55	67.76
湖南	3232.68	3153.74	2341.35	812.39	78.94
广东	3640.07	3509.68	2609.45	900.23	130.39
广西	2905.55	2861.21	2310.70	550.52	44.34
海南	3795.83	3052.50	2094.88	957.62	743.33
重庆	2910.70	2813.28	1715.96	1097.31	97.43
四川	2604.60	2511.85	1623.37	888.49	92.75
贵州	2448.57	2407.80	1805.74	602.06	40.77
云南	3036.00	2897.83	2248.75	649.08	138.17
西藏	6692.58	5826.49	4338.70	1487.80	866.09
陕西	3217.25	3145.98	2203.34	942.64	71.27
甘肃	3049.53	2989.80	2172.29	817.51	59.73
青海	4562.88	4026.50	3162.23	864.26	536.38
宁夏	4893.79	4554.40	2436.11	2118.28	339.40
新疆	4844.14	4520.55	3125.51	1395.03	323.59

6—33　分地区地方普通高中生均教育经费支出

单位:元

地　区	教育经费支出	事业性经费支出	个人部分	公用部分	基本建设支出
合　计	**6243.42**	**6065.17**	**3521.91**	**2543.27**	**178.25**
北　京	21614.24	20851.87	11867.08	8984.78	762.37
天　津	12722.46	12714.28	8174.39	4539.89	8.17
河　北	5001.83	4990.84	2873.83	2117.01	11.00
山　西	6073.82	5742.41	3035.45	2706.95	331.42
内蒙古	5937.45	5826.08	3060.12	2765.96	111.37
辽　宁	6402.73	6333.93	3786.53	2547.40	68.80
吉　林	6208.53	6197.42	3349.57	2847.85	11.10
黑龙江	5730.15	5671.61	3208.26	2463.35	58.54
上　海	27644.17	26393.03	14353.30	12039.72	1251.14
江　苏	8510.83	7845.46	5027.88	2817.58	665.38
浙　江	12110.27	11832.13	7211.65	4620.47	278.14
安　徽	4587.53	4565.12	2568.60	1996.52	22.41
福　建	6634.51	6479.74	4041.02	2438.72	154.77
江　西	4298.26	4215.07	2658.74	1556.33	83.20
山　东	6069.41	5973.71	3410.54	2563.17	95.70
河　南	3824.29	3719.86	1848.45	1871.41	104.43
湖　北	4564.71	4503.43	2832.49	1670.94	61.28
湖　南	5719.88	5590.90	3367.64	2223.25	128.98
广　东	8004.72	7732.88	4312.37	3420.51	271.84
广　西	4627.59	4580.76	2855.42	1725.34	46.83
海　南	6332.43	5096.59	3227.80	1868.79	1235.84
重　庆	5895.99	5861.87	3148.63	2713.25	34.12
四　川	4979.06	4844.62	2750.03	2094.59	134.45
贵　州	4354.07	4306.54	2703.38	1603.16	47.52
云　南	5424.07	5274.10	3241.07	2033.03	149.97
西　藏	9616.34	6208.78	5103.22	1105.57	3407.55
陕　西	4495.93	4444.94	2401.09	2043.85	50.98
甘　肃	4423.62	4372.54	2514.71	1857.83	51.08
青　海	5944.98	5539.61	4293.46	1246.15	405.38
宁　夏	8456.25	8142.59	3241.91	4900.68	313.67
新　疆	7347.71	6922.77	4216.69	2706.08	424.94

6－34 分地区地方普通高中生均预算内教育经费支出

单位:元

地区	预算内教育经费支出	事业费支出	个人部分	公用部分	基本建设支出
合计	**3334.46**	**3204.70**	**2508.49**	**696.21**	**129.76**
北京	14620.23	13870.45	7683.31	6187.14	749.77
天津	7952.96	7944.79	6511.47	1433.31	8.17
河北	2927.65	2916.65	2316.75	599.90	11.00
山西	3389.73	3111.90	2483.42	628.49	277.83
内蒙古	3429.05	3329.76	2350.87	978.88	99.29
辽宁	3673.75	3615.00	2788.08	826.92	58.75
吉林	3604.32	3593.22	2504.45	1088.76	11.10
黑龙江	3819.90	3762.16	2810.90	951.26	57.75
上海	16216.12	14964.98	11200.66	3764.32	1251.14
江苏	4292.54	3744.45	3334.80	409.64	548.09
浙江	5139.35	5035.15	4038.50	996.66	104.20
安徽	1984.60	1969.86	1605.57	364.29	14.74
福建	3616.54	3538.48	2986.24	552.24	78.06
江西	2376.76	2310.48	1931.70	378.78	66.28
山东	3209.29	3207.91	2826.76	381.15	1.39
河南	1898.24	1857.39	1358.80	498.58	40.85
湖北	1887.05	1880.71	1630.70	250.01	6.34
湖南	2335.53	2326.96	1981.15	345.81	8.57
广东	4519.15	4311.32	3237.11	1074.21	207.83
广西	2491.57	2469.04	2035.77	433.27	22.53
海南	4270.79	3087.50	2345.83	741.68	1183.28
重庆	2867.28	2840.84	1767.82	1073.03	26.43
四川	2184.35	2055.55	1586.69	468.86	128.80
贵州	2794.14	2774.66	2311.75	462.90	19.49
云南	3056.48	2908.78	2228.86	679.92	147.70
西藏	8712.94	5305.38	4683.71	621.68	3407.55
陕西	2612.30	2593.25	1983.50	609.75	19.05
甘肃	2786.85	2754.14	2158.10	596.04	32.71
青海	4298.88	3976.48	3380.26	596.22	322.40
宁夏	5162.54	4848.88	2619.94	2228.94	313.67
新疆	4751.07	4366.14	3181.42	1184.72	384.93

6—35 分地区地方农村高中生均教育经费支出

单位:元

地 区	教育经费支出	事业性经费支出	个人部分	公用部分	基本建设支出
合 计	**4779.44**	**4702.64**	**2902.96**	**1799.68**	**76.80**
北 京	23556.92	20177.72	8852.83	11324.89	3379.20
天 津	6655.48	6655.48	4607.56	2047.92	
河 北	4629.32	4629.32	3054.36	1574.96	
山 西	5132.77	4652.07	2566.20	2085.87	480.70
内蒙古	4983.35	4959.54	3323.18	1636.36	23.81
辽 宁	5744.85	5744.85	3612.58	2132.27	
吉 林	3702.57	3702.57	2329.99	1372.58	
黑龙江	3991.30	3991.30	2847.47	1143.83	
上 海	13430.33	13430.33	9321.74	4108.59	
江 苏	5954.79	5781.51	3825.56	1955.95	173.28
浙 江	9500.43	9384.05	6128.03	3256.02	116.38
安 徽	3748.68	3729.18	1939.12	1790.06	19.51
福 建	5082.57	5076.45	3328.05	1748.39	6.12
江 西	3213.85	3183.23	2259.25	923.98	30.62
山 东	5242.37	5241.12	3347.59	1893.54	1.25
河 南	3256.87	3134.74	1787.36	1347.38	122.13
湖 北	3008.80	2965.61	1883.54	1082.07	43.19
湖 南	4591.12	4585.25	2799.55	1785.70	5.87
广 东	5413.08	5348.23	2985.31	2362.91	64.86
广 西	3292.82	3287.98	2383.17	904.81	4.84
海 南	3211.30	2875.21	2057.59	817.62	336.09
重 庆	4071.27	4061.13	2446.01	1615.12	10.14
四 川	3742.71	3733.81	2282.40	1451.41	8.91
贵 州	3402.42	3243.63	1976.60	1267.03	158.78
云 南	3907.50	3877.38	2617.47	1259.91	30.11
西 藏					
陕 西	3494.43	3480.81	2061.85	1418.96	13.62
甘 肃	3413.71	3393.76	2087.39	1306.37	19.96
青 海	4744.90	4491.64	3419.51	1072.13	253.26
宁 夏	5723.84	5547.11	3590.81	1956.30	176.73
新 疆	5451.21	5058.21	3562.94	1495.27	393.00

6—36 分地区地方农村高中生均预算内教育经费支出

单位:元

地区	预算内教育经费支出	事业费支出			基本建设支出
			个人部分	公用部分	
合计	**2648.05**	**2596.30**	**2115.14**	**481.16**	**51.75**
北京	16015.66	12691.94	6347.63	6344.31	3323.72
天津	3870.91	3870.91	3532.58	338.33	
河北	3152.18	3152.18	2686.43	465.75	
山西	2439.72	2420.38	2190.05	230.33	19.34
内蒙古	3212.62	3188.81	2156.79	1032.02	23.81
辽宁	3701.91	3701.91	2919.52	782.39	
吉林	2214.24	2214.24	1779.44	434.81	
黑龙江	3472.04	3472.04	2772.87	699.17	
上海	11887.84	11887.84	8760.84	3127.00	
江苏	2992.07	2878.32	2613.78	264.54	113.75
浙江	4276.36	4269.39	3582.22	687.17	6.97
安徽	1975.08	1956.17	1448.62	507.55	18.91
福建	3096.56	3090.48	2652.42	438.05	6.08
江西	2003.48	1973.94	1736.59	237.35	29.54
山东	3256.42	3256.42	2926.93	329.49	
河南	1868.89	1823.13	1500.80	322.33	45.76
湖北	1325.48	1318.86	1179.59	139.27	6.62
湖南	1680.24	1679.82	1505.31	174.51	0.42
广东	3088.19	3024.21	2286.56	737.64	63.98
广西	2091.43	2086.59	1803.21	283.38	4.84
海南	2631.69	2295.60	1776.94	518.65	336.09
重庆	2398.95	2388.80	1690.97	697.83	10.14
四川	1849.56	1841.69	1447.21	394.48	7.88
贵州	2535.29	2450.80	1867.72	583.08	84.49
云南	2590.07	2559.95	2078.53	481.42	30.11
西藏					
陕西	2238.79	2225.17	1834.16	391.00	13.62
甘肃	2534.99	2519.27	1914.65	604.61	15.72
青海	3636.17	3382.91	2752.01	630.91	253.26
宁夏	4697.60	4520.87	3329.18	1191.69	176.73
新疆	4157.40	3771.32	2862.75	908.57	386.08

6—37 分地区地方普通初中生均教育经费支出

单位:元

地区	教育经费支出	事业性经费支出			基本建设支出
			个人部分	公用部分	
合计	**4531.83**	**4413.60**	**2999.34**	**1414.26**	**118.23**
北京	19694.50	18858.31	10769.72	8088.59	836.19
天津	9117.66	9100.60	7007.71	2092.89	17.07
河北	4241.33	4176.70	3012.91	1163.80	64.63
山西	4079.56	3942.77	2559.67	1383.11	136.79
内蒙古	5819.32	5595.71	3727.08	1868.63	223.61
辽宁	5799.03	5761.37	4336.11	1425.26	37.66
吉林	5403.55	5335.71	3953.00	1382.71	67.84
黑龙江	4778.26	4685.82	3310.55	1375.27	92.44
上海	18712.63	18203.31	12406.91	5796.40	509.32
江苏	6131.09	5945.11	4148.53	1796.59	185.98
浙江	8339.83	8194.83	5575.02	2619.81	145.00
安徽	3200.84	3129.52	2037.53	1091.98	71.32
福建	4566.36	4484.22	3181.14	1303.08	82.14
江西	3193.78	3017.62	2198.19	819.43	176.16
山东	5006.84	4996.78	3666.39	1330.39	10.05
河南	2963.44	2902.14	1984.14	918.00	61.29
湖北	3683.28	3567.85	2439.07	1128.78	115.42
湖南	4923.68	4804.91	3322.88	1482.03	118.77
广东	4327.83	4204.33	2813.46	1390.87	123.50
广西	3491.83	3437.62	2606.33	831.28	54.22
海南	4640.73	3760.42	2284.11	1476.31	880.31
重庆	4055.74	3926.34	2360.02	1566.32	129.40
四川	3956.02	3868.42	2133.14	1735.28	87.60
贵州	2655.97	2586.46	1729.15	857.31	69.51
云南	3573.59	3433.27	2550.57	882.70	140.32
西藏	6396.71	6193.74	4456.27	1737.47	202.97
陕西	3994.28	3897.63	2476.16	1421.47	96.65
甘肃	3575.55	3488.12	2327.89	1160.23	87.43
青海	5549.46	4852.19	3628.89	1223.29	697.28
宁夏	5539.62	5188.06	2643.23	2544.83	351.56
新疆	6277.49	5957.41	3681.04	2276.37	320.09

6—38 分地区地方普通初中生均预算内教育经费支出

单位:元

地区	预算内教育经费支出	事业费支出			基本建设支出
			个人部分	公用部分	
合计	**3644.98**	**3542.72**	**2606.68**	**936.04**	**102.26**
北京	14054.57	13224.85	7428.13	5796.73	829.72
天津	7783.19	7779.00	6452.93	1326.07	4.18
河北	3585.90	3523.64	2765.92	757.71	62.26
山西	3360.35	3225.25	2397.78	827.47	135.09
内蒙古	4724.30	4517.27	3174.96	1342.31	207.03
辽宁	4645.85	4631.64	3561.92	1069.72	14.21
吉林	4233.68	4165.84	3194.33	971.51	67.84
黑龙江	4355.23	4269.62	3214.16	1055.46	85.61
上海	15982.94	15473.62	11558.02	3915.60	509.32
江苏	4584.12	4464.21	3593.18	871.03	119.91
浙江	5819.83	5710.27	4658.93	1051.34	109.55
安徽	2593.39	2527.79	1721.77	806.03	65.60
福建	3578.20	3524.78	2766.21	758.57	53.42
江西	2683.35	2513.38	1930.64	582.74	169.97
山东	4391.18	4389.46	3560.87	828.60	1.72
河南	2489.90	2436.20	1680.67	755.53	53.71
湖北	3127.31	3031.37	2230.63	800.74	95.93
湖南	3729.29	3611.40	2540.74	1070.66	117.89
广东	3308.00	3206.87	2372.36	834.51	101.13
广西	3042.14	2990.60	2401.40	589.20	51.54
海南	3626.28	3040.01	2005.30	1034.71	586.27
重庆	2928.20	2802.17	1695.07	1107.10	126.03
四川	2769.26	2690.64	1637.74	1052.90	78.62
贵州	2357.23	2310.83	1671.99	638.85	46.39
云南	3030.18	2894.71	2254.40	640.31	135.47
西藏	6152.96	5965.68	4246.55	1719.13	187.28
陕西	3498.21	3402.69	2305.44	1097.25	95.52
甘肃	3164.69	3093.11	2178.50	914.61	71.58
青海	4697.60	4052.02	3050.97	1001.05	645.58
宁夏	4766.78	4415.22	2349.24	2065.98	351.56
新疆	4878.50	4577.56	3104.87	1472.68	300.94

6—39 分地区地方农村初中生均教育经费支出

单位：元

地区	教育经费支出	事业性经费支出	个人部分	公用部分	基本建设支出
合计	**4005.78**	**3905.04**	**2688.68**	**1216.35**	**100.74**
北京	21756.06	20226.22	10424.94	9801.28	1529.83
天津	6683.18	6676.93	5289.62	1387.31	6.25
河北	4363.57	4281.09	3176.94	1104.16	82.47
山西	3929.50	3813.18	2648.56	1164.62	116.33
内蒙古	6724.88	6551.86	4555.65	1996.21	173.02
辽宁	5178.66	5111.32	3697.71	1413.61	67.34
吉林	5235.58	5138.49	3935.20	1203.29	97.09
黑龙江	4149.07	4046.52	2920.51	1126.01	102.55
上海	16695.88	16695.88	11487.38	5208.50	
江苏	5431.53	5289.46	3755.36	1534.10	142.08
浙江	7915.63	7845.22	5334.09	2511.13	70.41
安徽	3021.57	2943.88	1917.08	1026.80	77.68
福建	4165.36	4115.68	2982.04	1133.64	49.68
江西	3159.64	2963.47	2227.24	736.23	196.17
山东	4673.81	4663.57	3520.38	1143.19	10.24
河南	2786.42	2737.97	1886.03	851.95	48.45
湖北	3333.39	3214.18	2202.22	1011.96	119.21
湖南	4999.50	4854.96	3413.52	1441.45	144.54
广东	3087.28	3004.65	2036.03	968.61	82.63
广西	3181.77	3126.26	2364.08	762.18	55.51
海南	4503.47	3569.23	2119.16	1450.07	934.24
重庆	3457.69	3366.01	2144.86	1221.15	91.68
四川	3676.58	3588.50	1963.40	1625.10	88.07
贵州	2455.23	2372.44	1590.17	782.27	82.79
云南	3418.73	3269.02	2495.90	773.11	149.72
西藏					
陕西	3896.63	3816.40	2472.55	1343.85	80.23
甘肃	3464.29	3375.25	2311.12	1064.13	89.04
青海	5489.31	4776.92	3546.32	1230.59	712.40
宁夏	5727.42	5349.84	2684.54	2665.29	377.58
新疆	5811.28	5602.58	3368.04	2234.53	208.70

6—40 分地区地方农村初中生均预算内教育经费支出

单位:元

地区	预算内教育经费支出	事业费支出	个人部分	公用部分	基本建设支出
合计	**3390.10**	**3303.19**	**2411.09**	**892.10**	**86.91**
北京	18111.97	16597.80	8665.03	7932.78	1514.17
天津	6119.88	6119.88	4943.96	1175.92	
河北	3825.73	3743.25	2973.36	769.89	82.47
山西	3612.12	3496.16	2592.09	904.07	115.96
内蒙古	5717.01	5544.50	3900.63	1643.87	172.52
辽宁	4316.70	4291.88	3192.92	1098.96	24.82
吉林	4501.76	4404.67	3327.37	1077.30	97.09
黑龙江	3949.44	3861.27	2881.92	979.35	88.17
上海	14180.32	14180.32	10654.14	3526.18	
江苏	4351.89	4255.95	3393.94	862.01	95.94
浙江	5711.51	5671.80	4627.18	1044.62	39.72
安徽	2586.97	2514.58	1684.20	830.38	72.39
福建	3423.09	3378.28	2672.61	705.67	44.81
江西	2804.92	2616.59	2015.62	600.97	188.33
山东	4230.53	4228.62	3446.91	781.72	1.91
河南	2461.95	2413.76	1629.25	784.51	48.19
湖北	3064.07	2950.62	2112.33	838.29	113.44
湖南	3928.66	3784.63	2618.14	1166.49	144.03
广东	2499.40	2444.38	1762.17	682.21	55.03
广西	2883.59	2830.78	2231.11	599.67	52.81
海南	3532.05	3111.50	1945.10	1166.39	420.56
重庆	2759.44	2669.36	1689.92	979.44	90.08
四川	2690.16	2603.88	1574.80	1029.08	86.28
贵州	2269.57	2212.34	1559.78	652.56	57.23
云南	3045.18	2901.24	2270.50	630.73	143.94
西藏					
陕西	3534.85	3454.62	2352.09	1102.54	80.22
甘肃	3149.43	3082.32	2184.75	897.56	67.11
青海	4980.44	4276.77	3106.26	1170.50	703.67
宁夏	5162.22	4784.64	2520.43	2264.21	377.58
新疆	4540.43	4349.27	2898.75	1450.53	191.16

6—41 分地区地方普通小学生均教育经费支出

单位:元

地区	教育经费支出	事业性经费支出	个人部分	公用部分	基本建设支出
合计	**3410.09**	**3370.22**	**2493.64**	**876.58**	**39.87**
北京	13652.49	13387.91	7929.12	5458.79	264.57
天津	7758.47	7725.26	6111.75	1613.50	33.21
河北	3499.65	3496.46	2709.38	787.08	3.19
山西	3136.54	3119.85	2320.14	799.71	16.69
内蒙古	4933.45	4880.37	3705.28	1175.09	53.08
辽宁	4750.12	4740.30	3775.41	964.89	9.82
吉林	5050.05	5046.66	4060.68	985.98	3.39
黑龙江	4605.43	4576.38	3514.32	1062.05	29.05
上海	15736.82	15687.45	10338.03	5349.41	49.38
江苏	5397.11	5251.70	4009.32	1242.38	145.41
浙江	6080.20	6030.53	4374.61	1655.91	49.67
安徽	2589.08	2572.30	1894.08	678.22	16.78
福建	4232.01	4148.54	3187.67	960.87	83.48
江西	2195.19	2158.22	1680.07	478.15	36.97
山东	3250.27	3237.31	2465.64	771.67	12.95
河南	1932.19	1916.56	1380.35	536.21	15.62
湖北	2767.22	2750.37	2009.11	741.26	16.85
湖南	3040.95	3028.38	2213.34	815.03	12.58
广东	3363.40	3277.63	2410.24	867.39	85.77
广西	2586.29	2574.22	2090.11	484.11	12.07
海南	3107.38	3020.07	2231.19	788.88	87.30
重庆	3125.91	3069.13	2147.69	921.44	56.78
四川	3134.73	3109.94	2024.21	1085.73	24.80
贵州	2021.90	2000.04	1497.81	502.23	21.87
云南	2654.57	2645.00	2110.44	534.56	9.57
西藏	6454.90	5347.29	4603.45	743.85	1107.61
陕西	3469.27	3452.96	2451.89	1001.07	16.31
甘肃	2843.13	2828.99	2081.22	747.77	14.14
青海	4300.15	4055.56	3177.02	878.55	244.58
宁夏	3428.40	3389.12	2017.54	1371.59	39.28
新疆	4628.54	4554.04	3346.64	1207.40	74.50

6—42 分地区地方普通小学生均预算内教育经费支出

单位:元

地区	预算内教育经费支出	事业费支出			基本建设支出
			个人部分	公用部分	
合计	**2787.57**	**2756.55**	**2140.94**	**615.61**	**31.03**
北京	10374.87	10111.51	5840.04	4271.47	263.35
天津	6850.83	6850.83	5808.44	1042.40	
河北	2984.24	2981.05	2440.88	540.17	3.19
山西	2706.17	2690.28	2122.71	567.56	15.89
内蒙古	3852.02	3799.54	2892.64	906.90	52.47
辽宁	3770.76	3761.22	3061.33	699.89	9.54
吉林	3995.58	3992.80	3234.08	758.73	2.78
黑龙江	4323.55	4295.88	3455.64	840.23	27.68
上海	13065.51	13016.14	9836.46	3179.68	49.38
江苏	4382.23	4306.54	3665.54	641.01	75.69
浙江	4566.24	4528.11	3769.35	758.75	38.14
安徽	2098.64	2083.25	1543.62	539.63	15.40
福建	3274.55	3240.22	2651.44	588.78	34.33
江西	1831.05	1795.53	1431.79	363.74	35.52
山东	2911.18	2908.50	2403.18	505.32	2.68
河南	1650.41	1640.03	1173.90	466.13	10.38
湖北	2371.85	2361.98	1849.93	512.05	9.87
湖南	2339.89	2327.61	1692.99	634.61	12.29
广东	2542.39	2470.06	1926.15	543.91	72.33
广西	2340.60	2329.63	1945.73	383.90	10.96
海南	2700.41	2616.89	2060.66	556.23	83.52
重庆	2205.48	2167.47	1452.89	714.58	38.01
四川	2255.22	2230.71	1527.22	703.50	24.50
贵州	1865.91	1852.96	1449.62	403.33	12.95
云南	2084.92	2077.32	1657.33	419.99	7.60
西藏	6092.82	5061.95	4385.68	676.27	1030.87
陕西	3088.29	3072.04	2299.53	772.51	16.25
甘肃	2486.50	2476.17	1866.37	609.80	10.33
青海	3619.55	3395.54	2618.08	777.46	224.01
宁夏	2995.46	2956.19	1811.33	1144.86	39.28
新疆	3725.43	3652.78	2707.73	945.06	72.64

6—43 分地区地方农村小学生均教育经费支出

单位:元

地 区	教育经费支出	事业性经费支出	个人部分	公用部分	基本建设支出
合 计	**3116.83**	**3088.60**	**2330.72**	**757.88**	**28.23**
北 京	14724.81	14447.20	7944.36	6502.84	277.61
天 津	6985.74	6975.66	5311.01	1664.65	10.08
河 北	3614.62	3613.78	2843.83	769.95	0.84
山 西	3297.29	3279.14	2531.90	747.23	18.15
内蒙古	6436.32	6385.60	5073.77	1311.83	50.72
辽 宁	4642.31	4632.26	3651.84	980.41	10.05
吉 林	5409.26	5403.75	4463.84	939.92	5.50
黑龙江	4782.22	4752.95	3860.96	891.99	29.27
上 海	13322.81	13322.81	9779.83	3542.98	
江 苏	5042.47	4937.10	3866.92	1070.19	105.37
浙 江	5958.15	5902.77	4326.52	1576.26	55.38
安 徽	2490.52	2474.45	1826.55	647.90	16.07
福 建	4171.20	4127.72	3271.32	856.40	43.47
江 西	2176.43	2136.73	1701.28	435.44	39.70
山 东	3043.44	3037.98	2378.38	659.60	5.46
河 南	1836.21	1824.14	1325.91	498.22	12.08
湖 北	2432.57	2416.38	1793.00	623.38	16.20
湖 南	2897.34	2883.08	2152.70	730.38	14.26
广 东	2504.82	2465.45	1850.59	614.86	39.37
广 西	2468.20	2456.31	2020.39	435.92	11.89
海 南	3080.22	3044.09	2327.21	716.88	36.13
重 庆	2834.88	2819.32	2028.50	790.82	15.56
四 川	3128.11	3101.41	2034.68	1066.73	26.71
贵 州	1901.22	1875.99	1400.72	475.27	25.24
云 南	2610.12	2600.77	2097.71	503.06	9.36
西 藏	6243.93	4999.37	4279.13	720.24	1244.55
陕 西	3689.39	3672.07	2646.24	1025.83	17.32
甘 肃	2763.36	2748.43	2031.89	716.54	14.93
青 海	4097.91	3958.35	3148.13	810.23	139.55
宁 夏	3272.04	3252.15	1994.14	1258.01	19.88
新 疆	4563.91	4538.55	3430.42	1108.13	25.35

6—44 分地区地方农村小学生均预算内教育经费支出

单位:元

地区	预算内教育经费支出	事业费支出			基本建设支出
			个人部分	公用部分	
合计	**2640.82**	**2617.62**	**2035.74**	**581.88**	**23.20**
北京	11770.72	11496.48	6589.62	4906.86	274.24
天津	6119.14	6119.14	5058.74	1060.40	
河北	3118.76	3117.91	2571.71	546.21	0.84
山西	3004.97	2987.28	2384.45	602.84	17.69
内蒙古	5030.69	4980.24	3899.00	1081.24	50.45
辽宁	3821.41	3811.78	3085.51	726.27	9.63
吉林	4522.55	4518.07	3664.64	853.43	4.48
黑龙江	4601.41	4572.91	3817.36	755.55	28.50
上海	12207.01	12207.01	9257.23	2949.78	
江苏	4323.79	4259.54	3646.01	613.53	64.25
浙江	4645.71	4604.43	3835.06	769.38	41.27
安徽	2081.55	2066.89	1523.08	543.81	14.66
福建	3349.20	3310.67	2745.99	564.68	38.53
江西	1869.74	1831.96	1469.48	362.49	37.77
山东	2824.55	2823.99	2335.06	488.93	0.56
河南	1615.51	1604.63	1139.54	465.08	10.89
湖北	2279.25	2268.01	1731.48	536.54	11.23
湖南	2275.12	2261.02	1657.99	603.03	14.10
广东	1963.86	1938.31	1471.72	466.59	25.55
广西	2289.72	2278.79	1900.43	378.36	10.93
海南	2746.21	2715.14	2177.19	537.95	31.07
重庆	2129.80	2116.35	1453.77	662.58	13.44
四川	2306.18	2279.72	1559.59	720.13	26.46
贵州	1783.50	1768.60	1370.94	397.66	14.90
云南	2099.14	2091.48	1672.45	419.03	7.66
西藏	5904.51	4686.06	4034.37	651.69	1218.45
陕西	3355.41	3338.11	2504.76	833.34	17.30
甘肃	2449.78	2439.57	1830.03	609.54	10.21
青海	3571.01	3438.86	2685.67	753.19	132.14
宁夏	2956.93	2937.05	1867.54	1069.50	19.88
新疆	3732.86	3710.39	2776.07	934.32	22.47

6—45 分地区地方特殊教育学校生均教育经费支出

单位:元

地区	教育经费支出	事业性经费支出	个人部分	公用部分	基本建设支出
合计	**23477.79**	**22770.17**	**14469.20**	**8300.97**	**707.63**
北京	77086.07	70465.31	34388.77	36076.54	6620.76
天津	57578.16	57578.16	37704.65	19873.51	
河北	18344.69	17974.91	12475.44	5499.47	369.78
山西	13870.49	13870.49	9337.54	4532.95	
内蒙古	39170.26	36227.93	16025.50	20202.43	2942.33
辽宁	21788.02	21788.02	17509.53	4278.49	
吉林	26195.88	25117.30	17589.95	7527.35	1078.58
黑龙江	23044.37	23044.37	17825.96	5218.40	
上海	46861.60	45800.03	33080.94	12719.08	1061.57
江苏	26767.23	26232.31	16834.56	9397.75	534.92
浙江	33357.13	31443.93	20200.81	11243.12	1913.21
安徽	14581.96	14080.60	7226.61	6853.99	501.36
福建	20402.37	19567.06	13078.00	6489.06	835.31
江西	33614.77	32880.65	8467.36	24413.29	734.12
山东	25155.06	25155.06	16249.77	8905.29	
河南	12433.93	12433.93	8362.21	4071.72	
湖北	14444.80	13914.07	9435.45	4478.62	530.73
湖南	19344.60	18569.06	11310.41	7258.64	775.55
广东	30368.99	28547.41	19861.78	8685.63	1821.58
广西	19039.23	19039.23	10094.03	8945.20	
海南	30476.82	30476.82	10556.29	19920.53	
重庆	14302.87	14300.10	9041.04	5259.06	2.77
四川	11943.22	11400.29	7137.77	4262.53	542.93
贵州	12464.34	12464.34	9005.97	3458.37	
云南	15148.82	13336.27	8269.50	5066.78	1812.54
西藏	21013.25	21013.25	18768.21	2245.03	
陕西	16946.17	16946.17	9334.79	7611.38	
甘肃	18226.86	17879.18	9676.23	8202.96	347.67
青海	14706.18	14706.18	11462.80	3243.38	
宁夏	10255.68	10255.68	5343.87	4911.81	
新疆	25441.92	23495.13	13258.92	10236.21	1946.79

6—46 分地区地方特殊教育学校生均预算内教育经费支出

单位:元

地 区	预算内教育经费支出	事业费支出			基本建设支出
			个人部分	公用部分	
合 计	**18037.12**	**17380.91**	**12693.20**	**4687.72**	**656.21**
北 京	64931.94	58311.18	26658.10	31653.07	6620.76
天 津	50373.51	50373.51	37027.45	13346.06	
河 北	15149.10	14779.32	11113.44	3665.87	369.78
山 西	10793.49	10793.49	8422.01	2371.48	
内蒙古	27288.74	24346.41	13676.34	10670.07	2942.33
辽 宁	18497.57	18497.57	14964.13	3533.44	
吉 林	19633.09	18554.51	13750.00	4804.51	1078.58
黑龙江	21470.24	21470.24	17521.01	3949.23	
上 海	40352.44	39290.87	31366.91	7923.96	1061.57
江 苏	19444.37	18909.45	14828.98	4080.47	534.92
浙 江	23472.24	21916.78	16633.69	5283.09	1555.45
安 徽	8280.30	7799.93	5610.34	2189.58	480.38
福 建	14778.69	14778.69	11319.02	3459.66	
江 西	13499.26	12765.14	7170.16	5594.98	734.12
山 东	19288.87	19288.87	15638.02	3650.85	
河 南	10058.53	10058.53	6967.77	3090.76	
湖 北	10717.86	10187.13	8321.05	1866.08	530.73
湖 南	14104.11	13534.29	10073.40	3460.88	569.83
广 东	23825.85	22004.27	16523.64	5480.61	1821.58
广 西	10187.19	10187.19	8055.96	2131.24	
海 南	29764.90	29764.90	10322.85	19442.05	
重 庆	9619.84	9617.07	6656.34	2960.73	2.77
四 川	8764.28	8221.36	5585.34	2636.01	542.93
贵 州	10616.23	10616.23	8686.36	1929.87	
云 南	12797.76	10985.21	7162.18	3823.04	1812.54
西 藏	20966.89	20966.89	18768.21	2198.68	
陕 西	13003.06	13003.06	9073.96	3929.10	
甘 肃	14415.91	14068.23	9039.55	5028.68	347.67
青 海	11871.37	11871.37	9073.14	2798.23	
宁 夏	8926.23	8926.23	4661.67	4264.56	
新 疆	21421.16	19474.37	11148.60	8325.76	1946.79

6—47 分地区地方幼儿园生均教育经费支出

单位:元

地区	教育经费支出	事业性经费支出	个人部分	公用部分	基本建设支出
合计	**3718.58**	**3647.59**	**2461.09**	**1186.50**	**70.99**
北京	17071.55	16400.81	10475.90	5924.91	670.74
天津	11879.21	11879.21	8626.58	3252.63	
河北	1904.21	1904.21	1431.37	472.84	
山西	2021.36	1976.96	1346.36	630.59	44.41
内蒙古	7317.06	7209.67	4973.34	2236.33	107.39
辽宁	12552.31	12552.31	8606.86	3945.45	
吉林	4003.66	4003.66	2885.92	1117.74	
黑龙江	7001.38	7001.38	5331.32	1670.05	
上海	13787.25	13639.82	9181.54	4458.28	147.42
江苏	3996.05	3628.83	2259.71	1369.12	367.22
浙江	6121.78	6119.20	3778.86	2340.35	2.58
安徽	1676.03	1672.03	1211.51	460.52	4.00
福建	3290.59	3284.20	2229.41	1054.79	6.39
江西	3356.71	3293.01	2296.12	996.88	63.70
山东	2023.13	2022.09	1158.22	863.86	1.05
河南	2943.44	2928.27	1874.77	1053.49	15.17
湖北	2942.54	2940.52	2152.67	787.85	2.02
湖南	4231.79	4152.75	2611.22	1541.53	79.05
广东	5533.76	5510.36	3915.53	1594.83	23.40
广西	1235.25	1235.25	818.21	417.04	
海南	2919.04	2916.64	2070.22	846.43	2.40
重庆	2599.46	2588.55	1708.89	879.66	10.91
四川	1566.46	1565.79	1080.10	485.69	0.67
贵州	2588.94	2582.14	1984.68	597.46	6.80
云南	1842.59	1840.32	1324.59	515.73	2.27
西藏	11814.38	9074.95	7513.48	1561.47	2739.43
陕西	3191.30	3191.30	2275.55	915.74	
甘肃	3388.80	3388.80	2484.78	904.02	
青海	5989.49	5773.49	4355.39	1418.10	216.00
宁夏	2608.28	2608.28	1799.10	809.18	
新疆	4189.78	3798.11	2458.44	1339.67	391.67

6—48　分地区地方幼儿园生均预算内教育经费支出

单位:元

地　　区	预算内教育经费支出				
		事业费支出			基本建设支出
			个人部分	公用部分	
合　计	**2141.79**	**2091.39**	**1739.19**	**352.21**	**50.40**
北　京	10758.24	10087.49	6686.61	3400.88	670.74
天　津	7173.59	7173.59	6356.03	817.56	
河　北	1392.79	1392.79	1269.87	122.92	
山　西	1313.66	1271.90	1101.82	170.08	41.76
内蒙古	4906.75	4799.36	3950.68	848.68	107.39
辽　宁	7811.01	7811.01	6178.88	1632.13	
吉　林	2688.48	2688.48	2289.32	399.16	
黑龙江	5594.18	5594.18	4982.22	611.96	
上　海	9428.90	9281.48	7465.88	1815.59	147.42
江　苏	1843.40	1688.68	1333.64	355.05	154.72
浙　江	2579.40	2579.40	1885.17	694.23	
安　徽	932.34	932.34	902.40	29.94	
福　建	1992.55	1986.34	1709.45	276.90	6.20
江　西	1794.29	1730.59	1632.15	98.44	63.70
山　东	761.44	761.44	708.26	53.17	
河　南	1626.80	1611.63	1382.57	229.06	15.17
湖　北	1567.36	1565.47	1433.09	132.38	1.89
湖　南	1871.40	1792.36	1558.58	233.78	79.05
广　东	1896.92	1878.78	1692.22	186.55	18.14
广　西	654.75	654.75	621.37	33.39	
海　南	1841.44	1839.04	1751.18	87.87	2.40
重　庆	1137.91	1133.17	874.83	258.34	4.74
四　川	753.88	753.21	646.94	106.27	0.67
贵　州	1928.35	1921.55	1787.04	134.50	6.80
云　南	1078.90	1076.63	983.14	93.49	2.27
西　藏	9598.73	7845.50	6998.47	847.03	1753.23
陕　西	2358.59	2358.59	2093.94	264.65	
甘　肃	2454.48	2454.48	2139.60	314.88	
青　海	4201.53	3985.53	3283.68	701.85	216.00
宁　夏	1616.15	1616.15	1460.16	155.99	
新　疆	3307.31	2915.64	1987.40	928.24	391.67

附　录

全国教育经费统计指标说明

全国教育经费统计指标说明

全国教育经费指标体系是在多年的统计工作实践的基础上并通过不断修改、充实、完善而建立起来的。为了便于参考和使用教育经费统计资料，我们对教育经费统计指标和统计范围作一简要说明。

一、全国教育经费来源

全国教育经费来源包括国家财政性教育经费、民办学校中举办者投入、社会捐赠经费、事业收入及其他教育经费。

1. 国家财政性教育经费 包括国家财政预算内教育经费，各级政府征收用于教育的税、费，企业办学中的企业拨款，校办产业和社会服务收入用于教育的经费。

(1)财政预算内教育经费 指中央、地方各级财政或上级主管部门在本年度内安排，并划拨到各级各类学校、教育行政单位、教育事业单位，列入国家预算支出科目的教育经费。

①教育事业费拨款 指学校或单位列入《政府收支分类支出科目》第205类“教育支出”科目中教育经费拨款数，不含205类第09款“教育附加及基金支出”。

②科研拨款 指高等学校从中央和地方取得的《政府收支分类支出科目》第206类“科学技术”科目的科学研究经费。

③基本建设拨款 指学校或单位从中央和地方发展与改革部门取得的列《政府收支分类科目》经济分类第309类的“基本建设支出”拨款。

④其他拨款 指学校或单位取得的除教育事业拨款以外的其他属于财政预算内的经费拨款，如医疗保障经费、住房改革经费、“208类”离退休经费等。

(2)各级政府征收用于教育的税费 指中央和地方各级政府为发展教育事业而指定机关专门征收，并划拨给教育部门使用的实际数额。例如：教育费附加，地方教育附加，地方教育基金。

①教育费附加 指按照国家规定比例向缴纳增值税、营业税、消费税的单位和个人征收的教育费附加。

②地方教育附加 指地方各级政府根据《教育法》的有关规定，在征收教育费附加以外，开征的用于教育的税费。如地方政府按增值税、营业税、消费税的1%征收的用于教育的税费等。

③地方教育基金 指地方各级政府除预算内教育经费、教育费附加、地方教育附加以外的其他财政性经费拨款。如国有土地使用权出让金收入、能源建设基金收入、国有资源(资产)有偿使用收入等用于教育的拨款。

(3)企业办学中的企业拨款 指中央和地方所属企业在企业营业外资金列支或企业自有资金列支，并实际拨付所属学校的办学经费。

(4)校办产业和社会服务收入用于教育的经费 指学校举办的校办产业和各种经营取得的收益及投资收益中用于补充教育经费的部分。

2. 民办学校中举办者投入 指办学的单位或公民个人拨给民办学校的办学经费。

3. 社会捐赠经费 指境内外社会各界及个人对教育的资助和捐赠。

4. 事业收入 指学校和单位开展教学及其辅助活动依法取得的、经财政部门核准留用的预算外资金，以及经财政专户核拨回的预算外资金，包括教学收入和科研收入；义务教育阶段学生缴纳的杂费；非义务教育阶段学生缴纳的学费；借读学生缴纳的借读费；住宿学生缴纳的住宿费；按照有关规定向学生收取的其他费用等。

其中，学杂费指学生缴纳的学杂费（含普通高中按规定收取的择校费），不包括学校收取的课本费和其他代收费项目。

5. 其他收入 指除上述各项收入以外的其他各项收入。

二、全国教育经费支出

教育经费支出分为事业性经费支出和基本建设支出两部分。

1. 事业性经费支出 分为“个人部分”和“公用部分”两部分。

(1)个人部分 包括“工资福利支出”、“对个人和家庭的补助支出”两部分。

①工资福利支出 反映学校或单位开支的在职职工和临时聘用人员的各类劳动报酬，以及为上述人员缴纳的各项社会保险费等。

②对个人和家庭的补助支出 反映政府对个人和家庭的补助支出。

(2)公用部分 包括“商品和服务支出”和“其他资本性支出”两部分。

①商品和服务支出 反映学校或单位购买商品和服务的支出（不包括用于购置固定资产的支出）。

②其他资本性支出 反映非各级发展与改革部门集中安排的用于购置固定资产、土地和无形资产，以及购建基础设施、大型修缮所发生的支出。

2. 基本建设支出 反映各级发展和改革部门集中安排用于学校购置固定资产、土地和无形资产，以及购建基础设施、大型修缮所发生的支出以及与之配套完成上述项目的非财政预算内资金支出，不包括财政预算内配套资金。

3. 预算内教育事业费支出 指事业性经费支出中从中央和地方财政取得的教育事业费，即列入《政府收支分类支出科目》第 205 类“教育支出”科目中教育事业费拨款（不含 205 类第 09 款“教育附加及基金支出”）支出数；预算内基本建设支出，指基本建设支出中从中央和地方发展与改革部门取得的列入《政府收支分类支出科目》经济分类第 309 类的“基本建设支出”科目支出数。

本统计中央和地方教育经费支出按学校与其他教育机构隶属关系划分。中央教育经费支出指中央部委属学校及其他教育机构支出，地方教育经费支出指地方属学校及其他教育机构支出。中央和地方教育经费收入按经费来源划分。

本资料统计的范围包括

1. 凡列入财政部制定的《政府收支分类科目》中第205类“教育支出”科目的：

教育部门办各级各类学校、幼儿园、教育事业单位；其他部门办各级各类学校、幼儿园；教育行政单位。

独立师资并按学校体制管理的中央、省(自治区、直辖市)、地(市)、县各级党委举办的党校，各级政府举办的社会主义学院、行政学院(不含行业、部门办的党校和行政学院)；财政部举办的国家会计学院。

2. 国有及国有控股企业举办的普通高等学校、中等专业学校、职业高中、技工学校、普通中学、十二年一贯制学校、九年一贯制学校、普通小学和经过教育主管部门批准承认学历的成人高校、成人中等专业学校、成人中学、成人小学等。

3. 由国家机构以外的社会组织或者个人，利用非国家财政性经费，面向社会举办的，经县级以上人民政府教育行政部门按照国家规定的权限审批的普通高等学校(含按新机制和模式举办的独立学院)、职业高中、普通中学、十二年一贯制学校、九年一贯制学校、普通小学、特殊教育学校等；或经县级以上人民政府劳动和社会保障行政部门按照国家规定的权限审批，并抄送同级教育行政部门备案的中等专业学校、技工学校等。

香港、澳门和台湾省的教育经费统计资料暂缺。

本资料的统计时间 2008年1月1日至2008年12月31日。